TAGESTOUREN BRANDENBURG

33 Wanderungen zwischen Oder, Spree und Elbe

Manfred Reschke, Andreas Sternfeldt

1. Auflage 2022

Trescher Verlag
Reinhardtstr. 9
10117 Berlin
www.trescher-verlag.de

ISBN 978-3-89794-575-3

Herausgegeben von Bernd Schwenkros und
Detlev von Oppeln

Reihenentwurf und Gesamtgestaltung:
Bernd Chill
Lektorat: Hinnerk Dreppenstedt
Stadtpläne und Karten: Verlag Pharus-Plan
GmbH
Karten S. 245, 250, 254: Petra Förster/
Tourismusverband Dahme-Seenland e.V.
Liniennetz Regionalverkehr/hintere Umschlag-
klappe: © vbb.de
Stadtpläne S. 48, 142, 178: Dorit Hahnewald/
Archiv Trescher Verlag
Übersichtskarte: Bernd Chill

Gedruckt auf chlorfrei gebleichtem Papier

Printed in Germany

Alle Angaben in diesem Reiseführer wurden sorgfältig recherchiert und überprüft. Dennoch können Entwicklungen vor Ort dazu führen, dass einzelne Informationen nicht mehr aktuell sind. Gerne nehmen wir dazu Ihre Hinweise und Anregungen entgegen. Bitte schreiben Sie an **post@trescher-verlag.de.**

TItel: Am Oder-Spree-Kanal
Vordere Klappe: Wegweiser im Stobbertal
Backcover: Im Schlaubetal

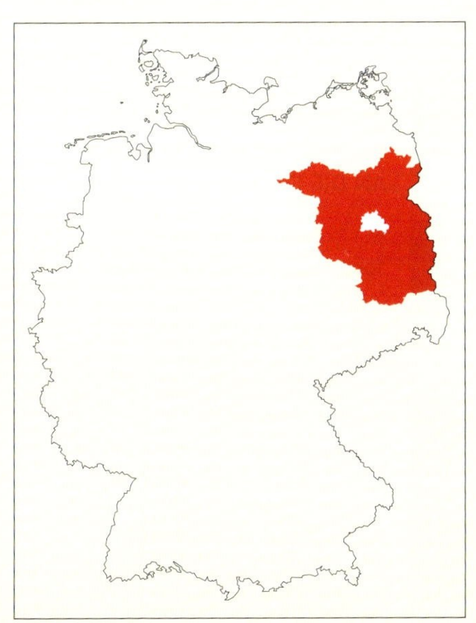

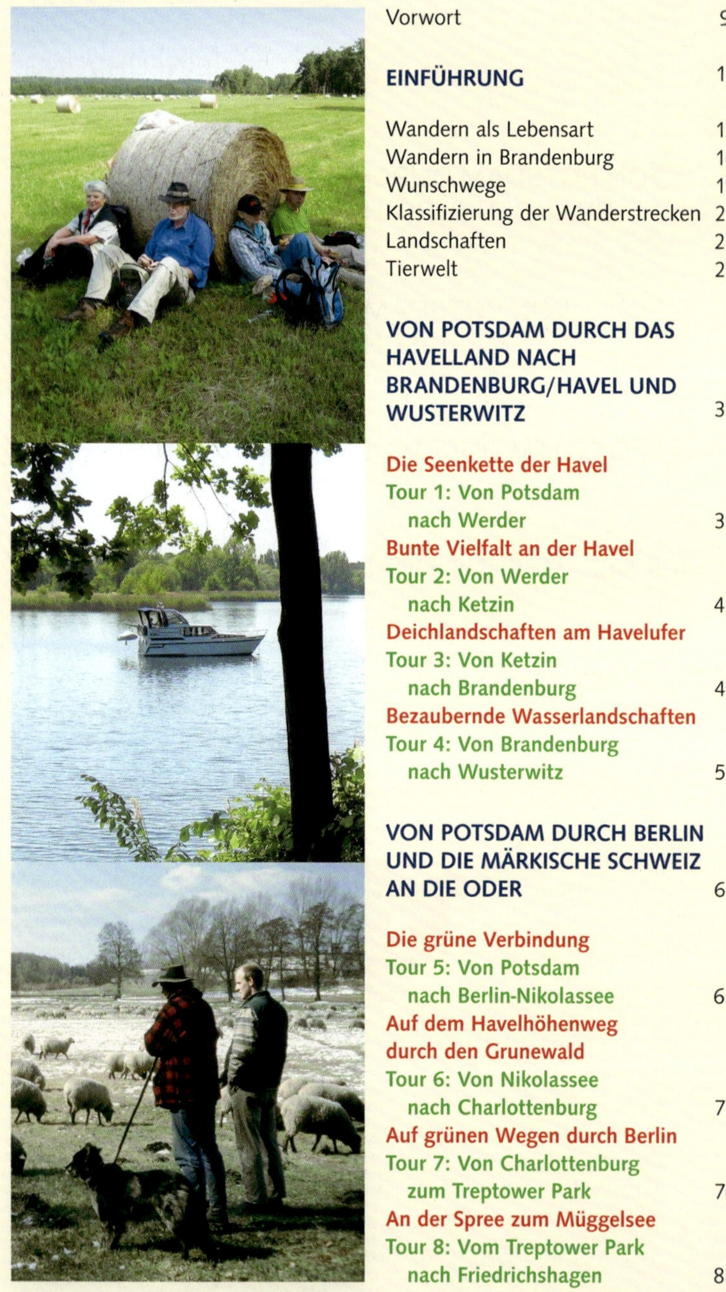

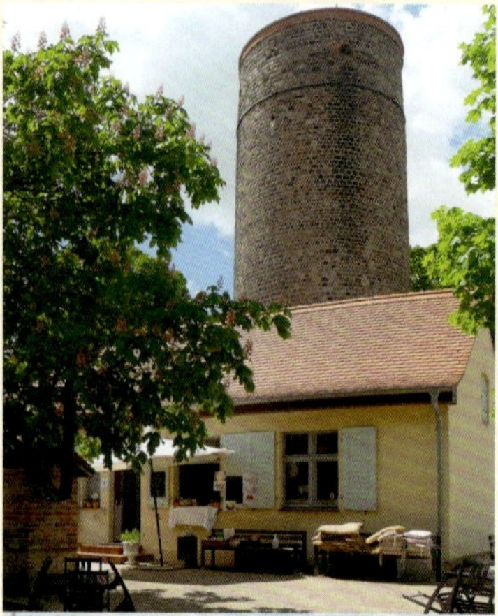

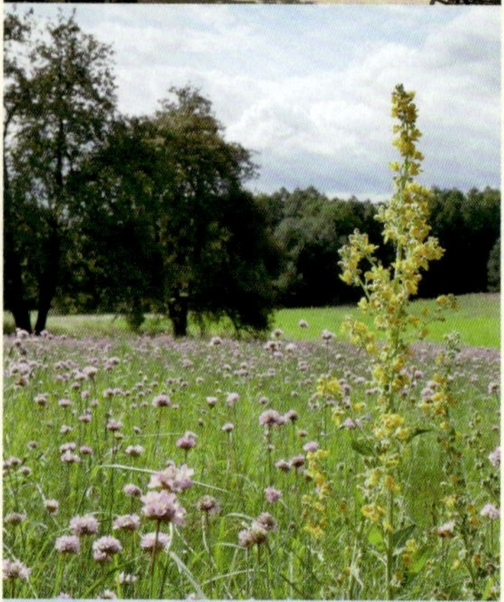

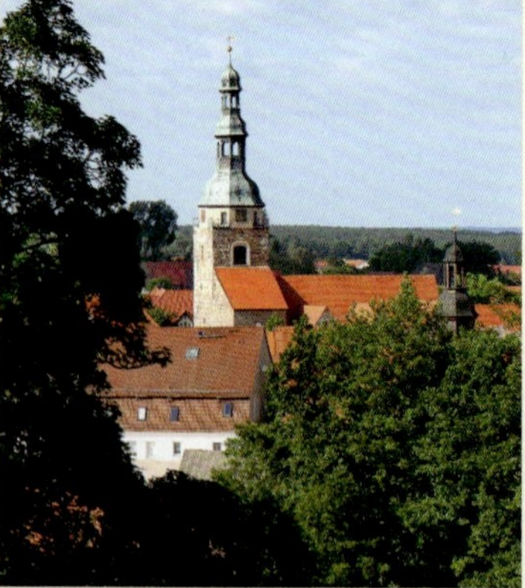

EXTRAS

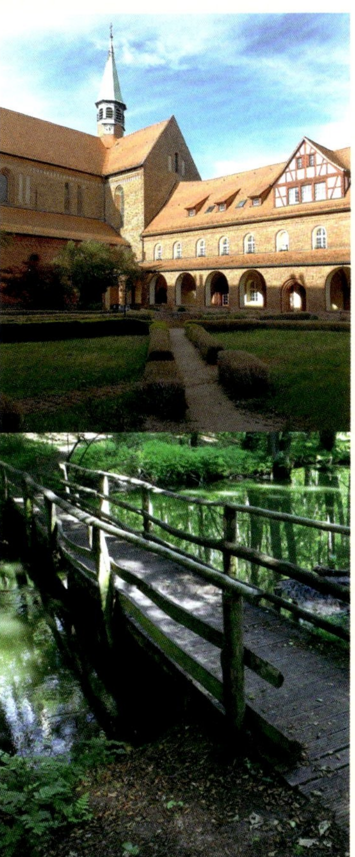

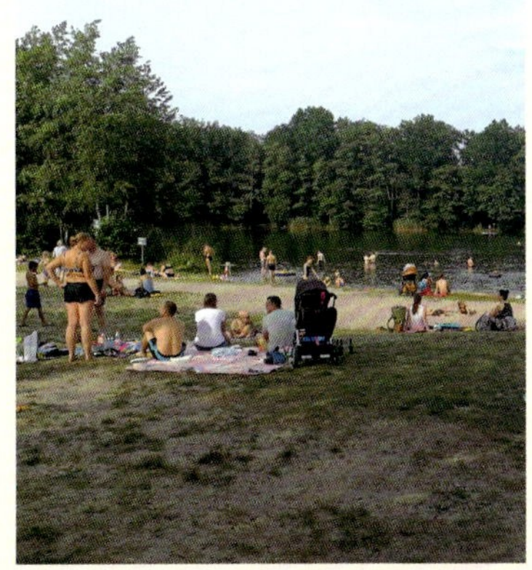

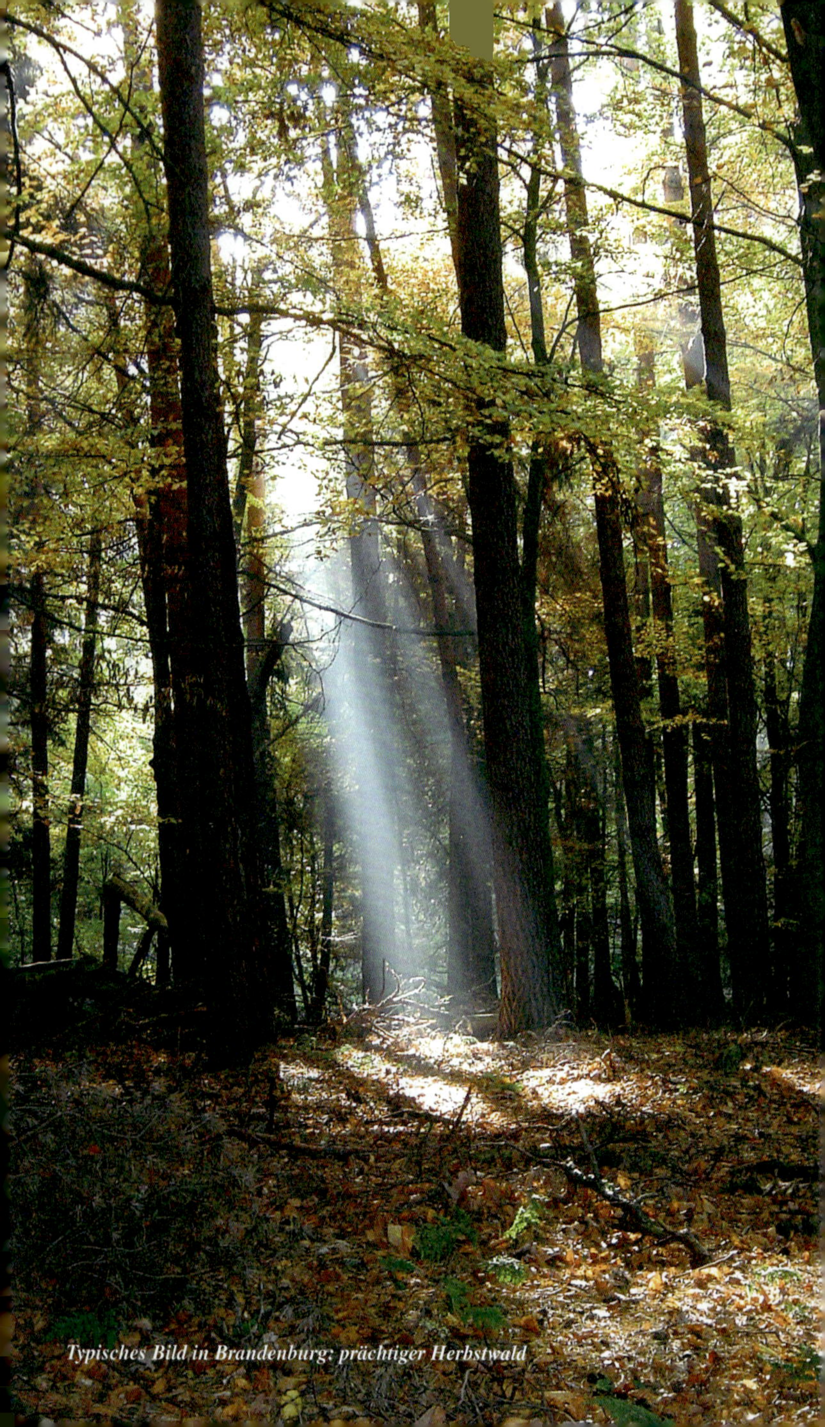

Typisches Bild in Brandenburg: prächtiger Herbstwald

Vorwort

Bis vor wenigen Jahren noch ein Geheimtipp, erfreut sich die frühere Mark Brandenburg bei Wanderern und Spaziergängern inzwischen stetig wachsender Beliebtheit – kein Zufall: das Land zwischen Elbe und Oder, Havel und Spree ist in weiten Teilen dünn besiedelt und von nur wenigen großen Verkehrsschneisen durchschnitten. Es präsentiert sich bei genauerem Hinsehen mit reizvollen, dabei sehr unterschiedlichen Landschaften. Zahlreiche, in den vergangenen Jahren neu entstandene Unterkünfte und Lokalitäten, Aussichtstürme, Museen und Veranstaltungsorte bieten touristische Attraktivität.

Nicht zuletzt wurden in jüngerer Zeit Wander- und Fahrradwege in fast allen Regionen neu angelegt oder verbessert. Bei der Auswahl der Routen für dieses Buch folgen die Autoren weitgehend der Streckenführung des Europäischen Fernwanderwegs E11, der das Land Brandenburg zwischen dem Wörlitzer Park an der Elbe bis Frankfurt (Oder) durchquert und dabei auch durch die Landeshauptstadt Potsdam sowie Berlin führt. Diesen Wanderungen gesellen sich weitere Routen hinzu, unter ihnen vier ab Potsdam entlang der Havel Richtung Westen und fünf der sieben Qualitätswanderwege Brandenburgs. Komplett durchquert werden der Fläming, Berlin, die Märkische Schweiz und der südliche Teil des Oderbruchs. In der Summe offenbart sich auf diesen Wegen die ganze Vielfalt märkischer Natur und der in sie eingebetteten Parks sowie der Schlösser, Klöster, Burgen und vielen geschichtsträchtigen Orte. Darunter sind verträumte Dörfer ebenso wie lebendige Kleinstädte.

Eines der wichtigsten Kriterien für die Auswahl der Strecken war, dass Start und Ziel jeweils gut mit öffentlichen Verkehrsmitteln erreichbar sind. Ihre Länge variiert zwischen 15 und 25 Kilometern, so dass sie auch für Freizeitwanderer problemlos zu bewältigen sind. Die Etappen lassen sich durchweg zu zwei- oder mehrtägigen Wanderungen verbinden, die meisten auch unterteilen. Die Wanderwege sind fast durchweg eindeutig ausgeschildert und markiert. Wo es sinnvoll erscheint, werden Alternativrouten beschrieben. Startpunkt der Wanderserie ist ein Findling enormer Größe in der Nähe des Potsdamer Hauptbahnhofs, an dem sich die Europa-Fernwanderwege E10 und E11 kreuzen.

Ausführliche Informationen zu jeder Strecke geben Auskunft über die Beschaffenheit der Wege, die Erreichbarkeit der Orte am Weg mit den öffentlichen Verkehrsmitteln, über Restaurants, Museen oder besondere Einrichtungen am Wegesrand. In die Texte eingeflochten sind darüber hinaus kurze Erläuterungen zu besonders interessanten Orten und Kuriositäten am Weg.

Dieser Wanderführer möchte dazu beitragen, die Schönheit der stillen, bisweilen geheimnisvollen, dabei relativ flachen und doch abwechslungsreichen Kulturlandschaft für Wanderer zu erschließen.

Wir wünschen viel Spaß beim Wandern und Erkunden des Landes Brandenburg!

Manfred Reschke und Andreas Sternfeldt im Herbst 2021

Das Land Brandenburg ist reich an Überraschungen, wenn man es zu Fuß erkundet – zu jeder Jahreszeit, bei jedem Wetter. Es bietet abwechslungsreiche Natur – Wälder, Seen, eine reiche Fauna und Flora, weite Wiesen- und Ackerflächen – sowie Parks, Dörfer und wunderbare Wege, die vielerorts gut ausgeschildert und gepflegt sind.

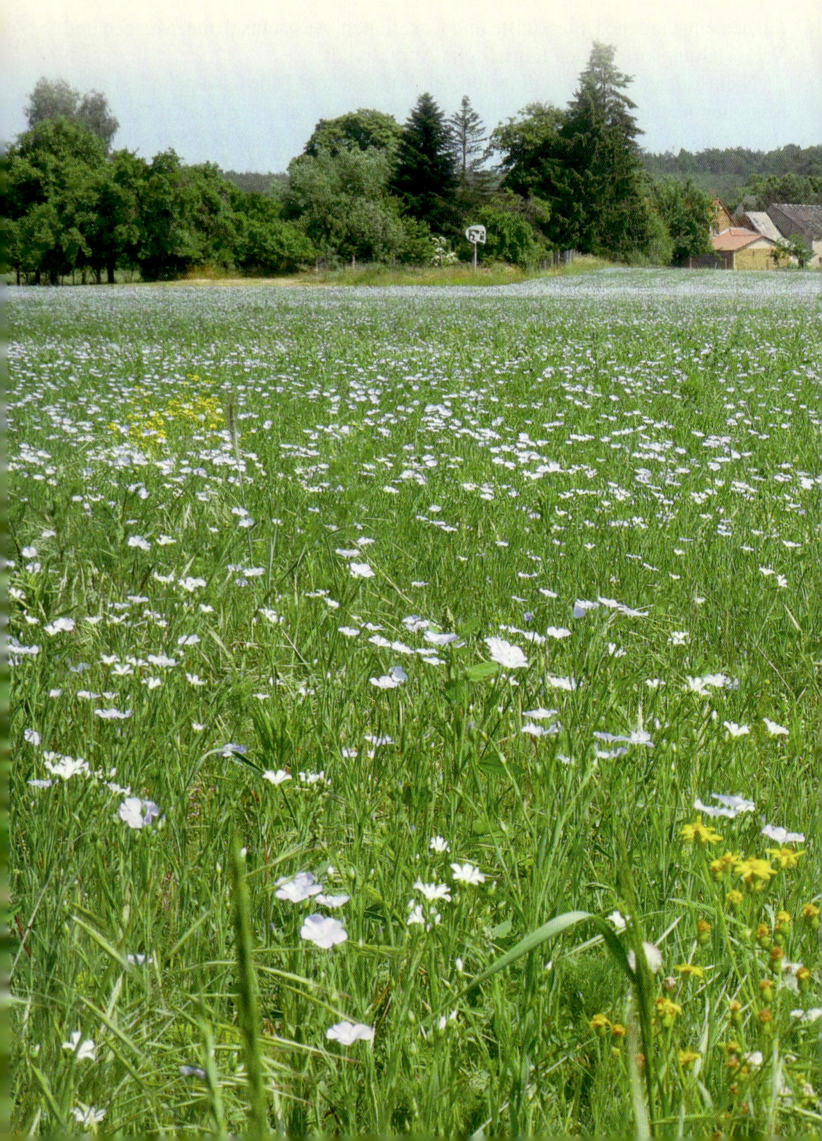

EINFÜHRUNG

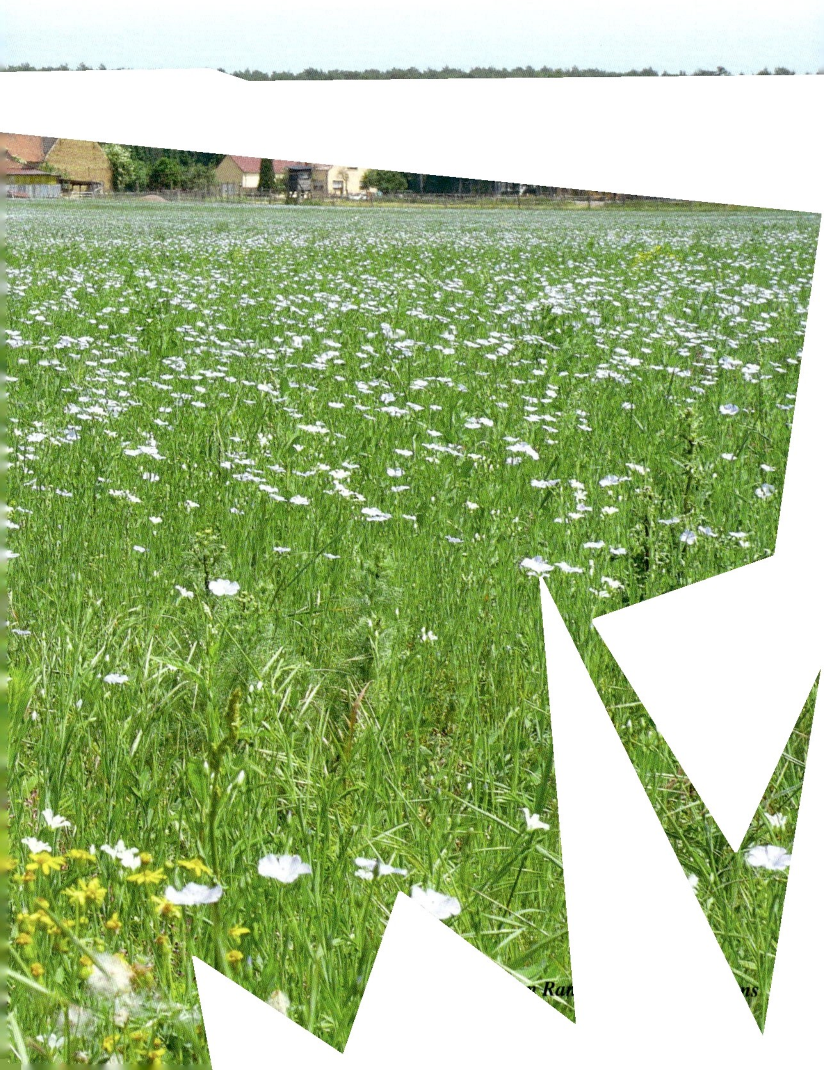

Wandern als Lebensart

Mir ist ein Wanderer begegnet,
der freute sich sogar, wenn's regnet.
Und lächelnd sagte der dann noch:
›Wenn ich mich nicht freu, regnet's doch‹.

Die Freude am Wandern ist von vielen Faktoren abhängig. Dem Wetter kommt dabei noch die geringste Bedeutung zu, denn darauf kann man sich einstellen. Auch gibt es keine günstigen oder weniger günstigen Jahreszeiten in Brandenburg. Wegen des flachen Geländes und der allgemein geringen Schneehöhe bieten auch die in Sonne getauchten oder von grauen Wolken verhangenen Winterlandschaften Gelegenheiten zum Wandern. Ohne Schnee sind die Nadelwälder auch im Winter grün und vielen Feldern verleiht die Wintersaat einen grünen Hauch. Die Baumblüte von Obstplantagen und Gartenlandschaften, bunte Wiesen und Gesträuch am Wegesrand sorgen im Frühjahr für das schönste Farbenfeuerwerk des gesamten Jahres. Im Sommer bieten die Laubwälder erfrischendes Klima, zahlreiche Badestellen an sauberen Seen laden zu Wanderpausen ein und stille Waldränder zum Träumen im Sonnenschein. Bunt sind die Sonnenblumenfelder, Parks und Gärten. Die Farbenpracht, die Buche, Eiche, Ahorn und diverse Büsche am Wegesrand mit ihrem Herbstlaub bieten, ist andernorts kaum zu übertreffen. Regnerische Novembertage mit ihren geheimnisvollen Landschaftsstimmungen schließlich entfalten einen ganz besonderen Reiz.

Wandern lässt sich also zu jeder Jahreszeit und in jeder Stimmung. Nie sieht ein Weg gleich aus; nie ist man selbst in der immer gleichen Verfassung. Vor allem aber tragen die Landschaftseindrücke, die Gerüche, Geräusche und Ruhe unterwegs zur Freude des Wanderns bei.

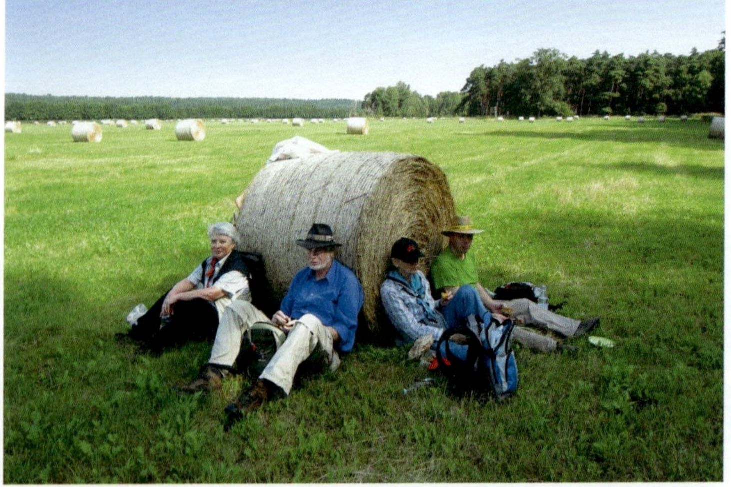

Eine Pause unterwegs

Wandern ist ein synästhetisches Vergnügen par excellence und eine der menschlichen Urbetätigungen. Das Wandern als Freizeitbeschäftigung wurzelt in den Pilgerwanderungen. Pilger begeben sich über lange Strecken, oft über Wochen und Monate, an einen religiös oder spirituell geprägten Ort. Der bekannteste Pilgerweg in Europa ist der Jakobsweg, der auf verschiedenen Routen über die Pyrenäen bis nach Santiago de Compostela führt. Die Schriftsteller Paulo Coelho (›Der Jakobsweg‹, 1987) und Hape Kerkeling (›Ich bin dann mal weg‹, 2006) beschrieben ihre Pilger-Erlebnisse auf dem Weg. Jede Wanderung ist in gewisser Hinsicht zugleich auch eine Pilgerreise.

Das Wandern der Neuzeit, ohne den ausgesprochenen religiösen Aspekt der Pilgerreise, beginnt mit den bürgerlichen Aufklärern in der zweiten Hälfte des 18. Jahrhunderts. Einige von ihnen wanderten über weite Strecken, beschrieben Menschen und die Umstände, in denen sie lebten. Ihnen folgten im 19. Jahrhundert die Romantiker, die in den durchwanderten Landschaften Spiegel inneren Erlebens entdeckten.

Die Mark Brandenburg und Theodor Fontane

Der bekannteste Wanderer durch die Mark Brandenburg war Theodor Fontane. Zwischen 1859 und 1889 erforschte und durchkreuzte er das Land. Er schrieb: »Ich bin die Mark durchzogen und habe sie reicher gefunden, als ich zu hoffen gewagt hatte. Jeder Fußbreit Erde belebte sich und gab Gestalten heraus wohin das Auge fiel, alles trug den breiten historischen Stempel.«

In fünf Bänden beschreibt Fontane Schlösser, Klöster, Orte und Landschaften, ihre Bewohner und ihre Geschichte. Wer heute in seinen Fußstapfen durch das Land geht, wird so manchen Ort und manche Naturbeschreibung wiedererkennen, andere nicht. Die Mark Brandenburg Fontanes gibt es noch und doch ist sie eine andere. Viele alte Dorf- und historische Stadtkerne, Kirchen, Klöster und Schlösser wurden zerstört und später restauriert, ganze Landstriche umgestaltet oder renaturiert, Naturparks und Naturschutzgebiete eingerichtet.

Hochachtung für Fontane empfand Günter Grass (1927–2015), der in seinem Roman ›Ein weites Feld‹ seinen Protagonisten Fonty die Wendezeit 1989 mit der Erinnerung an Fontane erleben lässt. Eines ist gewiss: Der Wanderer Fontane hat der Mark und dem Land Brandenburg einen unschätzbaren Dienst erwiesen. Von seinen Aufzeichnungen und seinem Ruhm profitieren auch die Tourismusverbände bis heute.

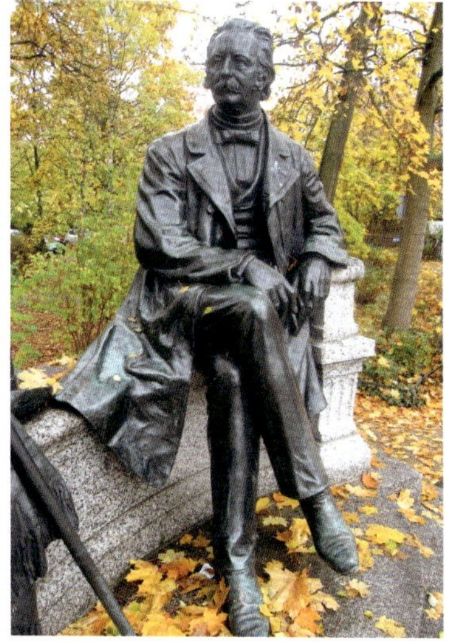

Der Wanderer Fontane als Denkmal in Neuruppin

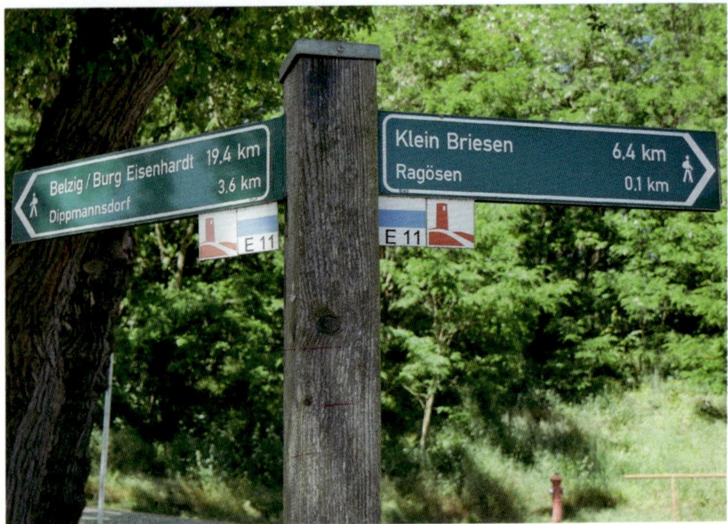

Auch der Burgenwanderweg gehört zu den Qualitätswanderwegen

Seine Leidenschaft für das Wandern verband Fontane mit seiner Leidenschaft für die Literatur. Beides ist verwandt: Wandern bedeutet Entdecken. Das Entdecken von Landschaften, Orten, Begebenheiten und Biografien ist damit ebenso gemeint wie die Entdeckung des ›Ich‹ auf dem Weg. Dabei spielt es eine Rolle, ob man allein oder mit Freunden oder gar mit Fremden das Erlebnis teilt. Allein zu wandern bedeutet, sich ganz auf den Dialog mit der Umwelt ebenso wie auf den im Innern einzulassen.

Wandern bedeutet Entspannung, Urlaub vom Alltag und den alltäglichen Sorgen, trägt bei zum Fällen schwieriger Entscheidungen und zur Lösung von Konflikten. Wandern ist ein Zeitgewinn. Das Denken kommt zur Ruhe, begeistert reagieren die Muskeln auf Bewegung. Wandern ist mehr als die Bewegung von A nach B. Es ist vor allem die Begegnung mit dem Unerwarteten auf dem Weg. Die Erinnerung an besonders beeindruckende Landschafts- und Farbkompositionen bleibt lange noch als Kraftquell abrufbar. Und auch das Wandern zu zweit oder mit mehreren Menschen birgt wunderbare Möglichkeiten gemeinsamer Erfahrungen über einen längeren Zeitraum.

Wandervereine

Die ersten Wander- und Gebirgsvereine im deutschen Raum entstanden Mitte des 19. Jahrhunderts. Im Jahr 1883 schlossen sie sich unter dem Dach des deutschen Wanderverbandes zusammen. Im Jahr 1895 gründeten sich in Wien die Naturfreunde als Dachverband proletarischer Wandervereine. Etwa zur gleichen Zeit schlug in Steglitz bei Berlin die Geburtsstunde der jugendlichen Wandervögel, die sich 1901 zu einem Verein zusammenschlossen und Teil der Jugendbewegung waren.

Der Deutsche Wanderverband (DWV) hat heute circa 600000 Mitglieder, die in rund 70 landesweiten und regionalen Gebirgs- und Wandervereinen mit etwa 3100 Ortsgruppen tätig sind. Die Jugendorganisation des DWV ist die Deutsche Wanderjugend, der rund 100000 Kinder und Jugendliche angehören. Die wichtigste alljährliche Veranstaltung des DWV ist der Deutsche Wandertag, an dem an jährlich wechselnden Orten etwa 30000 Menschen teilnehmen und gemeinsam wandern.

Wandern war und ist mehr als Sport. Für viele Menschen bedeutet es Heimat und Lebensweise. In der Satzung des Wanderverbandes sind neben der Pflege der Wanderwege und des Wanderns auch Naturschutz, Jugend-, Familien- und Kulturarbeit als Ziele verankert. Ein Schwerpunkt der Verbandsarbeit ist die Einrichtung von touristisch und kulturell besonders interessanten, zugleich umweltverträglichen Fern- und Kurzwanderwegen.

Qualitätswanderwege

Um Qualitätswanderwege zu etablieren, wurde die Initiative ›Wanderbares Deutschland‹ ins Leben gerufen, die mit der Formulierung und Vergabe von Qualitätskriterien Prädikatswanderwege fördert und bewirbt. Beworben und gepflegt werden die Wanderwege in Zusammenarbeit mit den Tourismus-Behörden der Bundesländer und Regionen. Im Bundesland Brandenburg erhielten bislang sieben Wege das Gütesiegel ›Qualitätsweg‹:

- *der Märkische Landweg (Uckermark; mit Nebenwegen 217 km)*
- *die Uckermärker Landrunde (152 km)*
- *der Burgenwanderweg (147 km; → S. 172)*
- *die Naturparkroute Märkische Schweiz (21,5 km; → S. 216)*
- *der Oderlandweg (60 km; → S. 229)*
- *der Schlaubetal-Wanderweg (25 km; → S. 224)*
- *der Internationale Kunstwanderweg (Fläming; 37 km; → S. 201)*

Bis auf die beiden erstgenannten sind die Wanderwege in diesem Buch beschrieben, vier vollständig sowie ein Teil des Burgenwanderweges zwischen Bad Belzig und Burg Rabenstein.

Europäische Fernwanderwege

In der Tradition der Pilger, der wandernden Scholasten und Gesellen aus dem Mittelalter, die oft tage- und wochenlang auf ihren Reisen unterwegs waren, begannen einige besonders Verwegene bereits in der Frühzeit des modernen Wanderns erste Fernwanderwege zu erkunden, anzulegen und zu markieren. Der erste war 1905 der Jurahöhenweg zwischen Zürich und Genf.

In den 1970er und 1980er Jahren entstand unter der Ägide der Europäischen Wandervereinigung ein Netz von Fernwanderwegen. Der Europäische Fernwanderweg E11 beispielsweise beginnt in Den Haag und endet in den Masuren, im Land Brandenburg beträgt seine Gesamtstreckenlänge 348 Kilometer. Sie ist aufgeteilt in 19 Teilstücke – 19 in diesem Buch beschriebene Routen zwischen Elbe und Oder.

Der Europäische Fernwanderweg E10 zwischen der Ostsee und dem Mittelmeer durchquert das Land von Norden nach Süden. In Potsdam kreuzen sich der E10 und der E11 an einem riesigen Findling südlich des Hauptbahnhofs. Die ersten beiden Touren in diesem Buch – von Potsdam über Werder nach Ketzin – folgen dem E 10 in Richtung Norden.

Es ist nicht nur das Wandern, was fasziniert, sondern auch die Entdeckungsreise, die man mit jeden einzelnen bewältigten Streckenabschnitt erlebt.

Wandern in Brandenburg

Der Wandergenuss hängt von vielen Faktoren ab, vor allem natürlich von der Intensität der erlebten Landschaftseindrücke. Die Tourismusämter des Landes, der Landkreis und Kommunen bewerben auch Wanderwege. Oft jedoch ist die Werbung leider irreführend. Was Enttäuschung zur Folge hat. Zum Beispiel, wenn ein Rundweg um einen See beworben wird, dessen Ufer aber besiedelt ist und nur an wenigen Stellen überhaupt sichtbar, während andernorts stille Seen an markierten Wanderwegen nicht beworben werden, obwohl sie Naturerlebnisse der absoluten Spitzenklasse bieten.

Ein weiterer grundlegender Aspekt der Wanderfreude ist Orientierungssicherheit. Da es oft an überregionaler Koordination mangelt, fühlt man sich in manchen Gegenden durch Markierungen und Wandertafeln gut an die Hand genommen, während man sich andernorts garantiert verirrt. Ebenso führen die Beschaffenheit der Wege und ihre Auswahl auf manchen Wanderrouten zu großer Begeisterung, andernorts jedoch leider zu Ärger und Enttäuschung.

Noch immer gibt es Tourismusämter, die das Wandern auf Radwegen ausdrücklich als Konzept des Gebietes empfehlen, während andere auf fachkundig markierte Wanderpfade allerhöchster Qualität setzen und danach streben, für Wanderer UND Radfahrer lästige Doppelnutzungen zu vermeiden. Ein einheitliches Handeln und enge Koordination gibt es mit Ausnahme der Werbung bisher in Brandenburg nicht.

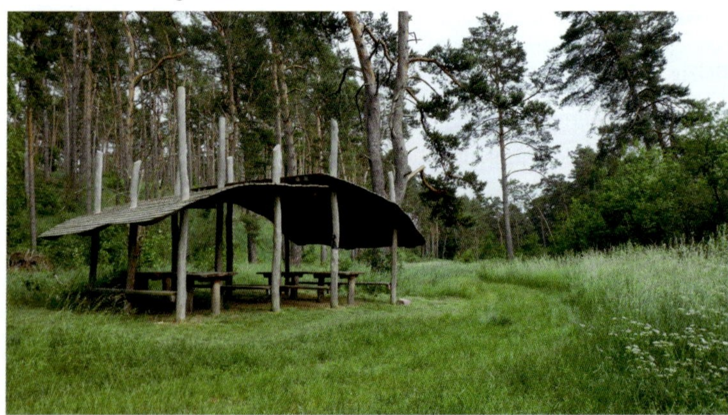

Rastmöglichkeiten finden sich an allen Wegen

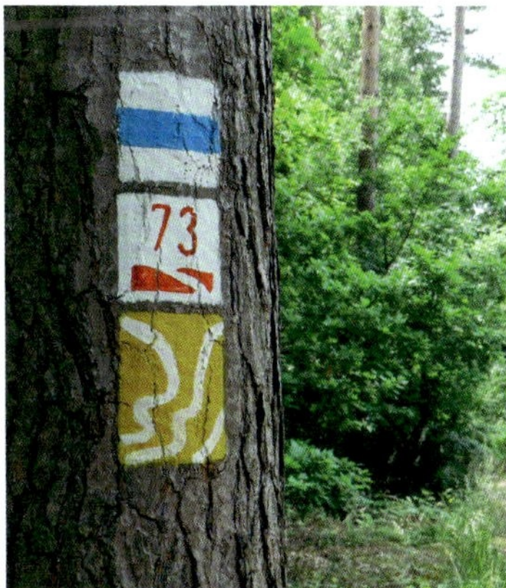

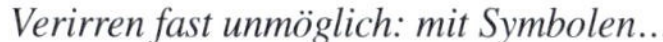

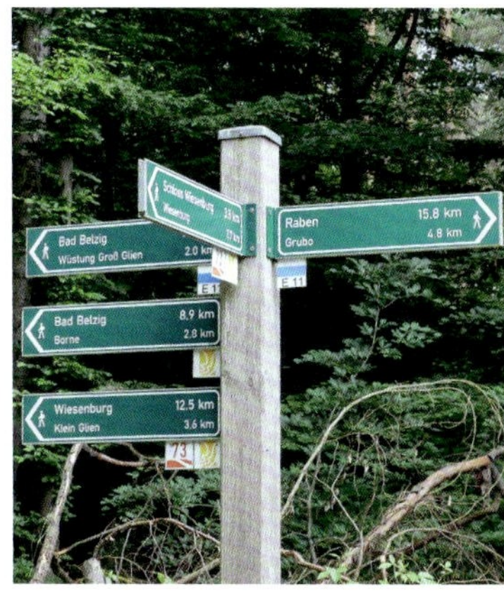

Verirren fast unmöglich: mit Symbolen… *…und genauen Entfernungsangaben sicher durchs ganze Land*

Vor allem von dem Wunsch ausgehend, für die Wanderer höchstmöglichen Genuss zu ermöglichen, bietet der vorliegende Wanderführer einen mehrfachen Service, der in Zusammenarbeit mit dem FUSS e.V. völlig neu konzipiert wurde. Der FUSS e.V. ist die 1985 gegründete Interessenvereinigung der Fußgänger in Deutschland. Die Mitglieder setzen sich dafür ein, das Zufußgehen sicherer, gesünder, angenehmer und attraktiver zu machen. Das Konzept des FUSS e.V wurde im Wettbewerb ›Deutschland, Land der Ideen‹ als zukunftsweisend ausgezeichnet. Es ist im Internet unter www.abgefahren-losgewandert.de zu finden. Um einige Erwägungen erweitert, wird es in diesem Wanderführer angewandt:

- Die ›Wunschwege‹ (→ S. 19) helfen bei der Entscheidungsfindung.
- Klassifizierung der Wanderstrecken: Die ›Sternbewertung‹ jeder Wanderstrecke hilft Enttäuschung zu vermeiden; die ›Charakteristik‹, jeder Tour vorangestellt, lässt erkennen, was den Wanderer erwartet.
- Die ›Wanderbahnhöfe‹ ermöglichen Wanderungen mit Bahn- und Busverbindungen zum Ausgangspunkt und vom Endpunkt zurück (siehe auch www.wander-bahnhoefe-brandenburg.de).
- Da es sich bei den Touren weitgehend um einzelne Etappen von Weitwanderwegen handelt, sind unterschiedliche Anfangs- und Endpunkte die Regel. Gemäß Tourenteilung lassen diese fast in jedem Fall Tagestouren zu. Weiterhin ergeben sich Möglichkeiten für Zwei- oder Mehrtagestouren verschiedener Länge mit einer oder mehreren Übernachtungen unterwegs.
- Zusätzlich werden aber auch Rundwandermöglichkeiten genannt, die als Ausflugstipps aus den Streckenwanderungen abgeleitet sind oder zusätzlich angeboten werden.

Die den Einzeletappen hier zugeordneten Kartenzeichnungen sind zusammen mit dem Text und den Markierungen auf dem Weg in aller Regel ausreichend. Dabei ist zu beachten, dass jede Etappe als Zeichnung auf einer Seite abgebildet ist und sich daher unterschiedliche Maßstäbe ergeben.

Es empfiehlt sich deshalb, die sehr gute Falk-Regionalkarte 6 ›Berlin und Umgebung‹ im Maßstab 1:150 000 zur Verfügung zu haben. Diese Karte deckt das gesamte Gebiet aller Wanderungen ab und lässt großräumig die Landschaft, die Straßen- und Bahnverbindungen erkennen. Die zusätzlich bei jeder Etappe erwähnten Karten sind eine Ergänzung, die nur in wenigen jeweils besonders vermerkten Fällen sicherheitshalber ratsam ist.

Es gibt für die meisten Gebiete diverse Wanderkarten unterschiedlicher Anbieter. Neben den offiziellen Karten der Landesvermessung und Geobasis sind insbesondere die Wanderkarten des Pharus Verlages und des Verlages Dr. Barthel aus der Serie ›Schöne Heimat‹ zu empfehlen.

Zur eigenen Sicherheit ist es ratsam, einen Kompass dabei zu haben: In den Wäldern sind mitunter mehr Wege vorhanden, als selbst die besten Karten ausweisen. In den Beschreibungen hier wird daher häufig die Himmelsrichtung als zusätzliche Orientierungshilfe vermerkt.

Eine enorme Orientierungshilfe sind GPS-Daten. Wir sind in den letzten Monaten alle im Wanderführer vorgestellten Wege abgelaufen und haben die GPS-Daten aufgezeichnet. Diese können nun für jede Tour von der Webseite des Trescher-Verlages heruntergeladen werden. Man braucht dazu ein Mobiltelefon oder ein GPS-Gerät. Das Abrufen der GPS-Daten ›frisst‹ allerdings viel Batteriekapazität. Es bietet sich deshalb an, ein Ladegerät für den Akku, eine sogenannte Powerbank, im Gepäck zu haben. Um die Daten lesen zu können, benötigt man eine Karte, die sich auf das Handy herunterladen lässt und in das man die GPS-Daten als Route importiert. Für Android ist das, zum Beispiel, Locus Map free. Ein für Apple-Anwendungen empfehlenswertes Programm ist Map Plus, das ebenfalls GPS-Daten importiert.

Der Verkehrsverbund Berlin-Brandenburg (VBB) gibt an Werktagen (Mo–Fr 8–20, Sa/So 9–18 Uhr) tagsüber unter der Service-Telefonnummer 030/25414141 Auskünfte über sämtliche Verkehrsverbindungen im Land, also auch über Busverbindungen, im Internet: www.vbbonline.de. Tagesaktuelle Informationen erhält man auch über die Apps der Deutschen Bahn (DB Navigator), ebenso für die Busverbindungen und über die App des VBB. Eine recht zuverlässige Quelle für aktuelle Infos mit Verweisen auf Karten ist die App ›Öffi‹.

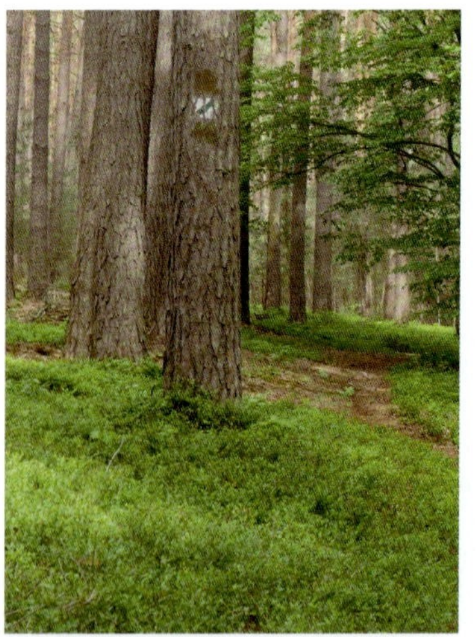

Wanderweg am Klein Briesener Bach

Das Land Brandenburg bietet in einigen abgelegenen Regionen einen ganz wunderbaren Service an, die Rufbusse. Mindestens 90 Minuten vor der im offiziellen Fahrplan gewünschten Abfahrt ruft man eine Nummer an und bestellt über diese den Rufbus, der dann am gewünschten Ort an der gewünschten Strecke zur entsprechenden Zeit eintrifft. Versäumt man dies, kommt kein Bus, auch wenn die Abfahrtszeit im Fahrplan vermerkt ist. In den einzelnen Kapiteln verweisen die Informationen zu den Verkehrsverbindungen darauf, falls es sich um Rufbus-Verbindungen handelt.

Hinsichtlich der Übernachtungsmöglichkeiten gibt es folgende Varianten: Bei fernwege.de kann man per E-Mail oder Briefpost ein Übernachtungsverzeichnis des Fernwanderweges E11 durch Brandenburg anfordern: fernwege.de, Untere Kirchgasse 2, 55595 Roxheim, info@fernwege.de. Im Anhang sind die wichtigsten Tourismusverbände der Regionen genannt, die regionale Übernachtungsverzeichnisse laufend aktualisieren.

Im Übrigen gibt es in größeren Orten oder mittels einer kurzen Bahnfahrt zur nächsten Stadt fast überall ein ausreichendes Übernachtungsangebot. In den wenigen Fällen, wo es nur eine Möglichkeit oder keine Verkehrsverbindungen gibt, sind die Übernachtungsmöglichkeiten im Infoteil zu den entsprechenden Touren vermerkt.

Wunschwege

Mit der Kategorisierung nach ›Wunschwegen‹ wird jeder Wandertour einer Analyse unterzogen. Erarbeitet wurde dieses Konzept nach einer Idee des FUSS e.V. Auf der Webseite www.wanderwuensche.de ist es in größerer Vielfalt präsentiert, als dies in diesem Wanderführer möglich ist. Wanderrouten sind unterschiedlich interessant, je nach Jahreszeit, Charakteristik der Landschaft, Möglichkeiten zur Beobachtung der Tierwelt (Störche, Kraniche), Vielfalt der Flora, Anzahl und Bedeutung kulturell oder historisch bedeutsamer Objekte am Wegesrand, Gastronomie an der Strecke und vielen anderen Kriterien.

Mit diesen Kriterien sind zugleich die Wünsche benannt, die Wanderer oftmals an eine Strecke stellen. Die Wanderwünsche werden in Kategorien gruppiert und bei jeder Wandertour genannt. Das bedeutet aber keinesfalls, dass die Touren ansonsten uninteressant sind. Diese Kategorisierung gibt Hauptcharakteristiska wieder und ist als grobe Einteilung zu verstehen. Jede Etappe in diesem Wanderführer wird gemäß der nachfolgenden Kategorisierung Wunschkategorien zugeordnet. Diese Hinweise mögen dazu beitragen, individuelle Wanderwünsche zu erfüllen.

- ▸ 1 **Frühlingsweg**: Gartenlandschaften mit Baumblüte und bunten Frühlingswiesen; Touren 2, 5, 7, 8, 9, 11, 14, 15, 20, 21, 22, 23, 24, 25, 26, 27, 28, 29, 30, 31, 33.
- ▸ 2 **Sommerweg**: Laubwälder mit erfrischendem Schatten und Routen mit attraktiven Badestellen. Touren 4, 5, 6, 7, 8, 12, 16, 17, 26, 27, 28, 29, 30, 31, 32, 33.
- ▸ 3 **Herbstweg**: Laubwälder mit attraktiver Herbstfärbung; Touren 5, 6, 7, 8, 9, 10, 11, 12, 15, 16, 19, 20, 21, 22, 23, 24, 25, 26, 27, 28, 29, 30, 32.
- ▸ 4 **Winterweg**: Nadelwälder, auch ohne Schnee im Winter grün und mit Schnee attraktiver als blattlos kahle Laubwälder; Touren 3, 5, 6, 10, 11, 12, 16, 17, 18, 19, 20, 21, 22, 24, 25, 27.
- ▸ 5 **Waldweg**: Überwiegend Waldgebiete; Touren 5, 6, 11, 12, 16, 17, 18, 19, 20, 21, 22, 23, 24, 25, 26, 27, 28, 29, 30, 31, 32, 33.

▸ **6 Feldweg**: Große Anteile an offenem Land; Touren 3, 8, 9, 10, 4, 15, 21, 24, 25.
▸ **7 Flussweg**: Passagen an Bächen, Flüssen und Kanälen; Touren 1, 2, 3, 5, 6, 7, 9, 12, 13, 14, 6, 23, 26, 27.
▸ **8 Seeweg**: Seeuferwege mit Sichtstellen und/oder Badestellen; Touren 4, 5, 10, 16, 17, 26, 27, 30, 31, 32,33.
▸ **9 Siedlungsweg**: Ortslagen mit Gärten; Touren 1, 2, 4, 7, 8, 9, 10, 15, 17, 20, 28, 31, 32, 33.
▸ **10 Kulturweg**: Der Weg berührt Orte, Gebäude oder Gedenkstätten, die kulturhistorische oder andere Besonderheiten aufweisen, die also Kulturerlebnisse im weitesten Sinne als Ergänzung zur Natur beinhalten; Touren 1, 2, 3, 4, 5, 7, 8, 9, 10, 12, 14, 15, 16, 17, 29, 21, 23, 24, 25, 28, 33.
▸ **11 Naturweg**: Wege, die besonders erlebnisreiche Natur bieten; Touren 3, 6, 15, 19, 21, 22, 24, 25, 26, 27, 28, 29, 30.
▸ **12 Ruheweg**: Weg, der durch abgelegene stille Landschaften führt oder Rastplätze bietet, an denen man außer den Geräuschen der umgebenden Natur Vogelgezwitscher, leises Rascheln der Blätter, Plätschern eines Gewässers keine Geräusche hört; Touren 3, 6, 15, 18, 21, 22, 24, 25, 26, 27, 28, 29, 30, 33.
▸ **13 Pilgerweg**: Weg, der religiösen Bezug aufweist oder zur Besinnung anregt. Speziell ausgewiesene Pilgerwege sind diese Wanderrouten nicht; Touren 6, 15, 17, 21.
▸ **14 Himmelweg**: Weg, der die Weite des Himmels ohne störende menschliche Bauwerke erleben lässt; Touren 3, 6, 15, 24, 25.
▸ **15 Wunderweg**: Überraschungen oder Merkwürdiges unterwegs; Touren 6, 21, 23, 24, 25.
▸ **16 Schlemmerweg**: Besonders attraktive Gaststätten laden ein; Touren 1, 2 (Kemnitz), 4 (Schleuse), 21 (Rittersaal Burg Rabenstein).
▸ **17 Sportweg**: Weg, der einen Bezug zum Sport hat. Nicht gemeint ist sportliches Wandern oder sportliche Aktivitäten unterwegs, denn dieses ist fast überall möglich; Touren 1 (Rudersport Olympiazentrum), 2 (Golfplatz), 6 (Wassersport auf der Havel, Drachenflieger auf dem Teufelsberg), 9 (Galopprennbahn Hoppegarten).
▸ **18 Parkweg**: Parkanlagen oder parkähnliche Wegstrecken; Touren 5, 7, 8, 23, 24, 25.
▸ **19 Kinderweg**: Auch für Kinder gibt es besondere Extras; Tour 8 (Wuhlheide).
▸ **20 Rollweg**: Rollstuhlgerechte Wege; Touren 5, 7, 8, 11, 14.
▸ **21a und 21b und 21c – Wanderbahnhofsweg**. 21a: Am Anfang und Ende der Tour befinden sich Bahnhöfe oder regelmäßige Busverbindungen, die an derselben Strecke liegen und eine einfache Rückkehr vom Ziel zum Start ermöglichen; Touren 1, 4, 5, 6, 7, 8, 16, 18, 19, 20, 24, 25, 28, 29, 30, 31, 32, 33. 21b: Am Anfang und auch am Ende einer jeden Tour gibt es Bahnverbindungen oder günstige Busverbindungen zu Bahnhöfen, die nicht an derselben Strecke liegen. Tour 2. 21c: Alle nicht unter 21a und 21b genannten Touren haben jeweils am Anfang und Endpunkt Verkehrsverbindungen, jedoch mit unregelmäßigen Fahrzeiten. Bei den fehlenden Touren können die Verkehrsverbindungen am einfachsten über das Infotelefon 030/25414141 oder im Internet unter www.vbbonline.de erfragt werden.

Klassifizierung der Wanderstrecken

Wanderwege wurden in Brandenburg in den vergangenen Jahren unterschiedlich konzipiert. So sind beispielsweise einige, wie oben beschrieben, ausdrücklich für die Doppelnutzung von Wanderern und Radwanderern vorgesehen und so seitens der Kommunen ausdrücklich gewollt. In anderen Gebieten hat man sich an den Qualitätskriterien für Wanderwege orientiert und bietet getrennte Wege für den Radtouristen und den Wandergast an – sehr zur Freude beider.

Da es in Brandenburg kein einheitliches System für die Anlage von Wanderwegen gibt, wurde für diesen Reiseführer jede Teilstrecke hinsichtlich beider Nutzungsarten beschrieben, werden diesbezügliche Hinweise gegeben und Alternativen angeboten. Da es sich hier aber um Wanderwege handelt, beziehen sich die Angaben zu den Wanderkarten und die Streckendetails stets auf das Wandern.

Kein Weitwanderweg kann durchgängig nur attraktive Strecken bieten; und je länger er ist, desto größer sind die Unterschiede zwischen den Teilstrecken. Das beinhaltet hinsichtlich der Erlebnisvielfalt mehr Vorteile als Nachteile. Neben der sehr unterschiedlichen Vielfalt gibt es auch Überbrückungsstrecken mit wenigen Highlights am Weg, die nicht attraktiv sein können. Schließlich ist erkennbar, dass mancherorts noch immer wandernden Naturliebhabern wenig Aufmerksamkeit gewidmet wird, andernorts diese aber willkommene Gäste sind. Das ist auch an der Wegführung und am Service – Rastplätze, Aussichtspunkte, Orientierungssicherheit – erkennbar. Die Beschilderungen und Wegmarkierungen sind sehr unterschiedlich. Es gibt orientierungssichere Teilstrecken, bei denen die Karten in diesem Buch als Orientierung ausreichen und nur wenig Textunterstützung erforderlich ist, und solche, bei denen zusätzliche Hinweise im Text zu finden sind und Kartenmaterial oder GPS-Unterstützung ratsam ist. Daher sind auch die Wegbeschreibungen unterschiedlich umfangreich.

Kurzum: Das Spektrum an Wanderungen ist weit gefächert – die meisten Wanderungen in diesem Buch beschreiben jedoch Routen allerhöchster Qualität. Zur Orientierung ist jede Strecke aus der Sicht des Wanderers mit einer Benotung in Form von Sternen versehen. Diese Einteilung wird durch die Angabe der Wegebeschaffenheit und die sonstigen Hinweise im Vorspann jeder Wandertour begründet. Es wird daher empfohlen, die allgemeinen Hinweise und die Charakteristik, die jeder Tour vorangestellt sind, wie auch die Wunschwegekategorie zusätzlich zu beachten. So lässt sich rasch ein Überblick über die Tour gewinnen und eine fundierte Entscheidung für eine bestimmte Etappe fällen.

Die Benotung durch die Sterne bedeutet:

*	*Überbrückungsstrecke, als Einzelwanderung nicht zu empfehlen*
**	*Mittelmäßige Strecke*
***	*Gute Wanderstrecke*
****	*Sehr gute Wanderstrecke*
*****	*Absolute Spitzenwanderstrecke*

Landschaften

Oft hört man: »Berlin ist ja ganz nett, aber toll wäre die Stadt, wenn sie doch zumindest wie München an den Alpen oder wie Hamburg in der Nähe des Meeres liegen würde.« Selbst viele Berliner haben keine Ahnung von den Schätzen vor ihrer Haustür. Wer aber offenen Auges durch Brandenburg wandert, wird bald feststellen, dass die Landschaft wesentlich abwechslungsreicher ist als vermutet. Der Reichtum an Details in deutlich voneinander unterscheidbaren Landschaften imponiert selbst im Brandenburgischen Aufgewachsene, wenn sie sich auf Entdeckungstour begeben. Und das trifft nicht nur auf überregional bekannte Landstriche wie Spreewald und Märkische Schweiz zu.

Die Spuren der Eiszeiten

Geformt wurden die brandenburgischen Landschaften vor ungefähr 10000 Jahren mit dem Rückzug der Eiszeit-Gletscher, die in der letzten Kaltzeit das Land bis zu 50 Kilometer südlich von Berlin versiegelten. Mehrmals waren die Gletscher in den 100 000 Jahren zuvor, während der Weichsel-Eiszeit, von Norden nach Süden gewachsen und hatten dabei wie Planierraupen gewaltige Mengen Geröll, Kies, Feinböden und Sand vor sich her geschoben. Bei ihren Rückzügen, bevor sie sich wieder ausdehnten, hinterließen sie an den bis zu 100 Meter aufragenden zerklüfteten Randlagen mächtige Wälle aus mitgeführtem Material, die sogenannten Endmoränen: Hügelketten mit teils steilen Abhängen, wie sie zum Beispiel für die Märkische Schweiz und den Rand des Oderlandes typisch sind (→ S. 111, 216, 229). Vor ihnen breiten sich die Sander aus – tischebene weite Flächen aus Kies, Sand und Gestein, die das abschmelzende Gletschereis geformt hat. Die Schmelzwasser sammelten sich in Urstromtälern, aus denen sie

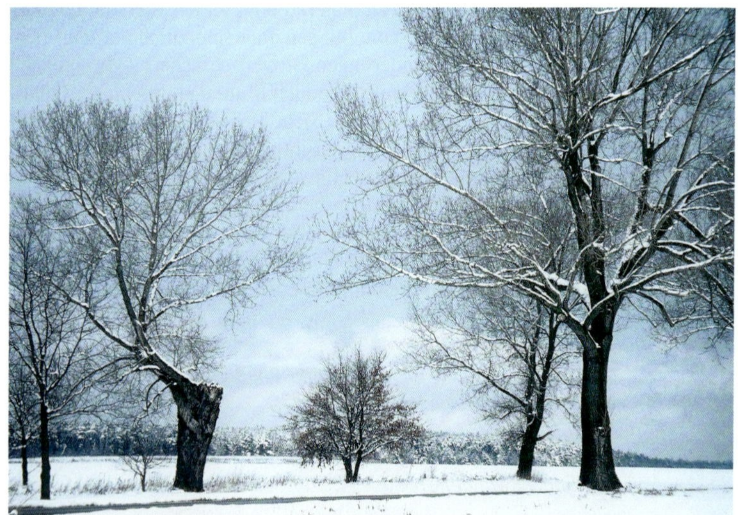

Winterpracht am Wegesrand

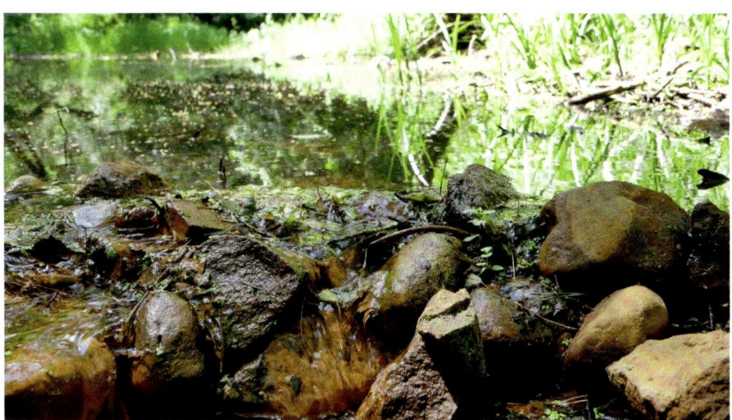

An der Quelle des Lütte Baches

mit Elbe, Oder, Havel, Spree, Dahme und zahllosen Nebenflüssen in die Ost- und Nordsee abflossen. Unter den Eismassen lagerten die Gletscher Geschiebemergel ab, die Grundmoränen: ebene bis sanft gewellte Landschaften, wie sie Brandenburg weithin dominieren. Dazwischen blinken die zahllosen brandenburgischen Seen auf, die sich in Gletscherschrammen, Schmelzwasserrinnen und Toteismulden gegen Ende der Weichsel-Eiszeit füllten. Theodor Fontane fasste zusammen, was er oft und in immer wieder neuen Konstellationen auf seinen Wanderungen zu sehen bekam: »Weite Flächen, Hügelzüge am Horizont, ein See, verstreute Ackerfelder, hier ein Stück Sumpfland, durch das sich Erlenbüsche und dort ein Stück Sandland, durch das sich Kiefern ziehen.«

Luche, Flüsse und Seen

Die wichtigsten Verkehrswege der ersten Menschen in der Region konzentrierten sich dort, wo die sandigen, sumpfigen, vermoorten Urstromtäler am schmalsten waren. Ihre Verlandung setzte vor ungefähr 5000 Jahren ein, Luchlandschaften mit Feuchtwiesen, ausgedehnte Sümpfe und Niedermoore entstanden. Das große havelländische Luch nordwestlich von Berlin und das Oderbruch im Osten (→ S. 45, 130, 136) wurden im 18. Jahrhundert mithilfe von Deichen, Schöpfwerken, Wehren und Gräben für die Landwirtschaft und als Lebensraum erschlossen.

Brandenburg gilt mit seinen mehr als 3000 natürlich entstandenen Seen als das wasserreichste Bundesland. Viele Seen sind klein und namenlos, andere, die zum Windsurfen und Segeln einladen und auf denen Ausflugsschiffe verkehren, von beträchtlichen Ausmaßen. Das Wasser prägt und strukturiert das Land. Im Osten markieren Oder und Neiße die Grenze zu Polen, im Südwesten und Nordwesten bildet die Elbe die Grenze zu Sachsen-Anhalt und Niedersachsen. Bedeutende Flüsse, die das Land durchziehen, sind Havel, Spree und Dahme. Seit dem 13. Jahrhundert regeln Schleusen den Verkehr auf den Flüssen und die Nutzung der Wasserläufe für Mühlenwerke. Anfang des 17. Jahrhunderts entstand der erste Kanal, der Finowkanal, der bis heute Havel und Oder etwa 50 Kilome-

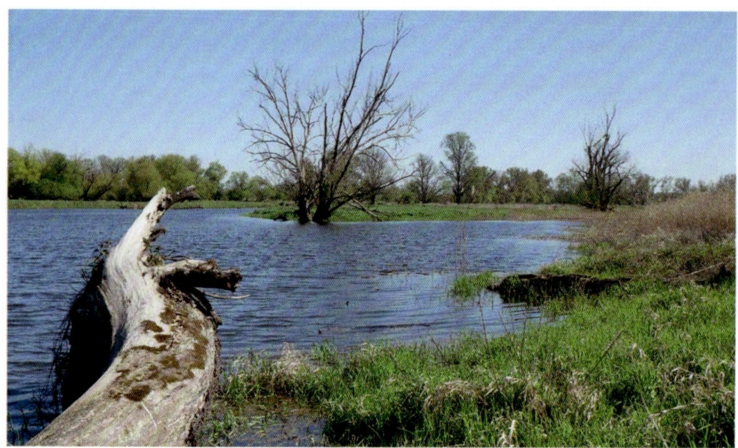

Überschwemmungsgebiet an der Oder bei Lebus

ter nördlich von Berlin verbindet. Anfang des 19. Jahrhunderts bereits hatte die Mark Brandenburg ein Wasserstraßennetz von 800 Kilometern Länge, das mit der Industrialisierung in der zweiten Hälfte des 19. Jahrhunderts noch beträchtlich wuchs. Die Urbarmachung der Überschwemmungslandschaften von Oder, Havel und Spree gelang mit dem Ausheben von Entwässerungsgräben und -kanälen, die zusammen mit den Flüssen, für die Schifffahrt angelegten Kanälen und natürlichen Bächen ein Netz von mehr als 30 000 Kilometern Länge ergeben.

Das Wasser formte unverwechselbare Landschaften, die heute teils unter besonderem Schutz stehen. Brandenburgs einziger Nationalpark liegt am Unteren Odertal im Nordosten des Bundeslandes. Als Biosphärenreservate sind die Regionen Schorfheide-Chorin, die Flusslandschaft Elbe-Brandenburg-Chorin und der Spreewald ausgewiesen.

Den Reiz der meisten Orte im Land Brandenburg macht die Lage am Wasser aus. Viele bedeutende Schlösser und Herrenhäuser befinden sich an Ufern von Seen und Flüssen, unter ihnen die in Plaue und Brandenburg/Havel (→ Tour 4), in der Landeshauptstadt Potsdam (→ Tour 5), in Köpenick (→ Tour 8) und das Barockschloss von Caputh (→ Tour 16).

Von der Lage an der Spree wurde auch die Entwicklung Berlins maßgeblich geprägt. Mit der Gründung von Groß-Berlin im Jahr 1920 erlangte die Stadt durch die Eingemeindung von sieben umliegenden Städten, etlichen Landgemeinden und Gutsbezirken über Nacht den Status einer Weltmetropole. Neben der Spree floss nun auch die Havel, der mit 325 Kilometer längste Fluss im Brandenburgischen, durch Berlin. Gegenüber der Spandauer Altstadt mündet die Spree in die Havel. Der Müggelsee im Osten und der Wannsee im Westen Berlins sind die flächenmäßig größten Gewässer. Einige innerstädtische Bezirke werden vom Landwehrkanal durchflossen, der im 19. Jahrhundert angelegt wurde. In weiten Teilen ist er von Parks, Grün- und Erholungsflächen gesäumt (→ Tour 7).

Die Gewässerlandschaften können mit Paddelboot und Kanu erkundet werden, manche sind auch für Motorboote zugelassen. Angler und Badegäste, Radfahrer und Spaziergänger schätzen die Seen und Flüsse, und in Ufernähe hat sich die touristische Infrastruktur in den letzten Jahren stark verbessert.

Wälder und Bäume

Brandenburg ist nicht nur reich an Seen und Flüssen, sondern auch an Wäldern. Ein Drittel der Fläche des Landes ist von Wald bedeckt. Nach der letzten Eiszeit siedelten sich in der Region zunächst Birken und Buchen an. Die anderen Laubbäume, vor allem Eichen, wurden nach und nach heimisch. Bis ins Mittelalter prägten riesige Laubwälder das Bild der märkischen Landschaften. Das änderte sich mit dem rasant steigenden Holzbedarf der Glashütten, Köhlereien, Teer- und Kalkbrennereien und dem vermehrten Hunger nach Baumaterial in den wachsenden Städten. Durch den unkontrollierten Holzeinschlag jener Ära verarmten die Böden. Bald schon genügten sie nur noch dem Anbau von Kiefern – anspruchslosen Bäumen, die schnell wachsen, als Rohholz gefragt waren und sind. Die Kiefer eroberte Brandenburg. Sie bedeckt heute 70 Prozent der Waldfläche. In Kiefernwäldern lässt es sich gut atmen, doch Kiefern-Monokulturen sind anfällig für Schädlinge, Windbruch und Waldbrände. Das wusste man bereits vor 100 Jahren und begann damit, die Wälder mit Laubbäumen zu durchmischen. Der Zweite Weltkrieg und die extensive Waldbewirtschaftung mit Kiefernbeständen in den Jahrzehnten nach dem Krieg aufgrund wirtschaftlicher Zwänge behinderten die Bemühungen um die Gesundung der Wälder. Inzwischen hat sich einiges geändert. Seit vielen Jahren arbeiten die Förster daran, mehr Laubbäume zu setzen, doch geht die Durchmischung der Wälder nur sehr langsam voran.

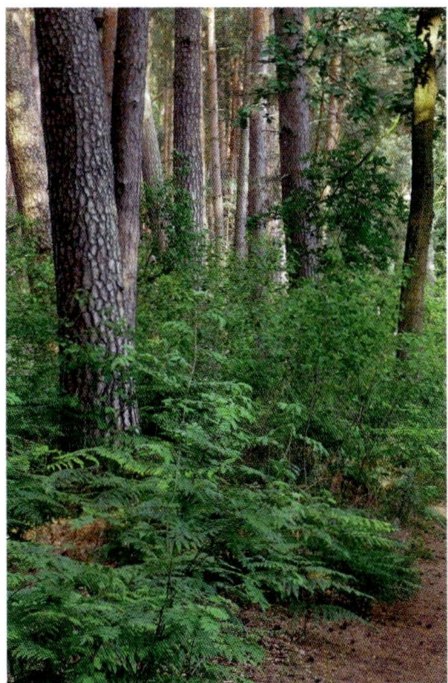

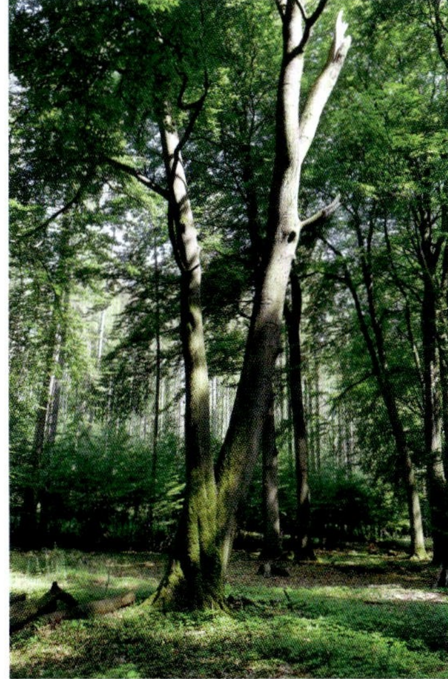

Kiefern und Buchen dominieren die brandenburgischen Wälder

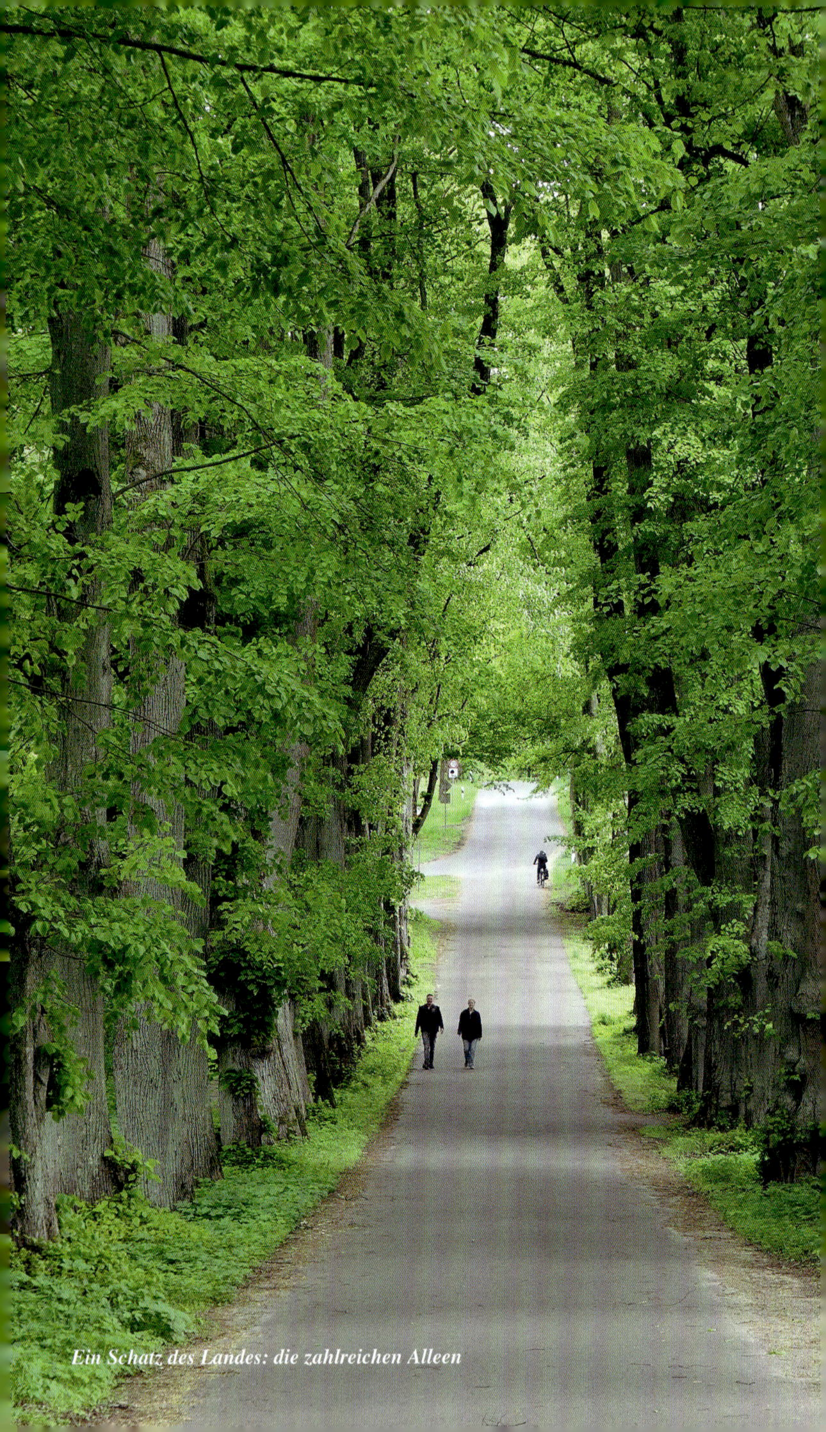

Ein Schatz des Landes: die zahlreichen Alleen

Eichen nehmen knapp sieben Prozent und Buchen etwas weniger als vier Prozent der Waldfläche ein. Der Anteil der Laubbäume in den Wäldern nimmt von Süden nach Norden zu. In vielen Misch- und Laubwäldern trifft man neben Eichen, Buchen und Kiefern auch Linden, Fichten, Birken, Lärchen, Robinien, Pappeln und andere Arten. Auch heute noch gibt es große reine Buchenwaldgebiete, die einen Eindruck von der Beschaffenheit der Wälder vor noch 500 Jahren vermitteln. Der Buchenwald von Grumsin in der Nähe von Angermünde nördlich von Berlin gehört zum UNESCO-Weltkulturerbe.

Reine Eichenbestände sind kaum anzutreffen, aber an Wald- und Feldrändern stehen oft lange Reihen, auch Doppelreihen von Eichen, und manchmal findet man inmitten der Wälder stattliche Eichenalleen. Eine der schönsten ist die in der Nähe von Gusow am Rande des Oderbruchs (→ Tour 13). Auch kleine Birkenhaine verstecken sich in manch großen Waldgebieten und sind mit ihrer hellen Rinde und schlankem Wuchs ein besonderer Blickfang.

Ausgedehnte Gegenden Brandenburgs sind bis heute dünn besiedelt, wurden und werden land- und forstwirtschaftlich kaum genutzt. So gibt es noch immer, besonders in sumpfigen Gebieten, regelrechte Urwaldbereiche mit wild-romantischem Baumbestand.

Alleen

Ein geliebter Schatz und prägend für die Brandenburger Landschaften sind die Alleen entlang der Straßen und Wege. In bäuerlichen Regionen war es früher üblich, am Rand von Wegen in der Umgebung Obstgehölze zu pflanzen. Derartige Obstbaumalleen gibt es vereinzelt heute noch, einige werden sogar neu angelegt. Der Verein ›Äpfel und Konsorten e.V.‹ und die Community ›Mundraub‹ kümmern sich um sie und um Streuobstwiesen im Land. In einem Kataster vermerken Mitglieder und Nutzer die Orte, wo sich Obstalleen und Streuobstplantagen befinden.

Charakteristisch für das Land sind die Alleen entlang der ehemaligen Heerstraßen, Poststraßen und Handelswege. Angelegt wurden sie Anfang des 18. Jahrhunderts auf Anordnung des preußischen Königs Friedrich Wilhelm I., um den Verlauf der Wege und Straßen zu markieren und gleichzeitig den Reisenden Schatten zu spenden. Innerhalb weniger Jahre wurden rund 160 000 Bäume an den stets etwa fünf Meter breiten Wegen gepflanzt – ein gigantisches Projekt auf über 10 000 Kilometer Länge, das in den folgenden Jahrhunderten gepflegt wurde und von dem wir bis heute profitieren. Der Brauch, dass entlang von Straßen Bäume zu stehen haben, übertrug sich auch auf die Städte. Viele Straßen sind von Bäumen gesäumt, die im Frühling duften und im Sommer Kühlung verschaffen, Insekten und Vögeln Heimstatt sind. Entlang der Straßen über Land tragen die Bäume erheblich zur Luftverbesserung bei, bieten vielen Tieren Lebens- und Schutzraum und sind gleichzeitig Schmuckelement.

Die Autofahrer-Lobby macht sich seit Jahren für die Abholzung von Bäumen stark, da diese nicht dem vorgeschriebenen ›Lichtraumprofil‹ entsprächen und herabfallende Äste den Verkehr behindern würden. Dagegen wehren sich Umweltschützer, die auf die Verantwortung der Autofahrer für ihr Fahrverhalten verweisen. Viele in diesem Buch beschriebenen Touren ermöglichen das Erleben der Alleen ohne die Beeinträchtigung durch Autofahrer, da auch viele Wege zwischen Feldern und durch offene Landschaften von Baumreihen gesäumt sind.

Bemerkenswert ist, dass keinesfalls nur eine einzige Baumart als Straßenbaum in Frage kommt, dass aber Alleen fast immer aus einer einzigen Baumart bestehen. So gibt es Lindenalleen, Eichenalleen, Kastanienalleen, Robinienalleen und Platanenalleen, und auch Buchen kommen entlang von Straßen vor.

Tierwelt

Für Tierliebhaber ist jede Wanderung ein Ereignis. Manche Tierarten lassen sich selten oder so gut wie nie beobachten, andere aber oft. Wildschweine, Rot-, Damm- und Muffelwild, Füchse, Dachse und Marder tummeln sich in Wäldern und im Wiesenland. Auch eine Reihe von bedrohten Arten wie Feldhase und Siebenschläfer sowie einige Fledermausarten fühlen sich in Brandenburg wohl. Vom Aussterben bedroht waren noch bis vor wenigen Jahren die Biber. Unter Schutz gestellt, erlebten die Populationen eine rasante Wiedergeburt. Nicht nur zur Freude der Menschen, in deren Nähe sie ihre Burgen bauen. Die Biber sind begnadete Nager, die sich mit Inbrunst auf jeden Baum in der Nähe stürzen und zu Fall bringen. Damit verändern sie ganze Landschaften. Wie in der Biberfrage Weltanschauungen aufeinander prallen, erzählt in einer amüsanten Inszenierung – ›Bibergeil‹ – das reisende Theater im Fluss ›Traumschüff‹. Ein Blick auf die Webseite dieser im ganzen Land Brandenburg auftretenden Theatertruppe lohnt, um in den Genuss einer ihrer zahlreicher Aufführungen zu gelangen (www.traumschnueff.de).

Ebenso umstritten, weil von archaischen Angstbildern begleitet – man denke nur an ›Rotkäppchen und der Wolf‹ –, ist die Wiederkehr der Wölfe. Vom Mittelalter bis zur Mitte des 19. Jahrhunderts wurden sie mit zum Teil grausamen Methoden ausgerottet. Im Jahr 2000 war der aus Polen eingewanderte Wolf Naum ein Medienstar. Naum bewegte sich auf nur drei Beinen, das vierte hatte er in einer von Jägern gestellten Falle verloren. In der Nähe von Eisenhüttenstadt wurde er auf eine läufige Schäferhündin aufmerksam. Deren Besitzer betrachteten die sich anbahnende Liaison mit Sorge. Sie alarmierten einen Veterinär, der Naum mit einem Gewehrschuss betäubte und ihn zur Notaufnahme in den Zoo Eberswalde brachte. Dieser bot bereits mehreren anderen Wölfe in einem weitläufigen Gehege Heimstatt. Naum konnte sich partout nicht mit der Unfreiheit abfinden. Nach mehreren Ausbruchsversuchen erhielt er schließlich Asylrecht in einem abgelegenen Teil

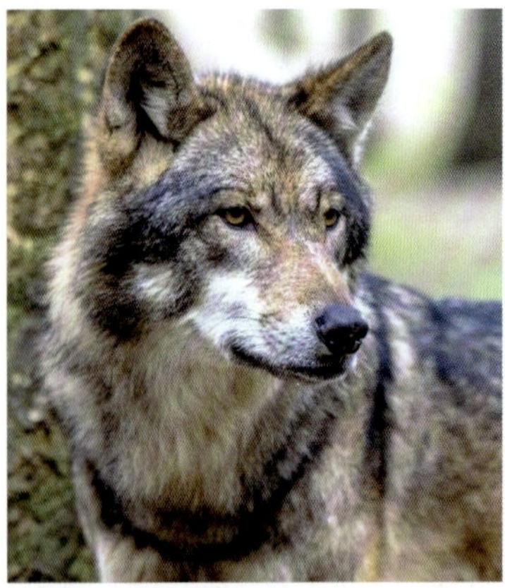

Seit einigen Jahren ist der Wolf in Brandenburg wieder heimisch geworden

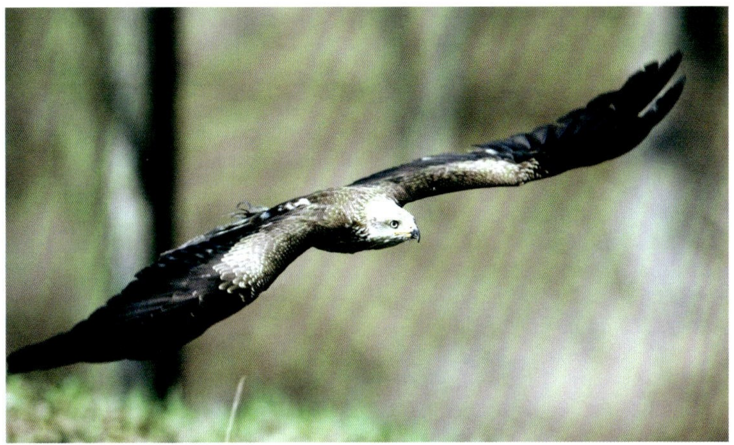

Der Schwarzmilan ist selten anzutreffen

des Wildparks Schorfheide, zusammen mit einer Wölfin, mit der er Nachwuchs zeugte. Die Nachkommen der beiden leben heute noch im Wildpark und sind vor allem für Kinder, die mit den Welpen spielen dürfen, eine Attraktion.

Die in den 1990er Jahren in Brandenburg gesichteten Wölfe waren Einzelgänger. Erst im Jahr 2009 ließ sich ein Wolfsrudel in den Wäldern im Südosten des Landes nieder und bekam Nachwuchs. Zehn Jahre später lebten bereits 47 Rudel in Brandenburg. Sie kommen mittlerweile in allen Regionen vor. Brandenburg ist derzeit das Bundesland mit der größten Wolfspopulation, gefolgt von Sachsen und Niedersachsen.

Wölfe sind sehr scheu und für Menschen ungefährlich. Aber sie sind auch keine Kuscheltiere. Im ökologischen Gleichgewicht spielen sie eine außerordentlich wichtige Rolle. Den Jägern jedoch gelten sie, wie schon in den Zeiten, als sie ausgerottet worden, als Konkurrenten. Neben Jungtieren erbeuten Wölfe vor allem alte und kranke Tiere. Damit sind sie eine Art Gesundheitspolizei in Wald und Flur. Mitunter reißen sie jedoch auch Haustiere. Wölfe stehen unter strengstem Schutz, dürfen nicht gejagt und belästigt werden. Ein Schutzgesetz regelt Eventualitäten, zum Beispiel wenn ein Wolf durch aggressives Verhalten auffällig geworden ist.

Der größte Feind der Wölfe ist der Straßenverkehr, dem jährlich zahlreiche Tiere zum Opfer fallen. Wanderer werden Wölfe in aller Regel nur zu Gesicht bekommen, wenn sie einen Zoo besuchen. Das Ministerium für Umwelt, Gesundheit und Verbraucherschutz des Landes Brandenburg hat eine wunderbare Broschüre zum Wolf herausgebracht, das von der Webseite der Behörde heruntergeladen werden kann (https://mluk.brandenburg.de/sixcms/media.php/9/woelfe.pdf)

Ein dritter Einwanderer in das Land Brandenburg ist das größte Landsäugetier Europas, der nordeuropäische Elch. Auch er war einst in Brandenburg heimisch, auch er wurde ausgerottet. Seit den 1990er Jahren werden immer wieder einzelne

Exemplare dieser stattlichen Tiere auf Stippvisite in Brandenburg gesichtet. Wie auch die Wölfe stammen sie aus Polen, wie diese sind sie gute Schwimmer, die mühelos Oder oder Neiße durchschwimmen. Als ›eingesiedelt‹ gilt der Elch, seit im Sommer 2020 im Nuthe-Urstromtal südwestlich von Berlin ein erstes Straßen-Elch-Warnschild aufgestellt wurde. Die Gefahren, die von Autos ausgehen, sind für die Tiere nicht einschätzbar, weshalb sie diesen nicht ausweichen. Kurioserweise gilt das erwähnte Warnschild im Nuthetal einem einzigen Elch mit Namen Bert. Forscher der Hochschule für Nachhaltige Entwicklung in Eberswalde legten dem 2018 in der Gegend erstmals gesichteten Elchbullen ein Biometriehalsband an und beobachten ihn seither auf seinen Wanderungen. Bert, wie sich herausstellt, ist kein gewöhnlicher Artgenosse seiner Gattung. Diese sehr scheuen Tiere sind ihrem Wesen nach Einzelgänger. Umso mehr erstaunt Berts Gewohnheit, immer wieder den Kontakt zu Kühen zu suchen. Die ungewöhnliche Gemeinschaft von Elch, Kühen und Mensch ist bisher eine Erfolgsgeschichte.

Besonders erfreulich auf den Wanderungen ist für viele Menschen die häufige Begegnung mit Vögeln, unter ihnen Schwäne, Enten und Wildgänse, die man auf und in der Umgebung der zahlreichen Gewässer zu sehen bekommt. Naturereignisse sind die Vogelzüge im Frühjahr und Herbst, wenn zehntausende Kraniche, Singschwäne und Graugänse an wasser- und fischreichen Orten rasten, um Kraft für die lange Reise zu sammeln. Besonders geschützt sind in Brandenburg die weltweit vom Aussterben bedrohten Wachtelkönige (Crex Crex) mit ihrem knarrenden Gesang und die Seggenrohrsänger, ebenso die Großtrappen. Mit einem Gewicht von 16 Kilogramm gehören die Großtrappen zu den schwersten flugfähigen Vögeln der Welt. 160 Exemplare, das sind zwei Drittel der in Deutschland noch lebenden Tiere, haben in Brandenburg ihr Zuhause. In den 1960er Jahren waren es noch mehr als 3400. Die Intensivierung der Landwirtschaft – hauptsächlich durch Pestizide, Technisierung und Verringerung der Nutzpflanzenvielfalt – hat sie an den Rand der Ausrottung gebracht. Aktuell leben Großtrappen in Deutschland nur noch auf fünf Prozent ihres ehemaligen Lebensraumes. Zu den streng geschützten Tieren gehören auch die äußerst seltenen scheuen Schwarzstörche, die ihre Horste in dichten Wäldern bauen.

Mit einigem Glück sieht man Schrei, See- und Fischadler sowie Schwarzmilane über weiten Landschaften ihre Kreise ziehen. Auch Wanderfalken brüten wieder im Brandenburgischen. Steinkauz und Wiedehopf nisten in Baumhöhlen auf Streuobstwiesen, in stillgelegten Steinbrüchen, Ruinen und verlassenen Scheunen, Mäusebussard und Schleiereule suchen auf Wiesen und Äckern Nahrung. Der einzige Großvogel, der den Kontakt zum Menschen sucht, ist der Weißstorch, der in vielen ruhigen Dörfern in allen Landesteilen seine Nester baut.

Gefährdungen

Die Natur in Brandenburg beeindruckt nicht weniger als die von Menschen geschaffenen Denkmale. Umweltbehörden, Naturschützer und Tourismusämter und vor allem die vielen Freiwilligen in den Kommunen tun Erstaunliches, um diesen Reichtum zu bewahren und ihn interessierten Menschen nahezubringen, sie für die Natur zu sensibilisieren: unter anderem mit Infotafeln, Vogelbeobachtungs- und Aussichtstürmen sowie markierten Naturwanderwegen.

Doch dieser Schatz ist gefährdet. Natürlich wirken sich der Klimawandel und die rücksichtslose Aneignung der Landschaften durch den Menschen auf die natürlich gewachsenen ökologischen Gegebenheiten aus. Gefahren gehen von den in der Landwirtschaft eingesetzten Pestiziden aus, auch für die Qualität der Gewässer. In heißen trockenen Sommern, zum Beispiel, vermehren sich in bedrohlichem Maße die giftigen Blaualgen, deren Wachstum durch das in Pestiziden enthaltene Stickstoff und Phosphor angeregt wird. Insektizide bedrohen Bienen und andere Insekten.

Der aus dem Mittelmeerraum eingewanderte Eichenprozessionsspinner, ein Nachtfalter, frisst die Blätter der Eichen und anderer Laubbäume. Die Härchen der Raupen enthalten darüber hinaus ein Gift, das bei der Berührung mit der Haut schmerzhafte Reaktionen hervorrufen kann.

Immer wieder sorgen Tierkrankheiten für Schlagzeilen, so die Afrikanische Schweinepest, die sich seit 2007 in Europa ausbreitet und Anfang 2021 die Einzäunung großer Waldstücke erzwang.

Die Wälder sind vor allem von Trockenheit und Schädlingsbefall bedroht. Jeder vierte Baum, so der Waldzustandsbericht des Umweltministeriums 2020, weist deutliche Schäden auf. Nur noch 14 Prozent der Waldfläche in Brandenburg gelten als gesund. Alarmierende Zahlen.

Sorgen bereitet auch der durch die extreme Trockenheit in den letzten Jahren gesunkene Grundwasserspiegel.

Wandert man durch das Land, nimmt man auch diese bedrohliche Entwicklungen wahr, anders, als dies Informationen in den Medien vermögen - mit allen Sinnen und oft mit dem Gefühl der eigenen Verantwortung für das, was mit uns und um uns geschieht. Der Freude des Wanderns tut dies nur wenig oder keinen Abbruch. Eher im Gegenteil, denn Wachheit für das, was um uns geschieht, ist per se eine Bereicherung für das Leben.

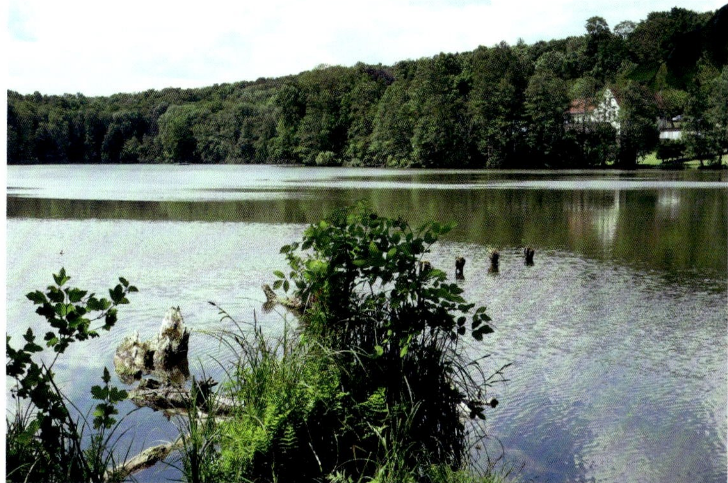

Der Schermützelsee

Die Hauptstadt des Landes Brandenburg, Potsdam, und der Ursprung des Landes, die Stadt Brandenburg, sind durch die weitgehend naturbelassene Havel miteinander verbunden. Entlang ihrer Ufer verlaufen besonders reizvolle Wanderstrecken, und die beiden Städte selbst sind von einer attraktiven Wald- und Seenlandschaft umgeben. Hinter Brandenburg wendet sich die Havel bei Fischerdorf und Schloss Plaue gen Norden.

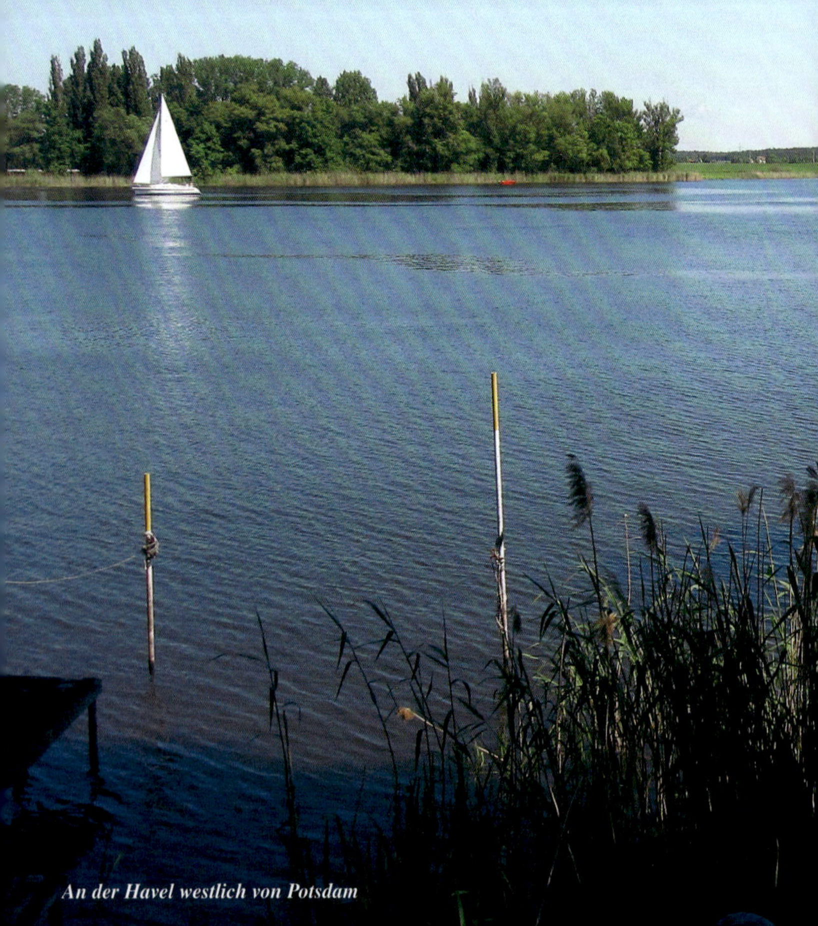

An der Havel westlich von Potsdam

VON POTSDAM DURCH DAS HAVELLAND NACH BRANDENBURG/HAVEL UND WUSTERWITZ

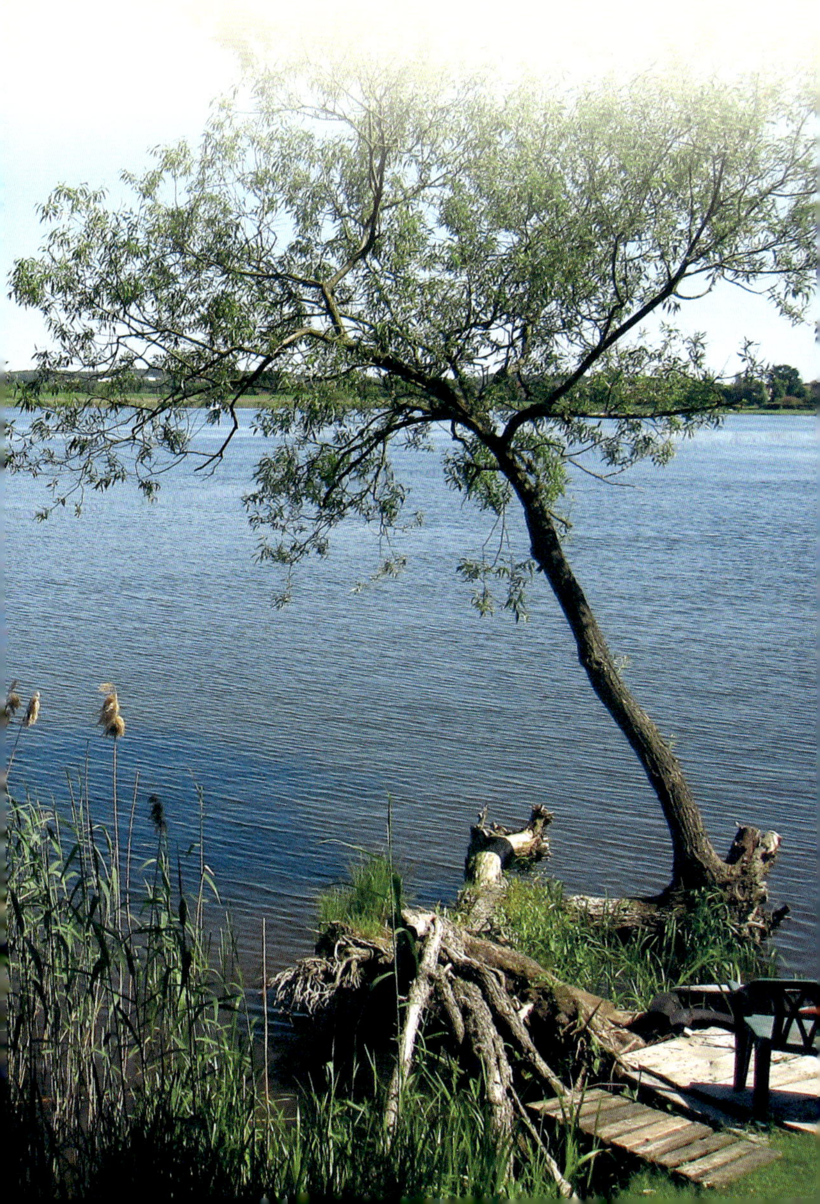

Die Seenkette der Havel

➲ Tour 1: Von Potsdam nach Werder » 14 km***

Kurzcharakteristik
Der erste Abschnitt dieser abwechslungsreichen Route führt durch Potsdamer Parkanlagen und entlang des Havelufers bis zum Bahnhof Potsdam Pirschheide (RB 22 und 23 zwischen Potsdam Hauptbahnhof und Michendorf), wo sich auch die Endhaltestelle der Straßenbahnlinie 91 und 94 befindet. Von dort aus geht es ein Stück parallel zur Bahnlinie auf bequem zu laufenden Wegen durch den Wildpark und weiter bis zum Ortsteil Wildpark-West an der Havel, gegenüber der Insel Werder. Über eine Bahnbrücke gelangt man zum Bahnhof Werder. Die Strecke bietet weite Panoramen, eine vielfältige Pflanzen- und Tierwelt und ist gut zu laufen. Zudem gibt es unterwegs mehrere Einkehrmöglichkeiten.
In Bezug auf die Sehenswürdigkeiten und den Abwechslungsreichtums ist die Tour phantastisch – mit einer winzigen Einschränkung: Bei sonnigem und warmem Wetter kann der Uferradweg an den Wochenenden durch die Vielzahl der Radfahrer, die ihn zwischen Potsdam Hauptbahnhof und Pirschheide nutzen, eine Herausforderung an die eigene Geduld sein. Überlegenswert wäre, wenn man gut zu Fuß ist, diese Tour ab Bahnhof Pirschheide zu beginnen und sie mit der folgenden Tour bis Ketzin (etwa 20 Kilometer) zu verbinden.

Teilstrecken Potsdam Hauptbahnhof–Potsdam Pirschheide (7 km), Potsdam Pirschheide–Bahnhof Werder (7 km).
Verkehrsverbindungen Nach Potsdam Hauptbahnhof fahren aus allen Richtungen Züge, S-Bahnen und Busse.
In Werder halten die RE-Züge zwischen Magdeburg/Brandenburg und Frankfurt (Oder) bzw. Eisenhüttenstadt, mit denen man zum Potsdamer Hauptbahnhof und zu den Berliner Bahnhöfen an der Linie gelangt.
Wegebeschaffenheit Naturbelassen 30 %, teilbefestigt 30 %, harter Belag 40 %.
Wunschwegkategorie 7, 9, 10, 17, 21a.
Markierung Blauer Balken, weitgehend zuverlässig vorhanden. Diese Strecke folgt dem Europäischen Fernwanderweg E 10, der Kap Arkona auf Rügen mit Bozen in Italien verbindet.
Wanderkarten Radwander- und Wanderkarte Potsdamer Havelseen, Blütenstadt Werder und Umgebung 1:35 000, Verlag Dr. Barthel; Topographische Karten Brandenburg, Potsdam und Umgebung, Landesvermessung und Geobasisinformation Brandenburg, 1:50 000.
Einkehr Wildpark West und Werder.
Sehenswürdigkeiten An der Wanderstrecke liegen einige architektonische Kleinode Potsdams: die Nikolaikirche, der Lustgarten, das an eine Moschee erinnernde Pumpwerk, einige interessante Skulpturen und das moderne Olympiazentrum. Kurz vor Wildpark West führt der Weg an einer raffiniert angelegten ehemaligen Entenfanganlage vom Ende des 17., Anfang des 18. Jahrhunderts vorbei.
Hinweise für Radfahrer Es wird empfohlen, den Radweg R 1 von Potsdam nach Geltow zu nutzen und dort nach Werder abzubiegen. Die Strecke ist bis Potsdam Pirschheide weitgehend mit dem Wanderweg deckungsgleich. Die Waldwege ab Pirschheide sind zum Radfahren ungeeignet.

▸ Karte S. 36

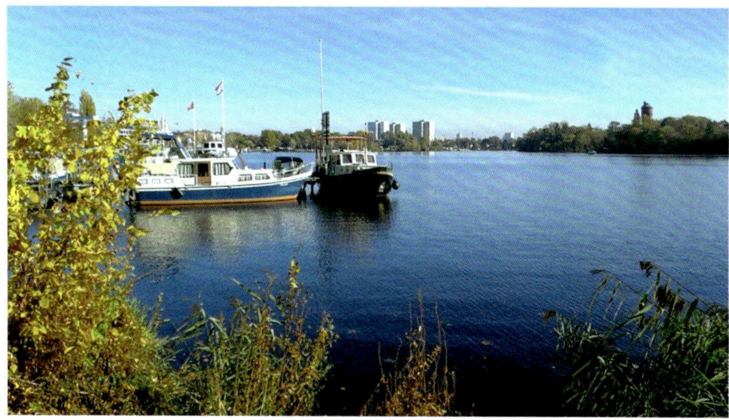

Blick über die Neustädter Havelbucht

Streckenverlauf

Die Tour beginnt am Kreuzpunkt der beiden Europäischen Fernwanderwege E 10 und E 11. Dieser ist durch einen Findling markiert und durch Hinweisschilder, die in alle vier Himmelsrichtungen zeigen. Er befindet sich fünf Minuten Fußweg entfernt vom Potsdamer Hauptbahnhof – in südlicher Richtung (von der Havel weg) – an der Ecke Brauhausberg/Albert-Einstein-Straße.

Die Wahl des Ausgangspunktes ist eher symbolischer Natur, der für leidenschaftliche Wanderer, die gern lange Strecken laufen, von Bedeutung ist. Die ersten beiden in diesem Wanderführer beschriebenen Touren folgen dem E 10 über Werder nach Ketzin. Von Ketzin wendet sich der E 10 nach Norden Richtung Rügen, während die beiden folgenden Touren dieses Buches dem Lauf der Havel Richtung Westen folgen.

Von Findling geht es wieder zurück entlang der linken Seite des Brauhausberges. Der Hauptbahnhof bleibt rechts liegen. Wir überqueren die Lange Brücke über die Havel, wenden uns dann nach links und gehen vorbei am Mercure Hotel, am Rand des Neuen Lustgarten, dem Stadtplatz, entlang der Henning-von-Tresckow-Straße. Sie verläuft parallel zur Breiten Straße, an deren gegenüberliegenden Seite in einem barocken Gebäude, dem ehemaligen Marstall der Preußenkönige, das Filmmuseum untergebracht ist. Hinter dem Lustgarten, linker Hand, befindet sich an der Havel die Anlegestelle für die Ausflugsschiffe.

Die Tresckow-Allee, vorbei an Polizeiinspektion und Innenministerium des Landes Brandenburg, mündet in die Dortustraße, in die wir nach links einbiegen. Hinter einem Waldorf-Kindergarten gehen wir nun ein paar Schritte nach rechts parallel zum Damm der Bahnlinie und dann vor der Neustädter Bucht wieder nach rechts in einem Bogen am Ufer der Bucht zur gegenüberliegenden Seite. Die städtische Landschaft ist mit ihren Skulpturen und dem verblichenen Charme der Neubauten ein Stück DDR-Reminiszenz, wie man ihn so nur selten auf den vielen in diesem Wanderführer beschriebenen Routen antrifft.

Hinter dem als Moschee getarnten **Pumpenhaus** passieren wir in Ufernähe ein **Denkmal**, das Voltaire und Lessing gewidmet ist. Beide Dichter sollen hier, am

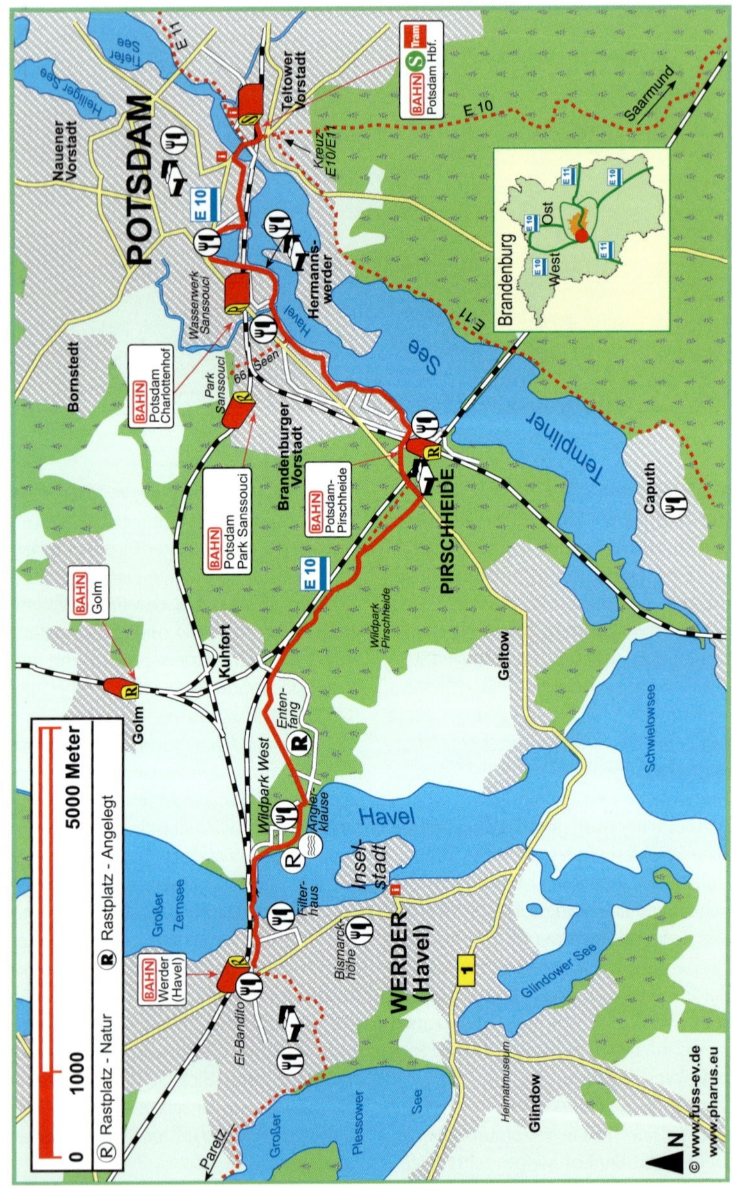

Rand der Neustädter Bucht, zu verschiedenen Zeiten an ihren Werken gearbeitet haben. Einige Meter weiter versperrt erneut der Damm der die Bucht überspannenden Eisenbahnlinie den Weg. Wir unterqueren ihn entlang der Straße Auf dem Kiewitt (so der Name der Halbinsel), von der wir hinter dem ersten Neubau nach links ans Havel-Ufer zurückkehren. Der Weg folgt nun der Uferlinie.

Am Ende der Straße Am Kiewitt befindet sich in einem Park die Anlegestelle der Fähre, die Potsdam Stadt mit der Halbinsel Hermannswerder verbindet. Weiter geht es immer parallel zum Ufer der Havel, die sich bald zum **Templiner See** weitet, mit wechselnden Aussichten über den Fluss, vorbei an Restaurants, am Jachthafen, Spielplätzen, Wohnhäusern, dem Olympiastützpunkt, Sportparks und einem Kongresshotel. Hinter diesem hat am Ufer die Potsdamer Rudergesellschaft ihr Domizil. Die zur Rudergesellschaft gehörende Gaststätte ist seit mehreren Jahren leider geschlossen. Vor ihrem Tor wenden wir uns nach rechts – seitlich des Kongresshotels – und gelangen nach wenigen Metern durch eine Unterführung zum Bahnsteig der Straßenbahnen 91 und 94, die von hier ins Stadtzentrum fahren. Linker Hand, hinter der Straßenbahnschleife und einem weiten Platz, befindet sich der Bahnhof Pirschheide, der den tristen Eindruck eines dem Verfall preisgegebenen baulichen Ensembles vermittelt.

Vor dem Bahnhof wenden wir uns nach rechts bis zur Zeppelinstraße (Bundesstraße 1), folgen ihr nach links, unterqueren die Eisenbahnbrücke und wechseln auf die rechte Straßenseite.

Von der Zeppelinstraße zweigt parallel zur Bahn ein Weg ab, dem wir nun bis hinter eine breite Schneise folgen. Hinter der Schneise verlassen wir den Bahndamm nach links. Am nächsten Kreuzweg treffen wir nun wieder auf den blauen Balken auf weißem Grund – der passende Ort für eine kleine Rast. Weiter geht es nach rechts, durch ein Waldgebiet parallel zur Bahnstrecke. Wir queren den Großen Hirschweg, der den Wildpark auf seiner Ost-West-Achse teilt. Der **Wildpark** ist ein seit dem 17. Jahrhunderts eingehegtes, Mitte des 19. Jahrhunderts landschaftlich von Lenné gestaltetes Jagdgebiet der preußischen Könige und eines der ältesten Zeugnisse dafür, wie höfische Tradition und Landschaftsgärtnerei miteinander harmonieren können.

Der Waldweg parallel zum Bahndamm endet an der Landstraße Werderscher Damm, den wir überqueren, einige Meter dem Fahrweg nach rechts folgen und dann den zu Füßen des Bahndammes nach links abzweigenden Feldweg in Richtung der Hochspannungsleitung nehmen. Dieser umgeht zunächst eine Wiese zu Füßen des Bahndamms, biegt nach etwa 600 Metern scharf links ab und entfernt sich im fast rechten Winkel vom Bahndamm.

Auf diesem schnurgeraden Weg, gesäumt von Buchen und Eichen, erreichen wir die Siedlung Wildpark West. Auf etwa der Hälfte des Weges weist eine Tafel auf den ›Entenfang‹ hin. Der kleine Ausflug zu den Überresten dieser Ende des 17. Jahrhunderts errichteten Anlage zum Entenfang für die königliche Tafel lohnt sich – um mehr von der Geschichte des Ortes zu erfahren und der jagdtechnischen Raffinesse, die ihm zugrunde liegt, und auch weil der Heimatverein Geltow, der sich um die Bewahrung kümmert, hier einen gemütlichen Rastplatz eingerichtet hat. Vom Hauptweg trennen sich an der Hinweistafel zwei Wege nach links. Zum ›Entenfang‹ führt der zweite, im spitzen Winkel verlaufende.

Durch Wildpark West gelangen wir auf dem Amselweg und weiter auf der Havelpromenade zum Ufer der Havel, gegenüber der Inselstadt **Werder** und der dortigen Altstadt. Am Ufer befinden sich die gemütliche ›Anglerklause‹ und einige Bootsstege.

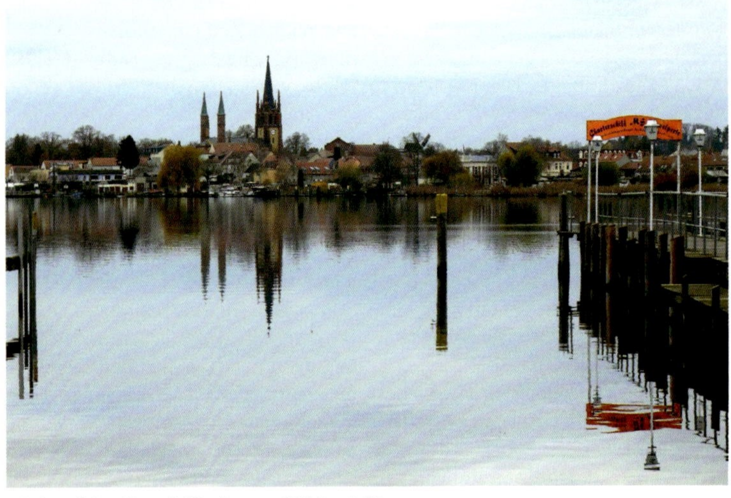

Blick auf die Altstadt Werder von Wildpark-West

Weiter geht es am Ufer zur Badestelle, dann entlang der Straße Am Ufer, vorbei an Einfamilienhäusern, in Richtung des Bahndammes. Entlang der Schienen überqueren wir die Brücke auf ihrer Nordseite und erreichen am gegenüberliegenden Ufer, links von der Bahn, nach etwa 600 Metern den **Bahnhof** von Werder, den Endpunkt unserer Tour. Hinter der Brücke, nach Norden, erweitert sich die Havel zum **Großen Zernsee**. Der weite Blick über das Gewässer und das umliegende Land ist ein Genuss.

Werder gilt als das Zentrum des Obstanbaus in der Region. Die Obstweine sind ein Markenzeichen. Alljährlich im Mai findet das ›Baumblütenfest‹ statt, das 2020 und 2021 wegen der Corona-Einschränkungen ausfallen musste. Sehenswert ist die Altstadt auf einer Insel in der Havel, etwa 1,5 Kilometer vom Bahnhof entfernt. Seit den 1990er Jahren wurde sie aufwendig restauriert. Möchte man der Altstadt einen Besuch abstatten, erklimmt man am besten zunächst den Höhenzug über der Havel. Von der ›Friedrichshöhe‹, einem verfallenen ehemaligen Ausflugslokal, wendet man sich nach links entlang des Hohen Weges. Von diesem zweigt nach rechts der Altenkirch-Weg ab, zum Lokal und zum Museums- und Ausstellungsturm ›Bismarckhöhe‹. Etwa 200 Meter hinter dem Abzweig mündet der Hohe Weg in die Eisenbahnstraße. Von dort aus ist es nicht mehr weit bis zur Altstadt auf der Insel – zunächst nach rechts bis zur Brandenburger Straße, und auf dieser nach links Richtung Havel.

Zurück empfiehlt sich der Weg entlang der Adolf-Damaschke-Straße, die von der Eisenbahnstraße auf Höhe des Kulturpalastes › Scala‹ nach rechts abzweigt. Ein Besuch der Altstadt-Inselstadt lohnt sich sehr.

▶ Karte S. 36

i Tour 1

In Potsdam gibt es zwei **Tourismusinformationen**:

- in den Bahnhofspassagen Hauptbahnhof (mobiagentur), Tel. 0331/27558899; Mo–Fr 9–18, Sa 9–17, So 9.30–15 Uhr;
- Touristinformation am Alten Markt, Humboldtstraße 1, Tel. 0331/27558899;

Mo–Fr 9–18, Sa 9–17, So 9.30–15 Uhr; telefonischer Service tgl. 9–19, Sa/So 9–15 Uhr: Tel. 0331/27558899.

Tourist-Information Werder, Plantagenplatz 9, Tel. 03327/783372; Mo–Fr 10–17, Sa/So 11–15 Uhr. Im Gebäude der Stadtverwaltung, nahe der Zufahrt zur Insel mit der Altstadt von Werder. www.werder-havel.de

▸ Schwielowsee:

Zur Anglerklause, Havelpromenade 2b, 14548 Schwielowsee, Tel. 03327/55484; tgl. 12–19 Uhr (bei Redaktionsschluss). Sympathisches Restaurant am Ufer der Havel, mit Terrasse und Bootsverleih, deutsche und italienische Küche. www.anglerklause.de

▸ Werder:

Restaurant Filterhaus, Adolf-Damaschke-Straße 56, 14542 Werder (Havel), Tel. 03327/5724457; Do 18–22, Sa/So 12–22 Uhr. Vor dem Bahnhof nach links in die Adolf-Damaschke-Straße, die nächste Straße wieder nach links zum Havelufer. Auf dem Gelände der ehemaligen Vulkan-Fiber-Fabrik im denkmalgeschützten Filterhaus. Obere Preisklasse. www.restaurant-filterhaus.de

El Bandito, Eisenbahnstraße 110, 14542 Werder (Havel), Tel. 03327/7411770; tgl. 12–23 Uhr. Am Bahnhof. Rustikale, auf Fleischgerichte spezialisierte Küche.

Bäckerei Thonke, im Netto-Markt, Phöbener Str. 103, 14542 Werder (Havel); Mo–Fr 6.30–19, Sa 6.30–16 Uhr, So geschlossen. 5 Fußminuten vom Bahnhof, entlang der Kesselgrundstraße, dann nach rechts in die Phöbener Straße.

Bismarckhöhe, Hoher Weg 150, 14542 Werder (Havel), Tel. 030/24658435; Fr–So 11–17 Uhr. Restaurant und Ballsaal auf der Havelhöhe, von der Terrasse phantastischer Blick über das Havelland. Biergarten und Café. www.bismarckhoehe.com

Weitere Kaffees und Restaurants befinden sich in der Altstadt auf der Insel und auf dem Weg dorthin sowie 15 min. Fußweg vom Bahnhof Richtung Norden, entlang der Phöbener Straße, die in die Alte Kasernenstraße übergeht. Dort gibt es die Bäckerei Kirstein und die Restaurants ›La Riva Cucina Italiana‹ und ›Dauti Beef-Club‹.

Die Altstadt von Werder auf der Insel ist, wenn man genügend Zeit für den Abstecher hat, einen Besuch wert. Das Baumblütenfest im Mai war ein legendäres Ereignis, ringt nun aber, durch den Massenandrang von nach Rausch heischenden Besuchern, seit einigen Jahren um ein neues Profil. Die Fruchtweine sind aber weiterhin ein Markenzeichen von Werder.

In der Stadt gibt es einige sehenswerte Galerien:

Museums- und Ausstellungsturm Bismarckhöhe, Hoher Weg 150, 14542 Werder (Havel), 03327/663170; Sa/So 14–18 Uhr. Verschiedene Ausstellungen, Turmgalerie, Christian-Morgenstern-Literaturmuseum, Aussichtsplattform. Die Anlage wird vom Freundeskreis Bismarckhöhe e.V. betrieben. www.bismarckhoehe-in-werder.de

Kunst-Geschoss Stadtgalerie im Schützenhaus, Uferstraße 10 (auf der Insel, hinter der Brücke links), Tel. 03327/783378; Do u. Sa/So 13–18 Uhr. Wechselnde Ausstellungen. www.kunst-geschoss.de

Galerie Inselatelier, Fischerstraße 60, Tel. 03327/5209422 und 0173/8775480. Am Havelufer der Altstadt auf der Insel. Galerie des Künstlers Wilfried Mix, für Besucher geöffnet. www.wmix-grafikundmalerei.de

Atelier Vulkanfiberfabrik, Adolf-Damaschke-Straße 56–58, 14542 Werder (Havel); keine regulären Öffnungszeiten. Unweit des Bahnhofs in den Industrieanlagen links des Weges. Regelmäßig stattfindende Veranstaltungen. In der aufwendig sanierten Fabrikhalle (selbst ein Denkmal des frühen Industriebaus) ist ein interdisziplinäres Atelier für Bildhauerei, Malerei, Fotografie und Bühnenbau eingerichtet. www.ateliervulkanfiberfabrik.com

Bunte Vielfalt an der Havel

Tour 2: Von Werder nach Ketzin » (20 km)****

Kurzcharakteristik
Diese Route ist eine Fortsetzung der vorigen auf dem Europäischen Fernwanderweg E 10. Sie führt vom Bahnhof in Werder über die Havelhöhen zum westwärts gelegenen Großen Plessower See und an dessen Ufer in das nördlich gelegene winzige Dorf Kemnitz mit einer ebenso winzigen Kirche und einem beliebten Lokal. Der weiche, phantastisch zu laufende Weg unter Bäumen mit ständig wechselnden Perspektiven über den ruhigen, von keinem Motorboot gestörten Großen Plessower See ist ein besonderes Erlebnis. Hinter Kemnitz passiert der Weg eine Golfanlage an den Hängen des Wachtelberges. Über den waldbewachsenen Wachtelberg, von dessen Höhe sich an einer Stelle ein wunderbarer Blick auf das Havelland öffnet, geht es in nördlicher Richtung nach Phöben an der Havel. Zunächst über einen Fahrrad- und Wanderweg, dann auf schnurgeraden Feldwegen durch offenes Land gelangt man über offenes Gelände zur Havelfähre. Endpunkt der Tour ist entweder Ketzin (dem E 10 folgend) oder das Dorf Paretz, dessen Kern unter Denkmalschutz steht.
Teilstrecken Bahnhof Werder–Kemnitz (6 km), Kemnitz–Phöben (3 km).
Verkehrsverbindungen Bahnhof Werder: Bahnverbindung (Linie RE 1) nach Brandenburg/Havel, Magdeburg, Potsdam, Berlin.
Phöben: Busse (Linie 632) nach Werder. Ketzin und Paretz: täglich mehrere Busse (Linie 614) von und nach Potsdam Hauptbahnhof (ca. eine Stunde Fahrtzeit) sowie von Ketzin zum Bahnhof Nauen (Linie 658).
Fähre Ketzin: April–Sept. tgl. 5.30–20 Uhr, Okt.–März 5.30–19 Uhr, Sa/So 5.30–18 Uhr. Wegen Wartungsarbeiten kein Fährverkehr jeden 3. Mittwoch im Monat von 9–15 Uhr. Tel. 0162/2004285. Nur Bargeldzahlung möglich!
Wegebeschaffenheit Naturbelassen 30 %, teilbefestigt 5 %, harter Belag 65 %.
Wunschwegkategorie 1, 7, 9, 10, 16, 17, 21b.
Wanderkarte Radwander- und Wanderkarte Potsdamer Havelseen, Blütenstadt Werder und Umgebung 1:35 000, Verlag Dr. Barthel; Topographische Karte Havelseengebiet Potsdam-Werder-Brandenburg 1:50 000.
Markierungen Blauer Balken auf weißem Grund des E 10, zuverlässige Markierung vom Beginn bis zum Ende der Tour.
Einkehr Kemnitz, Ketzin, Paretz.
Sehenswürdigkeiten Aussichtspunkt auf dem Wachtelberg, Fähre Ketzin, in Paretz: Schloss, Kirche, Windmühle, Ökobauernhof, Schleuse und Pumpwerk.
Hinweise für Radfahrer Der Wanderweg ist zwischen Werder und Phöben schwer befahrbar (Treppen, Sand, sehr weicher Boden, schmale hügelige Pfade). Von Werder über Phöben bis zur Fähre Ketzin empfiehlt es sich deshalb, den Havelradweg zu benutzen.

Streckenverlauf

Vom Bahnhofsvorplatz in Werder zweigt – steht man mit dem Rücken zu den Gleisen – am rechten Rand die Eisenbahnstraße ab. Das Eckhaus zur Adolf-Damaschke-Straße, die parallel zu den Gleisen verläuft, ist eine Stadtvilla, die vor langer Zeit einmal bessere Zeit gesehen hat. In ihr ist – man erkennt es an den blauen Schildern – eine Werkstatt Galerie untergebracht. An dieser Stelle beginnt die Eisenbahnstraße. Sie beschreibt nach etwa 150 Metern einen Linksbogen und nimmt die Phöbe-

▸ Karte S. 41

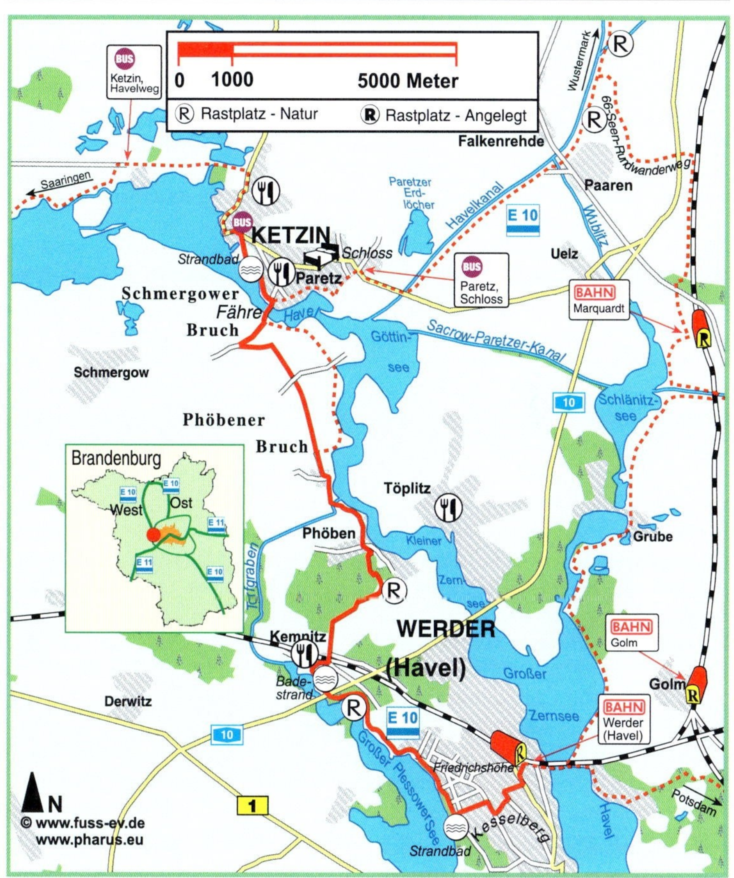

ner Straße von rechts in sich auf. Nach noch einmal etwa 150 Metern beginnt an einem Schild mit der Aufschrift ›Mausediele‹ eine nach rechts die Havelhöhen hinauf führende Treppe. Das Symbol des E 10 – blauer Balken auf weißem Grund – weist den Weg.

Endpunkt der Treppe ist das stark mitgenommene Gebäude der ›Friedrichshöhe‹, das über 100 Jahre ein beliebtes Ausflugslokal war, in dem rauxchende Feste gefeiert wurden. Da Investoren fehlen, verfällt die Anlage. Von der Terrasse hat man einen schönen Blick über Werder, die Havel, Wiesen und Waldgebiete.

Wir passieren das ehemalige Lokal an seiner linken Seite und gelangen geradeaus zum Hohen Weg. Diesem folgen wir nach rechts. In einer Linkskurve wechselt der Weg den Namen und heißt nun Hagenstraße. Diese mündet an einer Sporthalle in die Kemnitzer Chaussee, in die wir nach links einbiegen. Die erste Querstraße nach rechts ist die Gertraudenstraße, entlang derer wir geradewegs bis zum Uferweg am **Großen Plessower See** gelangen.

Ab hier geht es weiter nach rechts, in nördlicher Richtung. Nach links gelangt man zum Strandbad Werder.

Die Uferwanderung am Rand des Sees, unter Bäumen, bis nach Kemnitz ist zu jeder Jahreszeit ein wunderbares Vergnügen. Auf dem ersten Kilometer säumen noch einige Häuser hinter Hecken den Weg. Wir passieren eine kleine Badestelle und sind dann in der Natur. Wo nach etwa 2,5 Kilometern das Seeufer nach links abknickt, teilt sich der Wanderweg. Der E 10 entfernt sich vom Ufer und folgt diesem dann in einiger Entfernung am Rand eines Feldes, während der Wanderweg um den See nahe am Ufer verbleibt. Nach gut 500 Metern vereinen sie sich wieder. Weiter geht es Richtung Norden. An einem schmalen Abschnitt überquert die Autobahn des westlichen Berliner Rings auf einer Brücke den See. Unmittelbar vor und hinter der Autobahnunterführung wachsen mehrere beeindruckende uralte Eichen. Kurz vor Kemnitz befindet sich eine weitere Badestelle. Hinter dem Rittmeister-Park beginnt das Dorf **Kemnitz**, das erstmals 1375 urkundlich erwähnt wurde.

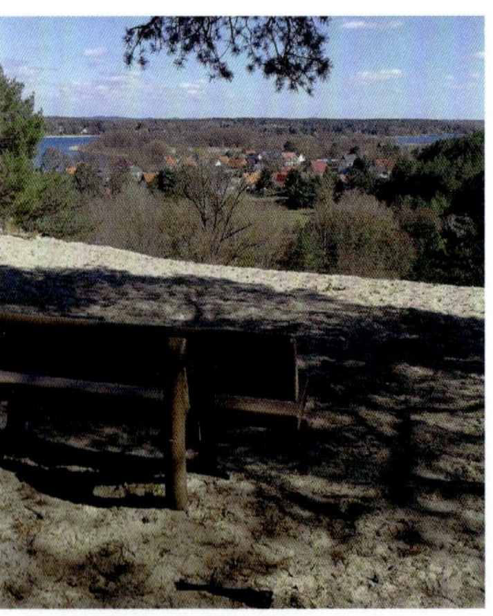

Blick vom Wachtelberg

▲ Karte S. 41

Der Wanderweg mündet in die Kemnitzer Dorfstraße. Nach links kommt man zur kleinen, bescheidenen, Mitte des 18. Jahrhunderts erbauten Kirche in der folgenden Seitenstraße. An der Ecke befindet sich das Hotel-Restaurant ›Zum Rittmeister‹, dessen im Freien servierte Suppen vorzüglich sind.

Die Wanderroute setzt sich nach rechts entlang der Dorfstraße fort. Nach etwa 300 Metern zweigt nach links eine Nebenstraße zum Golfplatz ab. Auf ihr überqueren wir die Gleise der Bahnlinie an einer Schranke und befinden uns nun auf einem von Linden gesäumten Fahrweg durch die Anlagen des Märkischen Golfclubs Potsdam e.V. Wir folgen diesem bis zum Waldrand, wenden uns dort nach rechts und laufen am nördlichen Rand der Golfanlage bis zu deren Ende. Dort gehen wir ein paar Schritte nach links hinein in den Wald, an der ersten Wegkreuzung nach rechts und dann noch zwei Mal die Richtung wechselnd bis zum Waldrand am Südhang des **Wachtelberges**. Dieser wird seit einigen Jahren wieder für den Weinanbau genutzt. Die Wegführung ist zuverlässig markiert. Hat man den Berghang erklommen, geht es in der bisherigen Richtung nach Norden weiter, den Markierungen folgend. Über eine Schneise am Osthang des Wachtelberges öffnet sich der Blick auf die Havel und das Umland. Eine Bank lädt ein, hier ein paar Minuten die Augen und Gedanken schweifen zu lassen. Einige Schritte hinter Schneise, Aussicht und Bank sind die ersten Häuser von **Phöben** erreicht. Wir wenden uns nun nach links entlang der Rückseite eingezäunter Grundstücke und dann nach rechts in Richtung Kirche im Zentrum des Ortes. Wir lassen die Kirche links liegen, folgen der Hauptstraße nach rechts und biegen dann nach etwa 50 Metern nach links in die Fährstraße ein. Diese gehört zum

Havelradweg, dem die Wanderroute nun etwa 2,5 Kilometer folgt. Die Fährstraße geht in den Phöbener Havelweg über, der Weg ist geteert. Diese Strecke ist bei Radfahrern sehr beliebt und deshalb viel befahren. Die Havel verläuft nur wenige Schritte vom Radweg, verbirgt sich aber hinter dichtem Buschwerk.

Nach etwa zwei Kilometern passiert der Havelweg einen Hain. Zur Linken liegt das Gestüt ›Pappelhof‹, rechts entsteht in den Gebäuden eines ehemaligen Gutes eine Siedlung aus Eigentumswohnungen. Hinter diesen Anlagen beschreibt der Radweg eine scharfe Rechtskurve. Die Markierung des E 10 weist den Weg geradeaus querfeldein.

Bis zur Fähre Ketzin sind es noch etwa drei Kilometer. Man kann, um zu ihr zu gelangen, nun entweder dem viel befahrenen Radweg folgen und einige phantastische Aussichten vom Damm des Haveldeiches genießen, oder aber man entscheidet sich, der Wandermarkierung zu folgen. Der mit parallel verlaufenden Betonplatten befestigte Wanderweg des E 10 führt schnurstracks, mit nur einer Linksbiegung, geradeaus, über weites, flaches Feld entlang eines Raines. Meist weht ein zuweilen heftiger Wind. Die Weite und Ruhe sind überwältigend.

Auf beiden Wegen kommt man zur Ketziner Straße und auf dieser in Richtung Havel zur **Fähre**. Die Wartezeiten sind in der Regel unbeträchtlich. Die Fähre legt ab, wenn genügend Fahrzeuge und Passanten an Bord sind. Ihre Benutzung ist zwischen Werder und Brandenburg die einzige Möglichkeit, die Havel zu überqueren.

Am gegenüberliegenden Ufer ist das Café-Restaurant ›An der Fähre‹ mit seiner Uferterrasse ein beliebter Ort für eine Einkehr. Etwa 100 Meter hinter der Zufahrt zur Fähre kann man sich entscheiden, ob man nun nach links ins Zentrum

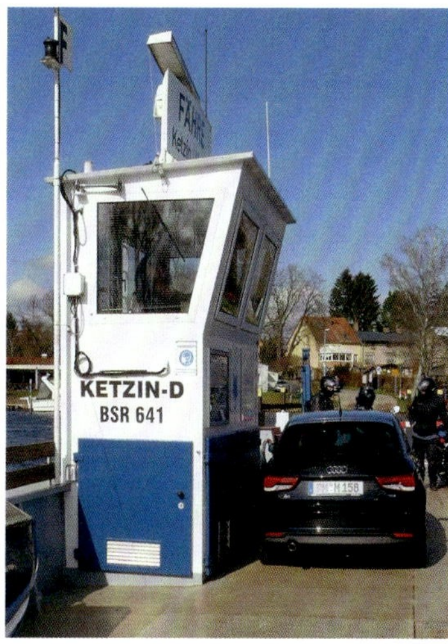

Ketzin voraus

von Ketzin wandert und dort die Tour beendet oder ob man nach rechts geht und dem Dorf und Schloss Paretz einen Besuch abstattet.

Variante Ketzin

Bis ins Zentrum von Ketzin sind es ab der Fähre etwa 1,5 Kilometer. Man folgt zuerst dem Uferweg parallel zur Havel. Von diesem zweigt nach links, an der Rückseite eines Camping- und Bootsanlegeplatzes, der Friedrich-Ludwig-Jahn-Weg ab. Auf ihm gelangt man zum Strandbad Ketzin. Vor diesem wendet sich der Jahn-Weg nach rechts und mündet nach etwa 300 Metern in die Potsdamer Straße. Dieser folgt man nach links und biegt nach etwa 300 Metern nach links ein in die Friedrichstraße, auf der man zum Markt und zur in der Mitte befindlichen Bushaltestelle gelangt. Folgt man der Friedrichstraße weiter, gelangt man zur Uferpromenade und zum Stadthafen Ketzin. Unweit des Marktes befindet sich das Rathaus, in dem auch die Tourist-Information untergebracht ist.

Variante Paretz

Bis zum Schloss Paretz, vor dem sich auch die Bushaltestelle der Linie 614 Richtung Potsdam (aus Richtung Ketzin kommend) befindet, sind es vom Abzweig hinter der Fähre 1,8 Kilometer. Diese Strecke ist Teil des Rundwanderweges Ketzin/Havel–Paretz. Man biegt vom Fährweg nach rechts ab. Der Weg ist markiert, gehört aber nicht zum E 10.

Besonders sehenswert in Paretz ist das ehemalige Gutshaus, das ab 1797 für Friedrich Wilhelm III. und seine Frau Luise zu einem **Schloss** im Stil des frühen Klassizismus umgebaut wurde. Es diente dem Paar als abgelegene Sommerresidenz. Mit ihm wurden zwischen 1797 und 1804 ein Park und ein Musterdorf nach englischem Vorbild angelegt. Auch die **Kirche** aus der Zeit um 1200 erhielt eine neue Gestalt.

In der DDR-Ära diente das Schloss zunächst Flüchtlingen als Unterkunft, dann verschiedenen Institutionen als Refugium. In den 1990er Jahren bis zum Jahr 2010 erlebte es seine Wiedergeburt in historischer Gestalt. Die berühmten Papiertapeten in den königlichen Gemächern waren 1947 von Mitarbeitern der Potsdamer Schlösser und Museen geborgen worden. Sie wurden nun aufwendig restauriert. Allein schon ihretwegen lohnt die Besichtigung der Innenräume. Paretz gehört zu den schönsten Ausflugszielen im Land Brandenburg.

Die Bushaltestelle der Linie 614 Richtung Potsdam und Ketzin befindet sich vor dem Zugang zum Schloss.

i Tour 2

Tourist-Information Werder, Plantagenplatz 9, Tel. 03327/783372; Mo–Fr 10–17, Sa/So 11–15 Uhr. Im Gebäude der Stadtverwaltung, nahe der Zufahrt zur Insel mit der Altstadt von Werder. www.werder-havel.de

Tourist-Information Ketzin, Rathausstraße 18, 14669 Ketzin, Tel. 033233/73830; Mo–Fr 8–14 Uhr, Sa/So geschlossen. Die Rathausstraße zweigt an der der Havel zugewandten Seite des Marktes vom Markt in Richtung Norden ab. www.tourismus.ketzin.de

▸ Werder: → Tour 1 (S. 39).

▸ Kemnitz:

Zum Rittmeister, Seestraße 9, 14542 Werder (Havel), Tel. 03327/4646; tgl. 6.30–22 Uhr. Hotel und Restaurant, eigene Brauerei. Exzellente Suppen zur Mittagszeit, im Freien oder im Gastraum serviert. www.zum-rittmeister.de

▸ Ketzin:

An der Fähre, An der Fähre 1, 14669 Ketzin, Tel. 033233/80632; Di–So 12–20 Uhr. www.an-der-faehre.de

Trattoria Fontana, Friedrichstraße 8, 14669 Ketzin, Tel. 033233/80605; tgl. 12–23 Uhr. Am Marktplatz. Italienisches Restaurant mit Plätzen im Freien.

▸ Paretz

Gotisches Haus, Parkring 21, 14669 Ketzin, Tel. 033233/80509; Mi–Fr 11.30–15, Sa/So 11–16.30 Uhr. Untergebracht ist das Restaurant der mittleren Preisklasse in der ehemaligen Schmiede des Schlosses, gegenüber von Schloss und Kirche. www.gotisches-haus-paretz-online.de

Schloss Paretz, Parkring 1, 14669 Ketzin, Tel. 033233/73617; Di–So 10–17.30 Uhr. Das Schloss gehört zur Stiftung Preußische Schlösser und Gärten Berlin-Brandenburg. Ein Rundgang durch die königlichen Wohnräume mit ihren kostbaren Möbeln, Gemälden, Grafiken und den berühmten Paretzer Papiertapeten gibt faszinierende Einblicke in die Lebenswelten der als unbeschwert und temperamentvoll geltenden Königin Luise. Eie Dauerausstellung erzählt von der wechselvollen Nutzung des Ensembles. www.spsg.de/schloesser-gaerten/objekt/schloss-park-paretz

▸ Karte S. 41

Deichlandschaften am Havelufer

➲ Tour 3: Von Ketzin nach Brandenburg » (24 km)****

Kurzcharakteristik
Hinsichtlich der Eindrücke und der Abwechslung ist diese Tour phantastisch. Teilstrecken auf oder entlang von Straßen sind jedoch leider unvermeidlich, weshalb sie ›nur‹ vier von fünf Sternen erhielt. Das tut ihren Reizen jedoch keinen Abbruch. Die Wanderung bietet viel Ruhe entlang des Havelufers mit freundlichen Rastmöglichkeiten. Man trifft, da die Strecke weitgehend unbekannt und Ketzin nicht einfach zu erreichen ist, nur wenige Menschen. Auf den weiten, offenen Wiesen landeinwärts und an der Havel begegnen einem zu jeder Jahreszeit Scharen von Großvögeln, unter ihnen Kraniche, Reiher, Schwäne und Wildgänse, die eine in der Stille beeindruckende Geräuschkulisse schaffen.
Die gesamte Strecke über die Deiche ist so gut wie waldlos, doch die Havelausbuchtungen, die vom Fluss gebildeten kleinen Seen, die Dörfer Saaringen und Klein Kreutz sowie die bunte Palette der Pflanzenarten bieten viel Abwechslung. Endpunkt der Wanderung ist die Dominsel in der mehr als 1000 Jahre alten Stadt Brandenburg an der Havel. Der Reichtum an Geschichte, die Baukunst und Kultur der Stadt verleihen der Tour einen zusätzlichen Farbtupfer.
Teilstrecken Ketzin–Saaringen (18 km), Saaringen–Brandenburg Hbf. (6 km).
Verkehrsverbindungen Ketzin: täglich mehrere Busse (Linie 614) von und nach Potsdam Hauptbahnhof (ca. eine Stunde Fahrzeit), Busse von und zum Bahnhof Nauen (Linie 658).
Brandenburg/Havel: Bahnverbindungen nach Potsdam, Berlin und Magdeburg im 30-Minuten-Takt.
Von Saaringen bzw. Klein Kreutz mit der Buslinie 558 nach Brandenburg, der letzte Bus fuhr im Winter 2020/2021 um 15.55 Uhr ab Klein Kreutz.
Wegebeschaffenheit Naturbelassen 50 %, teilbefestigt 20 %, harter Belag 30 %.
Markierung Nicht durchgängig vorhanden, streckenweise Hinweise auf regionale Wanderwege.
Wunschwegekategorie 6, 7, 10, 11, 12, 14.
Wanderkarten Topographische Karte Naturpark Westhavelland Süd 1:50 000; Topographische Freizeitkarte Havelseengebiet Potsdam-Werder-Brandenburg 1:50 000.
Einkehr Brandenburg.
Sehenswürdigkeiten Dom und Zentrum von Brandenburg.
Hinweise für Radfahrer Die Nutzung des Uferwegs mit dem Fahrrad ist nicht gestattet.

Streckenverlauf

Die Tour beginnt an der Bushaltestelle ›Havelweg‹, dem letzten Stopp in Ketzin der Buslinie 614 von Potsdam Hauptbahnhof nach Gutenpaaren. Vom Markt Ketzin bis zum ›Havelweg‹ sind es sechs Busstationen, rund drei Kilometer. Diese Strecke zu laufen empfiehlt sich nicht, da die Straße relativ weit von der Havel verläuft.
Wählt man die Anfahrt aus Nauen, fährt man am besten bis zur Haltestelle ›Ketzin Bahnhof‹. Von dieser bis zur Bushaltestelle ›Havelweg‹ der Linie 658 sind es entlang der Brandenburger Straße etwa zwei Kilometer. Alternativ bietet sich an, bis ›Ketzin Markt‹ zu fahren, der Endhaltestelle aus Richtung Nauen, sich das historische Zentrum um den Markt und die Havelpromenade anzuschauen, und dann mit dem Bus der Linie 614 in Richtung Gutenpaaren bis zur Haltestelle ›Havelweg‹ zu

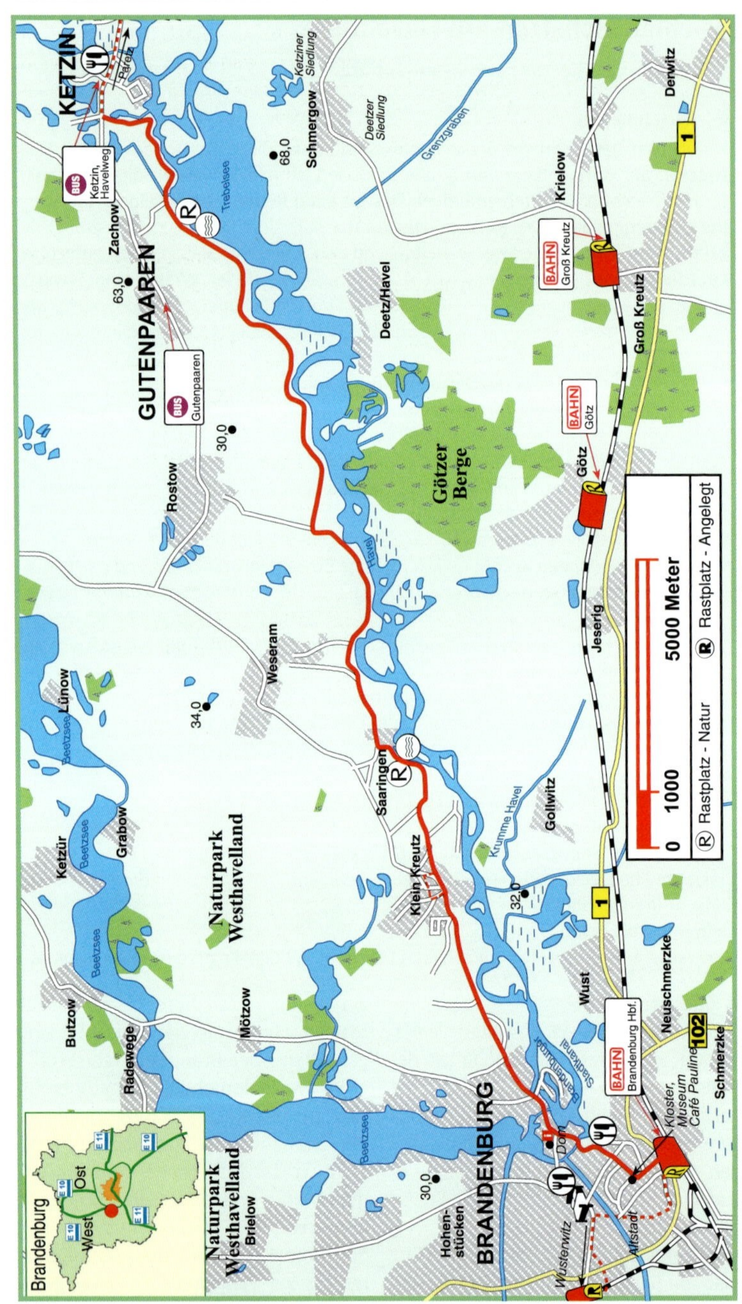
KETZIN
Ketzin, Havelweg
Zachow
GUTENPAAREN
Gutenpaaren
Rostow
Trebelsee
Schmergow
Ketziner Siedlung
Deetzer Siedlung
Grenzgraben
Krielow
Derwitz
Groß Kreutz
Deetz/Havel
Götz
Götzer Berge
Havel
Jeserig
Weseram
Lünow
Beetzsee
Naturpark Westhavelland
Saaringen
Klein Kreutz
Krumme Havel
Gollwitz
Ketzür
Grabow
Butzow
Radewege
Mötzow
Wust
Neuschmerzke
Schmerzke
BRANDENBURG
Brandenburg Hbf.
Stadtkanal
Dom
Altstadt
Wusterwitz
Kloster, Museum Café Pauline
Hohen-stücken
Brielow
Brandenburg
Ost
West
0 1000 5000 Meter
Rastplatz - Natur
Rastplatz - Angelegt

fahren, vorausgesetzt man hat einen baldigen Anschluss.

Von der Bushaltestelle ›Havelweg‹ laufen wir zunächst etwa 200 Meter in Fahrtrichtung und zweigen dann nach links in die Straße Am Deich Richtung Havel ab, wo sich eine Siedlung befindet. Nach einer Links- und einer kurz darauf folgenden Rechtskehre zweigt nach rechts, im spitzen Winkel, der Deichweg ab. Auf diesem wandern wir die nächsten Kilometer bis zum Dorf Saaringen. Ein Schild am Zugang warnt, dass die Benutzung nur Fußgängern erlaubt ist. Nach langen Regenfällen kann es sein, dass der Weg aufgeweicht ist. Ein besonderes Vergnügen ist es, wenn die Landschaft im Winter in ein Meer aus Weiß- und Grautönen getaucht ist, die, von der Sonne beschienen, silbern funkeln.

Dieser Teil der Strecke bis Saaringen ist nicht markiert. Doch ist der Weg über die Deiche, über weite Strecken in unmittelbarer Nähe des Ufers, nicht zu verfehlen. Bereits nach etwa zwei und dann weiteren drei Kilometern finden sich ideale Orte für eine Rast. Nach rund neun Kilometern geht es am Rand eines Grabens ein Stück landeinwärts. An einem Pumpwerk überqueren wir den Graben und erreichen nach weiteren knapp drei Kilometern das Dörfchen **Saaringen**. Gegenüber der Kirche, am Havelufer, befinden sich der wohl schönste Rastplatz auf dieser Tour und eine Bademöglichkeit.

Von diesem Rastplatz aus geht es weiter nach Klein Kreutz. Der Weg ist markiert – die Karte am Rastplatz suggeriert als seine Markierung einen grünen Balken auf weißem Grund; am ehesten trifft man jedoch auf den nun folgenden Kilometern gelbe Balken auf weißem Grund. Etwa 600 Meter folgt der Wanderweg noch dem Verlauf eines Havelarms, entfernt sich dann aber von diesem landeinwärts. Nach weiteren 300 Metern nehmen wir den nach rechts abzweigenden Weg und nach nochmals 300 Metern den Abzweig nach links. Der Weg durchquert ein Feld. Hinter diesem geht es weiter durch eine üppig bewachsene Allee immer geradeaus bis zum Örtchen **Klein Kreutz**. Der

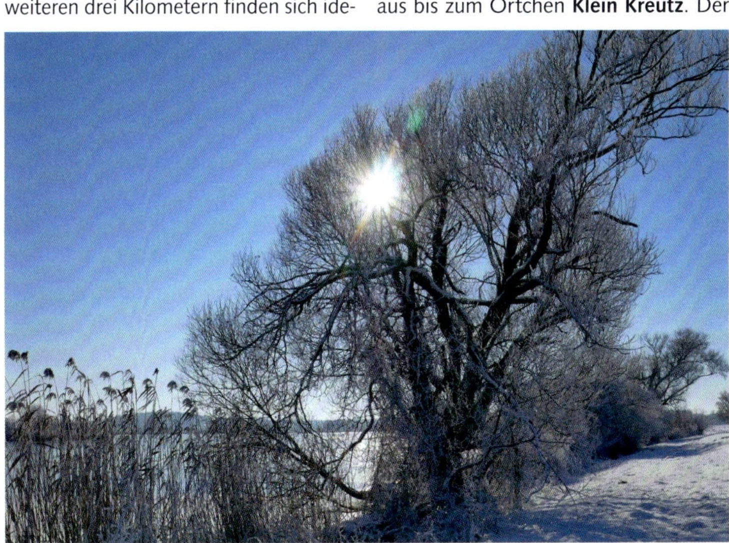

Auch im Winter bezaubernd: die Havellandschaft hinter Ketzin

markierte Wanderweg kreuzt die Klein Kreutzer Havelstraße. Geradeaus geht es – am Ortsrand – zur Landstraße in Richtung Brandenburg, wo sich auch die Bushaltestelle befindet.

Möchte man noch einen Blick auf die Kirche werfen oder dem Bäcker schräg hinter der Kirche einen Besuch abstatten (die Bäckerei ist an den Wochentagen bis 17 Uhr, donnerstags bis 16 Uhr, samstags bis 10 Uhr geöffnet), wendet man sich nach rechts und hinter der Kirche nach links.

Entlang der Straße gelangen wir schließlich zur bereits erwähnten Bushaltestelle.

Die nächsten Kilometer bis Brandenburg folgen wir dem Fahrradweg parallel zur Landstraße, die Brandenburg mit Nauen verbindet. Nach gut zwei Kilometern ist der Stadtrand von **Brandenburg/Havel** erreicht. Weiter führt der Weg entlang der Krakauer Landstraße bis zur Schleuse zwischen dem sich nach Norden streckenden Beetzsee und der Havel. Wir überqueren die Schleusenanlage, halten uns halbrechts, gehen entlang der Alten Krakauer Straße, überqueren auf der Krakauer Straße einen Seitenarm der Havel und gelangen nach einem sanften Linksbogen an eine Ampelkreuzung.

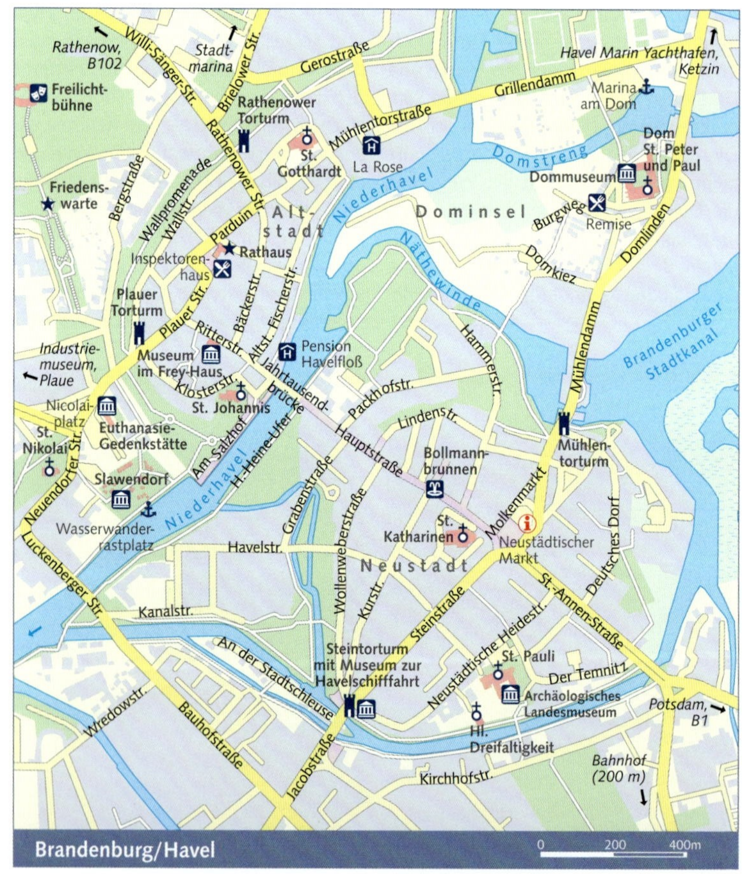

Nach rechts zweigt der Grillendamm ab. Diesem folgen wir nun etwa 200 Meter, queren dann den auf der linken Straßenseite befindlichen Stellplatz für Wohnmobile und gelangen zu einer Fußgängerbrücke, über die wir die Dominsel erreichen. Der Grundstein des imposanten **Doms** wurde 1165 gelegt. Außer ihm gehören das Dom-Museum und die historischen Gebäude rund um den Burghof – so heißt der Platz vor dem Dom – zum baulichen Ensemble.
Durch den Torbogen an der gegenüberliegenden Seite gelangen wir geradeaus zur St.-Petri-Straße, die in den Mühlendamm mündet. Linker Hand, am Ufer, befindet sich die Fischerei ›Fisch am Mühlendamm‹ mit regionalem Fischangebot. Diese ist an den Wochentagen bis 18 Uhr, samstags bis 12 Uhr geöffnet, an Sonntagen geschlossen.
Den Bahnhof erreicht man von hier, wie auf dem Stadtplan ersichtlich, auf mehreren Wegen. Neben dem Dom ist das ehemalige **St.-Pauli-Kloster** einer der geschichtlich interessantesten Orte. Die GPS-Daten für diese Tour empfehlen deshalb einen Weg, der die restaurierte Klosterruine einbezieht, in der das sehenswerte Archäologische Landesmuseum untergebracht ist.
Vom Mühlendamm zweigt, nachdem wir die zu beiden Seiten sich erstreckenden Gewässer passiert haben, am Mühlentorturm nach links eine Straße mit dem Namen ›Deutsches Dorf ‹ ab. Wir folgen ihr nur wenige Meter und biegen dann nach rechts in die Straße ›Neustädtischer Markt‹ ab. Dieser folgen wir entlang ansehnlich restaurierter historisch interessanter Gebäude bis zur Straßenbahnhaltestelle am Neustädtischen Markt. Aus der Straße ist ein großer Platz geworden. Wir finden auf ihm ein maßstabsgerechtes Stadtmodell, Bänke zum Verweilen, einen Parkplatz, den historische, restaurierte Häuser und moderne Lückenbauten umgeben, sowie die Stadtinformation.
Nach rechts beginnt am Neustädtischen Markt die Hauptstraße zur **Jahrtausendbrücke**, die die Neustadt mit der Altstadt verbindet. Die beiden heutigen Stadtteile Altstadt und Neustadt wurden im 12. Jahrhundert, im Abstand von 30 Jahren, als selbständige Orte gegründet. Anfang des 18. Jahrhunderts fusionierten sie zur Stadt Brandenburg an der Havel. Die Hauptstraße vom Neustädtischen Markt Richtung Altstadt ist eine Fußgängerpassage. Auf ihr befindet sich, etwa 200 Meter vom Neustädtischen Markt entfernt, der **Fritze-Bollmann-Brunnen** (→ S. 52).
In Richtung Bahnhof geht es von der Straßenbahnhaltestelle ›Neustädtischer Markt‹ nach links in die Sankt-Annen-Straße und von dieser nach etwa 100 Metern nach rechts in die Abtstraße, entlang derer wir nach wenigen Schritten das ehemalige **St.-Pauli-Kloster** erreichen. Am hinteren Ende der Nordfassade empfiehlt sich das gemütliche Café ›Pauline‹. Die restaurierten Gemäuer des ehemaligen Klosters beherbergen ein sehenswertes Archäologisches Museum.
Zum Hauptbahnhof gelangt man, indem man sich vor dem ehemaligen Kloster nach links wendet, die Fußgängerbrücke über den Stadtkanal quert, am gegenüberliegenden Ufer nach rechts in die Kirchhofstraße einbiegt und nach wenigen Metern links in die Kleine Gartenstraße, die in den Bahnhofsvorplatz mündet. Vom ehemaligen St.-Pauli-Kloster bis zum Bahnhof braucht man etwa 15 Minuten in gemächlichem Tempo.
Hat man noch etwas Zeit, lohnt sich der Umweg entlang des Stadtkanals zum Steintorturm und von diesem zum Bahnhof entlang der Großen Gartenstraße.

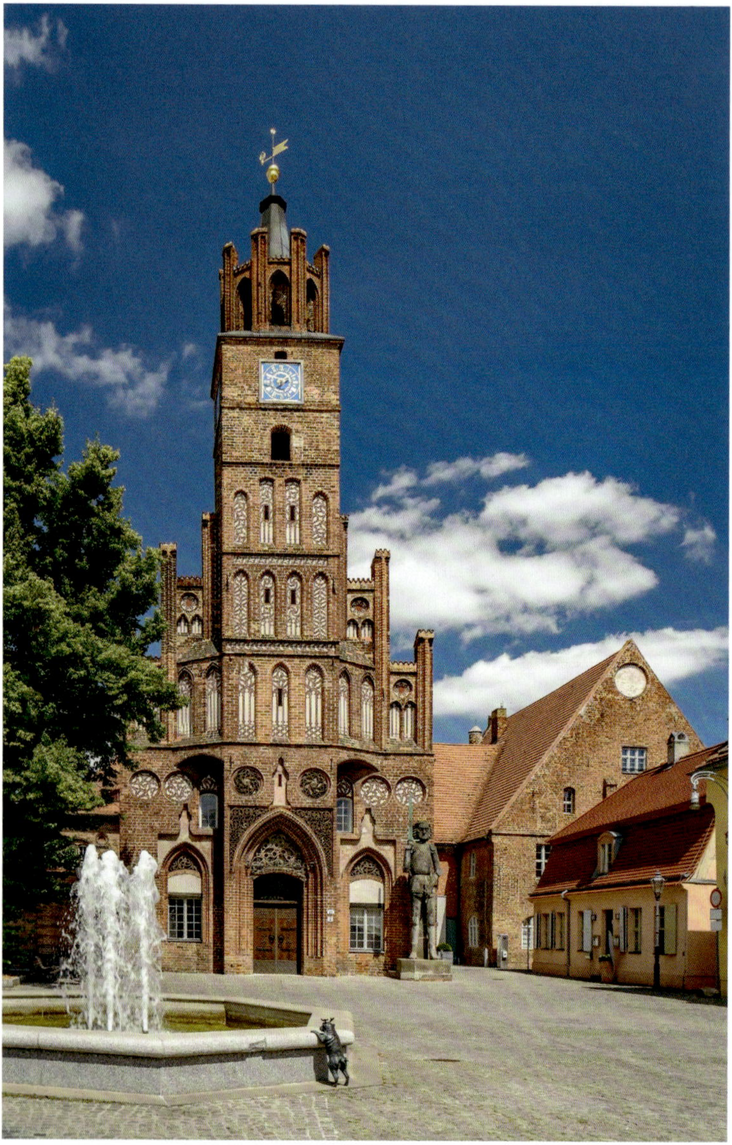

Das Herz Brandenburgs: Rathaus und Roland

▶ Karte S. 46/48

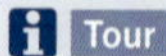

Touristinformation Brandenburg, Am Neustädtischen Markt 3, Tel. 03381/796360; Mai–Okt. Mo–Sa 9–19.30, So 11–14 Uhr, Nov.–April Mo–Sa 9.30–18.30 Uhr, So geschlossen. www.erlebnis-brandenburg.de

Wenn ich mal groß bin, Steinstraße 38, 14776 Brandenburg an der Havel, Tel. 0176/55558456; Do/Fr 11–19, Sa/So 13–18 Uhr. Ein mit viel Liebe zu gesundem Genuss betriebenes sehr kleines Lokal zu Füßen des Steintorturms. www.tinafasshauer.com

Café Pauline, Neustädtische Heidestraße 28, 14776 Brandenburg an der Havel, Tel. 03381/8048804; Di–So 10–18 Uhr. An der Nordwestseite des ehemaligen St.-Pauli-Klosters. Gemütliches Kaffee mit großer Terrasse und leckerem hausgemachten Kuchen. www.cafe-pauline.de

Restaurant Remise, Burghof 2, Tel. 03381/7943120; tgl. 12–20 Uhr. Zu Füßen des Domes. Die Gerichte sind überwiegend aus regionalen Zutaten. Bei gutem Ausflugswetter empfiehlt es sich, vorzubestellen. www.domevents.de/restaurant-remise

Al Dente, Steinstraße 57, 14776 Brandenburg an der Havel, Tel. 03381/228568; tgl. 11 Uhr–Mitternacht. ›Klassisches‹ italienisches Restaurant unweit des St.-Pauli-Klosters. www.aldente-brandenburg.de

Malabar, Potsdamer Str. 2, 14776 Brandenburg an der Havel, Tel. 03381/794112; Di–Do u. So 11.30–22, Fr/Sa 11.30–23 Uhr. Indische Küche am Ufer des Stadtkanals. www.restaurant-malabar.de

Ebenfalls empfehlenswert sind die beiden Brückencafés an der Jahrtausendbrücke mit Sitzplätzen direkt am Havelufer:

Café Havelblick (Neustadt), Hauptstraße 76, 14776 Brandenburg an der Havel; tgl. 10–18 Uhr. Am Heineufer (Neustadt).

Cafebar im Brückenhäuschen Ritterstraße 76, 14770 Brandenburg an der Havel, Tel. 03381/229048; Mo–Fr 8.30–18, Sa/So 9.30–18 Uhr. Altstadt. www.pension-havelfloss.de/cafebar-in-brandenburg-an-der-havel.html

Dommuseum, Burghof 10, 14776 Brandenburg an der Havel, Tel. 03381/2112229-3; Mai–Okt. Mo–Sa 10–17, So 12–17 Uhr, Nov.– März Mo–Sa 11–16, So 12–16 Uhr. Mit interessanten Kunstwerken aus der wechselvollen Bistumsgeschichte, darunter gotische Altarbilder, Skulpturen und mittelalterliche liturgische Textilien, unter ihnen das besonders wertvolle, 1290 gestickte Brandenburger Hungertuch. www.dom-brandenburg.de

Archäologisches Museum im St.-Pauli-Kloster, Neustädtische Heidestraße 28, 14776 Brandenburg an der Havel, Tel. 03381/4104112; Di–So 10–17 Uhr. Die Ruinen des einstigen Dominikanerklosters wurden zwischen 2002 und 2008 aufwendig restauriert und präsentieren 10 000 kostbare Funde aus 50 000 Jahren Kulturgeschichte der Region. Ende des 13. Jahrhunderts war das Kloster entstanden. Das restaurierte architektonische Ensemble gehört zu den am besten bewahrten Klosteranlagen im norddeutschen Raum. www.landesmuseum-brandenburg.de

Friedenswarte, Marienberg 3, 14470 Brandenburg an der Havel, Tel. 03381/300925; April–Juni und Sept./Okt. Do–So und an den Feiertagen 10–17 Uhr, Juli/Aug. zusätzlich Di/Mi; 3 Euro p.P., erm. 1,50 Euro. Aussichtsturm, errichtet 1974 zum 25. Jahrestag der DDR, saniert 2006. Von der obersten, über 180 Stufen zu erreichenden Plattform hat man einen bei klarem Wetter beeindruckenden Rundblick über die Stadt Brandenburg sowie den sie umgebenden ausgedehnten Wald- und Seengürtel.

Daneben gibt es in Brandenburg weitere kulturell und historisch höchst interessante Orte: das Industriemuseum mit Führungen durch Teile des ehemaligen Stahlwerks, die Gedenkstätten für die Opfer der Euthanasiemorde und des Zuchthauses Brandenburg-Görden, das Stadtmuseum und das Museum im Steintorturm.

Tipp: Empfehlenswert ist eine Erkundung Brandenburgs auf den zahlreichen Wasserwegen im Stadtgebiet und der unmittelbaren Umgebung – im Kanu und Ruderboot, auf Flößen und Ausflugsdampfern.

Fritze Bollmann

Der Barbier Fritz Bollmann (1852–1901) stammte aus einem Dorf in der Nähe von Magdeburg. Von 1879 bis zu seinem Tod lebte er in Brandenburg und führte hier von 1882 bis 1896 ein eigenes Barbiergeschäft. Um 1882 heiratete er. Von den zehn gemeinsamen Kindern, die seine Ehefrau zur Welt brachte, erreichten nur drei das Erwachsenenalter.

Er war, hieß es, ein flinker und fleißiger Arbeiter. Dennoch geriet er in Not und suchte Flucht im Alkohol. Häufig betrunken, wurde er von Kindern verspottet und geärgert. Auf die Kinderspäße reagierte ›Fritze‹ Bollmann damit, indem er ihnen, wenn sie vor flüchteten, hinterherlief und sie mit Rasierschaum bespritzte. Niemand nahm ihn mehr ernst. Er wurde zur Spottfigur von Brandenburg. Nach nur 49 Lebensjahren starb er verarmt im Städtischen Krankenhaus an Zungenkrebs. Sein Grab befindet sich auf dem Altstädter Friedhof.

Das berühmte Spottlied auf Fritze Bollmann entstand, nachdem der Barbier bei einer Angelfahrt kenterte, es aber trotzdem irgendwie, obwohl er betrunken war, schwimmend bis ans Ufer schaffte. Er erzählte die Geschichte seinen Kunden. Die Kinder bekamen Wind davon und dichteten ein Spottlied auf ihn. Im Jahr 1885 erschien auf einer Postkarte eine erste Fassung des von ursprünglich zwei auf vier Strophen angewachsenen Liedes. Obwohl Bollmann ein Verbot des Vertriebs der Postkarte erwirkte, wurde das Spottlied nach der Melodie ›Bei Sedan auf der Höhe...‹ weiterhin gesungen und wuchs um weitere Strophen. Wassersportler, Handwerksburschen und Soldaten verbreiteten es. Es hielt Einzug in Liederbücher und wurde lange nach dem Tod des Barbiers unter anderem von Claire Waldoff und Frank Zander interpretiert. Noch immer wird es zu vielen Anlässen gesungen.

Im Jahr 1924 gestaltete ein Brandenburger Bildhauer einen Angler-Brunnen, der im Volksmund Bollmann-Brunnen genannt wird. Seit 1981 steht eine Kopie im Stadtzentrum (Hauptstraße) von Brandenburg an der Havel.

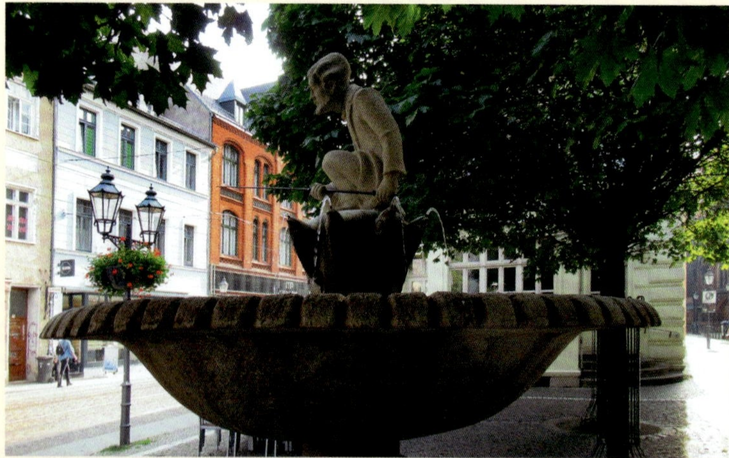

Der Fritze-Bollmann-Brunnen in Brandenburg an der Havel

Bezaubernde Wasserlandschaften

➲ Tour 4: Von Brandenburg nach Wusterwitz » (22 km)****

Kurzcharakteristik

Das nahezu 1100 Jahre alte Brandenburg gilt als die Wiege der Mark. Die Stadt besteht aus drei historischen Ortsteilen - Dominsel, Neustadt und Altstadt - sowie verschiedenen Randvierteln wie zum Beispiel der Quenzsiedlung, ein in den 1920er Jahren für die Arbeiter des Stahl- und Walzwerks und ihre Angehörigen errichtetes Wohngebiet. Um sich die vielfältigen Reize der Stadt mitsamt ihren Industriedenkmälern und Parkanlagen zu erschließen, lohnt sich ein Tagesbesuch. Die Geschichten, die Brandenburg erzählt, sind wirklich erstaunlich, weshalb sich eine von der Tourismusinformation angebotene geführte Stadterkundung empfiehlt.

Auf der Tour von Brandenburg nach Wusterwitz passiert man Reste der Stadtmauer am Rand von Altstadt und Neustadt, in Sichtweite den Campus der Technischen Hochschule - ehemals Kasernen aus der Kaiserzeit - und Arbeiterviertel mit Vorstadtcharakter.

Ab dem Stadtrand von Brandenburg wurde einer der attraktivsten Fußwanderwege im gesamten Land Brandenburg markiert: Waldgebiete am Anfang und am Ende, dazwischen eine abwechslungsreiche Wiesen-, Felder- und Wasserlandschaft sowie der Schlosspark in Plaue. Weitblicke öffnen sich über die von der Havel gebildeten Seen. Im Hintergrund - fern genug, um nicht zu stören - ist die Kulisse am gegenüberliegenden Ufer von zwei Industrieanlagen geprägt, eine am Rand von Brandenburg und die andere in Kirchmöser. Plaue am See ist ein Fischerdorf mit langer Geschichte. Vor dem Ort wendet sich die Havel, die ab Berlin stetig westwärts geflossen war, in einer scharfen Rechtskehre in Richtung Norden.

Teilstrecken Bahnhof Brandenburg–Quenzbrücke (6 km), Quenzbrücke–Plaue (12 km), Plaue-Bahnhof Wusterwitz (4 km).

Verkehrsverbindungen Die Bahnhöfe Brandenburg Hbf. und Wusterwitz liegen an der Bahnstrecke Berlin–Magdeburg (RE 1); zwischen Berlin/Potsdam und Brandenburg fahren Züge im 30-Minuten-Takt, zwischen Wusterwitz und Berlin/Potsdam stündlich. In Brandenburg Altstadt halten die Züge der RB 51 zwischen Brandenburg Hbf. und Rathenow im Stundentakt.

Plaue: Busse nach Brandenburg und Kirchmöser, wo sich eine weitere Bahnstation an der Bahnstrecke des RE 1 befindet.

Wegebeschaffenheit Im Stadtgebiet Fuß- und Parkwege, ab Stadtrand Brandenburg/Quenzbrücke bis Wusterwitz naturbelassen 70 %, teilbefestigt 0 %, harter Belag 30 %.

Markierung Ab Quenzbrücke am Stadtrand von Brandenburg durchgängig - gelber Balken auf weißem Grund.

Wunschwegekategorie 2, 8, 9, 10, 16, 21a.

Wanderkarten Topographische Freizeitkarte Westhavelland-Süd 1:50 000.

Einkehr Camping-Anlage, Plaue, Plauer Schleuse, Wusterwitz.

Sehenswürdigkeiten Historisches Zentrum Brandenburg mit Dominsel, Alt- und Neustadt (→ Karte S.48), Schloss und Park Plaue.

Hinweise für Radfahrer Die Strecke ist zwischen Brandenburg und Plaue nicht zum Radfahren geeignet, auf den Deichstrecken teilweise ausdrücklich verboten. Streckenweise markierte Radrouten verbinden die Orte miteinander. Zwischen Plaue (ab Parkausgang) und Wusterwitz können auch Radfahrer die meisten Abschnitte der hier beschriebenen Route folgen.

Streckenverlauf

Je nachdem, ob man zusätzlich das ehemalige St.-Pauli-Kloster und die Dominsel besuchen möchte – beide liegen abseits des unten beschriebenen Weges –, gibt es verschiedene Möglichkeiten, um vom Brandenburger Hauptbahnhof bis zur Quenzbrücke am Stadtrand zu

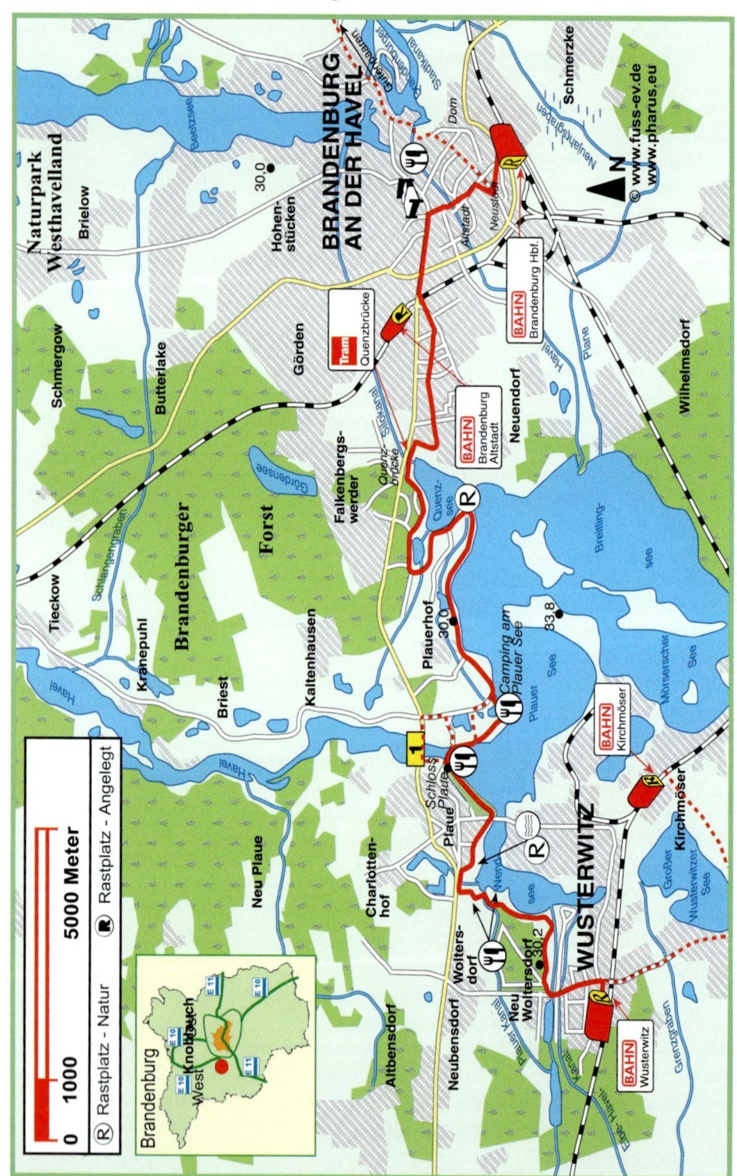

gelangen, hinter der die eigentliche Wanderung entlang der Havelseen beginnt. Am günstigsten ist es – siehe Karte und GPS-Daten –, vor dem Bahnhof den Platz und die Straßenbahnschienen zu überqueren, sich nach links zu wenden und einige Schritte weiter, den Schienen der Straßenbahn folgend, nach rechts in die Große Gartenstraße einzubiegen. Auf dieser erreicht man nach etwa 700 Metern die Jacobstraße. Hier wendet man sich nach rechts und überquert zwei winzige Brücken. Der Turm rechter Hand hinter der zweiten Brücke ist der Steintorturm, der einst den Zugang zur Neustadt bewachte. Ihm gegenüber beginnt schräg-links abzweigend eine Parkanlage entlang der ehemaligen Stadtmauer. Ganz zu Beginn erinnert ein **Ehrenmal** an die bei der Befreiung Brandenburgs gefallenen sowjetischen Soldaten. Etwas weiter befindet sich am linken Rand des Parkstreifens das **Theater** von Brandenburg mit seiner roséfarbenen Fassade.

Kurz bevor der Parkweg die Havelstraße schneidet, hat ein wunderbares kleines **Denkmal** für eine erschöpft Steine schlagende Mutter mit ihrem in ein Tuch gewickelten Kleinkind seinen Platz. Der Weg durch den Park geht über in die schräg links verlaufende Grabenstraße. Ihr folgen wir nach rechts bis zur Hauptstraße, in die wir nach links, in Richtung der **Jahrtausendbrücke**, einbiegen. Diese verbindet die historische Neustadt mit der nur 30 Jahre älteren Altstadt. Altstadt und Neustadt wurden beide im 12. Jahrhundert an gegenüberliegenden Ufern der Havel gegründet. Anfang des 18. Jahrhunderts fusionierten sie zur Stadt Brandenburg an der Havel. Ihren Namen und ihr heutiges Antlitz erhielt die Brücke im Jahr 1929, zum 1000-jährigen Jubiläum Brandenburgs. Im gleichen Jahr wurde die Dominsel eingemeindet. Schaut man von der Brücke nach rechts (Richtung Nordosten), sieht man die in ein Veranstaltungszentrum mit Restaurant umgebaute Werft. Dahinter erstreckt sich ein Teil des BUGA-Geländes von 2015.

Geradeaus erhebt sich in einiger Entfernung ein Turm, die sogenannte **Friedenswarte** auf dem Marienberg, die 1974 errichtet wurde, zum 25. Jahrestag der DDR. Vom Turm hat man einen weiten Blick über die Wald- und Seenlandschaften um Brandenburg.

Die sich hinter der Jahrtausendbrücke linker Hand erhebende Kirche ist **St. Johannis**, eine ehemalige Klosterkirche der Franziskaner. Sie wurde 1945 stark zerstört und zur BUGA 2015 restauriert. Heute wird sie als Konzerthalle und für Gottesdienste genutzt. Ihr zu Füßen geht es hinter der Jahrtausendbrücke nach links rund 150 Meter entlang des Havelufers, dann nach rechts in den Humboldthain – eine Parkanlage am Rand der Altstadt, begrenzt von der historischen Stadtmauer – bis zur Plauer Straße. Im Park und auch am Ende der Parkanlage, direkt an der Plauer Straße, verbergen sich einzelne, lebensgroße Skulpturen ungewöhnlicher **Möpse**. Sie erinnern an den Waldmops, eine von Loriot erfundene Figur für einen seiner Sketche. Loriot – Vicco von Bülow (1923–2011) – wurde in Brandenburg geboren und ist Ehrenbürger der Stadt. Die junge Künstlerin Clara Walter gestaltete in Gedenken an Loriot zum BUGA-Jahr zunächst acht, dann weitere Waldmöpse, auf die man an verschiedenen Orten in der Stadt trifft.

Wir überqueren die Plauer Straße und wenden uns nach links, passieren den Nicolaiplatz an seiner rechten Seite, überqueren die Straßenbahnschienen am Anfang der Magdeburger Straße, um dann links in die Vereinsstraße am Rande eines kleinen Parks zu gelangen.

Nun geht es immer geradeaus in Richtung Westen. Rechter Hand passieren wir zunächst eine Medizinische Schule, dann das Oberlandesgericht Brandenburg. Hinter dem sich anschließenden Parkgelände sind die Backsteinfassaden des aus einem ehemaligen Kasernenensemble entstandenen **Campus** der Technischen Hochschule ein Blickfang.

Die Vereinsstraße führt direkt zur großen Umgehungsstraße des Stadtrings, der Zanderstraße. Diese müssen wir überqueren. Geradeaus gehen wir dann entlang der Klingenbergstraße weiter, zunächst über ehemals viel genutzte Eisenbahnstränge und eine noch genutzte Bahnlinie mit Schranken. Rechter Hand, in etwa 300 Meter Entfernung, ist der ungepflegte Bahnhof von Brandenburg-Altstadt auszumachen, an dem die Züge der RB 51 zwischen Brandenburg und Rathenow halten.

Wir folgen nun der Klingenbergstraße durch die gleichnamige Werkssiedlung aus den 1950er Jahren. An ihrem Ende beschreibt die Straße eine scharfe Rechtskurve und trägt nun den Namen Friedrich-Engels-Straße. Entlang von Häusern aus der Zeit des Bauhauses gelangen wir

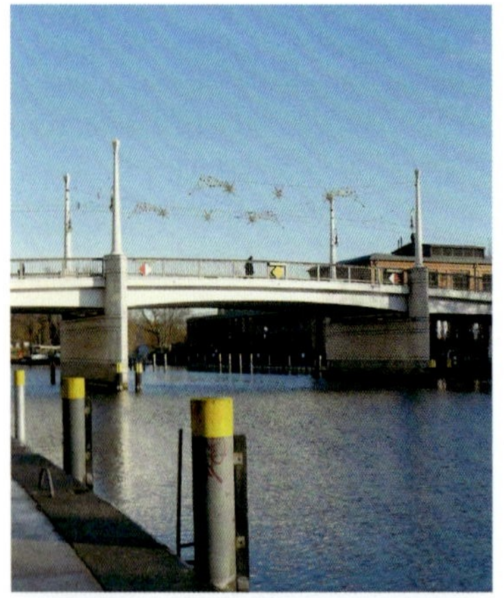

Die Havelbrücke in Plaue

▶ Karte S. 54

auf ihr nach rund 700 Metern zur nach links abzweigenden Thüringer Straße, der wir bis an ihr Ende (ca. 1,5 Kilometer) folgen. Die Thüringer mündet in die Woltersdorfer Straße, linker Hand befindet sich der Eingang zum in den 1990er Jahren entstandenen Elektro-Stahlwerk. Wir überqueren die Woltersdorfer Straße und folgen nun der Blosendorfer Straße am Rand der rechter Hand liegenden Siedlung in Richtung Quenzsee. Hinter dem letzten Haus dreht der Weg nach rechts ab zur Magdeburger Landstraße. Auf dieser überqueren wir die **Quenzbrücke**. Sie überspannt den Silokanal, der in den Quenzsee mündet. Wir haben nun das Stadtgebiet von Brandenburg verlassen.

Etwa 200 Meter hinter der Brücke zweigt nach links, an einer Hinweistafel, die Straße Falkenbergswerder ab. Hier beginnt der mit gelbem Balken auf weißem Grund markierte Wanderweg nach Wusterwitz. Bis Plaue sind es 8,9 Kilometer.

Zunächst geht es weiter parallel zum Ufer des Quenzsees, vorbei an Einfamilienhäusern, dann an den Anlagen eines Seglervereins, später durch ein spärlich bewachsenes Waldgebiet. Nach einem weiten Rechtsbogen zwischen Wald und Wiesenlandschaften erreichen wir eine schmale **Fußgängerbrücke** und nach etwa 100 Metern, am Rand einer Kleingartenanlage, einen Feldweg. In diesen, der Markierung folgend, biegen wir nach links ein. Der Weg führt durch ein Waldstück vorbei am Totenkopfsee (linker Hand), umgeht diesen an seinem nördlichen, westlichen und südlichen Ufer und führt nun hinaus auf die Deiche und Wanderwege.

Das Stück Land, auf dem wir uns zunächst bewegen, ist eine Halbinsel, die sich, von Feuchtwiesen bedeckt, wie eine Nase in die Seenlandschaft streckt.

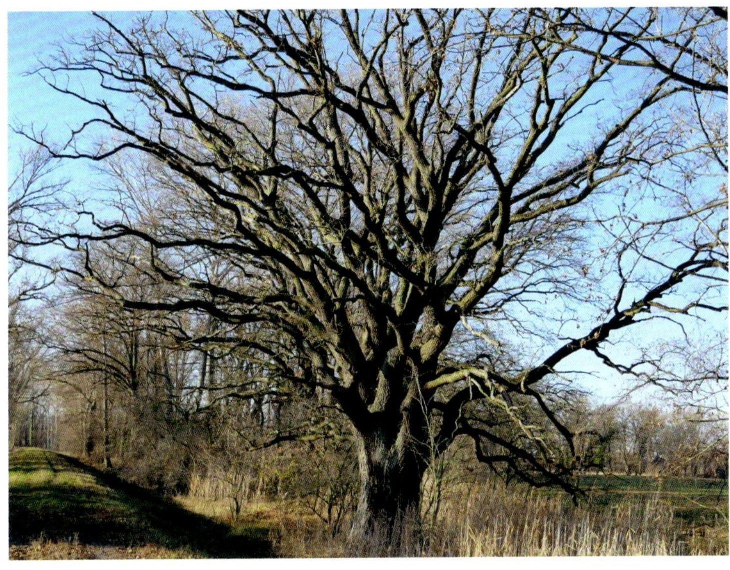

An der Westseite des Plauer Sees

Links liegt der **Quenzsee**. An der Nasenspitze geht der Quenzsee fließend in den Plauer See über. Das gegenüberliegende Ufer dominiert die Silhouette des Elektro-Stahlwerks mit seinem Hafen. Weiter geht es entlang der Westseite der Nase: rechts die Wiesen, links das von Bäumen und Gesträuch bewachsene Ufer – ein wunderbares Stück Weg.

Der Wegmarkierung folgend, gelangen wir am Ufer des Plauer Sees, auf zunehmend schmalen Pfaden, vorbei an einem eingezäunten Übungsgelände der Wasserschutzpolizei zur Campingsiedlung eines Wassersportvereins. Wir durchqueren sie und wandern hinter ihr nach links weiter parallel zum Ufer. Bis zur Plauer Brücke sind es von hier aus – so ein Hinweisschild – noch 3,5 Kilometer. Die imponierenden Industriebauten am gegenüberliegenden Ufer gehören zum Kraftwerk Kirchmöser.

Nach etwa einem Kilometer erreichen wir den eingezäunten **Camping- und Ferienpark am Plauer See**. Zur Anlage gehört ein Restaurant, das ›Don Carlo‹, mit überwiegend italienischer Küche. Das Gelände des Campingparks ist bewacht. Von April bis September kann es zu Fuß durchquert werden. In den übrigen Monaten besteht die einzige Chance, den Weg fortzusetzen, darin, das Gelände landeinwärts zu umgehen. Dazu folgt man der Zufahrtsstraße zum Campingplatz (Plauer Landstraße) etwa 400 Meter weg von der Havel, biegt dann nach links ein in den Feldweg Am Margaretenhof, folgt diesem bis zur gleichnamigen Siedlung aus Wochenendhäusern und wendet sich an deren Rand nach links bis zum Seeufer, wo man wieder auf den Wanderweg trifft, der den Camping- und Ferienpark durchquert.

Der schmale und lauschige Uferweg verlässt bald den Plauer See im rechten Winkel und führt an einer ganze Reihe von Infotafeln vorbei, die den Fischreichtum in dieser Gegend feiern und die immense Artenvielfalt – Wels, Zander, Grundel, Hecht, Aal, Barsche, Karpfen, Bitterling, Moderlieschen, Ukelei, Bachneunauge, Karausche, Stich- und Gründlinge u.v.a. – erklären. Die Gebäude hier gehören zum Ortsteil **Margaretenhof** von Plaue. Hier befinden sich ein Hofladen der Havelfischerei und das Freizeitcenter Margaretenhof mit einem Imbiss und Biergarten. Plaue ist ein Fischerdorf par excellence. Am letzten Juli-Wochenende (aktuelle Termine bitte nachfragen) findet hier der Plauer Fischerjakobi statt, ein beliebtes Volksfest mit Musik, Tanz, Jahrmarkt, Fischerkorso und Feuerwerk.

Zwischen Margaretenhof und gegenüberliegendem Ufer, wo sich das Plauer Schloss und das Dorf Plaue befinden, fließt die Havel, die hier den Plauer See in einer scharfen Rechtswendung verlässt. Nach weiteren knapp 100 Kilometern in nördlicher Richtung mündet sie hinter Havelberg in die Elbe.

Von 1916 bis 2002 waren Brandenburg und Kirchmöser über Plaue mit einer Straßenbahnlinie verbunden. Die Tram überquerte die mit ihren geschwungenen metallenen Bögen elegant anzusehende historische Brücke zwischen Margaretenhof und dem Plauer Schloss. Die Brücke wird derzeit erneuert und ist selbst für Fußgänger gesperrt. Man ist daher vorübergehend zu einem ungefähr zwei Kilometer langen Umweg gezwungen, um über die nördlich gelegene Straßenbrücke der B 1 ans andere Ufer und entlang der Kietzstraße parallel zur Havel zu Schloss und Park Plaue zu gelangen.

Direkt am Ufer lädt die **Schlossschänke** in einem ehemaligen Fischerhaus zu einer Rast. Das ehemalige Schloss beherbergte bis 1993 ein Institut für Sprachintensivausbildung. Die Seitenflügel sind teilweise restauriert und können für Übernachtungen gebucht werden. Im Schloss und auf dem Schlosshof finden gern besuchte Veranstaltungen statt.

▸ Karte S. 54

Der Wanderweg durch den Park verläuft parallel zum Ufer des Plauer Sees, wendet sich dann nach rechts und überquert die Koenigsmarckstraße, die nach links über die Seegartenbrücke Plaue mit Kirchmöser am gegenüberliegenden Ufer verbindet. Auf der gegenüberliegenden Straßenseite befindet sich rechter Hand ein REWE, auf der linken Seite das Restaurant ›Plauer Hecht‹. Zwischen ihnen verläuft die Straße Wendseeufer parallel zum **Wendsee**, in den der Plauer See in Richtung Westen übergeht.

Das Wendseeufer am Rand einer Siedlung aus Einfamilienhäusern beschreibt – hinter einer Badestelle – nach etwa 500 Metern eine Rechtskurve, nur wenige Meter weiter eine Biegung nach links und mündet nach weiteren 600 Metern in die Chausseestraße (B 1). Wir folgen letzterer auf einem Fahrradweg nach links 250 Meter und biegen dann links in die Straße Am Seeblick ein. Auf ihr gelangen wir zum gleichnamigen Restaurant, dann an diesem vorbei zur im 19. Jahrhundert errichteten **Plauer Schleuse**. Nach deren Überquerung setzen wir den Weg weiter nach rechts fort, vorbei am Gasthaus Zum Dorotheenhof (derzeit geschlossen), hinter dem wir der Markierung nach links Richtung Wusterwitz folgen. Gleich hinter dem Abzweig geht es wieder nach links auf einen urwüchsigen Waldwanderweg – das letzte Highlight einer an Highlights reichen Tour – und auf diesem bis zur **Mündung des Havel-Elbe Kanals** in den Wendsee.

Parallel zum Kanalufer gehen wir nun nach rechts bis zur Brücke über den Kanal, die wir überqueren und geradeaus, entlang der Walther-Rathenau-Straße, zum **Bahnhof Wusterwitz** gelangen. Die Züge in Richtung Brandenburg verkehren

im Stundentakt. Kurz vor dem Bahnhof, an der Ecke Rosa-Luxemburg-Straße, linker Hand, ist der Arian-Grill-Döner eine gute Adresse für eine Einkehr.
So man noch die Zeit, Lust und Kraft dafür hat, lohnt ein Abstecher zum **Großen Wusterwitzer See**, etwa einen Kilometer hinter dem Bahnhof von Wusterwitz. Man folgt der Walther-Rathenau-Straße, die in die Ernst-Thälmann-Straße übergeht. Am See befinden sich ein Badestrand und in dessen Nähe ein beliebtes griechisches Restaurant. Der Lankenweg führt von hier parallel zum Südufer direkt zum Bahnhof Kirchmöser. Vom Bahnhof Wusterwitz bis zum Bahnhof Kirchmöser sind es auf dem beschriebenen Weg etwa 4,5 Kilometer.

i Tour 4

Tourist Information Brandenburg, Am Neustädtischen Markt 3, Tel. 03381/796360; Mai–Okt. Mo–Sa 9–19.30, So 11–14 Uhr, Nov.–April Mo–Sa 9.30–18.30 Uhr, So geschlossen. www.erlebnis-brandenburg.de
Tourist Information Wusterwitz, Ernst-Thälmann-Str. 72, 14789 Wusterwitz, Tel. 033839/581; Di–Sa 8.30–18 Uhr. Etwa einen Kilometer vom Bahnhof Wusterwitz Richtung Süden, gegenüber der ansehnlichen Feldstein-Fachwerkkirche am Großen Wusterwitzer See.
www.amt-wusterwitz.de

- Brandenburg an der Havel: → S. 51.
- Unterwegs:

Don Carlo (Campingplatz am Plauer See), Tel. 03381/804544; Mo–Fr 16–22.30, Sa/So 12–22.30 Uhr
Freizeitanlage Margaretenhof, Margaretenhof 1, 14774 Brandenburg an der Havel (OT Plaue), Tel. 0173/7434782; Ostern–später Herbst Mo–So 10–19 Uhr. www.freizeitcenter-margaretenhof.de
Schloss-Schänke Plaue, Schloßstraße 27, 14774 Brandenburg an der Havel (OT Plaue), Tel. 03381/3062362; Fr–Sa 7–18, So–Do 7–21 Uhr. Zu Füßen des Schlosses am Ufer der Havel mit Terrasse.
www.schlossplaue.de
Schloss Plaue, Tel. 03381/3062362. An den Wochenenden Brunch und Imbiss auf dem Hof. www.schlossplaue.de
Plauer Hecht, Wendseeufer 24, 14774 Brandenburg an der Havel (OT Plaue), Tel. 03381/888365; Mo–Fr 8–14 u. 17–22, So 11–22 Uhr, Sa geschlossen. Deftige Hausmannskost und faire Preise.
Restaurant Seeblick, Schleusenweg 2, 14774 Brandenburg an der Havel (OT Plaue), Tel. 03381/40322-4; tgl. variable Öffnungszeiten.
www.restaurant-seeblick-plaue.de
Arian Grill, Walther-Rathenau-Straße 14, 14789 Wusterwitz, Tel. 033839/799669; tgl. 10.30–21 Uhr. www.arian-grill.de
Restaurant Knossos am See, Am See 1, 14789 Wusterwitz, Tel. 033839/711380; Di–Fr 15–21, Sa/So 11–21 Uhr. Im Ortszentrum und Strandnähe des Großen Wusterwitzer Sees.
www.knossos-am-see-wusterwitz.de
In der Nähe befinden sich weitere Restaurants und ein Imbiss.

In Brandenburg gibt es verschiedene kulturell interessante Orte: das Archäologische Landesmuseum im St.-Pauli-Kloster, das Industriemuseum Brandenburg, das Dommuseum, die Gedenkstätten für die Opfer der Euthanasiemorde und des Zuchthauses Brandenburg-Görden und die Friedenswarte auf dem Marienberg, um nur einige zu nennen (→ Infoteil Tour 3, S. 51).

Hofladen Fischereibetrieb Michael Betge, Margaretenhof 7, 14774 Brandenburg an der Havel (OT Plaue), Tel. 0172/3022167; Öffnungszeiten bitte erfragen und Kauftermin vereinbaren. Am Havelufer. Frisch gefangener und frisch geräucherter Fisch.
www.havelfischerei-betge.de

Die Brandenburger Parks und Gärten

Seit 1990 gehören die Potsdamer Parks und Schlösser zum Weltkulturerbe. Die schönsten von ihnen sind Park Sanssouci, der Neue Garten, der Park Babelsberg, die Pfaueninsel, Schloss und Park Glienicke sowie Sacrow. Sie sind das Sahnehäubchen auf den Parks und Gärten von mehr als 500 Schlössern und Herrenhäusern, Kloster- und Pfarrgärten sowie sehenswerten privaten Gärten im Land Brandenburg. Höhepunkte zeitgenössischer Garten- und Parkkunst sind die Landesgartenschauen, die seit dem Jahr 2000 auch im Land Brandenburg stattfinden, in Luckau (2000), Eberswalde (2003), Rathenow (2006), Oranienburg (2009), Prenzlau (2013) und Wittstock (2019). Die nächste LAGA ist für 2022 in Beelitz geplant. Im Jahr 2015 war die Stadt Brandenburg Austragungsort der Bundesgartenschau.

Spricht man von Gartenkunst im Brandenburgischen, so ragt ein Name heraus: Peter Joseph Lenné (1789–1866). Er wurde in Bonn geboren, wo sein Vater das Amt des kurfürstlichen Hofgärtners bekleidete. Lenné setzte die Familientradition fort. Seine Gärtnerlehre beendete er mit 19 Jahren, anschließend unternahm er Studienreisen. Diese führten ihn 1811/12 nach Paris, wo er sich im berühmten Botanischen Garten mit der Kultivierung seltener Sträucher und exotischer Pflanzen befasste. Das erworbene Wissen hatte er allen späteren Konkurrenten in der Kunst der Parkgestaltung voraus, die einheimische Gewächse bevorzugten. Seine Gesellenzeit führte ihn von Paris nach München, Wien, Luxemburg und Koblenz. Im Februar 1816 erhielt er eine Gehilfenstelle in Potsdam.

Die Parks und Gartenanlagen waren nach den Napoleonischen Kriegen in einem beklagenswerten Zustand. Lenné erwies sich mit seinem in langen Lehrjahren erworbenen Wissen und seinem nach ausgedehnten Reisen weltmännischen Habitus als der rechte Mann zur rechten Zeit am rechten Ort. Staatskanzler Karl August Fürst von Hardenberg wurde als erster auf ihn aufmerksam und beauftragte Lenné mit der Gestaltung seiner Besitzungen Neuhardenberg und Glienicke. Das erste landschaftsarchitektonische Husarenstück im königlichen Auftrag gelang Lenné mit dem Park Charlottenhof und dem Hopfengarten am Rand des Parks von Sanssouci. Hier legte er den Grundstein für ein weiträumiges Gesamtkunstwerk, das in den folgenden vier Jahrzehnten die ›Insel Potsdam‹ zu einem großen, zusammenhängenden Landschaftgarten werden ließ. Natürlich ist es nicht allein ihm zu verdanken. Bedeutenden Anteil hatten seine Schüler, die Hofgärtner ebenso wie einige seiner musisch begabten Auftraggeber und die vielen Gehilfen, die seine Ideen umsetzten und bereicherten.

Lenné orientierte sich zuallererst am englischen Vorbild. Das entscheidendes Merkmal seiner Landschaftsgestaltung sind die vielfältigen Sichtachsen. Mit ihnen verband er optisch die Parkanlagen mit ihrer Umgebung, setzte er die Bauwerke – Statuen und Pavillons – in den Parks wirkungsvoll in Szene. Sie wirken wie gerahmt und verschieben sich mit veränderter Perspektive, als wären sie die Kulissen eines Theaterstücks. So brach er mit der barocken Vergangenheit geometrischer Geradlinigkeit. Die Spaziergänger im Park werden mit immer neuen Eindrücken überrascht. Von den Sichtschneisen zweigen verschlungene Wege durch Wiesen und Gartenflächen ab, in denen mit ausdrucksvollen Gehölzen, Büschen, Blumenrabatten und Baumgruppen Akzente gesetzt sind. Zur Bereicherung der Wiesen

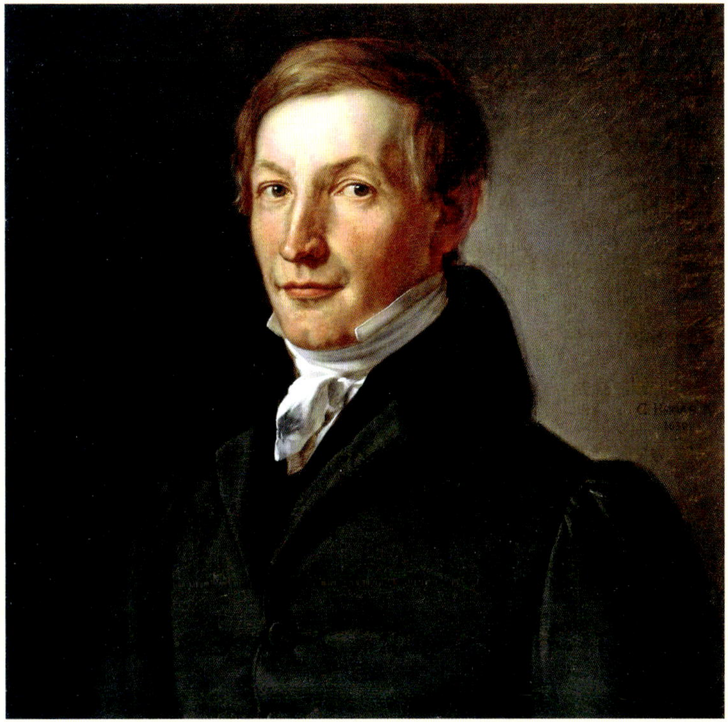

Peter Joseph Lenné, Gemälde von Carl Joseph Begas (1830)

ließ sich Lenné Samen von Gräsern und Kräutern aus Süddeutschland und alpinen Regionen herbeischaffen.

In einer Mischform natürlicher Landschaftsparks mit schmückenden Gartenpartien entwarf Lenné nicht nur Privatgärten, sondern im Zuge der Stadtplanung auch öffentliche Grünanlagen und Volksparks – nicht nur im Brandenburgischen, sondern auch in Magdeburg, Koblenz und anderen Orten.

Die Spuren Lennés finden sich im ganzen Land Brandenburg – doch nicht nur seine. Ein ihm ebenbürtiger Landschaftskünstler war Hermann Fürst von Pückler-Muskau (1785–1871), der aus einem Adelsgeschlecht in der Oberlausitz entstammte. Er war ein Exzentriker, Freigeist und Weltenbummler. Ebenso wie Lenné fühlte er sich der englischen Parktradition verpflichtet und adaptierte diese an die lokalen Gegebenheiten. Der Park in Bad-Muskau (Sachsen) ist sein Meisterstück, der Branitzer Park mit der berühmten Pyramide bei Cottbus sein Alterswerk. Bei der Gestaltung des Parkes von Babelsberg stach er Lenné aus und überarbeitete dessen Pläne.

Sehr gut aufgearbeitete Informationen zu den Parks und Gärten Brandenburgs und zu aktuellen Veranstaltungstipps findet man hier:
www.reiseland-brandenburg.de/aktivitaeten-erlebnisse/aktiv-natur/gaerten-parks

Von Potsdam führen attraktive, überwiegend sogar ruhige Wege durch Berlin. An dieser fast durchgängigen Kette von Park- und Uferwegen liegen zudem herausragende bauliche Sehenswürdigkeiten, Schlösser und Museen. Westlich von Berlin erschließen die Wanderwege Wald-, Felder- und Seenlandschaften, die Hügelketten der märkischen Schweiz und schließlich die flachen Niederungen des Oderbruchs.

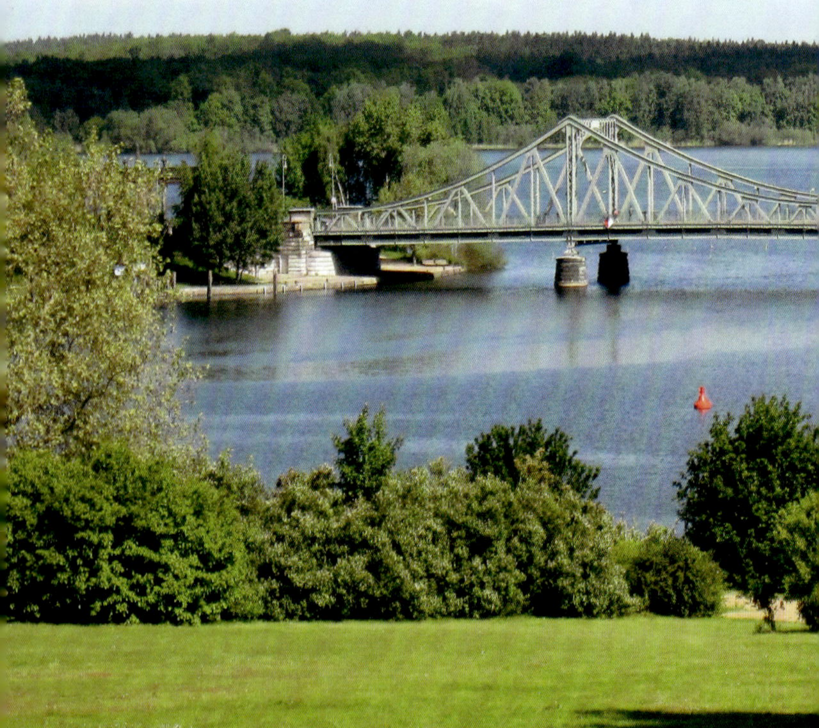

Blick von Park Babelsberg auf die Glienicker Brücke

VON POTSDAM DURCH BERLIN UND DIE MÄRKISCHE SCHWEIZ AN DIE ODER

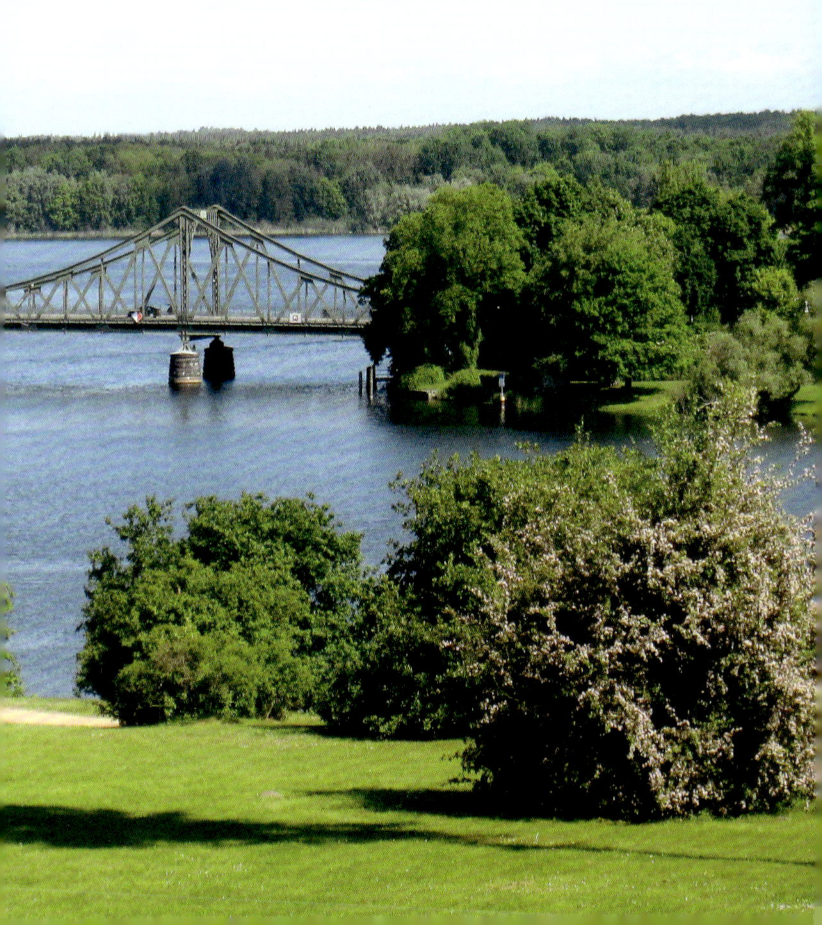

Die grüne Verbindung

➲ Tour 5: Von Potsdam nach Berlin-Nikolassee » 14 km*****

Kurzcharakteristik
Die für den Europäischen Fernwanderweg E 11 gewählte Route von Potsdam in Richtung Berlin legt den Schwerpunkt vor allem auf das Wandern, nicht so sehr auf die Sehenswürdigkeiten am Weg. Dabei quert sie einen der schönsten Parks im Brandenburgischen, Park Babelsberg mit seinen Baudenkmalen: dem Schloss, der Gerichtslaube und dem Flatowturm. Von letzterem hat man eine phantastische Sicht auf Potsdam, seine Parks, die Havelseen und umliegenden Höhenzüge. Ein Spaziergang durch den Park Babelsberg mit seinem hohen und lichten Buchenbestand ist zu jeder Jahreszeit ein Erlebnis. Ebenfalls sehr angenehm zu laufen sind die übrigen Wegstrecken: der Uferweg durch den Laubwald am Griebnitzsees, die Wege durch den Düppeler Forst und entlang der Rehwiese in Nikolassee. Auf den wenigen Kilometern dieser Tour bietet sich eine erstaunliche Vielfalt an Eindrücken.
Teilstrecken Potsdam Hauptbahnhof–Bahnhof Berlin-Wannsee (11 km), Bahnhof Wannsee–Bahnhof Nikolassee (3 km).
Verkehrsverbindungen Potsdam Hauptbahnhof und Berlin-Wannsee: diverse Bus-, S-Bahn- und Regionalbahnverbindungen.
Nikolassee: S-Bahn nach Potsdam und Berlin-Innenstadt.
Wegebeschaffenheit Naturbelassen 80%, teilbefestigt 10%, harter Belag 10%.
Wunschwegkategorie 1, 2, 3, 4, 5, 7, 8, 10, 16, 18, 19, 20, 21a.
Wanderkarten Topographische Karte Havelseengebiet Potsdam-Werder-Brandenburg, 1:50 000; Radwander- und Wanderkarte Potsdamer Havelseen, Blütenstadt Werder und Umgebung, 1:35 000, Verlag Dr. Barthel; Berlin. 20 grüne Hauptwege, 1: 50 000, Piekart Verlag; Berlin-Stadtpläne von zahlreichen weiteren Anbietern.
Markierung Blauer Balken auf weißem Grund (E 11), nicht überall durchgehend markiert, was die Orientierung aber nicht erschwert.
Einkehr Klein Glienicke, Hubertusbrücke, mehrere Möglichkeiten nahe S-Bahnhof Wannsee und S-Bahnhof Nikolassee.
Unterkunft Potsdam, Klein Glienicke, Hubertusbrücke und Berlin-Wannsee.
Hinweise für Radfahrer Im Park von Babelsberg ist das Radfahren nicht gestattet. Am Griebnitzsee sind erfahrungsgemäß viele Radfahrer unterwegs. Wirklich erlebt diese Strecke nur, wer sich als Wanderer oder Spaziergänger Zeit für die abwechslungsreiche Landschaft lässt. Das Gleiche gilt für den Düppeler Forst. Beliebt bei Radfahrern ist die Strecke des Europaradwegs R 1 von Potsdam nach Wannsee und weiter nach Charlottenburg, die weiter nördlich – über die Glienicker Brücke und am Ufer des Wannsees – verläuft.

■ Streckenverlauf

▲ Karte S. 65

Startpunkt der Tour ist der Nordausgang des Potsdamer Hauptbahnhofs. An der Ampel überqueren wir die Babelsberger Straße. Zwischen dieser und der Havel liegt der **Nuthepark**, den wir bis zur Havel durchmessen und dort dem Haveluferweg nach rechts folgen. Das gegenüberliegende Ufer gehört zur Freundschaftsinsel mit ihren sehenswerten Gartenanlagen.

Benannt ist der kleine Park zwischen Babelsberger Straße und Havel nach dem Flüsschen Nuthe, das einige Schritte weiter östlich in die Havel mündet. Auf einer Fußgängerbrücke überqueren wir die Nuthe. Entlang des Havelufers geht es, den Markierungen des E 11 folgend, weiter bis zum Eingang des Parks Babelsberg (zwei Kilometer). Kurz bevor dieser erreicht ist, unterquert der Uferweg die Bundesstraße 1. Die Havel erweitert sich zum Tiefen See, dahinter zur Glienicker Lake und fließt unter der Glienicker Brücke hindurch Richtung Norden in den Jungfernsee, dessen Ostufer zum Stadtgebiet von Berlin gehört.

Die Gestaltung des in einer Hügellandschaft angelegten **Parks Babelsberg** übernahmen ab 1833 zwei bedeutende Gartenkünstler: Peter Joseph Lenné und Fürst Hermann von Pückler-Muskau. Die architektonischen Highlights sind der Flatowturm, die Gerichtslaube und das Schloss. Folgt man dem Weg parallel zum Ufer des Tiefen Sees, taucht bald rechts über den Bäumen auf dem Hügel die Spitze des Flatowturms auf. Architektonisch ist er dem mittelalterlichen Turm des Eschenheimer Tors in Frankfurt am Main nachempfunden. Der Blick vom Turm ist seine Besteigung wert. Finanziert wurde der Bau aus den Einnahmen des gleichnamigen Guts in Westpreußen, sprich mit der Arbeit der dortigen Tagelöhner und anderen Bediensteten.

Dem Turm gegenüber, auf einem weiteren Hügel über dem Havelufer, erhebt sich ein aus terrakottafarbenen Ziegelsteinen errichtetes luftiges Gebäude, die Gerichtslaube. Sie stammt aus dem 13. Jahrhundert und war ein Anbau am Alten Rathaus in Berlin. Im Zuge des Rathausneubaus wurde sie 1871 demontiert und

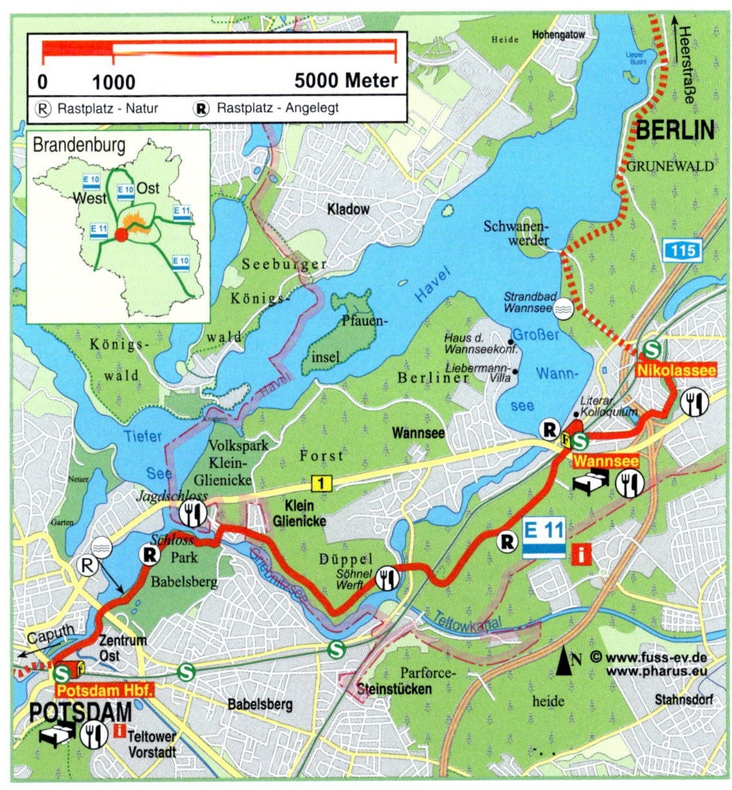

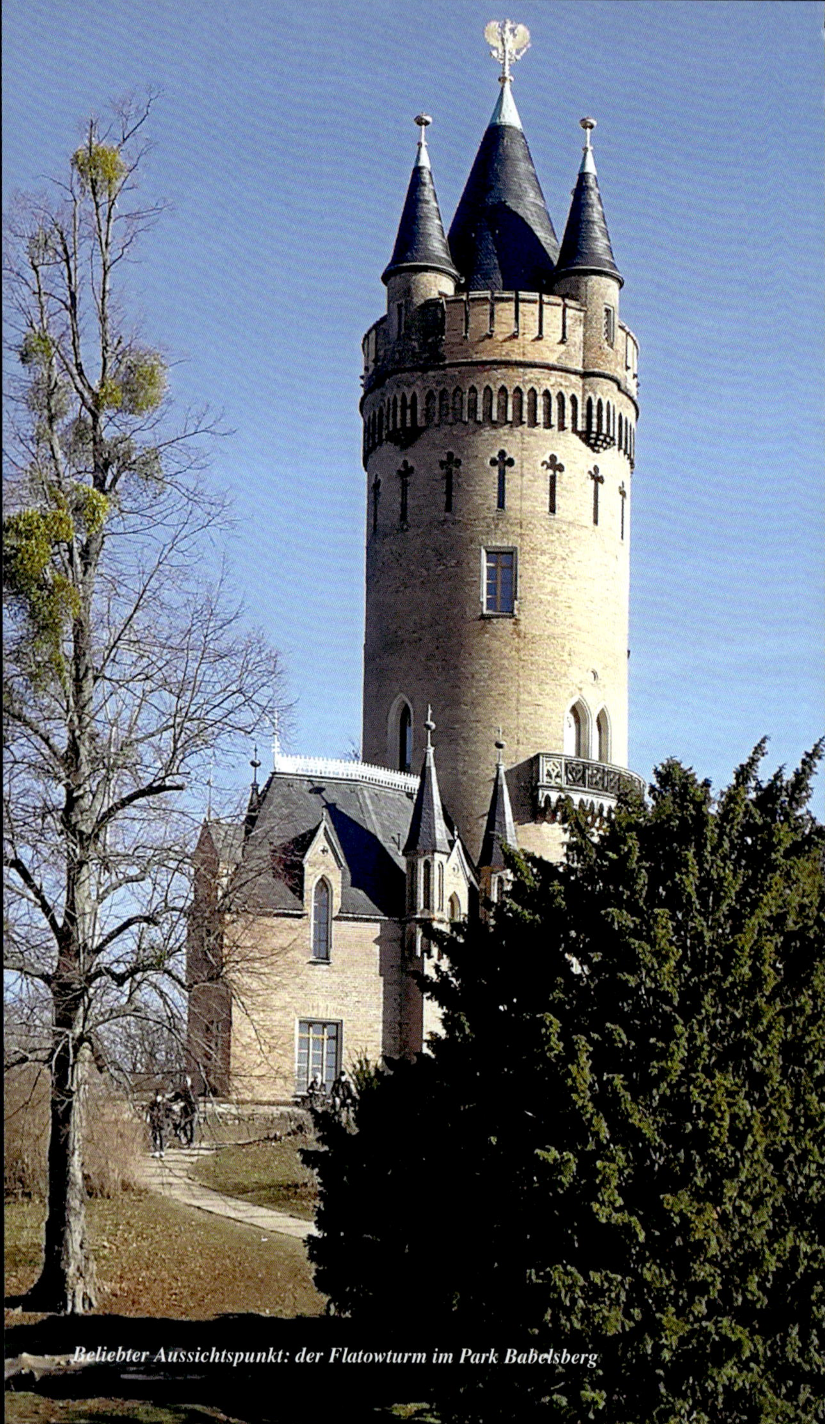

Beliebter Aussichtspunkt: der Flatowturm im Park Babelsberg

hierher gebracht. Ungefähr auf Höhe der Gerichtslaube befindet sich in Ufernähe das Kleine Schloss, ein Café, das voraussichtlich bis 2024 restauriert wird.

Ebenso mittelalterlich romantisierend wie der Flatowturm mutet das Schloss am Hang des Nachbarhügels Richtung Osten an. Nach dem Zweiten Weltkrieg lag es, ebenso wie der Flatowturm und die Gerichtslaube, auf dem Hoheitsgebiet der DDR. Einige Räume des Schlosses wurden als Akademie zur Ausbildung von Richtern genutzt, in anderen residierte bis 1957 die Hochschule für Film und Fernsehen der DDR. Derzeit werden die Innenräume des Schlosses restauriert.

Vom Schlosshang in Richtung Norden, über die Havel hinweg, hat man einen inspirierenden Blick auf die **Glienicker Brücke**, die Erinnerungen an Spionagegeschichten des Kalten Krieges weckt. Einige Aufnahmen aus einem Klassiker der Spionagefilme jener Zeit – ›Der Spion, der aus der Kälte kam‹, nach einem Roman von John le Carré – wurden an der Westberliner Seite der Brücke gedreht.

Vom Schloss geht es weiter parallel zum Havelufer in Richtung Klein Glienicke, einen Ortsteil von Potsdam. In Ufernähe, am Havelarm, der die Glienicker Lake mit dem Griebnitzsee verbindet, befindet sich noch ein weiteres mit gotischen Elementen versehenes Gebäude. Es ist das **Dampfmaschinenhaus**, mit dem ab Mitte des 19. Jahrhunderts das Schloss und die Fontänen mit Wasser versorgt wurden.

Die Brücke über den Havelarm verbindet den Schlosspark mit Klein Glienicke am gegenüberliegenden Ufer. Über diese geht es geradeaus bis zur Waldmüllerstraße. Rechter Hand befindet sich ein Kaffee mit Plätzen im Freien.

Der Waldmüllerstraße folgen wir nach rechts. In dem Bogen, den sie einige Häuser weiter nach links schlägt, geht sie in die Wannseestraße über, von der nach nur wenigen Metern nach rechts die Griebnitzstraße abzweigt. Hinter deren letzten Häusern beginnt die Griebnitzseepromenade, ein zum E 11 gehörender Wanderweg am Ufer des gleichnamigen Sees. Die Grenze zwischen der DDR und West-Berlin verlief in der Mitte des Sees, Klein Glienicke gehörte zur DDR, der umliegende Forst zum amerikanischen Sektor von West-Berlin.

Der **Griebnitzsee** misst drei Kilometer in der Länge und maximal 265 Meter in der Breite. Der Waldweg am Ostufer verläuft unter teilweise prächtigen Laubbäumen und ist mit etlichen Rastplätzen versehen. Neben Spaziergängern und Wanderern sind bei einladendem Wetter auch viele Radfahrer unterwegs. Das gegenüberliegende Ufer säumen Dutzende Stadtvillen, die meisten aus der Gründerzeit.

Vom Griebnitzsee zweigen in südöstlicher Richtung der Teltowkanal und in Richtung Nordosten der Griebnitzkanal ab. Beide wurden Anfang des 20. Jahrhunderts erbaut – der Teltowkanal – er endet zwischen Grünau und Köpenick an der Dahme – zur Südumschiffung Berlins; der Griebnitzkanal, um zum Ausgleich der Wasserpegel eine Verbindung zwischen Griebnitz- und Wannsee zu schaffen.

Der Uferwanderweg entlang des Griebnitzsees endet am Stölpchenweg und den ersten Häusern von Berlin-Wannsee. Wir halten uns hier rechts. Nach 100 Metern, vor dem Hotel und Restaurant ›Forsthaus‹, überqueren wir nach rechts auf der **Hubertusbrücke** den Griebnitzkanal. Der See im Norden ist der zum Ortsteil Wannsee von Berlin gehörende Stölpchensee. Hinter dem Kanal geht es weiter geradeaus. Wir überqueren die Kohlhasenbrücker Straße an einer Haltestelle der Linie 118. Busse von hier verkehren täglich alle 20 Minuten bis zum S-Bahnhof Wannsee und weiter zum Rathaus Zehlendorf.

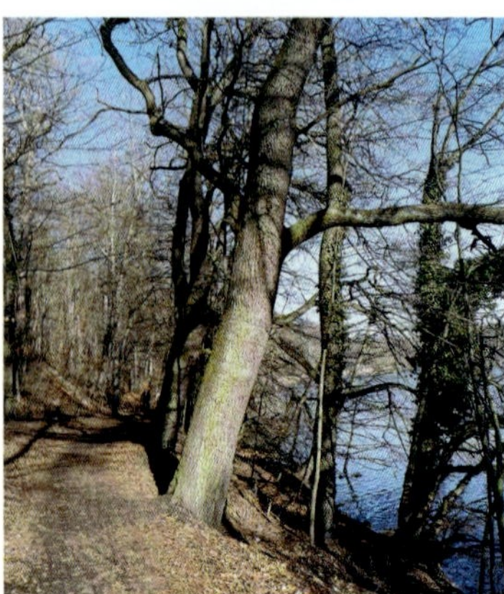

Auf dem Uferwanderweg am Griebnitzsee

Jenseits der Straße geht es geradeaus in den Düppeler Forst. Hier begegnet man weniger Ausflüglern als am Griebnitzsee, aber immer noch genug, um die Nähe der Großstadt zu spüren. Nach etwa 250 Metern mündet der Waldweg in einen Forstweg, dem wir nach rechts folgen. Wir unterqueren zwei Eisenbahnbrücken. Hinter der zweiten Brücke, parallel zu den Gleisen, verläuft der Bürgermeister-Stiewe-Weg. Er trägt seinen Namen nach einem ehemaligen Bürgermeister von Berlin-Zehlendorf und versierten Propaganda-Bildredakteur während der NS-Zeit.

Unser Weg quert halbrechts versetzt den Weg des Ex-Bürgermeisters weiter in den Wald hinein. Zu seiner Linken ist ein um eine sumpfige Lichtung gruppiertes Waldstück mit dem Namen ›Großes Fenn‹ von einem Holzzaun umgeben, dessen Verlauf wir folgen.

Wir empfehlen – und die GPS-Daten zu diesem Streckenabschnitt folgen unserer Empfehlung – eine kleine Abweichung vom ›offiziellen‹ Verlauf des E 11. Anstatt noch weiter in den Forst hinein zu wandern, folgen wir dem parallel zum Zaun um das Große Fenn nach links abzweigenden Weg und diesem immer geradeaus durch lichten Kiefern- und Mischwald. Rund 600 Meter hinter dem Abzweig ist eine freundlich gestaltete Kneippanlage mit Wasserpumpe und Barfußpfad als Ort der Rast Glanzpunkt dieses Streckenabschnitts. Weiter geht es immer noch geradeaus, vorbei an einem einfacher gestalteten Rastplatz. Nach etwa einem Kilometer korrigiert der Weg seinen Verlauf nach halbrechts und mündet nach weiteren etwa 400 Metern in den Kurfürstenweg, dem wir nun nach links folgen. Mit Erreichen des Kurfürstenweges ist man wieder auf dem ›offiziellen‹ E 11. Auf ihm erreichen wir nach rund 1,5 Kilometern den Stahnsdorfer Damm, eine schmale Straße durch den Wald. Nachdem wir diesen überquert haben, gelangen wir geradeaus zum Forsthaus Dreilinden, das wir an seiner linken Seite passieren. Nach halblinks zweigt ein Waldweg zur viel befahrenen Potsdamer Chaussee (Bundesstraße 1) ab. Dort steigen wir eine kurze Treppe hinab. Auf der gegenüberliegenden Straßenseite führt eine Treppe hinauf zur Dreilindenstraße am rückseitigen, östlichen Eingang zum S- und Fernbahnhof Wannsee.

Folgt man der Potsdamer Chaussee nach links, gelangt man unter der Eisenbahnbrücke hindurch zum **Wannsee**. Dort gibt es eine Anlegestelle der Ausflugsdampfer. Sehenswerte Orte in der Nähe sind das Liebermannhaus und das Haus der Wannseekonferenz am westlichen Ufer des Wannsees sowie das Literarische Colloquium am Ostufer. Auf der Anhöhe rechts hinter dem Bahndamm befindet sich einer der beliebtesten Biergärten Berlins, das ›Loretta am Wannsee‹ (→ S. 69).

Wunderbar zu laufen sind auch die letzten Kilometer der Tour bis zum S-Bahnhof Nikolassee. Hinter dem östlichen Eingang zum Bahnhof Wannsee beginnt die Dreilindenstraße. Waren die letzten Kilometer nur eher sporadisch mit dem blauen

▶ Karte S. 65

Balken auf weißem Grund des E 11 markiert, werden wir nun wieder zuverlässig geleitet – von Ecke zu Ecke, bis zur Autobahn, durch eine wunderbare, von Linden gesäumte Allee. Zur Baumblüte ist der Duft unter den Linden berauschend. Das letzte Anwesen auf der rechten Seite der etwa einen Kilometer langen Straße ist die Sancta-Maria-Schule der Hedwigschwestern.

Hinter ihr führt ein Pfad links hinunter zum **Nikolassee**, an diesem rechts entlang und weiter unter der Autobahn hindurch und sich dann wieder rechts haltend zu den Rehwiesen. Am rechten Rand der Rehwiese – einer offenen Parkanlage – laufen wir nun in weitem Bogen Richtung Norden. Nach etwa 600 Metern passiert der Weg die auf einer Anhöhe rechts liegende **Evangelische Kirche Nikolassee**. Einige Schritte weiter quert die Straße Im Mittelbusch die Parkanlage. Nach noch einmal etwa 350 Metern stehen wir an der Normannenstraße, die die Rehwiese teilt. Wir folgen ihr nach links und gelangen entlang von Vorstadtvillen nach fünf Minuten Fußweg zum S-Bahnhof Nikolassee am Hohenzollernplatz.

Tour 5

In Potsdam gibt es zwei **Tourismusinformationen**:

- in den Bahnhofspassagen Hauptbahnhof (mobiagentur), Tel. 0331/27558899; Mo–Fr 9–18, Sa 9–17, So 9.30–15 Uhr;
- Touristinformation am Alten Markt, Humboldtstraße 1, Tel. 0331/27558899; Mo–Fr 9–18, Sa 9–17, So 9.30–15 Uhr; telefonischer Service tgl. 9–19, Sa/So 9–15 Uhr: Tel. 0331/27558899.

Tourist-Information Werder, Plantagenplatz 9, Tel. 03327/783372; Mo–Fr 10–17, Sa/So 11–15 Uhr. Im Gebäude der Stadtverwaltung, nahe der Zufahrt zur Insel mit der Altstadt von Werder. www.werder-havel.de

Wartmanns Café, Waldmüllerstraße 8, 14482 Potsdam, Tel. 0331/23166188; tgl. 11–20 Uhr. Gleich hinter der Brücke über den Kanal zwischen Glienicker Lake und Griebnitzsee. Beliebt für das vor Ort zubereitete Eis und den hausgebackenen Kuchen. www.wartmanns.de

Hotel Forsthaus, Stölpchenweg 45, 14109 Berlin, Tel. 030/8058680. An der Hubertusbrücke über den Griebnitzkanal. Zum noblen Hotel gehören Restaurant und Café mit Terrasse, die ausdrücklich auch Wanderer und Radfahrer zur Einkehr laden. www.hotel-forsthaus-wannsee.de

- Restaurants nahe S-Bahnhof Wannsee und S-Bahnhof Nikolassee:

Loretta am Wannsee, Kronprinzessinnenweg 260, 14109 Berlin, Tel. 030/80105333; tgl. ab 12 Uhr (nur bei gutem Wetter). Auf einer Anhöhe zwischen Bahnhof Wannsee und Potsdamer Chaussee, mit Blick auf den Wannsee, unter Bäumen. Ein klassisches Berliner Ausflugslokal im Freien, mit vielen Grillgerichten und an Sonnentagen immensem Publikumsverkehr. Nicht zu verwechseln mit dem Restaurant Loretta zu Füßen des Biergartens an der Potsdamer Chaussee. www.loretta-berlin.de/lorettas-biergarten

Speisewerkstatt, Hohenzollernplatz 4, 14129 Berlin, Tel. 030/53157897; Mi–Sa 17–23, So 12–23 Uhr. Gegenüber dem Eingang zum S-Bahnhof Nikolassee. Mit Terrasse. Deutsches Kochhandwerk, international inspiriert. www.speisewerkstatt-berlin.de

Restaurant Fino, Prinz-Friedrich-Leopold-Straße 1, 14129 Berlin, Tel. 030/956 18035; Mi–Mo 17–23 Uhr. Nahe der Speisewerkstatt, ebenfalls mit vielen Plätzen im Freien. Mediterrane Gerichte aus Kroatien und anderen Regionen des Mittelmeeres. www.restaurantfino.de

Café und Bistro Leopold, Prinz-Friedrich-Leopold-Straße 6, 14129 Berlin, Tel. 030/33843471; Di–So 8.30–17 Uhr. Vom Hohenzollernplatz, gegenüber dem Bahnhof, zweigt die Prinz-Friedrich-Leopold-Straße ab, an der nach wenigen Schritten dieses Café und Bistro mit Terrasse einlädt. Selbst gemachter Kuchen und Croissants. Facebook: @leopoldcafebistro

!

Flatowturm, im Park Babelsberg, Tel. 0331/9694200; vorübergehend geschlossen. Interessant gestaltete Innenräume, viele von ihnen im Urzustand, lohnenswert aber vor allem wegen der Aussicht. www.spsg.de/schloesser-gaerten/objekt/flatowturm-im-park-babelsberg

Liebermann-Villa am Wannsee, Colomierstraße 3, 14109 Berlin, Tel. 030/80585900; April–Sept. Mi–Mo 10–18 Uhr, Okt.–März Mi–Mo 11–17 Uhr, an den Feiertagen geöffnet. Das Sommerhaus der Liebermanns, in dem Bilder von Max Liebermann, die er von Haus und Garten gemalt hat, ausgestellt sind. Im Obergeschoss erzählt eine Ausstellung vom Leben und Schaffen des Künstlers und seiner Frau Martha. Café mit Terrasse. Wunderschöner Garten und Uferbereich zum Wannsee. 20 Minuten zu Fuß vom S-Bahnhof Wannsee.
www.liebermann-villa.de

Haus der Wannsee-Konferenz, Am Großen Wannsee 56–58, 14109 Berlin, Tel. 030/8050010; Mo–So 10–18 Uhr, Eintritt frei; Villengarten Marlier tgl. 10–16 Uhr. Hier organisierten führende NS-Verbrecher die Vernichtung der Juden Europas. Ca. 10 Fußminuten von der Liebermann-Villa entfernt. Sehenswerte und informative Dauerausstellung zum Antisemitismus, zur Shoa und zu denjenigen, die hier den Mord an Millionen Menschen planten. Zur Anlage gehört der weiträumige Villengarten Marlier. www.ghwk.de

Literarisches Colloquium Berlin, Am Sandwerder 5, 14109 Berlin, Tel. 030/8169960. Am Ostufer des Wannsees, 5 Fußminuten vom Bahnhof Wannsee. In einer Gründerzeitvilla schlägt eines der literarischen Herzen von Berlin. In dem Haus und im Garten finden unzählige Veranstaltungen statt, die Berliner und Gäste aus aller Welt vereinen. Aktuelle Informationen zu Veranstaltungen: www.lcb.de

▸ Karte S. 65

Weitere Ausflugstipps

▸ Bahnhof Potsdam–Schlosspark Babelsberg–Glienicker Brücke: Ab Bahnhof Potsdam durch den Park Babelsberg nach Klein Glienicke (wie oben beschrieben). Von dort die Waldmüllerstraße in entgegengesetzter Richtung zum Jagdschoss Glienicke in einem sehr schönen Park. Im Jagdschloss ist ein Sozialpädagogisches Fortbildungsinstitut untergebracht. Der Park ist zugänglich, durch ihn gelangt man zur Glienicker Brücke.

▸ Glienicker Brücke–Bahnhof Wannsee: Von der Glienicker Brücke empfiehlt sich ein abwechslungsreicher Uferwanderweg bis zum Bahnhof Wannsee. Am Weg liegen: Schlossgarten und Schloss Glienicke, Blockhaus und Kirche Nikolskoe, die Pfaueninsel, etliche Badestellen, das Haus der Wannseekonferenz und die Liebermann-Villa. An sonnigen Tagen sind hier viele Menschen unterwegs.

▸ Glienicker Brücke–Schloss Cecilienhof–Neuer Garten: Wenn man auf der Potsdamer Seite der Glienicker Brücke nach rechts in die Schwanenallee einbiegt, gelangt man am Havelufer (Jungfernsee) zum im Neuen Garten gelegenen Schloss Cecilienhof. Hier wurden 1945, während der Potsdamer Konferenz, die Grundzüge der Nachkriegsordnung infolge des Zweiten Weltkriegs festgeschrieben. Am Ufer des Jungfernsees ist die Gasthausbrauerei Meierei eine Empfehlung. Vom Neuen Garten kann man verschiedene Routen nehmen, zum Beispiel zum Belvedere auf dem Pfingstberg, von dort über die russisch-orthodoxe Alexander-Newski-Kirche zur Russischen Kolonie Alexandrowka, weiter zum Normannischen Turm auf dem Ruinenberg und schließlich zu Park und Schloss Sanssouci. Dies wäre eine Art Maximalprogramm für den Fall, dass man an nur einem Tag so viel wie möglich Natur und Kultur in Potsdamer Parks und Gärten erleben möchte.

Auf dem Havelhöhenweg durch den Grunewald

➋ Tour 6: Von Nikolassee nach Charlottenburg » (15 km)*****

Kurzcharakteristik
Diese wunderbar waldreiche Wanderstrecke besteht aus drei Teilen: dem hügligen Havelhöhenweg parallel zum Ufer des Wannsees bis zum Grunewaldturm, weiter durch den Grunewald zum Teufelssee und von dort zum Abschluss über Teufelsberg und Drachenberg zur S-Bahnstation Heerstraße. Am Havelufer gibt es mehrere Badestellen. Die Aussicht vom Grunewaldurm ist eine der eindrucksvollsten über die Wald- und Wasserlandschaft der Havel entlang des gesamten Flusslaufes. Zwischen dem Grunewaldturm und dem Teufelsberg beeindruckt das Waldgebiet mit einer Vielfalt an Biotopen, zu denen auch kleine Sümpfe und Seen gehören. Ein vor wenigen Jahren eingerichteter Wald-Erlebnispfad, von dem Teile zum Wanderweg gehören, vermittelt vielfältige Informationen zu Fauna und Flora in der Ära das Klimawandels. Mit 120 Metern ist der Teufelsberg eine der beiden höchsten Erhebungen Berlins mit bewegter Historie. Wie auch der Drachenberg entstand er aus Trümmerschutt des Zweiten Weltkriegs. Ein von der Natur dramatisch inszenierter Sonnenuntergang, von einer der Erhebungen aus betrachtet, kann einer geglückten Wanderung ein ganz besonderes finales Kolorit verleihen.
Teilstrecken Die Buslinie 218 verbindet den S-Bahnhof Wannsee mit dem S-Bahnhof ICC/Messe Nord, an den Wochenenden im Stundentakt: Haltestellen am Wanderweg befinden sich an der Havelchaussee, unter anderem am Grunewaldturm.
Verkehrsverbindungen Von den S-Bahnhöfen Nikolassee und Heerstraße verschiedene S-Bahn- und Busverbindungen.
Wegebeschaffenheit Naturbelassen 70%, teilbefestigt 20%, harter Belag 10%.
Wunschwegkategorie 2, 3, 4, 5, 7, 11, 14, 16, 17, 21a.
Wanderkarte Radwander- und Wanderkarte Döberitzer Heide, Spandau, Grunewald und Umgebung, 1:35 000, Verlag Dr. Barthel; Große Radwander- und Wanderkarte Berlin und Umgebung: Ausflüge zu den Berliner Sehenswürdigkeiten, 1:35 000, Verlag Dr. Barthel; Berlin – Flanieren, Spazieren, Wandern. 20 grüne Hauptwege, 1:50 000, Piekart Verlag.
Markierung Bis zum Grunewaldturm ist der E 11 mit blauem Balken auf weißem Grund und einer 12 in der Mitte markiert. Die 12 bezieht sich auf die Numerierung der ›20 grünen Hauptwege Berlins‹. Die Markierung endet am Grunewaldturm. Von dort aus orientiert man sich am besten an der großflächigen Wanderkarte gegenüber dem Eingang zum Turm. Der Havelhöhenweg – bis zum Grunewaldturm identisch mit dem E 11 – besitzt zusätzlich eine eigene Markierung: drei mehrfarbige Blütenblätter (blau für Wasser, gelb für Wissen und grün für Wald). Außerdem ist der Weg mit einer Reihe von Marksteinen versehen.
Einkehr Am Grunewaldturm, am Teufelssee und auf dem Teufelsberg.
Hinweise für Radfahrer Das Radfahren ist auf dem Havelhöhenweg und über den Teufelsberg nur mit Mountainbikes und entsprechendem Elan für Querfeldein-Radsport empfehlenswert. Der R 1 verläuft parallel am Ufer des Wannsees und quert den Grunewald vom Grunewaldturm zum Teufelssee und von dort aus zur S-Bahnstation Grunewald.

■ Streckenverlauf

Die Tour beginnt am S-Bahnhof Nikolassee. Wir verlassen ihn in Richtung Westen, also in Richtung Autobahn. Dort wenden wir uns nach links und überqueren nach wenigen Metern auf der Borussenallee die A 115. Dahinter geht es weiter nach rechts entlang der Straße Am Beelitzhof. Diese mündet nach rund 300 Metern in den Kronprinzessinnenweg. An der gegenüberliegenden Straßenseite beginnt der Badeweg, auf dem man schnurgeradeaus nach einem Kilometer zum Strandbad Wannsee gelangt. Hinter der Jugendherberge Berlin-Wannsee an der linken Straßenseite taucht der Weg in den Grunewald ein. Hier gibt es die ersten Wandermarkierungen (s.o.)

Der Wanderweg führt am Eingang zum **Strandbad Wannsee** vorbei. Hinter dem umzäunten Gelände des Strandbads beginnt das eigentliche Wandervergnügen mit vielen Sichtpunkten auf den Wannsee; bis zum Grunewaldturm sind es rund zehn Kilometer. Dieser Streckenabschnitt ist Teil des Havelhöhenweges – einer der schönsten Wege, den der Grunewald zu bieten hat, und einer der attraktivsten, den es entlang der gesamten Havel gibt. Er wurde in den 1950er Jahren angelegt und 2004 ausgebaut. Der Weg führt entlang eines Plateaus, das sich bis zu 35 Meter über das Havelufer erhebt.

Der erste Orientierungspunkt ist die Insel **Schwanenwerder**, die über eine Brücke mit dem Ufer verbunden ist. Der Wan-

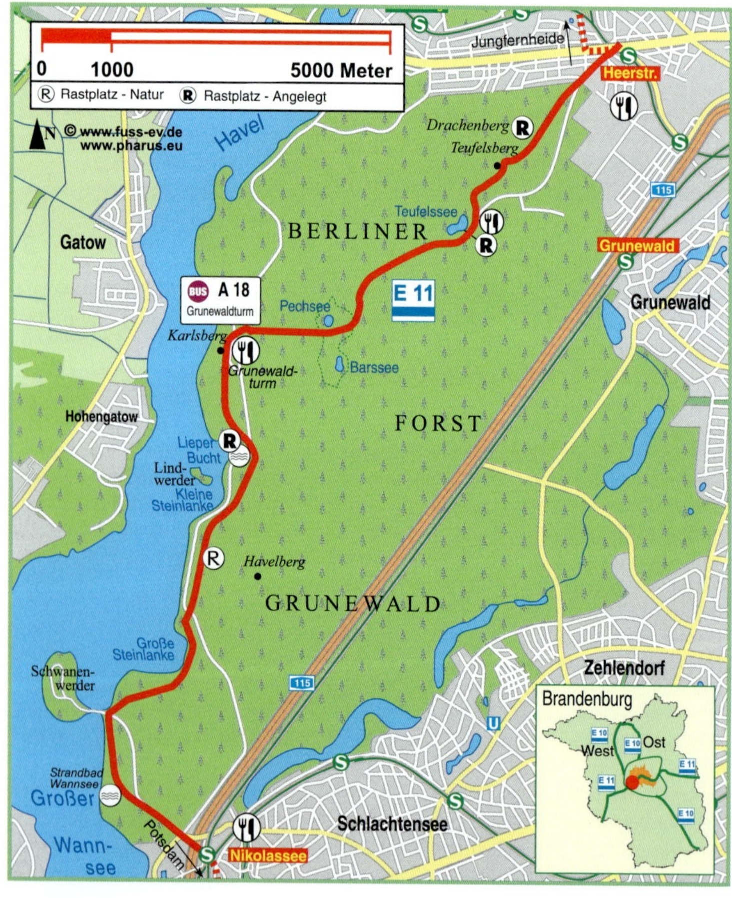

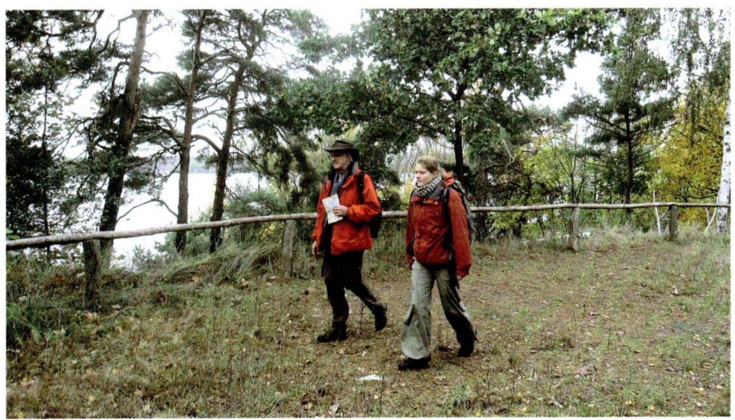

Unterwegs auf dem Havelhöhenweg

derweg führt zur Zugangsstraße auf die Insel hinab, überquert die Straße und steigt auf der gegenüberliegenden Seite wieder hinauf auf die Havelhöhen. Wir befinden uns nun auf der Landzunge ›Großes Fenster‹, von der aus offene Sichtstellen weite Blicke über Wasser und Wald bis zum Grunewaldturm (rechts zwischen den Bäumen) und das Stadtgebiet von Spandau am Horizont ermöglichen. Nach knapp einem Kilometer erreicht der Höhenweg die Havelchaussee. Wir folgen ihr etwa 300 Meter auf dem Fahrradweg an der linken Straßenseite bis zur Bushaltestelle der Linie 218. An ihr beginnt an der gegenüberliegenden Straßenseite hügelauf der nächste Abschnitt des Höhenweges. Schmal und kurvenreich schlängelt sich dieser durch den Wald, mal mehr mal weniger weit vom Ufer entfernt. Die Uferhöhen sind von Schmelzwasserrinnen zerfurcht, weshalb es, ungewohnt für Berliner Landschaften, immer wieder hügelauf und hügelab geht. Auf die Markierungen – den blauen Balken bzw. die dreifarbigen Blätter – kann man sich verlassen. Nach etwa zwei Kilometern erreicht der Weg wieder die Havelchaussee. Kurz vor ihr gabelt er sich. Wir gehen nach halblinks zum Parkplatz auf der gegenüberliegenden Straßenseite und überqueren ihn. Im Sommer sind hier viele Ausflügler anzutreffen, denn nur wenige Schritte sind es von hier aus bis zur beliebten **Badestelle an der Lieper Bucht**. Der Wanderweg verläuft parallel zum Ufer. Hinter einer zweiten Badestelle geht es weiter nach rechts, aber nicht wieder hinauf zum Höhenweg über dem Ufer, sondern im spitzen Winkel in das Waldgebiet hinein, hügelan zum **Grunewaldturm**, den wir nach etwa 500 Metern erreichen.

Der Grunewaldturm erhebt sich auf dem 79 Meter hohen Karlsberg. Im 19. Jahrhundert gehörte das Gebiet zum Landkreis Teltow. Dessen Honoratioren beschlossen den Bau des Turms in Gedenken an den 100. Geburtstag von Kaiser Wilhelm I. (1797–1888). Nach ihm wurde das 55 Meter hohe Bauwerk benannt. Seinen heutigen Namen erhielt der Turm 1948. Er erhebt sich auf einem Sockel aus rötlichem Porphyr. Das Sockelgeschoss umschließt eine Gedenkhalle für Wilhelm I. Der Turm – im Stil der märkischen Backsteingotik – besteht aus rotem Backstein, von seiner Aussichtsebene bietet sich einer der schönsten Landschaftsblicke in das Havelseengebiet. In der Nähe des Turms gibt es zwei Restaurants (→ S. 75).

Dem Eingangsportal des Turmes gegenüber, in Richtung Waldkante, befindet sich eine Karte mit einer Darstellung der Wege durch den Grunewald. Ein Blick auf die Wegführung lohnt sich, denn von hier an bis zum Teufelsberg bis zum Ende der Tour ist der E 11 nicht markiert. Einige Schritte weiter überqueren wir die Havelchaussee an der Bushaltestelle der Linie 218. Von hier aus geht es hinein in den Grunewald, auf dem **Erlebnispfad Wald. Berlin. Klima**. Dieser wurde 2017 als etwa vier Kilometer langer Rundweg mit elf Informationsinseln angelegt, den sogenannten ›Waldwohnzimmern‹. Die Infotafeln geben Auskunft über die Zusammenhänge zwischen Klimawandel und Wald, die Anpassung der Berliner Wälder an sich ändernde Gegebenheiten. Der bequeme, feste Weg senkt sich hinter einer Kreuzung mit anderen Waldwegen hinab in ein Feuchtgebiet, die ›Saubucht‹. Der kleine See auf der linken Seite ist der Pechsee, zu dem vom Hauptweg eine Landbrücke mit Aussichtsplattform abzweigt.

Gegenüber der Landbrücke verlässt der Erlebnispfad nach rechts den Hauptweg, dem der E 11 folgt. Er führt von hier aus zu einem weiterem kleinen See in der ›Saubucht‹ und kehrt dann in weitem Bogen zum Ausgangspunkt gegenüber dem Grunewaldturm zurück.

Der Wanderweg folgt dem Hauptweg. Hat man den Pechsee passiert, beschreibt er einen sanften Links-, dann einen ebenso sanften Rechtsbogen und strebt nun geradeaus dem Teufelssee zu. Kurz bevor man diesen erreicht – nach etwa 1,5 Kilometer ab dem Pechsee –, gelangt man an eine Stelle, wo mehrere gut ausgebaute Waldwege zusammen laufen. Ein Markstein verwirrt mehr, als dass er die Orientierung erleichtern würde.

Hier halten wir uns rechts, überqueren den Poststraße genannten Waldweg und laufen einige Schritte sanft hügelan. Auf der linken Seite zweigt nach einigen Dutzend Metern ein ausgeschilderter Pfad zum Teufelssee ab.

Auf diesem gelangen wir zur **Badestelle am Teufelssee** und von dort aus – parallel, aber in einiger Entfernung vom sumpfigen Ufer – zum Eingang des **Naturschutzzentrums Ökowerk**. Hier gibt es Snacks und Getränke, einen Garten und kleine Teiche. Zur Anlage gehört ein

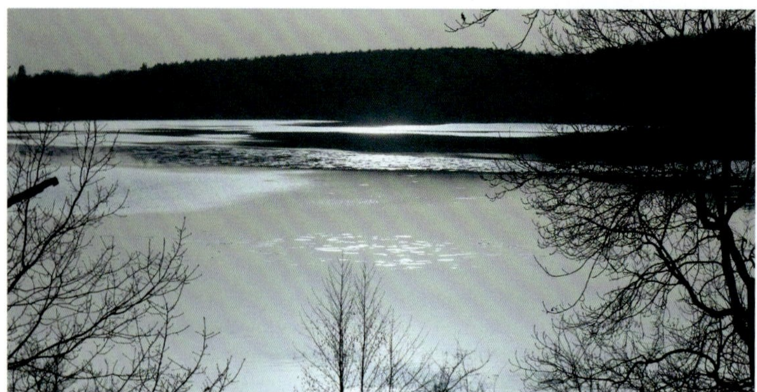

Blick über die zum Teil zugefrorene Havel

▲ Karte S. 72

1969 stillgelegtes Wasserwerk, das nach Voranmeldung besichtigt werden kann. Vom Ökowerk geht es weiter zum Parkplatz. Wir wenden uns nun nach rechts zur Zubringerstraße. Nach wenigen Metern zweigt von dieser nach links die kaum noch von Fahrzeugen genutzte Straße auf den **Teufelsberg** ab. Wir folgen dieser knapp 300 Meter und nehmen dann den nach rechts abzweigenden, markierten Pfad, auf dem wir hügelan nach einigen Minuten zum Eingang einer im Kalten Krieg von der US-Armee betriebenen Abhöranlage gelangen. Von den einst militärisch genutzten Gebäuden stehen nur noch Skelette. In ihnen haben Street-Art-Künstler eine wunderbare Ausstellung unter freiem Himmel erschaffen. Die Betreiber organisieren Führungen und Veranstaltungen.

Das Gelände ist von einem Zaun umfasst. Entlang des Zaunes verläuft ein Weg. Von diesem führen mehrere Pfade hinab ins Tal. Am besten man nutzt zum Abstieg einen von ihnen an der Rückseite der Anlage. Zunächst geht es hügelabwärts, dann wieder hügelauf auf das Plateau des **Drachenberges**. Von hier aus hat man einen weiten, in alle Richtungen offenen Blick ins Land und das Berliner Stadtgebiet. Von der Rückseite des Drachenberges führen in nordöstlicher Richtung verschiedene Wege hinab zum Fuß des Berges. Alle münden früher oder später, wenn man sich rechts hält, in die **Teufelsseechaussee**. Auf ihr gelangen wir zwischen einem kleinen Waldgebiet und Vorstadthäusern bis zur S-Bahnstation Heerstraße.

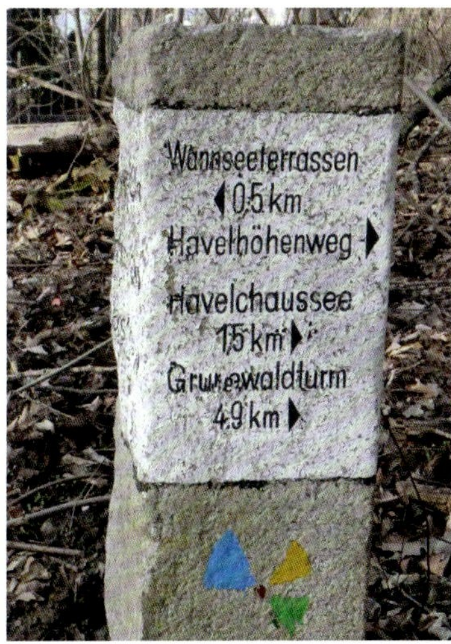

Historischer Meilenstein

Sollte es dennoch geschehen, dass man die Orientierung verliert, so trifft man in dieser Gegend stets Jogger und Spaziergänger, die einem den Weg weisen können.

Tour 6

Restaurant Grunewaldturm, Havelchaussee 61, 14193 Berlin, Tel. 030/3040595; tgl. 11–17 Uhr. Zu Füßen des Grunewaldturms, mit Blick auf die Havel, verschiedene Speisen und hausgebackener Kuchen.

Waldhaus an der Havelchaussee, Havelchaussee 66, 14193 Berlin, Tel. 030/3040595; tgl. 10–20 Uhr. Ca. 100 Meter vom Grunewaldturm Richtung Norden. Speiserestaurant mit dem Charme der Westberliner 1970er Jahre.

Ökowerk Berlin am Teufelssee, Tel. 030/3000050; Fr–So 12–18 Uhr. Kleine Gerichte, Wildbratwurst, Kuchen, Kaffee, Eis. www.oekowerk.de

!

Grunewaldturm, Havelchaussee 61, 14193 Berlin; tgl. 11–19 Uhr. Bis zur überdachten Aussichtsplattform führen 200 Stufen.

Teufelsberg, Teufelsseechaussee 10, 14193 Berlin, Tel. 0176/60818636; tgl. 11–20 Uhr, Eintritt 5 Euro. Ruinen der Abhöranlage auf dem Teufelsberg, Street Art. Führungen nach vorheriger Anmeldung. www.teufelsberg-berlin.de

Auf grünen Wegen durch Berlin

Tour 7: Von Charlottenburg zum Treptower Park » (26 km)****

Kurzcharakteristik
Es gibt viele Möglichkeiten, Berlin kennenzulernen. Eine Wanderung auf dem hier beschriebenen Weg ist eine, die selbst Berliner immer wieder in Staunen versetzt. Die Route entlang des E 11 beginnt in einem kleinen, luftigen Park mit prächtigen Latschenkiefern und Skulpturen des Bildhauers Georg Kolbe. Das ihm gewidmete Museum befindet sich ganz in der Nähe. Der Weg passiert einen Friedhof, hinter dem sich das Olympiastadion befindet. Weiter geht es durch das vorstädtische Ruhleben zum Spreeufer, und an diesem entlang, am Rand von Kleingärten bis zum Schlosspark Charlottenburg. Etwas weiter zweigt von der Spree der Landwehrkanal ab, an dessen Ufer man zum Tiergarten gelangt, durch diesen Richtung Brandenburger Tor, über den Potsdamer Platz, durch Kreuzberg bis zum Treptower Park am Ufer der Spree.
Es ist erstaunlich, wie gut sich diese Wege gehen lassen. Die meisten sind teilbefestigt, bestehen also aus festem Sand, und führen entlang von Flussläufen, durch Parks, vorbei an architektonischen Kleinoden und gänzlich uninspirierten Gebäuden. Datschen, Wohnhäuser, Industrielandschaften, Brachflächen, Denkmale und symbolträchtige Orte wechseln einander ab. Man wandert durch Jahrhunderte Stadtgeschichte und bleibt durch die Menschen, die einem begegnen und die säuselnden Geräuschkulisse der Metropole doch immer in der Gegenwart. Die Strecke lässt sich in einem Stück laufen, oder aber man teilt sie in verschiedene kleinere Abschnitte. Links und rechts befinden sich in einiger Entfernung weitere denkwürdige Orte, die ebenfalls zu einem Besuch einladen.
Teilstrecken Beliebig in Kurzstrecken teilbar, da zahlreiche Bus- und Bahnverbindungen im Stadtgebiet vorhanden sind.
Verkehrsverbindungen Anfangspunkt (Bushaltestelle Mohrunger Allee) 500 Meter vom S-Bahnhof Heerstraße entfernt. Endpunkt: S-Bahnhof Treptower Park.
Wegebeschaffenheit Naturbelassen 0 %, teilbefestigt 70 %, harter Belag 30 %.
Wunschwegkategorie 1, 2, 3, 7, 9, 10, 13, 15, 16.
Wanderkarte Berlin. 20 grüne Hauptwege, 1:50 000, Piekart Verlag.
Markierung Blauer Balken auf weißem Grund – eher sporadisch, und wenn dann versehen mit den Nummern der Berliner Wanderwege 1 und 18 (am Eingang zum Schlosspark Charlottenburg), die nicht mit der Streckenführung des E 11 identisch sind. Die Nummern gehören zu den 565 Kilometer der 20 Grünen Hauptwege Berlins, die in Zusammenarbeit von BUND Berlin e.V., FUSS e.V. Berlin und dem Land Berlin 2004 konzipiert wurden.
Einkehr Zahlreiche Möglichkeiten.
Sehenswürdigkeiten In großer Zahl, u.a. Schloss Charlottenburg, Siegessäule, Brandenburger Tor, Potsdamer und Leipziger Platz, Martin-Gropius-Bau, mehrere Gedenkstätten.
Hinweise für Radfahrer Die Strecke ist durchgängig zum Radfahren geeignet, ergibt jedoch als Tour wenig Sinn, da ihr Reiz im entspannten Erleben der Spree, des Landwehrkanals, der Parks, der Sehenswürdigkeiten in der Stadtlandschaft liegt.

▸ Karte S. 78

Streckenverlauf
Wir starten am S-Bahnhof Heerstraße, verlassen ihn und überqueren die Heerstraße. An der gegenüberliegenden Straßenseite geht es nach links, stadtauswärts. Nach knapp 500 Metern ist der **Georg-Kolbe-Hain** erreicht; einige Schritte weiter befindet sich die Bushaltestel-

le Mohrunger Allee (Buslinien 218 und M 49). Durch den unter hohen Nadelgewächsen gestalteten kleinen Hain mit fünf Skulpturen des Bildhauers, einer strohgedeckten Unterkunftshalle und einem achteckigen Pavillon erreichen wir die Sensburger Allee. Wendet man sich an dieser nach rechts, gelangt man zum **Georg-Kolbe-Museum** an der Sensburger Allee 25.

Der Wanderweg quert die Sensburger Allee und setzt sich an der linken Seite eines kleinen Parks fort. An dessen Ende überspannt die S-Bahntrasse Richtung Spandau das Areal. Hinter dem Bahndamm, um den Sausuhlensee, erstreckt sich das Gelände des **Friedhofs Heerstraße**. Angelegt wurde dieser Friedhof 1924 als interkonfessionelle Begräbnisstätte. Wir wenden uns am Friedhofszaun nach rechts. Etwa 100 Meter weiter befindet sich der Eingang mit einer Karte des terrassenförmig gestalteten Geländes. Wir durchqueren die Anlage auf dem von Rhododendren gesäumten Hauptweg oder gehen nach links hinab zum Sausuhlensee und an dessen Ufer entlang zum Haupteingang an der Olympischen Straße, an dem auch der Hauptweg endet. Die Olympische Straße mündet nach links in das weitläufige Gelände des **Olympischen Platzes**. Vor dem Platz zweigt nach rechts die Rominter Allee ab. An ihr befindet sich einige Meter weiter der Zugang zur U-Bahnstation Olympiastadion. Die Rominter Allee verläuft zwischen der U-Bahnlinie U 2 und einem Forst. Hinter dem Abzweig zum ›Olympiapark‹ zweigt nach links ein Weg ab, der mit einem Hinweisschild – ›Wanderweg zum Ortsteil Ruhleben‹ – markiert ist. Auf diesem gelangen wir nach kurzem Anstieg zum in einer Talmulde versteckten **Murellenteich**. Wir passieren den Teich an dessen rechtem Ufer und gehen dann in Richtung Rominter

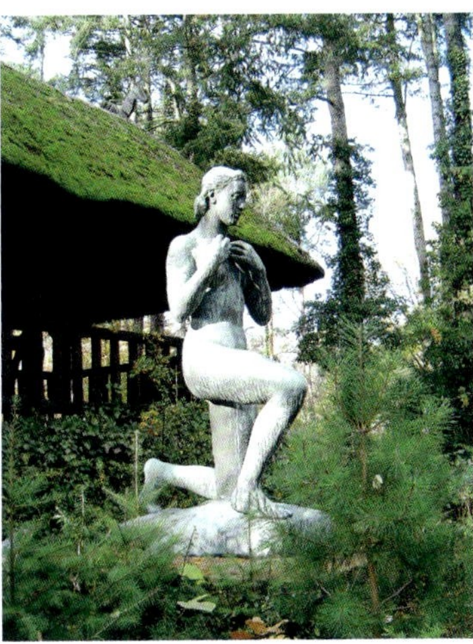

Im Georg-Kolbe-Hain

Allee zurück, wo diese die U-Bahngleise unterquert. Nur einige Schritte weiter, entlang der U-Bahn, befindet sich am Hempelsteig die Station Ruhleben, Endstation der U 2.

Die Rominter Allee mündet, nachdem sie die Gleise der U 2 unterquert hat, in den Spandauer Damm. Wir überqueren ihn an der Ampelkreuzung und setzen die Wanderung nach rechts fort. Eine zweite Brücke wird unterquert. An der nächsten Ampelkreuzung zweigt nach links der Wiesendamm ab. An der gegenüberliegenden Straßenseite findet sich an einer Straßenlaterne die erste Markierung am Weg – ein blauer Balken auf weißem Grund mit einer ›1‹, die besagt: ›Sie sind auf dem Berlin-Wanderweg Nummer 1.‹

Der Wiesendamm überquert Gleisanlagen. Im Hintergrund hebt sich als stattliche Kulisse das Müllheizkraftwerk ab. Gleich hinter den Gleisanlagen geht es hinab in die Dauer-Kleingarten-Kolonie ›Spreeblick‹, die sich zwischen Spree und Gleisanlagen der ICE-Strecke zwängt. Wir wenden uns an der Spree nach

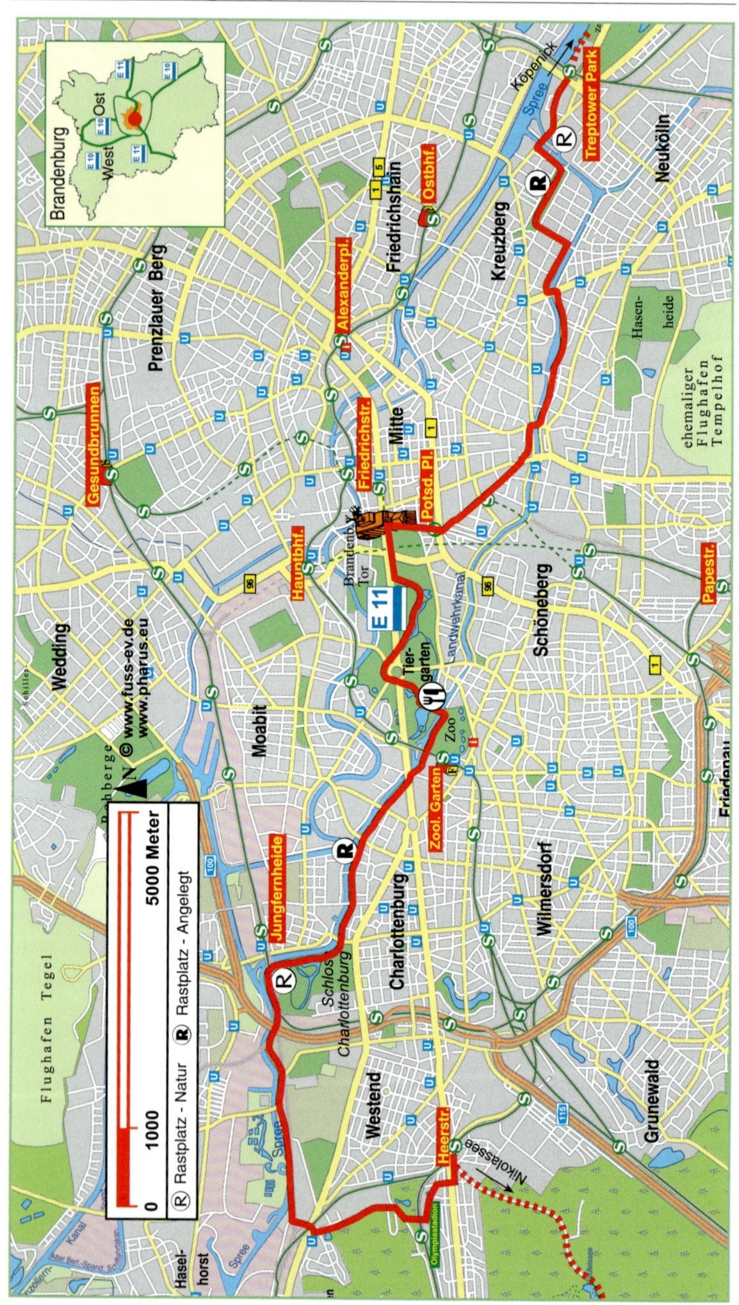

Brandenburg
Ost
West
E 10
E 11
0
1000
5000 Meter
Ⓡ Rastplatz - Natur
R Rastplatz - Angelegt
© www.fuss-ev.de
www.pharus.eu
N
Flughafen Tegel
Wedding
Moabit
Prenzlauer Berg
Gesundbrunnen
Hauptbhf.
Jungfernheide
Friedrichstr.
Alexanderpl.
Friedrichshain
Ostbhf.
Mitte
Potsd. Pl.
Brandenburger Tor
E 11
Tier-
garten
Zoo
Zool. Garten
Landwehrkanal
Schloss Charlottenburg
Charlottenburg
Westend
Heerstr.
Olympiastadion
Nikolassee
Spree
Kreuzberg
Treptower Park
Köpenick
Neukölln
Hasen-
heide
ehemaliger
Flughafen
Tempelhof
Schöneberg
Papestr.
Wilmersdorf
Grunewald
Hasel-
horst

rechts und gehen nun auf dem Knüppeldamm entlang des Flusses und am Rand der vielen kleinen Gärten, deren Besitzer die vom Grün gedämpfte Geräuschkulisse von Eisenbahn und Straßen in ihren gärtnerischen Großstadtalltag integrieren.

Die erste Brücke, die wir nach gut einem Kilometer unterqueren, ist die Rohrdammbrücke, über die man in die Siemensstadt am gegenüberliegenden Ufer und weiter in Richtung Tegel gelangt.

Nach noch einmal gut einem Kilometer unterquert der Knüppeldamm am Spreeufer die Stadtautobahn. Die Brücke trägt den Namen des SPD-Politikers Rudolf Wissell (1869–1962), dem ersten Wirtschaftsminister der Weimarer Republik. Etwas weiter beschreibt die Spree einen Rechtsschwenk, hinter dem die Gleise von Fern- und S-Bahn den Fluss uberqueren. Der Knüppeldamm unterquert die Brücke am Flussufer und endet am Hintereingang zum **Schlosspark Charlottenburg**.

Ein Spaziergang durch den Park lohnt sich zu jeder Jahreszeit, ebenso wie ein Besuch des Schlosses, der Orangerie, des Belvedere, des Neuen Pavillons und des Mausoleums für Königin Luise sowie der phantastischen Museen und Galerien in unmittelbarer Nähe (→ S. 85).

Das **Schloss Charlottenburg** wurde ab 1695 für die Kurfürstin und spätere Königin Sophie Charlotte in der Nähe des Dorfes Lietzow als Lietzenburg erbaut. Der ursprünglich bescheidene Bau erhielt im 18. Jahrhundert seine heutige Gestalt. In Gedenken an seine erste Bewohnerin wurde er in Schloss Charlottenburg umbenannt. Die hoch gebildete und von ihrem Enkel, Friedrich II., sehr geschätzte Charlotte gab auch der in der Umgebung des Schlosses in der Folgezeit wachsenden, bis 1920 eigenständigen Stadt ihren Namen: Charlottenburg. Im Zweiten Weltkrieg wurde das Schloss schwer beschädigt.

Zur Fortsetzung der Wanderung halten wir uns am linken Rand des Parks, in der Nähe des Spreeufers, unterqueren dann die Schlossbrücke und laufen nun weiter am ruhigen, von Laubbäumen gesäumten Flussufer Richtung Osten. Bis zum Tiergarten braucht man sich um die Orientierung keine Gedanken zu machen, da der Weg rechts des Gewässers bleibt, stets in dessen unmittelbarer Nähe.

Die nächste Brücke, die der Weg unterquert, ist nach Leo von Caprivi benannt, von 1890 bis 1894 Reichskanzler. Hinter ihr ziehen am rechten Ufer die Kreuze der russisch-orthodoxen Gottesmutterkirche über dem dreischiffigem Gebäude mit blau gestrichener Fassade die Aufmerksamkeit auf sich. In der Zeit zwischen den beiden Weltkriegen war Charlottenburg der bei russischen Emigranten beliebteste Ort für ihr erzwungenes Leben in der Fremde.

In Ufernähe schaut eine bronzene Figur mit Schirmmütze und Pfeife über die Spree. Der **Spreekieker** ehrt seit 1983 eine außergewöhnliche Berliner Persönlichkeit, den Rundfunkreporter und Diener vieler Herren – Alfred Braun (1888–1978). Aufgewachsen im proletarischen Prenzlauer Berg, interessierte er sich früh für das Theater, gehörte zum Ensemble von Max Reinhardt und avancierte in den 1920er Jahren zum Hörfunkstar der Weimarer Republik. Die Nazis quälten ihn im KZ Sachsenhausen, er emigrierte 1934 in die Schweiz, kehrte 1940 nach Berlin zurück und drehte mit Veit Harlan antisemitische Hetz- und Nazi-Propagandafilme. Von 1945 bis 1947 nutzten amerikanische Dienststellen in Süddeutschland sein propagandistisches Talent. Braun hatte in den 1950er Jahren als Regisseur von Hörspielen und Filmen

Erfolg und wurde 1954 erster Intendant des Senders Freies Berlin (SFB).

Kraftwerksanlagen dominieren das gegenüberliegende Ufer. Hinter der in märkischer Backsteingotik gestalteten Fassade direkt am Ufer verbirgt sich **Städtische Kraftwerk Charlottenburg**. Es ging im Jahr 1900 ans Netz, produzierte schon bald neben Strom auch Fernwärme. Mit der Umstellung der Energie- und Wärmeerzeugung auf Erdgas in den 1980er Jahren entstanden neue Gebäudeteile, deren drei riesige graue Schornsteine auf orangefarbenen Kesselhäusern den Hintergrund dominieren. Besitzer ist der Vattenfall-Konzern. Die Gebäude des ehemaligen Kraftwerks stehen unter Denkmalsschutz.

Zu den historischen Kraftwerksanlagen gelangt man über den **Siemenssteg**. Die zugleich kraftvolle und beschwingt spielerische Bogenbrücke entstand nicht nur als Passage für Fußgänger, über sie verliefen auch die Kabelstränge vom Kraftwerk zum gegenüberliegenden Ufer. Ihren Namen erhielt die Brücke 1902 nach dem Fabrikanten Werner von Siemens (1816–1892), der in der Nähe seinen Wohnsitz hatte.

Die nächste Brücke über die Spree ist die **Röntgenbrücke**. Ursprünglich verliefen über sie die Rohre zur Versorgung Charlottenburgs mit Stadtgas. Ihren Namen erhielt die Brücke 1902. In den letzten Kriegstagen von deutschen Wehrmachtsangehörigen gesprengt, wurde sie in den 1950er Jahren in ihrer heutigen Gestalt neu gebaut.

Hinter der Röntgenbrücke schlägt die Spree einen Bogen nach Norden. In diesem Bogen zweigt der **Landwehrkanal** ab. Dieser wurde Mitte des 19. Jahrhunderts angelegt und diente zur Entwässerung der als Bauland vorgesehenen Felder außerhalb der damaligen Stadtgrenzen Berlins und für den Transport des Baumaterials der aus allen Fugen wachsenden Stadt.

▲ Karte S. 78

Die Route des E 11 folgt dem Kanal entlang des Einsteinufers bis zum Tiergarten, verlässt ihn dann für eine Stippvisite im Tiergarten und rund um den Potsdamer Platz und folgt ihm dann ab Halleschem Tor mit einem weiteren kurzen Abstecher bis zur Mündung in die Spree.

Am Einsteinufer liegen das Berlin der Künste und der Wissenschaften prägende Gebäude: die Universität der Künste am Einsteinufer 43, das Jazz Institut (Nr. 43–51), das TU MAR Gebäude an der Marchstraße 23, das Fraunhofer Institut für Nachrichtentechnik am Einsteinufer 37.

Die Straße am gegenüberliegenden Ufer ist das Salzufer. Blickfang dort sind zunächst eine moderne Wohnanlage, dann die Berlin-Niederlassung von Beiersdorf und Mercedes-Benz sowie zwischen ihnen die International University of Applied Sciences im Backsteinstil.

Am **Charlottenburger Tor** überqueren wir die Straße des 17. Juni, die das Brandenburger Tor mit der Siegessäule und dem Ernst-Reuter-Platz verbindet. An den Wochenenden findet hier einer der beliebtesten Berliner Kunst- und Trödelmärkte statt. Nachdem der Landwehrkanal die Straße des 17. Juni unterquert hat, wendet er sich nach Osten. Ohne die Uferseite zu wechseln, folgt der Wanderweg dem Kanal entlang der Müller-Breslau-Straße bis zum Tiergarten, der hinter den S-Bahn-Gleisen beginnt. Kurz vor dem S-Bahndamm, auf einer kleinen Insel zwischen zwei Armen des Landwehrkanals – der eine wird von einer Schleuse geregelt –, steht ein Gebäude unter Denkmalschutz, das Ende der 1960er Jahre hier von der Versuchsanstalt für Wasser- und Schiffbau der TU Berlin in Auftrag gegeben wurde: ein mächtiger Wasserumlaufkanal, der durch

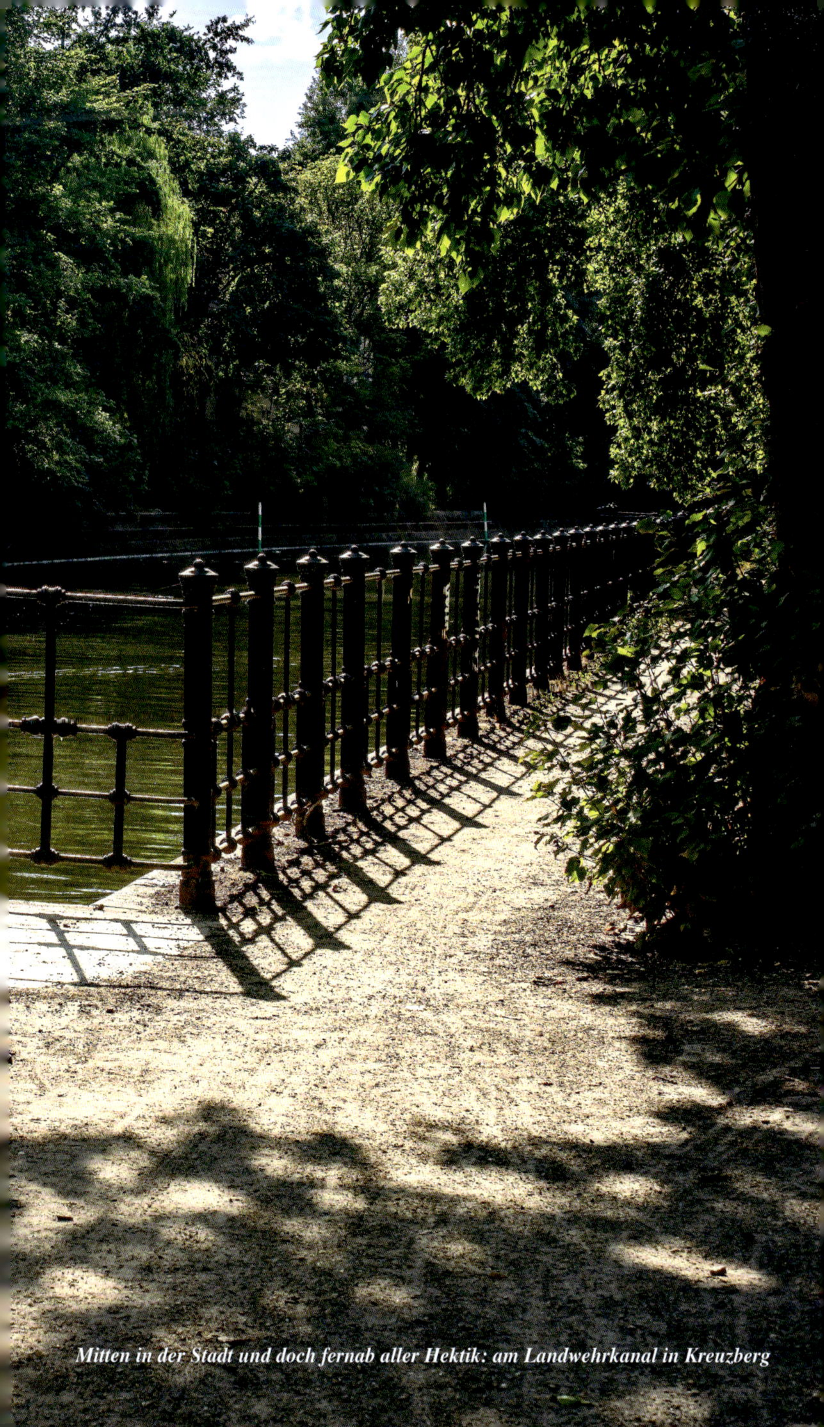

Mitten in der Stadt und doch fernab aller Hektik: am Landwehrkanal in Kreuzberg

den ebenso mächtigen Kubus eines Laborgebäudes dringt. Die ungewöhnliche Formgebung und vor allem die Wahl der Farben – rosa für das gerippte Rohr und ultramarin für das mehrstöckige Bauwerk – sind ein visuelles Ereignis. Seit 1995 steht das Gebäude unter Denkmalschutz. Seine Zukunft ist ungewiss.

Das erste Gebäude hinter der S-Bahnstrecke ist der **Schleusenkrug**, ein beliebtes Restaurant mit großer Außenterrasse. Nach rechts gelangt man nach fünf Minuten zum Bahnhof Zoologischer Garten. Geradeaus verbirgt sich hinter einem Zaun und Sträuchern der Zoo. Eine Fußgängerbrücke über den Landwehrkanal führt in den Tiergarten. Dieser erstreckt sich Richtung Osten bis zum Brandenburger Tor und Potsdamer Platz.

Wir empfehlen, am Ostufer des Landwehrkanals zu bleiben und diesem entlang der äußeren Gehege des Zoologischen Gartens bis zur nächsten, aus zwei Stegen bestehenden eisernen Fußgängerbrücke zu folgen. Der eine der beiden Stege, der nur vom Zoo aus betreten werden kann, ist nach dem Begründer und ersten Direktor des Zoos benannt, Martin Hinrich Lichtenstein (1780–1857). Der andere ist für Fußgänger offen und trägt den Namen Rosa Luxemburgs (1871–1919), die im Januar 1919 zusammen mit Karl Liebknecht von rechtsradikalen Freikorpsangehörigen ermordet wurde. Ihre Leiche warfen die Mörder in den Landwehrkanal. An das Verbrechen erinnert ein 1987 gestaltetes **Denkmal**, eine schräg ins Wasser stürzende Gußeisenplatte mit den im Längsrelief heraus gemeißelten Großbuchstaben des Namens der Ermordeten. Etwa 100 Meter nördlich wird auf einer Wiese am Ufer des Neuen Sees auch Karl Liebknechts mit einem **Denkmal** gedacht.

▸ Karte S. 78

Über den Rosa-Luxemburg-Steg gelangt man in den Tiergarten. Nur wenige Meter entfernt befindet sich am Neuen See das ›Café am Neuen See‹, Restaurant und Biergarten. Am See gibt es einen Bootsverleih.

Der **Tiergarten** war seit dem 16. Jahrhundert als Jagdgebiet der Brandenburger Kurfürsten und später der preußischen Könige angelegt worden. Seit dem 18. Jahrhundert wurde er in einen Parklandschaft mit wechselndem Antlitz umgestaltet. Bedeutende Gartenkünstler, Architekten und Bildhauer haben hier ihre Spuren hinterlassen. Den Zweiten Weltkrieg und die unmittelbare Nachkriegszeit überlebten von 200 000 Bäumen nur 700. Nach alten Plänen und teils neuen Ideen wurde der Tiergarten danach neu gestaltet, heute ist er wieder die grüne Lunge des Stadtzentrums, ein beliebtes Naherholungsgebiet mit einer Vielzahl touristischer Attraktionen und historisch bedeutsamer Orte. Dazu zählen die Siegessäule, die Skulpturen von Dichtern, Komponisten und preußische Staatsmännern, der Englische Garten, Schloss Bellevue (Sitz des Bundespräsidenten), das Haus der Kulturen der Welt. Am Rand des Tiergartens liegen das Bundeskanzleramt, der Reichstag, das Brandenburger Tor, das Ehrenmal für die hier Ende April 1945 gefallenen sowjetischen Soldaten, die Gedenkorte für die von den Nationalsozialisten ermordeten Juden Europas, für die Opfer der Euthanasiemorde, für die ermordeten Sinti und Roma Europas sowie die verfolgten und ermordeten Homosexuellen. Die für die Durchquerung des Tiergartens aufgezeichneten GPS-Daten sind nur eine Anregung. Auf welchen Wegen man ihn auch durchwandert: es geht überall etwas zu sehen, überall atmet die Parkanlage eine weltoffene und entspannte Ruhe.

Der nächste Fixpunkt ist der **Potsdamer Platz**, bis zu seiner Zerstörung und

Teilung der Stadt 1945 einer der belebtesten Orte Berlins. Von 1961 bis 1990 zerschnitt die Berliner Mauer den Platz. In den ersten 15 Jahren nach dem Mauerfall erhielt er mit ambitionierten Großbauten sein heutiges Gesicht. Der Nachbau des **Verkehrsturmes**, mit dem ab 1932 auf dem Potsdamer Platz per Lichtzeichen der Verkehr geregelt wurde, ist an der Kreuzung Ebert- und Stresemann, Potsdamer und Leipziger Straße das einzige sichtbare Überbleibsel der Vorkriegsvergangenheit. Westlich des Potsdamer Platzes befinden sich die Gemäldegalerie, die Neue Nationalgalerie, die Staatsbibliothek und die Philharmonie. Zum Ensemble des Potsdamer Platzes gehören unter anderem das Filmmuseum und zwei Kinopaläste.

Die Wanderstrecke folgt der vom Potsdamer Platz in südöstliche Richtung abgehenden Stresemannstraße. Nach etwa 200 Metern zweigt von ihr nach links die Niederkirchnerstraße ab. Auf engstem Raum befinden sich hier das Abgeordnetenhaus von Berlin, der Gropiusbau und das Ausstellungsgelände ›Topographie des Terrors‹ auf den Ruinen des Hauptquartiers der Gestapo – drei Traditionslinien deutscher Geschichte auf engstem Raum. Der **Martin-Gropius-Bau** im Stil der italienischen Renaissance ist einer der bedeutendsten Museumsbauten Deutschlands. Seinen Namen erhielt er von seinem Architekten, nach dessen Plänen er zwischen 1877 und 1881 errichtet wurde. Im Gropiusbau finden auf mehreren Etagen phantastische Ausstellungen statt.

Zurück zur Stresemannstraße. An der nächsten Straßenkreuzung erinnern bescheidene Überreste seines Portals an einen der bedeutendsten Berliner Sackbahnhöfe, den **Anhalter Bahnhof**.

Ein Mauerrest auf dem Mittelstreifen der Stresemannstraße ist ein Nachbau der **Akzisemauer**, die im 18. Jahrhundert errichtet wurde, um Zollvergehen und das für Soldaten unerlaubte Verlassen der Stadt zu verhindern. Sie markierte die Grenze des damaligen Stadtgebietes. Die Stresemannstraße endet am **Willy-Brandt-Haus**, wo sie in die Wilhelmstraße mündet. Gegenüber führt die Friedrich-Stampfer-Straße auf den **Mehringplatz**. Angelegt wurde dieser 1734 als Anfangspunkt der von hier in nördlicher Richtung verlaufenden Friedrichstraße. Während des Krieges wurden der Platz und seine Umgebung nahezu vollkommen zerstört. Die heutige Bebauung stammt aus den frühen 1970er Jahren. Die **Friedenssäule** im Zentrum des Platzes erinnert seit 1843 an die Kriege gegen Napoleon. Unter dem Platz befindet sich die U-Bahnstation ›Hallesches Tor‹ der Linie U 6, am nahen Landwehrkanal die gleichnamige Station der U 1.

Wir überqueren den Platz und gelangen an der gegenüberliegenden Seite durch eine Grünanlage zu einer Straßenkreuzung. An der nach links Richtung Norden führenden Lindenstraße befindet sich in etwa 200 Meter Entfernung das Jüdische Museum.

Die Wanderroute überquert die Lindenstraße. Nach einigen Schritten entlang der Gitschiner Straße gelangen wir unter der Hochbahn hindurch zurück zum Landwehrkanal. Die Uferwanderung durch Kreuzberg ist ein urbanes Erlebnis par excellence. Die Wege sind mit viel Grün gestaltet, Bänke laden zur Rast. Das architektonische Antlitz ändert sich ständig. An warmen, sonnigen Tagen sind hier viele Menschen aus allen Nationen unterwegs, die das Leben feiern. Hinter der Kottbusser Brücke beginnt der Abschnitt, der seit 1956 den Namen Paul-Lincke-Ufer trägt. Der Komponist, ein Urberliner, lebte bis 1943 in der Nähe.

An der folgenden Brücke, vor dem ehemaligen Umspannwerk Kreuzberg, zweigt nach links die **Ohlauer Straße** vom Landwehrkanal ab. Wir folgen ihr und kommen zum **Görlitzer Park**. Auf dem Gelände eines früheren Kopfbahnhofs entstand hier Ende der 1980er, Anfang der 1990er Jahre dieser freundliche Park. Nach links, in nördlicher Richtung, befindet sich der gleichnamige Bahnhof der U-Bahn. Der Wanderweg führt nach rechts, durch den Park, am besten folgt man der Mittelachse bis zu seinem Rand. Hier halten wir uns links und verlassen das Gelände an der Ecke Görlitzer Straße/Görlitzer Ufer.
Wir sind nun wieder am Landwehrkanal, überqueren diesen einige Schritte weiter über den Ernst-Heilmann-Steg und befinden uns auf einer von zwei Armen des Landwehrkanals eingefasstem Insel, etwa 400 Meter vor der Mündung beider Wasserläufe in die Spree. Wir wenden uns auf dieser Insel nach links, erreichen die Puschkinallee, überqueren die Brücke nach rechts und biegen gleich hinter ihr nach links in die Straße Am Flutgraben ein.
Die Parkanlage rechts von der Puschkinallee heißt **Schlesischer Busch**. Hier verlief bis 1990 die Mauer. Ein unter Denkmalsschutz stehender ehemaliger Wachtturm der DDR-Grenztruppen wird seit 1990 als Ausstellungszentrum und Kunstraum genutzt.
Die Straße Am Flutgraben wendet sich nach einigen Schritten entlang des Kanalufers nach rechts und mündet in die Eichenstraße. Durch sie kommt man nach links zum Spreeuferweg und auf diesem zur S-Bahnstation Treptower Park, dem Endpunkt dieser Stadtwanderung.
Geht man die Eichenstraße nach rechts, steht man nach einigen Schritten vor dem Eingang des Hallenflohmarkts mit seinem an den Wochenenden phantastischen Flair.

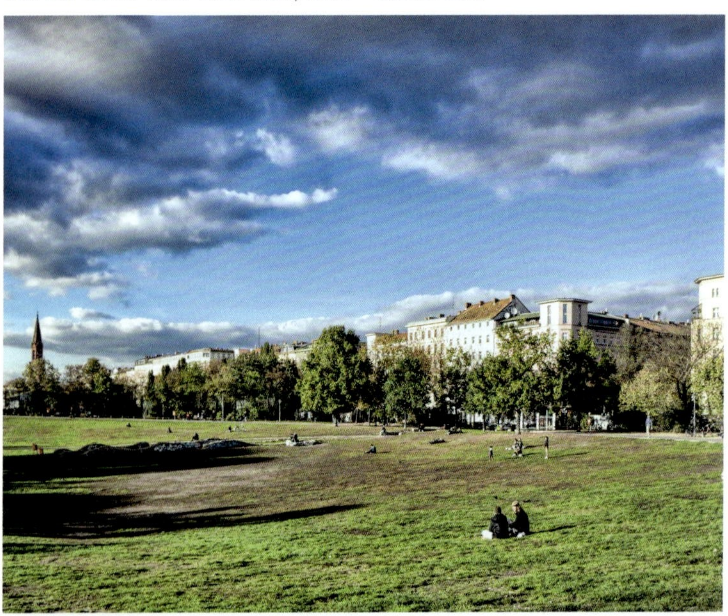

▶ Karte S. 78

Der weitläufige Görlitzer Park im Herbstlicht

 Tour 7

Es gibt an der Strecke und in ihrer näheren Umgebung unzählige Restaurants, Kaffees und Biergärten, die vorzustellen den Platz sprengen würde.

!

Georg-Kolbe-Museum, Sensburger Allee 25, 14055 Berlin, Tel. 030/3042144; Mo–So 10–18 Uhr.
www. georg-kolbe-museum.de

Schloss Charlottenburg, Altes Schloss, Spandauer Damm 10–22, 14059 Berlin, Tel. 030/32091-0; April–Okt. Di–So 10–17.30 Uhr. Auf dem Areal des Schlosses derzeit zu besichtigen sind: das Alte Schloss (wegen Umbauten eingeschränkt), der Neue Flügel des Schlosses (preußische Möbelästhetik und königlicher Kunstbesitz des frühen 19. Jahrhunderts, klassizistisch-romantische Skulpturen), der Neue Pavillon im Schlossgarten (Dauerausstellung mit Kunstwerken des 19. Jahrhunderts), das Belvedere (Porzellansammlung) und das Mausoleum, das mit Christian Daniel Rauchs Grabmonument der Königin Luise ein Meisterwerk deutscher Bildhauerkunst des 19. Jahrhunderts birgt.
www.spsg.de/schloesser-gaerten/schloesser-gaerten-im-ueberblick

▸ Gegenüber dem Haupteingang des Schlosses befinden sich drei Museen und Galerien mit großartigen Sammlungen und regelmäßig stattfindenden, zumeist spektakulären Ausstellungen:

Sammlung Scharf-Gerstenberg, Schloßstraße 70, 14059 Berlin, Tel. 030/ 266424242; vorübergehend geschlossen. Die Sammlung Scharf-Gerstenberg zeigt Entwicklungslinien fantastischer Kunst, beginnend mit Arbeiten von Giovanni Battista Piranesi und Francisco de Goya, sowie surrealistische Schlüsselwerke, unter anderem von Max Ernst und René Magritte. www.smb.museum/museen-einrichtungen/sammlung-scharf-gerstenberg/home

Museum Berggruen, Schloßstraße 1, 14059 Berlin, Tel. 030/266424242; vorübergehend geschlossen. Das Museum besitzt eine hochkarätige Sammlung der klassischen Moderne. www.smb.museum/museen-einrichtungen/museum-berggruen/home

Bröhan-Museum, Schloßstraße 1a, 14059 Berlin, Tel. 030/32690600; Di–So 10–18 Uhr. Landesmuseum für Jugendstil, Art déco und Funktionalismus.
www.broehan-museum.de

▸ In der Umgebung des Potsdamer Platzes:

Deutsche Kinemathek – Museum für Film und Fernsehen, Potsdamer Straße 2, 10785 Berlin, Tel. 030/3009030; vorübergehend geschlossen. Wunderbares Museum mit einer ständigen Ausstellung zur Urgeschichte des deutschen Films, einem phantastischem Spiegelkabinett und einem Saal mit Filmroben von Marlene Dietrich sowie wechselnden Ausstellungen.
www.deutsche-kinemathek.de

Gemäldegalerie, Matthäikirchplatz, 10785 Berlin, Tel. 030/266424242; Di–Fr 10–18, Sa/So 11–18 Uhr. Europäische Kunstwerke vom 13. bis 18. Jahrhundert. www.smb.museum/museen-einrichtungen/gemaeldegalerie/home

Neue Nationalgalerie, Potsdamer Straße 50, 10785 Berlin, Tel. 030/266424242; Di/Mi, Fr–So 10–18, Do 10–20 Uhr. Nach mehrjähriger Renovierung im August 2021 wiedereröffnet. Europäische und amerikanische Kunst in einem von Mies van der Rohe gestalteten Museum. www.smb.museum/museen-einrichtungen/neue-nationalgalerie/home

Gropiusbau, Niederkirchnerstraße 7, 10963 Berlin, Tel. 030/254860; tgl. außer Di 9–21 Uhr. Auf mehreren Etagen um einen eindrucksvoll gestalteten Lichthof wechselnde Ausstellungen moderner Kunst. www.berlinerfestspiele.de/de/gropiusbau/start.html

Topographie des Terrors, Niederkirchnerstr. 8, 10963 Berlin, Tel. 030/25450950; tgl. 10–20 Uhr. Dokumentationszentrum am ehemalige Hauptquartier der Gestapo zu den Gräueln des Nationalsozialismus. www.topographie.de/topographie-des-terrors

EXTRA

Köpenick und Köpenicker

Mitten im Berliner Urstromtal, an der Mündung der Dahme in die Spree und einer Furt über die Spree, liegt einer der ältesten Orte im Stadtgebiet Berlins: Köpenick, bis 1931 Cöpenick. Der Name geht auf das slawische Copnick zurück, ›Ort auf einem Hügel‹. Die Spuren der ältesten slawischen Siedlungen reichen bis ins Jahr 849 zurück. Mitte des 12. Jahrhunderts befand sich hier die Hauptburg des slawischen Stammes der Sprewanen unter ihrem legendären Fürsten Jaxa von Köpenick (1125–1176). Dieser besaß beste familiäre Beziehungen in den polnischen Adel. In der Mitte des 12. Jahrhunderts rang er mit Albrecht dem Bären erfolglos um die Vorherrschaft an Havel und Spree. Er reiste 1162 ins Heilige Land und brachte aus Jerusalem einige Geistliche mit, denen er die Gründung eines Klosterstiftes in Kleinpolen unweit von Krakau anvertraute. Unter seiner Herrschaft erblühte Copnick.

Ein halbes Jahrhundert nach seinem Tod gingen Burg und Siedlung über in den Besitz der Wettiner und später der Askanier über. Aus dem slawischen Burgwall wurde eine deutsche Burg mit ihrem vorgelagerten Kietz. In diesem lebte das slawische Dienstvolk. In der zweiten Hälfte des 13. Jahrhunderts entstanden an zwei weiter westlich gelegenen Spreefurten die Orte Berlin und Cölln, die Copnick in ihrer Bedeutung bald den Rang abliefen. Der Dreißigjährige Krieg verwüstete das Land und die Stadt. Etwa 40 Jahre nach Ende der Gemetzel veranlasste Kurprinz Friedrich den Bau eines Jagdschlosses auf der Insel unweit der Dahmemündung in die Spree. In diesem Schloss ließ der Sohn des Schlossgründers 1730 den Hochverratsprozess gegen seinen eigenen Sohn abhalten, den zukünftigen Friedrich II., denn dieser hatte es gewagt, sich der Tyrannei seines Vaters, des Soldatenkönigs, durch Flucht entziehen zu wollen. Wirtschaftlich erhielt Copnick-Köpenick im 18. und 19. Jahrhundert Aufwind durch die Ansiedlung von Textilgewerbe, Seidenspinnerei und Wäschereibetrieben. Köpenicks Geschichte als eigenständiges Stadtgebilde endete 1920 mit der Eingemeindung in Groß-Berlin.

Eine der tatkräftigsten Köpenickerinnen im 19. Jahrhundert war die legendäre ›Mutter Lustig‹ (1808–1888). **Henriette Lustig** eröffnete 1835 die erste Wäscherei im Ort und begründete damit ein Dienstleistungsgewerbe, das Köpenick bald den Ruf als ›Wäscherei Berlins‹ einbrachte. Der Standort an der Köpenicker Spree eignete sich hervorragend für ihre Waschkünste und die der Frauen, denen sie Brot und Lohn verschaffte. Das Wasser hier hatte einen niedrigen Wasserhärtegrad und die ausgedienten Wiesen konnten zum Bleichen und Trocknen genutzt werden. Im Laufe der Jahre wuchs der Berliner Kundenkreis, so dass auch Wäsche mit Hundewagen und später Pferdegespannen nach Berlin transportiert wurde. Eine Enkelin von Henriette Lustig betrieb die Wäscherei bis 1965. Am Ufer der Dahmebucht hinter der Schlossinsel ehrt die Skulptur ›Die Wäscherin‹ die vielen Frauen, die in der ›Waschküche von Berlin‹ schufteten. Gleich daneben befindet sich das Ausflugslokal ›Mutter Lustig‹. Zum 200. Geburtstag von Mutter Lustig wurde am Haus ihrer Eltern, Am Alten Markt 4, eine Gedenktafel angebracht. Bis 2004 befand sich in der Nähe ein Museum für die Waschfrauen, das wegen fehlender Finanzierung in jenem Jahr nach Eberswalde umzog.

Im Jahr 1906 richteten sich die Augen der Welt nach Köpenick. In jenem Jahr ereignete sich die Posse um den ›Hauptmann von Köpenick‹. Mit einem Trupp Soldaten besetzte der in Tilsit geborene Schuster **Wilhelm Voigt** (1849–1922) in einer gestohlenen Uniform das Rathaus von Köpenick, requirierte die Stadtkasse und machte sich mit umgerechnet etwa 22 000 Euro aus dem Staub. Die dreiste Tat des falschen Hauptmanns gab den deutschen Untertanengeist der ganzen Welt der Lächerlichkeit preis. Auf die Spur kam die Polizei dem Ganoven dank der Denunziation eines ehemaligen Zellengenossen. Diesem hatte der Schuster im Gefängnis, wo er wegen früherer Diebstähle bereits viele Jahre verbracht hatte, von seinen Plänen erzählt. Vier Jahre Haft verhängte das Gericht, von denen er weniger als die Hälfte absaß. 1908 begnadigte ihn Kaiser Wilhelm II. Er tourte zwei Jahre mit seiner Geschichte durch Deutschland und Europa, veröffentlichte seine Memoiren und nahm im Jahr 1910 die luxemburgische Staatsbürgerschaft an, um sich endgültig den Nachstellungen der deutschen Polizei zu entziehen. Vor dem Rathaus Köpenick ist er als lebensgroße Skulptur verewigt, im Rathaus erinnert eine Ausstellung an die Geschichte, über die viele Bücher und ein überaus erfolgreiches Drama geschrieben sowie Filme gedreht wurden.

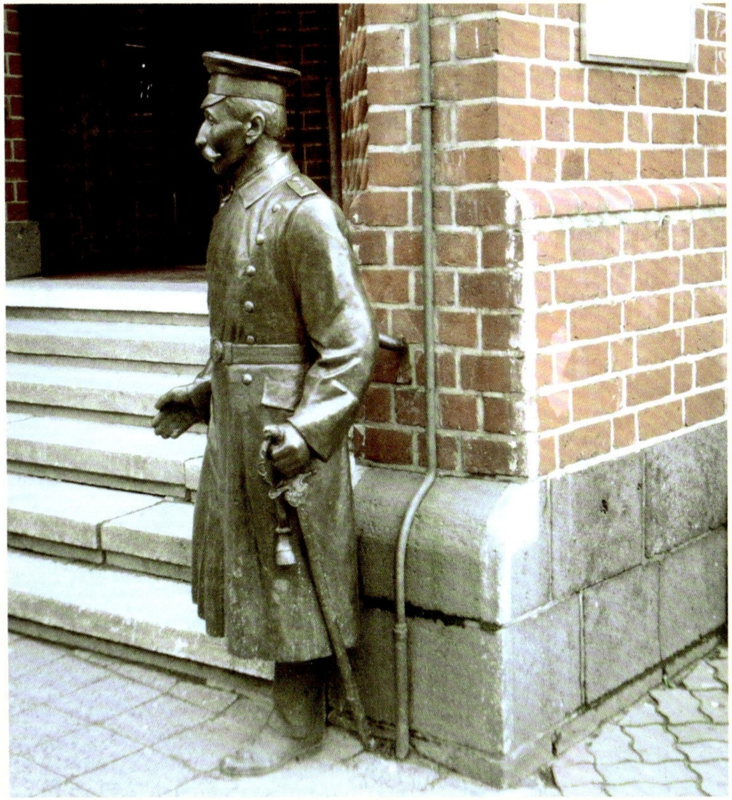

Der ›Hauptmann von Köpenick‹ vor dem Rathaus

An der Spree zum Müggelsee

Tour 8: Vom Treptower Park nach Friedrichshagen » (23 km)***

Kurzcharakteristik
Der Treptower Park, an dem diese Tour entlang des E 11 beginnt, wurde in der zweiten Hälfte des 19. Jahrhunderts angelegt, um den wachsenden Bedarf der im Berliner Häusermeer siedelnden Menschen nach Grün und frischer Luft zu decken. Im Park wechseln große, sonnige Liegewiesen und breite, geschwungene Wege einander ab. Die von Platanen gesäumte Puschkinallee teilt ihn in zwei Hälften: die eine am Ufer der Spree, die andere landeinwärts. Nach Ende des Zweiten Weltkrieges veranlasste die Sowjetische Militäradministration, dass auf dem Gelände des Parks ein Ehrenmal für die mehr als 80 000 in der Endphase des Krieges und bei der Befreiung Berlins gefallenen sowjetischen Soldaten errichtet wird.
Am Park und Denkmal beginnt diese Tour. Sie führt zunächst entlang des Spreeufers, am Rand des Plänterwalds, Richtung Osten und überquert die Spree mit einer Fähre zum gegenüberliegenden Ufer. Weiter geht es durch die Forst- und Parklandschaften der Wuhlheide bis nach Köpenick. Auf dem Weg liegt die interessante Altstadt von Köpenick am Zusammenfluss von Spree und Dahme. Hinter Köpenick kehrt die Wanderroute zurück zur Spree. An deren Südufer gelangt man am Rand eines Waldgebietes zum Müggelsee und nach Friedrichshagen, einen weiteren interessanten Ortsteil Berlins mit unverwechselbarem Vorstadt-Flair.
Teilstrecken Beliebig in Kurzstrecken teilbar, da Anbindung an zahlreiche Bus-, Straßenbahn- und Bahnverbindungen von jedem Punkt.
Verkehrsverbindungen Von S-Bahnhof Treptower Park (Knotenpunkt an der Ringbahn) und S-Bahnhof Friedrichshagen (Linie S 3) über S-Bahnhöfe Köpenick und Wuhlheide Richtung Ostkreuz und Stadtzentrum; Fähre F 11 über die Spree Mo–Fr 6–19, Sa/So 8–18.30 Uhr.
Wegebeschaffenheit Naturbelassen 10 %, teilbefestigt 70 %, harter Belag 20 %.
Wunschwegkategorie 1, 2, 3, 9, 10, 16, 18, 19, 20, 21a.
Wanderkarte Berlin. 20 grüne Hauptwege, 1:50 000, Piekart Verlag; Berlin-Stadtpläne von zahlreichen Anbietern.
Markierungen Blauer Balken auf weißem Grund, lückenhaft.
Einkehr Viele Möglichkeiten.
Sehenswürdigkeiten U.a. Ehrenmal im Treptower Park, FEZ Wuhlheide, Rathaus und Schloss Köpenick.
Hinweise für Radfahrer Die Strecke ist weitgehend zum Radfahren geeignet.

Streckenverlauf

▸ Karte S. 90

Vom S-Bahnhof Treptower Park gehen wir zunächst am Spreeufer mit den Anlegestellen für die Ausflugsschiffe entlang, Richtung Osten. Kurz vor der letzten Anlegestelle zweigt ein Weg nach rechts ab. Wir folgen ihm 200 Meter und kommen zu den Platanen der Puschkinallee. An der gegenüberliegenden Straßenseite markiert ein kleiner Triumphbogen den Eingang zum **Sowjetischen Ehrenmal**. Von dort führt ein Weg in das Innere des Parks, zum Gedenkareal.
Herz der Anlage ist eine mit Hügel und Sockel 30 Meter hohe kolossale Statue eines sowjetischen Soldaten mit entblößtem Haupt, einem Kind auf dem Arm und gesenktem Schwert. Die Spitze des Schwerts zeigt auf ein zerschlagenes Hakenkreuz. Gestaltet wurde die Statue von dem sowjetischen Bildhauer Jewgeni Wutschetitsch (1908–1974), der auch Schöpfer

der Plastik ›Schwerter zu Pflugscharen‹ im Garten des UNO-Hauptsitzes in New York ist. Der Darstellung des Soldaten mit dem Kind liegt eine wahre Begebenheit zugrunde: Am 30. April 1945 geriet an der Potsdamer Brücke in Tiergarten ein dreijähriges deutsches Mädchen in den Kugelhagel der noch kämpfenden Truppen und wurde von einem sowjetischen Sergeanten unter Einsatz seines Lebens gerettet. An diese Episode erinnert eine Gedenktafel an der Potsdamer Brücke über den Landwehrkanal. Der Bildhauer selbst erklärte in mehreren Interviews, dass die Darstellung des Soldaten mit dem geretteten Kind eine rein symbolische Bedeutung habe. Mehr als 5000 Soldaten der Roten Armee, die bei der Eroberung Berlins im Frühjahr 1945 ihr Leben ließen, sind hier bestattet.

Hinter der Anlage, jenseits des Zaunes, die sie umgibt, in Richtung Osten, befindet sich ein **Karpfenteich**. Wir gehen an ihm vorbei und wenden uns dann nach links, zurück zur Puschkinallee.

Die Anlage mit dem zum Himmel gerichteten Rohr an der Puschkinallee ist die **Archenhold-Sternwarte**, die älteste und größte Volkssternwarte Deutschlands, mit dem längsten beweglichen Linsenfernrohr der Welt.

Auf der gegenüberliegenden Seite der Puschkinallee geht es weiter in Richtung Spreeufer und an diesem in östlicher Richtung. Die Insel, die über eine Brücke mit dem Ufer verbunden ist, heißt **Insel der Jugend**. Im Klubhaus auf der Insel finden zahlreiche Veranstaltungen statt. Die Insel ist als Ort für Konzerte beliebt. Am Ufer hinter der Brücke liegt ein als Restaurant genutztes Segelschiff. Die nächsten Kilometer folgt der Wanderweg dem Lauf der Spree, entgegengesetzt der Fließrichtung. Der Zaun landeinwärts umschließt den ehemaligen **Spreepark**, seit 1969 ein Freizeit- und Vergnügungspark im Plänterwald. Im Jahr 2001 meldete der Betreiber Insolvenz an und floh nach Peru. Seitdem sind die Flächen ungenutzt. Pläne des Senats versprechen einen Neustart als Kunst- und Kulturpark für das Jahr 2026. Am gegenüberliegenden Ufer sind zunächst in den letzten Jahren entstandene Wohnsiedlungen Blickfang, dann die Rohre des Wärmekraftwerks und die Silos eines Zementwerks.

Am Rande des Spreeparks passiert man nach etwa einem Kilometer hinter der Insel die Ruinen des ›Eierhäuschens‹, eines seit Mitte des 19. Jahrhunderts in verschiedenen Ausführungen beliebten Ausflugslokals im Landhausstil. Die Abwicklung des Spreeparks bedeutete auch für das ›Eierhäuschen‹ ein vorläufiges Ende. Das wunderschöne Gebäude verfällt. Hinter dem Eierhäuschen, am gegenüberliegenden Ufer, erheben sich in Ufernähe die stattlichen, denkmalgeschützten Gebäude des Funkhauses Berlin, die in

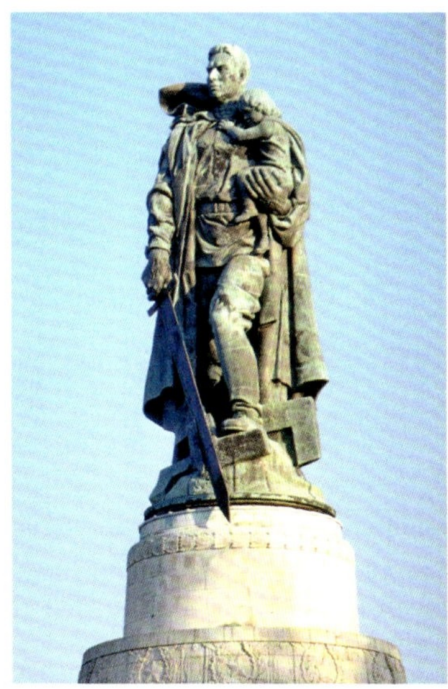

Sowjetisches Denkmal im Treptower Park, Detail

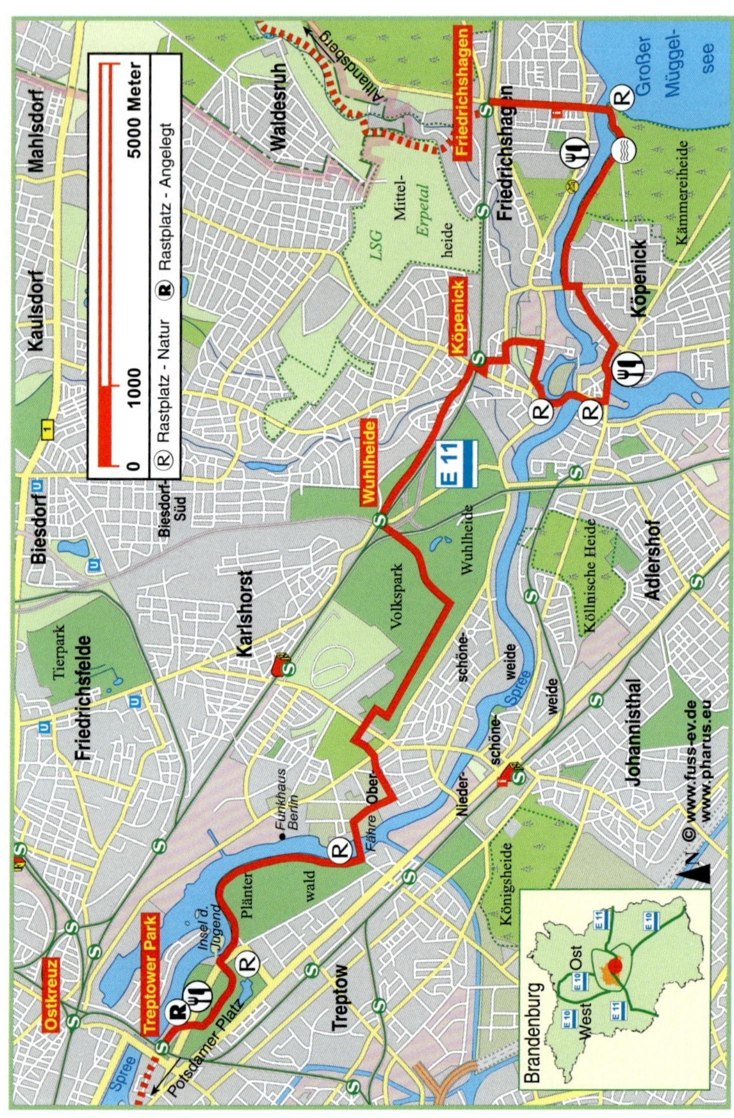

den 1950er Jahren für den Rundfunk der DDR entstanden. Nach vielem Hin und Her hinsichtlich der Nutzungsrechte sind die Anlagen seit 2015 in Privatbesitz. Hier finden Ausstellungen und Konzerte statt.

Nach weiteren etwa 750 Metern ist die Anlegestelle der **Fähre** zum gegenüberliegenden Ufer erreicht. Die Fähre verkehrt im 20-Minuten-Rhythmus, am Wochenende und an den Feiertages von etwa 8 bis 18.30 Uhr, an den Wochen-

tagen von 6 bis 19 Uhr. Wir nutzen sie und queren die Spree.
Am gegenüberliegenden Spreeufer befindet man sich in einer anderen Welt – einer Kleingartenanlage. Hin und wieder trifft man auch wieder die blauen Balken auf weißem Grund an Baumstämmen, kann sich aber nicht unbedingt auf sie verlassen. Zunächst geht es entlang der Seeschlossstraße. Am Café ›Spreeschlößchen‹ (bei Redaktionsschluss leider noch immer geschlossen) mündet sie nach etwa 300 Metern in die Nalepastraße. Dieser folgen wir nach rechts und nach einigen Schritten nach links in den Fritz-König-Weg. Dieser überquert die Rummelsburger Landstraße und setzt sich an der gegenüberliegenden Straßenseite mit dem Namen ›Am Walde‹ fort. Den Wald erreichen wir nach weiteren knapp 200 Metern. Nach rechts verläuft ein Weg entlang oberirdisch verlegter Gasleitungen. Wer mag, kann diesem folgen. Angenehmer zu laufen ist ein Waldweg, der waldeinwärts parallel zu den Röhren verläuft. Dazu folgt man dem in Verlängerung der Straße ›Am Walde‹ in den Forst führenden Weg und zweigt von diesem bei der ersten Gelegenheit nach rechts ab. Geradeaus gelangt man zur Treskowallee – auf den letzten Metern dann doch am Rand der Gasröhren.
Die Treskowallee verbindet die S-Bahnhöfe Karlshorst und Schöneweide. An der rechts liegenden Straßenbahnhaltestelle überqueren wir sie. Der Weg führt nun zwischen Parkplatz und dem Tennisclub Blau-Gelb am Rand des Zaunes bis zur gegenüberliegende Seite der Sportstätten, wo sich auch das Sommerbad Wuhlheide befindet. Von dort aus führen mehrere Wege in den Volkspark Wuhlheide.
Angelegt wurde der **Volks- und Waldpark Wuhlheide** in den 1920er Jahren. Während des Zweiten Weltkrieges befand sich im westlichen Teil ein Lager für Zwangsarbeiter. Nach Kriegsende und bis 1990 wurde das Areal von der sowjetischen Armee genutzt. Im Ostteil des Parks entstand ein Pionierpark mit Parkeisenbahn, Pionierpalast (seit 1979), Freilichtbühne, Badesee und anderen Einrichtungen. Ost- und Westteil des Parks sind durch das ›Eichgestell‹ miteinander verbunden, eine schnurgerade, fast zwei Kilometer lange Allee durch den Wald. Sie beginnt an der Treskowallee und endet am Platz vor dem Pionierpalast, dem heutigen Freizeit- und Erholungszentrum (FEZ).
Nachdem wir dem Zaun um Tennisanlage und Sommerbad den Rücken gekehrt haben, halten wir uns schräg rechts und können gar nicht anders, als irgendwann das ›Eichgestell‹ zu erreichen. Nun geht es weiter nach links Richtung Osten. Der erste Orientierungspunkt ist der **Tanzplatz**, in den sechs Parkwege münden. Eine Karte des Parks am Rand des Platzes erleichtert die Orientierung, denn auch hier sind die Wege nur spärlich mit Zeichen versehen. Der Verlauf des E 11 ist auf der Karte vermerkt. Nordwestlich des Platzes befindet sich der **Modellpark Berlin-Brandenburg**, in dem mehr als 60 im Maßstab 1:25 gefertigte Miniaturen von Berliner und Brandenburger Sehenswürdigkeiten präsentiert sind.
Wir gehen nun weiter auf dem ›Eichgestell‹. Nach etwa 100 Metern kreuzt ein Fahrweg die Allee. Nach weiteren 400 Metern erreichen wir eine Wagenburg. Vor dieser biegen wir nach links vom Eichgestell ab. Hinter dem Gelände der Wagenburg halten wir uns rechts.
Die Wege durch den Park sind von einer überraschenden Vielfalt. An manchen Tagen fühlt es sich an, als wandere man durch einen Märchenwald. Wir bleiben links der Schienen der Parkeisenbahn

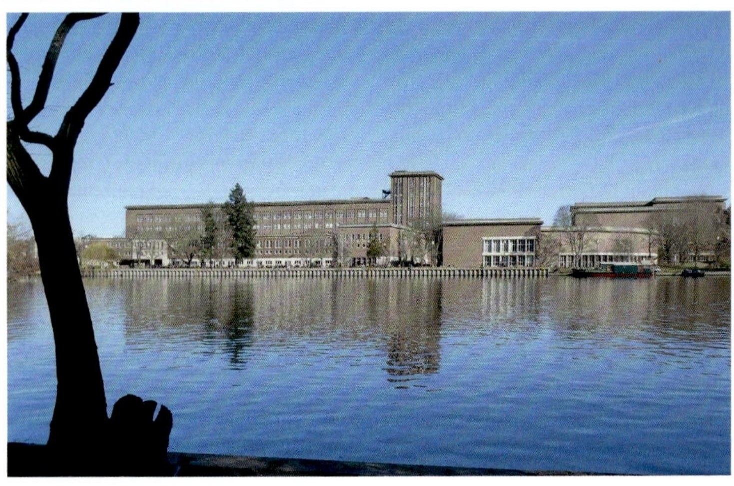

Das denkmalgeschützte Gebäude des Funkhauses Berlin

und erreichen nach etwa einem Kilometer eine Unterführung unter einer ›echten‹ Eisenbahnlinie. Wir gehen unter ihr hindurch, unterqueren eine weitere Eisenbahnlinie, steigen eine Treppe hinauf und erreichen über eine Brücke den S-Bahnhof Wuhlheide. Wir gehen am Eingangsportal vorbei. Einige Schritte weiter geht es eine Treppe hinab in den Wald und zu einem Weg, auf dem wir parallel zur Bahnstrecke nach Köpenick gelangen.

Die Birnbaumer Straße führt in den bewohnten Teil von Köpenick. Wir halten uns an der ersten Kreuzung links und biegen in die Schubertstraße ab. Diese geht in die Straße ›Am Bahndamm‹ über, die zu Füßen des Bahndamms zum **S-Bahnhof Köpenick** führt.

Dieser ist der Ausgangspunkt für den nächsten Teil der Wanderung, zum S-Bahnhof Friedrichshagen. War die Strecke nach Verlassen des Spreeufers vor allem von Waldgebieten geprägt, überwiegen nun kleinstädtische und wasserreiche Streckenabschnitte durch eine historisch spannende Landschaft.

▸Karte S. 90

Die Vorhalle des S-Bahnhofs unterquert die Bahnstrecke. Der Platz vor dem Eingang an der gegenüberliegenden Seite heißt Elcknerplatz. Steht man mit dem Rücken zum Eingang, sieht man rechts die Bahnhofsstraße, die von Straßenbahnen befahren wird. Parallel zu ihr zweigt links, hinter dem Woolworth-Kaufhaus, die Borgmannstraße vom Elcknerplatz ab. Wir folgen ihr und nehmen die nächste Querstraße nach links. Das ist die Thürnagelstraße, die in einem Straßenknick in die Gelnitzstraße übergeht. Dieser folgen wir bis zur Seelenbinderstraße. Wenige Schritte nach rechts beginnt an der gegenüberliegenden Straßenseite, auf Höhe der Straßenbahnhaltestelle, ein Parkweg. Der Bach, den unser Weg nach knapp 100 Metern überquert, ist die Erpe. Hinter der Brücke folgen wir nun dem Lauf des Baches bis zur Mündung in die Spree.

An dieser Mündung halten wir uns rechts und gelangen entlang des Spreeufers am Rand eines Parks bis zur Dammbrücke. Der **Park** trägt den Namen Platz des 23. April, zur Erinnerung an die ersten sowjetischen Panzer, die hier am 23. April 1945 einrollten. Auf dem Platz befindet sich ein **Denkmal** für die Opfer der ›Köpenicker Blutwoche‹. In nur zwei Tagen entführten im Juni 1933 SA-Sturmtrupps mehr als 500 Gegner der Nazis, folterten sie und ermordeten 92 von ihnen.

Rechts von der Dammbrücke mündet die Dahme in die Spree. Am anderen Ende der Brücke führt eine Treppe nach links zum Ufer der Spree. Wir unterqueren die Brücke und befinden uns nun am Ufer der Dahme. Der Fluss bildet die westliche Begrenzung der Köpenicker Altstadt. Die steinerne Bogenbrücke, die die Dahme flussabwärts überspannt, trägt den Namen **Lange Brücke**. Sie wurde 1892 eingeweiht. Da sie baufällig ist und unter Denkmalschutz steht, wird sie von einer Behelfsbrücke flankiert. Hinter der Brücke, am Ufer der Dahme, erstreckt sich die **Schlossinsel** mit dem Schlosspark und dem in der zweiten Hälfte des 17. Jahrhundert errichteten Barockschloss, das heute einen Teil des Berliner Kunstgewerbemuseums beherbergt. In den Sommermonaten finden hier oft Veranstaltungen im Freien statt.

Wir verlassen vor der Langen Brücke das Ufer. Einige Meter nach links, am Rande der Köpenicker Altstadt, erstreckt sich der Schlossplatz. Die Straße parallel zur Dahme ist die Straße Alt-Köpenick. An ihr befindet sich das **Rathaus**. Einige Schritte weiter in Richtung Dahmebrücke erhebt sich die evangelische **St.-Laurentius-Kirche**, in der an Sonntagen oft Konzerte stattfinden. Vor der Kirche zweigt von der Straße Alt-Köpenick nach rechts die Laurenzstraße ab, über die man zur Kirchstraße gelangt. Dort ist das ›Milchkaffee‹ eine gute Adresse für Kuchen und Kaffee. Die Kirchstraße nach rechts führt zum wenige Schritte entfernten Parkplatz Schüßlerplatz, von dem nach links die sehr kurze Rosenstraße abzweigt. An ihrem Ende gehen wir nach links in die Jägerstraße, die einige Schritte weiter eine Rechtskehre beschreibt und nun Alter Markt heißt.

Dieser Teil von Köpenick ist der gemütlichste, am ehesten den einstigen

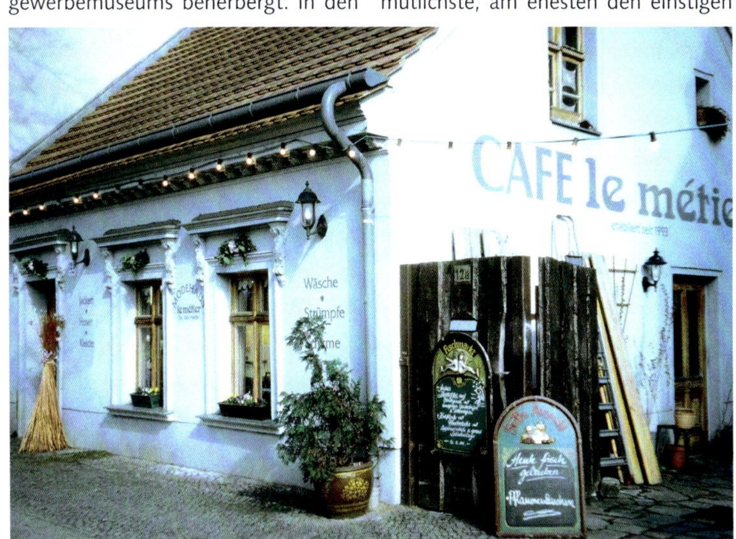

Die Bölschestraße in Friedrichshagen mit ihrem friderizianischen Flair

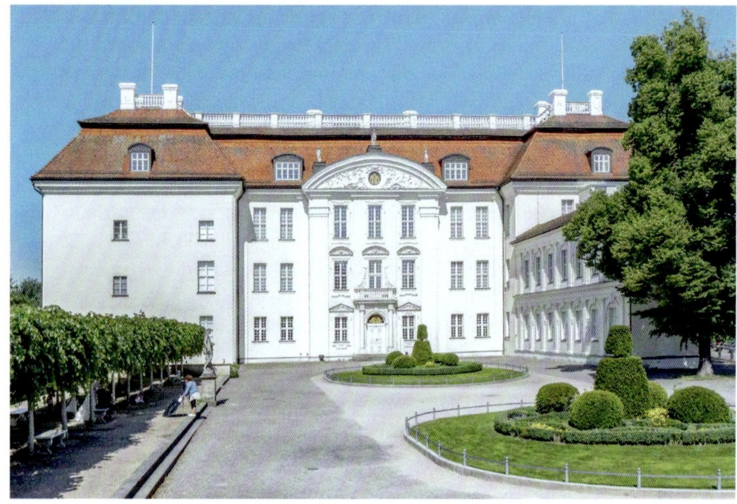

Schloss Köpenick

Kleinstadtcharakter verkörpernde, mit vorindustriellen Zügen. Nach einer Straßenkreuzung befindet sich linker Hand der ›Lichtgarten‹, eine zauberhafte kleine Anlage (Alter Markt 6), die von Freiwilligen als Gemeinschaftsgarten gepflegt wird. Am Haus Alter Markt 2, Ecke Katzenstraße, erinnert eine Gedenktafel an Henriette Lustig, die hier ab 1835 ihre berühmte Wäscherei betrieb.

Wir folgen der Katzenstraße nach rechts, durchqueren auf einem Pfad den Park am Katzengraben, biegen nach links in die Amtsstraße ein und finden uns nun am Ufer der Spree wieder. Am Rand eines Stichkanals führt ein Parkweg zur Wendenschlossstraße. Auf dieser gelangen wir nach links, am Westrand des Salvador-Allende-Viertels zur ebenso in Gedenken an den 1973 ermordeten chilenischen Präsidenten benannten Straße und Brücke. Zu Füßen der **Salvador-Allende-Brücke** beginnt am diesseitigen Ufer ein knapp zwei Kilometer langer, angenehm zu laufender Uferweg an der Spree, auf dem wir zunächst entlang von Häusern, dann am Rande eines Waldstücks bis zum Großen Müggelsee gelangen. Auf der Spree ankert nicht weit vom Großen Müggelsee entfernt die SpreeArche; ganz in der Nähe befindet sich die beliebte Badestelle ›Teppich‹.

Wo die Spree in den Müggelsee mündet, unterquert sie seit 1927 ein **Fußgängertunnel**, der das diesseitige Ufer mit Friedrichshagen verbindet. Der Tunnel besitzt seinen Ausgang in einem kleinen **Park** mit einer Anlegestelle für Fähr- und Ausflugsschiffe. Herz des Parkes ist die wunderbare Plastik ›Mutter und Kind‹. Die Joseph-Nawrocki-Straße begrenzt den Park landeinwärts. Nach links führt sie zu einer ehemaligen Brauerei und an deren Rand nach rechts zum Müggelseedamm. Ein wenig versetzt nach links beginnt die Bölschestraße, die Hauptstraße von Friedrichshagen. Sie ist etwa 1,2 Kilometer lang und endet am S-Bahnhof Friedrichshagen, dem Endpunkt unserer Tour.

Friedrichshagen verdankt seinen Namen Friedrich II. Der König ließ hier

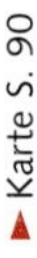
Karte S. 90

Mitte des 18. Jahrhunderts Emigranten ansiedeln, vornehmlich Baumwollspinner aus Böhmen und Schlesien. Mit der Anbindung an die Eisenbahnlinie Richtung Frankfurt (Oder) entwickelte sich Friedrichshagen im 19. Jahrhundert zu einem Villenvorort und beliebten Ausflugsziel. Schriftsteller, Künstler und Wissenschaftler ließen sich hier nieder.

Die Bölschestraße ist seit 1947 nach dem Schriftsteller und Verleger Wilhelm Bölsche (1861–1939) benannt, der hier viele Jahre gelebt hat. Zahlreiche Häuser am Rand der Straße stammen noch aus der Gründungszeit des Ortes. Die Bölschestraße ist eine von Bäumen gesäumte Flaniermeile mit einer bunten Mischung von kleinen Läden, Antiquariaten und originellen Gaststätten.

Tour 8

Am Weg gibt es Dutzende Lokale, Cafés und Imbissbuden. Hier eine kleine Auswahl:

▸ Treptower Park:

KLIPPER Segelschiffrestaurant, Poetensteig, Bulgarische Straße, 12435 Berlin, Tel. 030/53216490; tgl. 10–1 Uhr. Am Spreeufer in unmittelbarer der Brücke zur Insel der Jugend. Fischgerichte in passender Atmosphäre.

▸ Altstadt Köpenick:

Milchkaffee, Kirchstraße 5, Tel. 030/76763776; Fr–So 9–17 Uhr. Gemütliches Café mit leckerem Kuchen, auch vegan und gutem Kaffee. www.milchkaffee-köpenick.de

Altstadtcafé Cöpenick, Alt-Köpenick 16, 12555 Berlin, Tel. 030/65474069. Gegenüber dem Eingang zum Rathaus. Plüschiges Kaffeehaus mit Garten zur Dahme, wunderbare Tortenkreationen. An den Wochenenden fast immer überlaufen, weshalb sich eine Vorbestellung empfiehlt.

Mutter Lustig, Müggelheimer Str. 1, 12555 Berlin, Tel. 030/64094884; Di–Fr 12–22, Sa/So 12–21 Uhr. Am Ufer der Dahmebucht gegenüber dem Schlosspark. Die Skultur ›Die Wäscherin‹ befindet sich ganz in der Nähe. www.mutter-lustig.berlin/de/startseite

SpreeArche, Müggelschlößchenweg 0, 12559 Berlin, Tel. 0172/3042111; Sa 12–21, So 12–18 Uhr. Nur bei schönem Wetter, oft geschlossene Veranstaltungen. Essen und Trinken auf dem Wasser. Kostenloser Zubringer auf einem Kahn. Angenehmer Ort. www.spreearche.de

▸ Friedrichshagen:

Mokkafee, Bölschestraße 7, 12587 Berlin, Tel. 030/69577036; Do–So 12–17 Uhr. Angenehme Atmosphäre und leckere Speisen. www.mokkafee.de

Archenhold-Sternwarte, Alt-Treptow 1, 12435 Berlin, Tel. 030/42184510; Fr 17.30–20, Sa 13.30–22, Sa 11.30–17.30 Uhr. Sehenswertes Museum zur Geschichte von Sternwarten, angefangen mit Stonehenge bis zur Radioastronomie und Weltraummikroskopen.

Modellpark Berlin-Brandenburg, An der Wuhlheide 81, 12459 Berlin, Tel. 030/36446019; April–Sept. 10–18 Uhr, Okt. 10–17 Uhr. Die Parklandschaft und die in ihr präsentierten Miniaturen von Berliner und Brandenburger Sehenswürdigkeiten sind vor allem für Besuche mit Kindern interessant; 4.50 Euro für Erwachsene, 2,50 Euro für Kinder und Jugendliche bis 18 Jahre. www.modellparkberlin.de

Schloss Köpenick, Schlossinsel 1, 12557 Berlin, Tel. 030/266424242; Do–So 11–18 Uhr. Reichhaltige Ausstellung mit Schätzen des Kunstgewerbes vom 16. bis 18. Jahrhundert.

Rathaus Köpenick, Alt-Köpenick 21, 12555 Berlin, Tel. 030/902970; Mo–Fr 9–19, Sa/So 9–17 Uhr. Besichtigung der Ausstellung ›Der Hauptmann von Köpenick – Vom Sträfling zur Legende‹ im historischen Kassenraum.

Lichtgarten, Alter Markt 6, 12555 Berlin. Infos zu Veranstaltungen: www.lichtgarten.blogger.de

Wie aus dem Bilderbuch

Tour 9: Von Friedrichshagen nach Altlandsberg » (19 km)****

Kurzcharakteristik
Diese Route entlang des Europäischen Fernwanderweges E 11 beginnt am S-Bahnhof Friedrichshagen und verläuft durch das grüne Randgebiet von Berlin. Die Streckenführung orientiert sich am Bach Erpe, der hinter Altlandsberg seine Quelle besitzt und in Köpenick in die Spree mündet. Außerhalb Berlins trägt er den Namen Neuenhagener Mühlenfließ. Entlang dieses Bächleins bilden zunächst die parkähnlichen Uferbereiche einer Kleingartensiedlung, anschließend weites Wiesenland und später freundlicher Laubwald abwechslungsreiche Natur. Bis nach Dahlwitz sind die Wege weich und angenehm zu laufen. Weiter geht es am Rand der Trabrennbahn Hoppegarten und durch eine Vorstadtsiedlung zur S-Bahnstation Neuenhagen und von dort auf einer Fußgängerbrücke über die Ringautobahn und weiter bis nach Altlandsberg. Die Kleinstadt Altlandsberg liegt etwas abseits großer Verkehrsströme, Siedlungs- und Industriegebiete. Im Zentrum präsentiert sie sich als gepflegter, zumindest werktags lebendiger Ort, wie er über Jahrhunderte für dieses Land typisch war. Ein großer Teil der Stadtmauer mit zwei Stadttoren ist noch erhalten. Sehenswert sind der Marktplatz, eine Feldsteinkirche und die restaurierten Baudenkmale um ein Schloss, das Mitte des 18. Jahrhunderts den Flammen zum Opfer fiel. Der Schlosspark wird derzeit neu gestaltet. Ebenso sehenswert in Altlandsberg sind die im Stadtgebiet aufgestellten Skulpturen eines in der Nähe lebenden Bildhauers.
Teilstrecken S-Bahnhof Friedrichshagen–S-Bahnhof Hoppegarten (10 km), S-Bahnhof Hoppegarten–S-Bahnhof Neuenhagen (3 km), S-Bahnhof Neuenhagen–Altlandsberg Marktplatz (6 km).
Verkehrsverbindungen S-Bahn-Anschlüsse: Friedrichshagen (S3), Hoppegarten und Neuenhagen (S5).
Altlandsberg: von Altlandsberg Markt fahren Busse (Linie 944) zum S-Bahnhof Hoppegarten (S5), an den Wochenenden im Zwei-Stunden-Rhythmus; an den Wochentagen gibt es zudem Busverbindungen von und nach Hönow (Endstation der U5, Linie 935) sowie Strausberg Nord (Linie R931).
Wegebeschaffenheit Naturbelassen 30 %, teilbefestigt 40 %, harter Belag 30 %.
Wunschwegkategorie 1, 3, 6, 7, 9, 10, 16, 17.
Wanderkarte Märkische S5-Region zwischen Hoppegarten und Strausberg: Topographische Freizeitkarte 1:50 000 (Topographische Freizeitkarten, Land Brandenburg: Für Wanderungen, Rad- und Bootsfahrten).
Markierungen Blauer Balken auf weißem Grund - mancherorts lückenhaft, Verbesserung geplant. An verschiedenen Orten Infotafeln mit Karten der Wanderwege.
Einkehr Dahlwitz, Neuenhagen, Altlandsberg.
Sehenswürdigkeiten Galopprennbahn Hoppegarten, Storchenturm, Stadtzentrum und Schlossareal von Altlandsberg.
Hinweise für Radfahrer Der Wanderweg ist zum Radfahren nur bedingt geeignet, auch die teilbefestigten Wege sind uneben und holperig. Also besser die parallel verlaufenden Straßen nutzen.

▸ Karte S. 97

Streckenverlauf

Wir verlassen den Bahnhof Friedrichshagen in nördlicher Richtung. Schräg gegenüber dem Eingang zum Bahnhof führt ein Weg in den Kleinen Kurpark, ein Schild weist die Richtung zum Freiluftkino Friedrichshagen. Wir gehen links daran vorbei und dann geradeaus. Vor

den Tennisplätzen des Vereins TC Orange-Weiß Friedrichshagen halten wir uns rechts und gelangen so zur Straße Hinter dem Kurpark. Vom Bahnhof bis hierher sind es etwa 350 Meter.
Wir folgen der Straße Hinter dem Kurpark nach links, vorbei an der zu den Tennisanlagen gehörenden Gaststätte. An der gegenüberliegenden Straßenseite liegt die Kleingartenanlage Am Kurpark e.V. Auf dem ersten nach rechts, in die Kleingartenanlage abzweigenden Weg (vor dem Haus Hinter dem Kurpark 19) gelangen wir nach wenigen Schritten zum

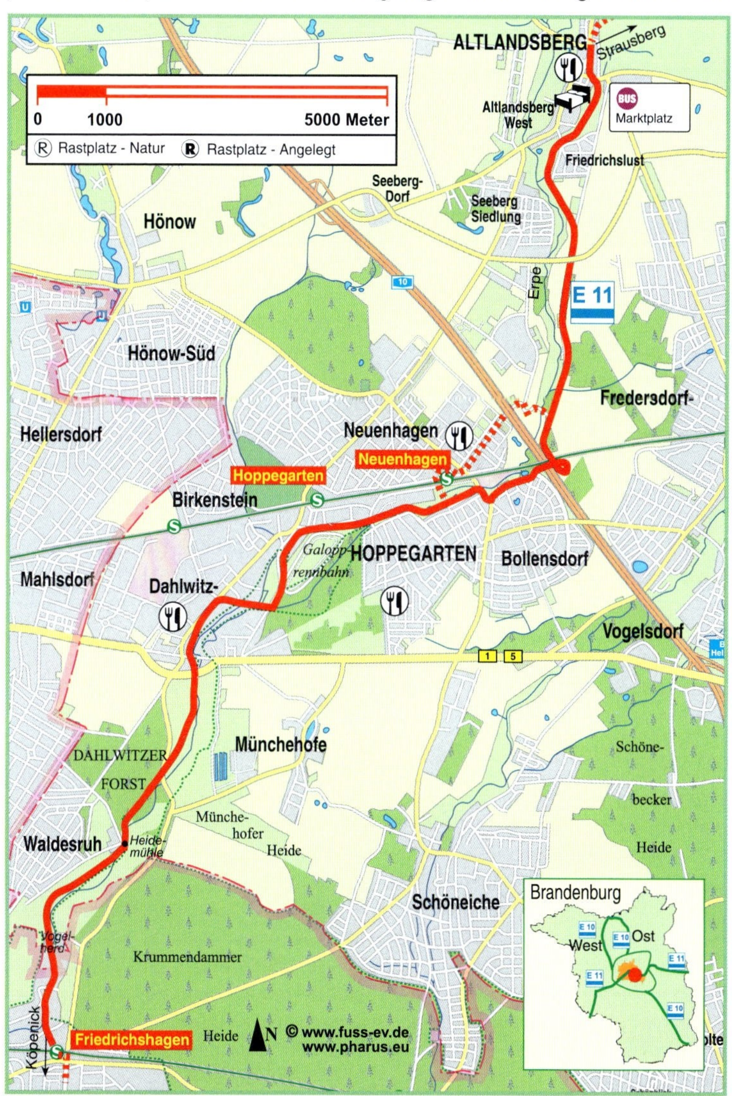

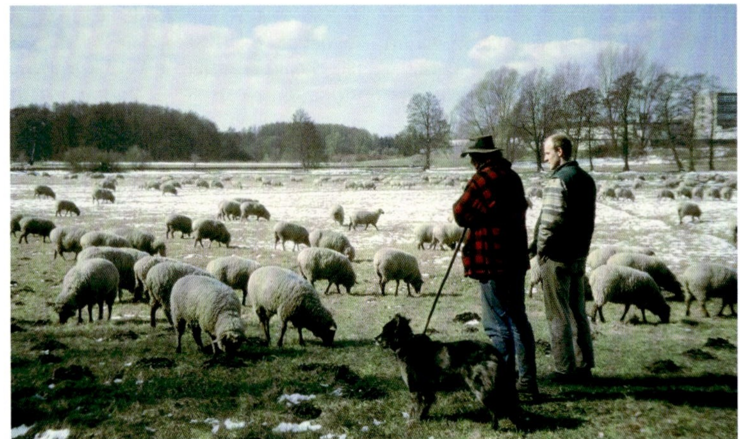

Bei Neuenhagen

Bach Erpe. Wir bleiben an dessen südlichem Ufer, überqueren also nicht die Brücke, und folgen nun dem Ufer etwa zwei Kilometer nach rechts, in östlicher Richtung. Dies ist ein wunderbares Stück gestalteter Landschaft – eine gelungene Mischung aus Park und Siedlung im Grünen. Am Ufer hängen Weiden ihre filigranen Äste zum Wasser. Die idyllischen Gärten und Vorgärten gehören zu den Anlagen Wiesengrund und Am Reitweg. Zwischen ihnen verläuft die Grenze zwischen den Bundesländern Berlin und Brandenburg.

Nach etwa zwei Kilometern entlang des Baches ist die Mühlenstraße erreicht, die hier auf einer Brücke den Erpe-Bach überquert. Wegweiser zeigen die Richtung, der blaue Balken auf weißem Grund des E 11 weist nach rechts zur Heidemühle. Der E 11 verlässt die Mühlenstraße einige Dutzend Meter weiter nach links, führt dann zunächst am Waldrand parallel zum Erpetal und vereint sich später mit dem Weg am Südufer des Baches. Andere Wege führen unmittelbar rechts und links des Baches durch das Erpetal Richtung Heidemühle. Empfehlenswert ist (siehe GPS-Daten), zunächst nach links die Brücke entlang der Mühlenstraße zu überqueren, und dann nach circa 100 Metern dem Hinweisschild des NABU-Naturlehrpfades nach rechts zu folgen. Von diesem zweigt nach nochmals etwa 100 Metern ein ausgeschilderter Pfad in Richtung Erpetal zu einem kleinen See ab, dem **Vogelherd**. Das Gewässer entstand Anfang der 1990er Jahre aus einer Kiesgrube. Örtliche Naturschützer engagierten sich für dieses kleine Biotop, bepflanzten die Böschung mit Weiden und sanierten den Bewässerungsgraben. Inzwischen hat hier eine reiche Vogelwelt ihre Heimat gefunden: Enten, Graugänse, Schwäne, Grau- und Silberreiher und sogar der seltene Eisvogel. Hinzu gesellen sich Amphibien, Libellen und seltene Wasserpflanzen. Weitere Details zur Geschichte, Fauna und Flora des Vogelherds verrät eine Informationstafel am Ufer.

Am See vorbei geht es in die offenen Weiten des **Erpetals**, parallel zum Bach, an dessen Nordufer. Bis zur Brücke an der ehemaligen Heidemühle sind es rund 1,8 Kilometer; auch dies ist ein wunderbar zu laufender Weg.

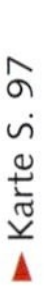
Karte S. 97

An der **Brücke**, die den Wegpunkt Heidemühle markiert, informiert eine Tafel mit Karte über das Erpetal. Von hier aus geht es weiter nach links durch die winzige Siedlung. Die Heidemühle existiert schon lange nicht mehr. An der linken Straßenseite verweist eine Werbetafel auf das ›DDR Design Depot‹, eine Privatsammlung ›vorbildlich gestalteter Dinge‹ (→ S. 102). Einige Schritte weiter markiert ein Wegweiser die Fortsetzung des E 11. Der Wanderweg verläuft weiter in Nähe des Erpe-Baches, der hier schon Neuenhagener Mühlenfließ heißt. Die nächsten etwa 2,5 Kilometer geh es durch ein Waldgebiet. Kurz vor Erreichen der viel befahrenen Berliner Straße (B 1 und B 5) verweist eine Gedenktafel auf das Grab der Familie Heinrich und Marianne von Treskow, die 1850 das Gut Dahlwitz übernommen hatten. Hier befand sich einst die Grabstätte der Familie.

Der Wanderweg unterquert am Bach die Berliner Straße und mündet wenig später, am Rand von Dahlwitz, in die Alte Berliner Straße. Wir gehen nun nach links und schwenken nach etwa 100 Metern auf einen in den **Park Dahlwitz** führenden Weg. Der Park wurde 1821 nach Plänen von Peter Joseph Lenné angelegt und im Jahr 2005 in seinem Grundkonzept wiederhergestellt. Wir folgen dem Parkweg bis zur ersten Wegkreuzung, wenden uns nach links und halten uns dann rechts in Richtung des **Schlosses Dahlwitz**. Das spätklassizistische Schloss wurde 1855/56 im Auftrag der Familie von Treskow errichtet. Von 1947 bis 1997 diente es einem Kindergarten und Schulhort als Bleibe, seit 2004 wird es aufwendig restauriert. Jährlich im Sommer findet das Dahlwitzer Schlossfest statt.

Aus dem Park gelangen wir entlang der Seitenfassade des Schlosses zur Rudolf-Breitscheid-Straße. Schräg rechts gegenüber erhebt sich die Kirche von Dahlwitz. An ihr vorüber gehen wir entlang der Rudolf-Breitscheid-Straße bis zum Friedhof. Vor dem Friedhof weist ein Hinweisschild mit dem Zeichen des E 11 den Weg nach rechts. Von hier aus bis zum S-Bahnhof Hoppegarten sind es noch 2,2 Kilometer. Am Ende des Zaunes geht es weiter nach links, entlang der Rückseite des Friedhofs. Die üppigen Sträucher und Bäume rechter Hand gehören zum Park Dahlwitz. Auf dem Areal hinter dem Friedhof, dessen Rückseite der Weg passiert, lagern in einem Zwischenlager des Bundesarchivs unermessliche Schätze, unter anderem 65 Kilometer Aktenbestände und 70 000 Filmrollen. Hinter dem zum Archiv gehö-

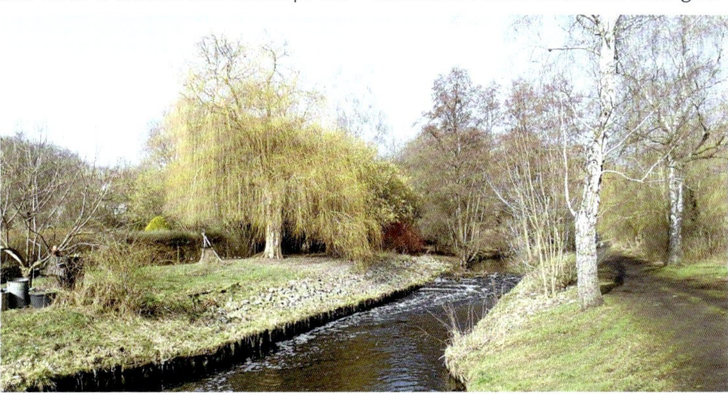

Am Erpebach

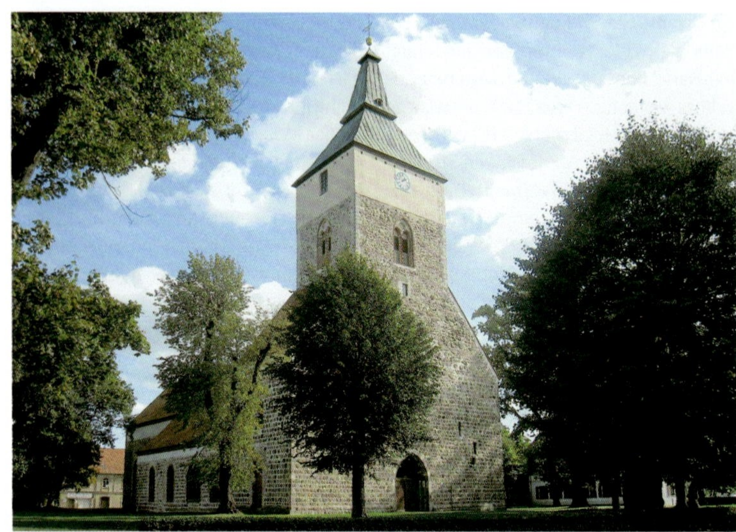

Die Feldsteinkirche in Altlandsberg

renden Gelände beschreibt der Weg einen Rechtsschwenk und strebt nun der Rennbahnallee zu. Auf ihr geht es weiter nach links.

An der gegenüberliegenden Straßenseite erstreckt sich seit 1868 das Gelände der **Galopprennbahn Hoppegarten**. An dessen Rand gelangen wir zum Haupteingang des Areals am Erich-Klausener-Platz. Dr. Erich Klausener (1885–1934), ein politischer Katholik, war bis zum Januar 1933 im preußischen Innenministerium für die Polizei zuständig, wechselte dann ins Reichsverkehrsministerium. Am 24. Juni 1934 hielt er auf dem Katholikentag in Hoppegarten vor 60 000 Menschen eine leidenschaftliche Rede gegen die weltanschauliche Intoleranz der Nazis. Eine Woche später wurde er im Zuge der Röhm-Affäre im Auftrag der Gestapo von einem SS-Mann ermordet. Der Platz an der Rennbahn trägt seit 2009 seinen Namen.

Schräg links gegenüber befinden sich gleich zwei Supermärkte. Geradeaus geht es weiter zum S-Bahnhof Hoppegarten. Der Wanderweg folgt nach rechts der Goetheallee, es geht am Rand des Areals der Rennbahn in Richtung Osten. Nach gut 500 Metern beschreibt die Straße einen Rechtsschwenk und geht in den Grünen Weg über. Auf diesem überqueren wir in einem **Auenwald** das Neuenhagener Mühlenfließ. Die Häuser hinter der Brücke gehören zu **Neuenhagen**, einem Dorf, das 1230 von deutschen Kolonisten gegründet und urkundlich erstmals 1375 erwähnt wurde. Wir folgen der nach links abzweigenden Grünstraße. Am Abzweig erleichtert eine Infotafel mit Karte die Orientierung im Ort. Nach etwa 750 Metern geht die Grünstraße vor einem Waldstück in einem Rechtsschwenk in den Westring über. Links zweigt ein Pfad parallel zur Straße ab. Vor dem ersten Haus knickt dieser Pfad nach links ab und verläuft nun an der Rückseite der Einfamilienhäuser. Zur linken Seite fließt im Auwald das Neuenhagener Mühlenfließ. Auf dem Pfad, der bald zum Liebermann-Weg wird,

▸ Karte S. 97

gelangen wir in Richtung Freibad und S-Bahnstation Neuenhagen.
Wo nach links der Goetheweg abzweigt – kurz bevor das Freibad Neuenhagen erreicht ist –, bieten sich für die Fortsetzung des Weges zwei Optionen. Die eine folgt der ›offiziellen‹ Route des E 11: Auf dem Goetheweg nach links zum S-Bahnhof Neuenhagen, durch einen Fußgängertunnel zur gegenüberliegenden Seite des Schienenweges, dort entlang der Eisenbahnstraße nach rechts bis zur Hauptstraße, diese überqueren, auf der Fichtestraße bis zur Autobahn, unter dieser hindurch, anschließend rechts haltend bis zum Elisendorfer Weg und auf diesem nach links in Richtung Altlandsberg.
Wir empfehlen die zweite Option. Dazu bleiben wir auf dem Liebermann-Weg, folgen diesem geradeaus, an der rechten Seite des Freibades, parallel zum Neuenhagener Mühlenfließ bis zum Rosa-Luxemburg-Damm. Diesen überqueren wir, folgen ihm nach rechts und biegen hinter einer Edeka-Filiale nach links in die Hildesheimer Straße ein. Hinter dem Gelände des Tennisclubs und dem beliebten Restaurant ›Frische Harmonie‹ beschreibt die Hildesheimer Straße nach etwa 600 Metern einen Rechtsbogen. Hinweisschilder zeigen geradeaus den Weg in Richtung Altlandsberg, Elisenhof und Fredersdorf entlang eines Sandweges, der als Sackgasse gekennzeichnet ist. Der Weg überquert die Autobahn parallel zu den Schienen. Hinter der Autobahn teilt er sich, in Richtung Elisenhof und Altlandsberg geht es weiter nach rechts. Der Weg unterquert in einem Bogen parallel zur Autobahn die Bahnlinie. Gerade auf diesem Streckenabschnitt stellt man fest, wie viel Lärm die Motoren der vielen Fahrzeuge verursachen und wie wohltuend Stille ist. Nach etwa 100 Metern verlässt der Weg die Autobahn Richtung Osten.
War die Strecke bis hierher vornehmlich durch Parkanlagen, Siedlungen, Kleingärten, ausgedehnte Wiesen und Wälder gekennzeichnet, wandern wir nun bis Altlandsberg vornehmlich entlang von Feldern, durch Dorf- und Landidylle. Die nächsten etwa zwei Kilometer geht es schnurgeradeaus, entlang eines teilweise befestigten Feldweges, weiterhin parallel zum Neuenhagener Mühlenfließ, das sich in einiger Entfernung links vom Weg seinen Weg durch die Landschaft bahnt. Auf dem Weg liegt der **Elisenhof**, eine Siedlung mit einem guten Dutzend Häusern. Der nächste winzige Ortsteil ist der **Wiesengrund**. Etwa 500 Meter weiter unterquert der Feldweg eine Landstraße. Hinter der Unterquerung zweigt am Mast der Hochspannungsleitung ein Feldweg nach schräg links in das Wiesengelände ab. Auf diesem setzen wir die Wanderung fort. Der Weg mündet in einen weiteren Feldweg, dem wir geradeaus folgen. Das erste Haus am rechten Wegrand heischt mit seiner leuchtend zinnoberrot gestrichenen Fassade nach Aufmerksamkeit. Ihm gegenüber zweigt nach links ein Pfad vom Feldweg ab. Auf diesem überqueren wir einen Wasserlauf und queren eine Wiese.
Nach etwa 300 Metern ist der Ortsrand von **Altlandsberg** erreicht. Der Weg wendet sich nach rechts, überquert an einer Raststelle die Schwerinstraße und setzt sich geradeaus am östlichen Ortsrand von Altlandsberg fort – erst an der Rückseite des zum Rathaus gehörenden Areals, dann an der des Friedhofs.
Hinter dem Friedhof geht man entweder geradeaus entlang der Stadtmauer bis zum Storchenturm (etwa 400 Meter) und von diesem nach links, entlang der Strausberger Straße, bis zum Marktplatz, wo sich die Bushaltestelle befindet. Oder aber man wendet sich am Beginn der Stadtmauer nach links. Dieser

Weg, markiert mit einem gelben Punkt auf weißem Grund, führt zum Berliner Torturm. Er stammt aus dem 14. Jahrhundert und kann bestiegen werden. Man geht am Turm vorüber, überquert die Berliner Straße und wendet sich am letzten Haus der Gasse An der Bleiche nach rechts. Entlang der Westseite der Stadtmauer gelangt man zum Gelände des ehemaligen Schlosses, das Mitte des 18. Jahrhunderts ein Opfer der Flammen wurde. Von hier aus, vorbei an der Feldsteinkirche, sind es nur einige Fußminuten bis zum Marktplatz und zur Busstation an dessen Südflanke.

Hinter dem Areal des ehemaligen Schlosses befinden sich ein **Brau- und Brennhaus** mit Restaurant sowie die **Stadt- und Tourismusinformation**. Interessante Infotafeln vor der Feldsteinkirche (zur Reformation im Land Brandenburg) und am Marktplatz (zur Geschichte des Marktwesens in der Region) sowie das sowjetische Ehrenmal am Rand des **Marktplatzes** sind das historisch-kulturelle i-Tüpfelchen dieser Tour.

Tour 9

Stadt- und Touristinformation Altlandsberg, Krummenseestraße 1, 15345 Altlandsberg, Tel. 033438/151150; Mo–Fr 11–17, Sa/So 11–16 Uhr. Auf dem Schlossgut Altlandsberg. Informationen zu Stadtrundgängen und Sehenswürdigkeiten. Im Schlossgut-Laden gibt es vor Ort frisch gebrautes Craft-Bier, Altlandsberger Spirituosen und regionale Produkte, ebenso Kaffee. www.altlandsberg.city

▸ Neuenhagen:

Restaurant Frische Harmonie, Hildesheimer Str. 11–13, 15366 Neuenhagen bei Berlin, Tel. 03342/203823; Mi–So 11–21 Uhr. Deutsche und mediterrane Küche.

▸ Altlandsberg:

Brau- und Brennhaus, Krummenseestraße 2, 15345 Altlandsberg, Tel. 033438/154528; tgl. 12–22 Uhr. Auf dem Schlossgut. Gehobene deutsche Küche mit regionalen Produkten, saisonal wechselnde Karte. www.schlossgut-altlandsberg.de/gastronomie

Dos Parejas, Berliner Allee 38, 15345 Altlandsberg, Tel. 033438/64070; Mo–Di, Do/Fr 16 Uhr–Mitternacht, Sa/So 12 Uhr–Mitternacht. Am Ortseingang aus Richtung Hoppegarten kommend. Mexikanische Küche. www.dos-parejas.de

La Dolce Vita, Poststraße 14, 15345 Altlandsberg, Tel. 03341/5090; tgl. 12–23 Uhr. Zentral am Marktplatz gelegen. Mediterrane Küche. www.ristorante-pane-e-vino.de

Armenhaus, Am Strausberger Tor 2, 15345 Altlandsberg, Tel. 033438/60428; Di–So 11–23 Uhr. An der Stadtmauer zu Füßen des Storchenturms. Deftige, bodenständige Gerichte von Schnitzel bis Zander. www.armenhaus-altlandsberg.de

DDR-Designdepot, Heidemühler Straße 20, 15366 Hoppegarten, Tel. 030/58853815, 0178/3566633. Private Sammlung des Architekten Richard Anger von DDR-Haushaltgegenständen von den 1950ern bis in die 1980er Jahre. Auf Wunsch zeigt er Interessenten seine Ausstellung. richardanger2@aol.com

Berliner Torturm, Berliner Str. 1, 15345 Altlandsberg;die aktuellen Öffnungszeiten erfrage man über den Altlandsberger Heimatverein, Tel. 033438/151572. Vom Turm hat man eine gute Sicht auf die Stadt Landsberg und das umliegende Land.

Hofladen der Wildfarm Werneuchen, Berliner Straße 25, 15345 Altlandsberg, Tel. 0162/4313591 (N. Linke); Do 14–17, Fr 15–18 Uhr. Direkt am Marktplatz, Erzeugnisse aus Wildfleisch. www.wildfarm-werneuchen.de

▸ Karte S. 97

Der 66-Seen-Wanderweg

Der 66-Seen-Wanderweg ist der Hauptwanderweg Brandenburgs. und gilt zugleich als einer der attraktivsten Flachlandwanderwege Deutschlands. Er umrundet Berlin auf 17 Etappen und 416 Kilometern. Er führt dabei durch sämtliche vielfältigen Landschaftsformen im an Wald und Gewässern überaus reichen Land. In den nördlichen Bereichen überwiegen ausgedehnte Laubwälder in hügligen Endmoränen, im Süden Nadelwälder. Die westlichen Abschnitte erschließen die Schlösser- und Parklandschaften um Potsdam und die Ebenen der Havelniederung. I°m östlichen Teil durchmisst der Weg Auwälder und verschwiegene unberührte Naturlandschaften.

Alle Landschaften sind durchsetzt mit naturbelassenen Bächen und Flüssen, Tümpeln, Teichen und Seen, dazu kommen ausgedehnte Agrarlandschaften. Viele malerische Dörfer und Gutsanlagen liegen am Weg, dazu Schlösser, Klöster und Herrenhäuser. Entscheidend für die Auswahl der Touren war: Ausgangs- und Endpunkt sind bequem mit den öffentlichen Verkehrsmitteln zu erreichen.

Bei der Konzeption war der Fuss e.V. federführend beteiligt, der dazu das Motto prägte: ›Wandern mit Bahn und Bus tut gut. Nicht nur unserer Gesundheit und der Umwelt, auch den kleinen Bahnhöfen in Brandenburg.‹ Anteil am Entstehen der durchweg markierten Wanderstrecke hatten ebenso die Regionalparks im Umland von Berlin und der Landestourismusverband Brandenburg. Im Jahr 2000 wurde er offiziell eingeweiht.

Am Tag der Einweihung veröffentlichte der Trescher Verlag ein Wanderbuch, das inzwischen bereits in neun Auflagen erschienen ist. Autor ist Manfred Reschke, passionierter Wanderer, zertifizierter Wanderführer und nicht zuletzt einer der Hauptinitiatoren des 66-Seen-Weges, der sich mit aller Kraft für dieses und andere Wanderprojekte im Land Brandenburg eingesetzt hat. Seit der aktualisierten neunten Neuauflage von 2020 ist Andreas Sternfeldt Co-Autor von Manfred Reschke.

Wanderungen auf dem 66-Seenweg sind zu jeder Jahreszeit ein Vergnügen: Die Frühlingsmonate beeindrucken mit der Baumblüte, im Sommer locken die Seen zum Baden, der Herbst färbt das Laub und im Winter kommt das Land zur friedlich atmenden Ruhe, die ganz eigene Stimmungen schafft. Ein besonderer Genuss ist die Stille, je weiter man sich von der Zivilisation entfernt.

Die Radwander- und Wanderkarte ›66-Seen-Weg‹ des Verlags Dr. Barthel aus der Serie ›Schöne Heimat‹ ergänzt das Angebot.

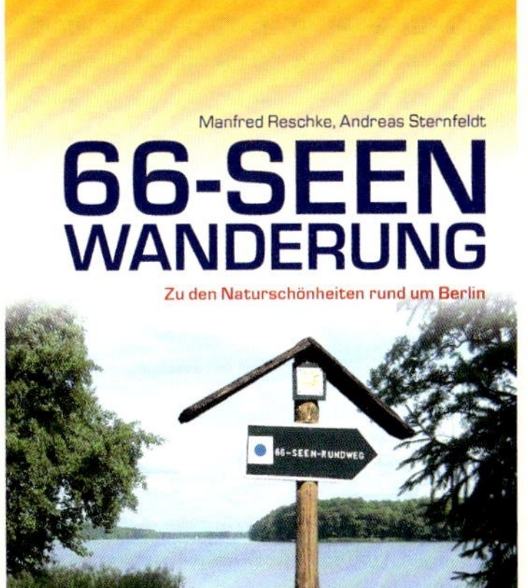

Der 66-Seen-Wanderweg gehört zu den populärsten Wanderwegen Deutschlands

Weites Land und Wald

➲ Tour 10: Von Altlandsberg nach Strausberg » (15–25 km)****

Kurzcharakteristik
Diese Wanderstrecke führt zunächst in einem sanften Bogen um Altlandsberg ostwärts durch weites Land, anschließend durch abwechslungsreiche Waldgebiete, weiter am Ufer des Bötzsees, am Rand einer Kleingartenanlage in das freie Postbruch und durch Vorortsiedlungen von Strausberg bis zur S-Bahnstation Hegermühle. Die Strecke ist abwechslungsreich, auf landschaftstypischen Wegen, mit hartem Belag nur in den Ortslagen.
Da die offizielle Wegführung des E 11 den Straussee, das historische Zentrum Strausbergs und den idyllisch gelegenen Herrensee auslässt, empfiehlt es sich, die Wanderung um die landschaftlich lohnenswerte Alternativstrecke 10a zu erweitern. Sie ist identisch mit zwei Teilstrecken des 66-Seen-Weges.
Einschließlich eines Besuches der Altstadt von Strausberg verlängert sich die Tour um rund zehn Kilometer. Für die Teilstrecke 10a gibt es eigene GPS-Daten.
Teilstrecken Keine.
Verkehrsverbindung Nach Altlandsberg Markt vom S-Bahnhof Hoppegarten (S5) Busse (Linie 944), an den Wochenenden im Zwei-Stunden-Rhythmus. An den Wochentagen gibt es auch Busverbindungen zwischen Altlandsberg und Hönow (Endstation der U5, Buslinie 935) sowie Strausberg Nord (Linie R931).
Von der S-Bahnstation Hegermühle fährt die S5 im 20-Minuten-Takt ins Stadtzentrum. Zwischen Strausberg Stadt (Lustgarten) und S-Bahnstation Strausberg verkehrt eine Straßenbahn, am Wochenende im 40-Minuten-Takt. Die der S-Bahnstation Hegermühle nächstgelegene Haltestelle ist ›Am Stadtwald‹.
Wegebeschaffenheit Naturbelassen 50%, teilbefestigt 35%, harter Belag 15%.
Wunschwegkategorie 2, 3, 4, 5, 6, 8, 9, 10, 16.
Wanderkarte Radwander- und Wanderkarte Barnimer Feldmark, 1:35000, Verlag Dr. Barthel.
Markierung Blauer Balken auf weißem Grund, lückenhaft; bei Variante 10a: blauer Punkt auf weißem Grund.
Einkehr Altlandsberg, Strausberg.
Sehenswürdigkeiten Stadtzentrum Altlandsberg mit Markt und Storchenturm; Feldsteinkirche und Schlosspark Altlandsberg. In Strausberg (bei Alternativtour 24a) Elektrofähre und Altstadt.
Hinweise für Radfahrer Die Wanderwege sind ungeeignet zum Radfahren, da diese streckenweise auch von Reitern benutzt werden und von den Hufen der Pferde aufgewühlt sind.

■ Streckenverlauf

▸ Karte S. 105

Vor Beginn der Tour lohnt sich ein Besuch des **Marktplatzes** von Altlandsberg mit den spannenden Informationstafeln zur Geschichte des Marktwesens im Brandenburgischen, dem Brunnen und einem Ehrenmal für die hier im Frühjahr 1945 gefallenen sowjetischen Soldaten. Einige Schritte weiter in nördlicher Richtung befindet sich die **Stadtkirche**, davor stehen Infotafeln zur Geschichte der Reformation in Preußen. Errichtet wurde sie im 13. Jahrhundert als Wehrkirche aus Feldsteinen, die letzten Aufbauten stammen aus dem 18. Jahrhundert. Von hier aus sind es nur einige Schritte bis zum **Schlossgut Altlandsberg** mit der restaurierten Schlosskirche (heute Kon-

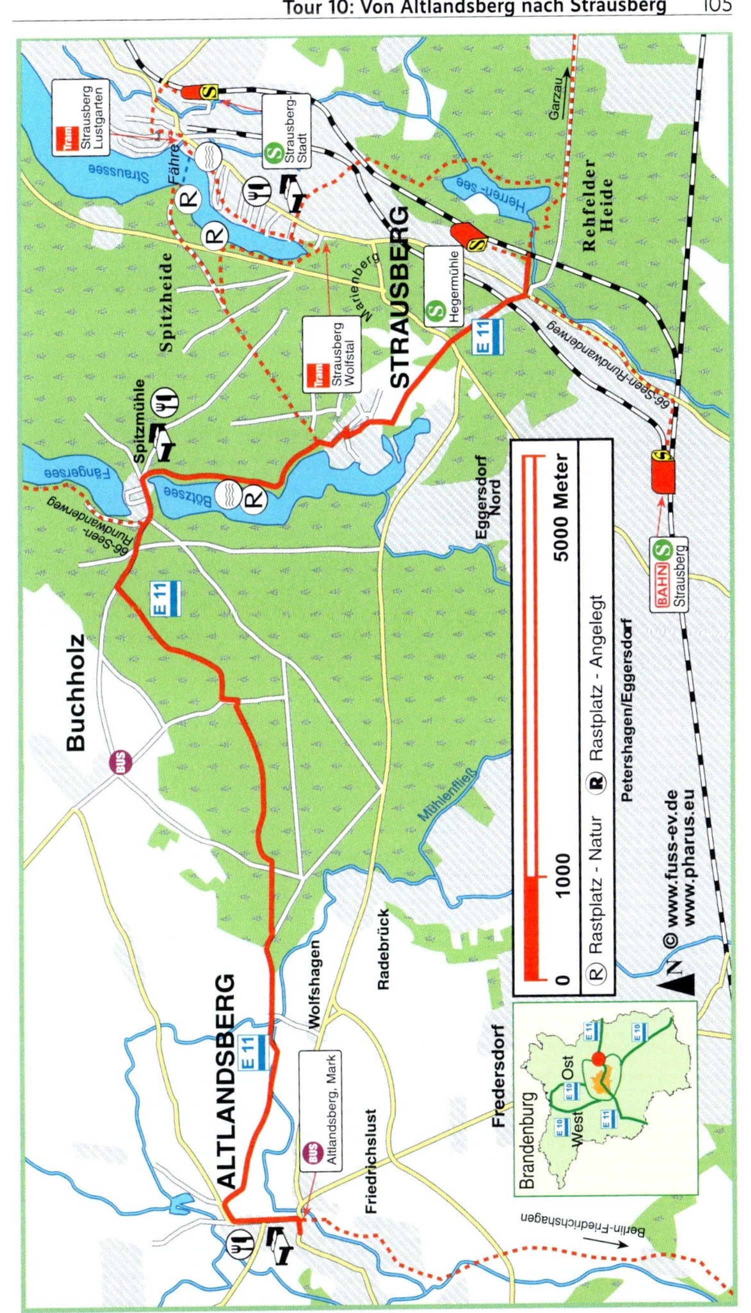
Strausberg Lustgarten
Strausberg-Stadt
Straussee
Fähre
Garzau
Herren-see
Rehfelder Heide
Spitzheide
Marienberg
STRAUSBERG
Hegermühle
Strausberg Wolfstal
E 11
66-Seen-Rundwanderweg
Spitzmühle
Fängersee
Bötzsee
Eggersdorf Nord
5000 Meter
1000
0
R Rastplatz - Natur
R Rastplatz - Angelegt
Petershagen/Eggersdorf
BAHN S Strausberg
© www.fuss-ev.de
www.pharus.eu
N
Buchholz
BUS
Mühlenfließ
Radebrück
Wolfshagen
ALTLANDSBERG
Altlandsberg, Mark
Friedrichslust
Fredersdorf
Brandenburg
Ost
West
E 10
Berlin-Friedrichshagen

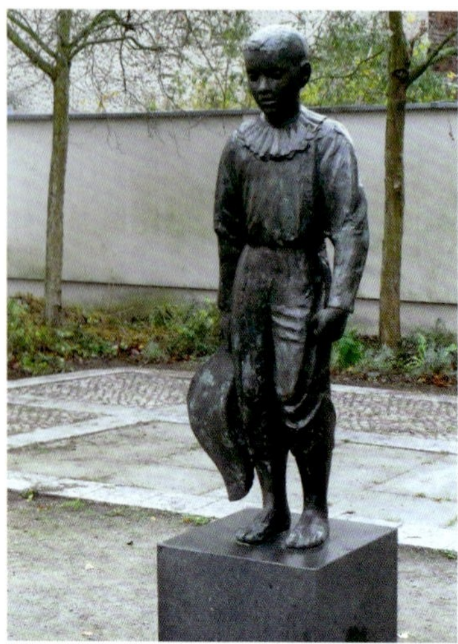

Der Harlekin in Altlandsberg

zerthaus und Hochzeitsort), dem historischen Brau- und Brennhaus sowie dem **Schlosspark**, der bei Redaktionsschluss nach alten Plänen im holländischen Barock neu gestaltet wurde. Im Brau- und Brennhaus befindet sich die Touristeninformation von Altlandsberg. Zur Anlage gehören ein Restaurant und ein Café. Das Schloss, in dem der erste preußische König, Friedrich I. (1657–1713), seine Jugend verbrachte, brannte 1757 ab und wurde nicht wieder aufgebaut.

Die Bushaltestelle der Linie 944 (Endstation von S-Bahnstation Hoppegarten) befindet sich in der Poststraße in unmittelbarer Nähe des Marktes. Einige Schritte weiter zweigt nach rechts vom Markt die Strausberger Straße ab. Rechter Hand passieren wir auf ihr, hinter der von rechts einmündenden Klosterstraße, die kleine bronzene **Statue eines Harlekin**. Sie gehört zu einer Sammlung von Skulpturen aus der in einem Ortsteil von Altlandsberg gelegenen Kunstgießerei Hann, die im Stadtgebiet verteilt aufgeteilt sind.

▲ Karte S. 105

Die Strausberger Straße führt zum **Strausberger Turm** in der Stadtmauer. Der Turm stammt aus dem 14. Jahrhundert. Zusammen mit den angrenzenden Gebäuden diente er unter anderem als Polizeistation und Stadtgefängnis. Seit dem Ende des 19. Jahrhunderts nisten Störche auf dem Dach des Turmes, weshalb er auch Storchenturm genannt wird.

Hinter Turm und Stadtmauer geht es weiter nach links – vorbei am Armenhaus, heute einer beliebten Gasstätte – und dann auf einem unbefestigten Fahrweg, in einiger Entfernung parallel zu den Überresten der Stadtmauer. Der Fahrweg geht in den Amtswinkel über, der in die Buchholzer Allee mündet, in die wir nach rechts abzweigen. Nach etwa 200 Metern beschreibt die Buchholzer Allee einen Schwenk nach halbrechts.

Kurz hinter dem Ortsausgang zweigen nach rechts der Schäferweg und nach noch einmal 50 Metern der Triftweg ab. Letzterer ist mit dem Zeichen des E 11 markiert. Von hier aus bis zum Endpunkt der Tour sind die Markierungen (blauer Balken auf weißem Grund) fast durchgehend zuverlässige Orientierungshilfen. Auf dem Triftweg verlässt der E 11 die Straße in Richtung Südost in die Weite und Einsamkeit freier Felder. Linker Hand befindet sich ein Reiterhof. Geradeaus geht es auf einem baumbestandenen Feldweg weiter, der zum Teil von urwüchsigen Baumveteranen gesäumt ist. Nach einer S-Kurve mündet der Feldweg in einen Fahrweg, in den wir nach links einbiegen. Zunächst passiert dieser zur Linken eine **Fischtreppe**, ein gestautes Gewässer, das Fischen ihre Wanderung erleichtert. Über die Funktion der Anlage und ihre Rekonstruktion gibt eine Informationstafel am Weg Auskunft. Nach links zweigt etwas weiter die Zufahrt zu einem weiteren Reiterhof – ›Waldkante‹ – ab. Dann geht es noch ein Stück am

Waldrand entlang, bevor der Fahrweg im rechten Winkel nach rechts in den Wald hinein führt. Nur wenige Meter weiter zweigt ein Forstweg nach links ab. Diesem folgt der E 11, worauf ein Schild hinweist.

Die nächsten Kilometer durch das Waldgebiet sind wunderbar zu laufen: auf Forstwegen mit vielen Abwechslungen und Verzweigungen, die aber sämtlich gut, wenn auch hier und da etwas versteckt, markiert sind. Die beste Orientierung bieten die GPS-Daten.

Zunächst geht es durch einen **Birkenwald**, hinter dem der Waldweg nach scharf rechts abknickt und in einen Forstweg mündet, dem wir nach links folgen. Hinter einer rechter Hand gelegenen Schonung mit noch sehr jungen Kiefern biegen wir nach rechts ab; hier befindet sich ein Rastplatz. Der Weg schlängelt sich durch den Wald, passiert dann den linken Rand einer Lichtung. An der nächsten Gabelung folgen wir dem besser ausgetretenen Weg nach rechts – gemäß der Markierung, deren Halterung in Gehrichtung noch erkennbar ist. Nach einer weiteren Verzweigung überqueren wir ein in romantischer Auenlandschaft gelegenes **Fließ**, hinter diesem folgt ein **Kiefernhain**. An der nächsten Mündung in einen Forstweg befindet sich in der bisherigen Blickrichtung die Schutzhütte ›An den Buchen‹. Der E 11 folgt nicht dem Weg zur Schutzhütte, sondern dem Forstweg nach links, in nördlicher Richtung. Nach einigen hundert Metern quert dieser einen breiteren Forstweg. Hier befindet sich ein Wegweiser zum Store & Saloon Buchholz, der für Hungrige ei-

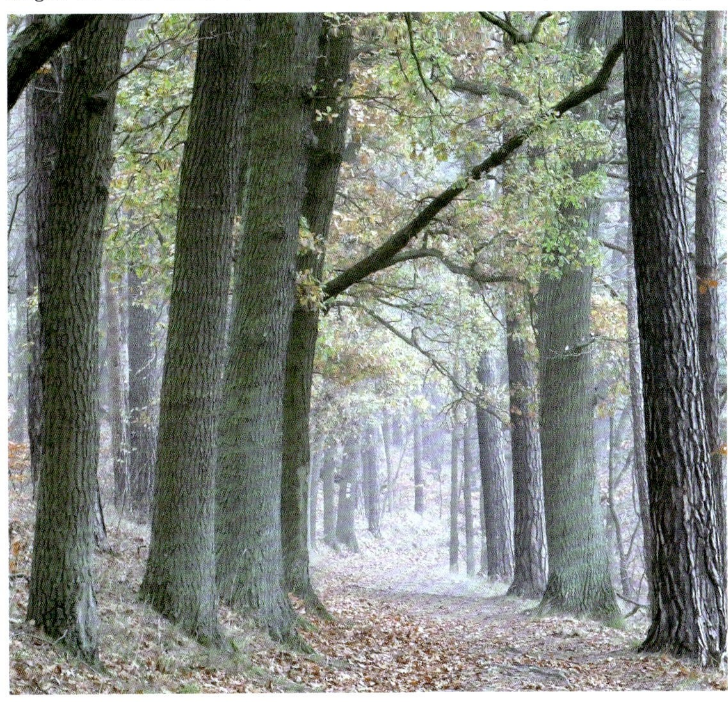

Wanderweg am Bötzsee

nen Abstecher lohnt: der Umbiss bietet brandenburgische Küche (→ S. 110).

Der E 11 überquert den nach Buchholz führenden Fahrweg. Hier befindet sich auch wieder eine deutliche Markierung. Am Jagen 4463/4464 geht es weiter nach links Richtung Norden und nach nur etwa 150 Metern nach rechts. Dieser Waldweg mündet in einen sandigen Fahrweg, der Buchholz mit Spitzmühle verbindet. Hier gibt es ein weiteres Hinweisschild (nach links) zum Store & Saloon Buchholz.

Der E 11 wendet sich nun nach rechts in Richtung Spitzmühle und Bötzsee. Das erste Gebäude auf der linken Seite ist der orangefarbene Neubau des Wasserwerkes Spitzmühle. Einige Meter weiter vereint sich der von links kommende 66-Seen-Weg (Markierung: blauer Kreis auf weißem Grund) für die nächsten knapp drei Kilometer mit dem E 11. **Spitzmühle** ist die Bezeichnung einer zu Strausberg gehörenden Siedlung auf einer Landbrücke zwischen dem Fängersee (links) und dem Bötzsee (rechts). Urkundlich wurde die Mühle erstmalig im 14. Jahrhundert erwähnt. Das gleichnamige, einstmals beliebte Ausflugsrestaurant schloss 2015. Der Weg durchquert die in Gärten versinkende Siedlung. An ihrem Ende befinden sich linker Hand das Weinhaus Siering (→ S. 110) und schräg gegenüber auf der rechten Seite ein Seminarhaus, die Neue Spitzmühle. Hinter diesem zweigt ein wunderbarer Waldpfad am Ufer des Bötzsee nach rechts ab. Wir folgen ihm. Am bewaldeten Ufer gibt es einige Rastplätze und kleine Badestellen. Auch wenn hier und da die Markierung für den E 11 fehlt, geht es immer entlang des Ufers, bis nach etwa zwei Kilometern die **Kleingartensiedlung Postbruch** erreicht ist. Der 66-Seen-Weg zweigt hier nach links in Richtung der Fähre am Straussee ab (Wegbeschreibung: → Variante 10a, S. 109).

Die Strecke auf dem E 11 bis zum S-Bahnhof Hegermühle führt zunächst etwa 500 Meter zwischen Kleingärten und Waldrand bis zum Parkplatz Postbruch. Kurz vor Erreichen des Parkplatzes geht es weiter halbrechts auf dem Hauptweg entlang. Linker Hand erstreckt sich das Postbruch, dem die Kleingartensiedlung ihren Namen verdankt. Der ursprüng-

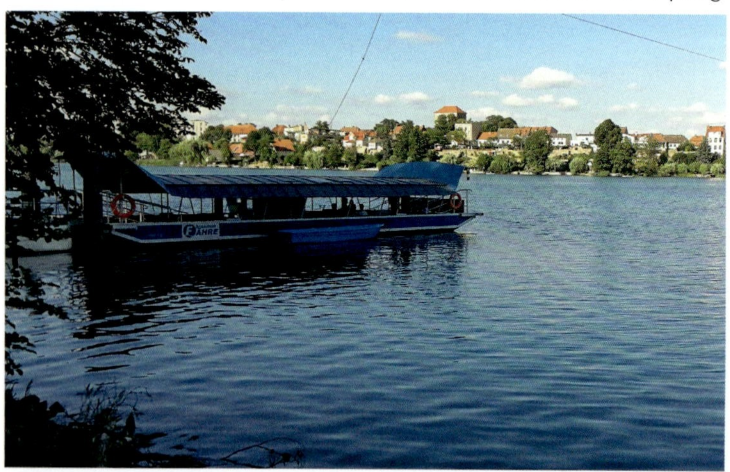

Die Fähre über den Straussee

Karte S. 105

liche Name ist Porst-Bruch, benannt nach dem Sumpf-Porst, einem Heidekraut-Gewächs, das hier vor langer Zeit im lange schon trocken gelegten Sumpfgebiet beheimatet war.
Auf dem Hauptweg geht es bis zur Altlandsberger Straße. Wir überqueren sie und wenden uns nach halblinks in das Waldstück, hinter dem sich die ersten Häuser des Siedlungsgebietes von Strausberg und Eggersdorf befinden. Wir biegt in die Wiener Straße ein, die in den stark befahrenen Eggersdorfer Weg mündet. Auf der anderen Seite geht es geradeaus weiter in ein weiteres Waldstück. Wir biegen an der nächsten großen Wegkreuzung nach links ab und gelangen zur Garzauer Chaussee, die wir überqueren und nach rechts in Richtung Strausberg gehen. Wir folgen der Markierung in die nach rechts abzweigende Rosa-Luxemburg-Straße, die einen Linksbogen beschreibt, die Straßenbahnlinie an der Station ›Schlagmühle‹ überquert und in die Ernst-Thälmann-Straße mündet, die Strausberg und Eggersdorf verbindet.
Einige Meter weiter nach links in Richtung Strausberg zweigt nach rechts die Jägerstraße ab. Sie beschreibt einen Linksbogen und mündet in die Garzauer Straße, bevor diese den S-Bahn-Damm unterquert. An der gegenüberliegenden Straßenseite führt eine Treppe hinauf in ein Waldstück zwischen S-Bahn und Neubausiedlung, durch das man zum S-Bahnsteig Hegermühle gelangt. Zur Neubausiedlung gehören zwei Supermärkte nur wenige Schritte hinter der S-Bahn.

Variante 10 a

Unmittelbar vor dem ersten Grundstück, das an das Ufer heranreicht, zweigt der 66-Seen-Weg nach links ab. Wir folgen ihm immer geradeaus, überqueren eine Asphaltstraße und gelangt in Richtung Nordost ans Ufer des **Straussees** und zur Anlegestelle der Fähre. Will man die Fähre nicht benutzen oder ist sie wegen schlechten Wetters oder aus anderen Gründen nicht in Betrieb, umrundet man den See nach rechts bis zum Abzweig Richtung Herrensee an der Käthe-Kollwitz-Straße oder bis zur ersten Straßenbahnhaltestelle an der Berliner Straße (Tramhaltestelle Heinrich-Heine-Straße).
Die Fähre überquert von April bis Oktober täglich im Halbstundenrhythmus den See, bis etwa 17.30 Uhr, bis 19.30 Uhr in den Sommerferien. Im Winter verkehrt sie nur am Samstag, Sonntag und an den Feiertagen zwischen 9.20 und 16.30 Uhr im 30-Minuten-Takt (Tel. 03341/22565 oder 03341/345-380).
Die Anlegestelle der Fähre am Ostufer befindet sich in unmittelbarer Nähe zum Ortszentrum von Strausberg. Eine Stadtbesichtigung lohnt sich. Bis zur Endhaltestelle der Straßenbahn (Linie 89) in Richtung S-Bahnstation Hegermühle und S-Bahnstation Strausberg sind es ungefähr drei Minuten, bis zur S-Bahnstation Strausberg Stadt 15 Minuten zu Fuß.
Wer die Wanderung fortsetzen möchte, folgt nun weiter dem blauen Punkt des 66-Seen-Weges. Von der Anlegestelle der Fährstelle geht es nach rechts am Ufer des Straussees in Richtung Süden, vorbei an den Überresten eines jüdischen Friedhofs, an der Badeanstalt und stattlichen Villen in Ufernähe. Kurz vor dem Südzipfel des Straussees wendet man sich nach links und gelangt über eine steinerne Treppe in die Käthe-Kollwitz-Straße, die in die Berliner Straße mündet, wo sich eine Haltestelle der Straßenbahn-Linie 89 befindet.
Hinter der Haltestelle, an der gegenüberliegenden Straßenseite, führt ein Fußweg in das kleine Wäldchen hinein, auf dem man geradeaus zur Friedrich-Ebert-Straße gelangt. In diese biegt man nach rechts

ab und geht südwärts die Straße bis zu ihrem Ende, wo rechts die Goethestraße beginnt. Der 66-Seen-Weg führt geradeaus und über ein Bahngleis in den Wald hinein. Nach 50 Metern biegt man nach links ab und überquert an einem ampelgeregelten Übergang die S-Bahnschienen. Auf dem breiten Weg geht es noch etwa 100 Meter weiter, am zweiten Abzweig nach rechts und am folgenden ersten Abzweig, bei einer grün-weißen Fahrzeugsperre, wiederum nach rechts, in südlicher Richtung.

Geradeaus durch den Wald erreicht man unter einer Hochspannungsleitung ein freies Gelände. Der Weg leitet einen nach links und über einen Bach, gleich danach an eine Gabelung mit drei Wegen, von denen der rechte der zum Herrensee ist. Das Ufer rückt langsam näher. Am südlichen Ende des Sees passiert man eine von Sumpf geprägte Wasserlandschaft, wie man sie in ihrer Urwüchsigkeit nur noch selten im Berliner Umland erlebt. Hier vereint sich der 66-Seen-Weg mit dem E 11 (→ folgende Tour ab S. 111). Der 66-Seen-Weg mit dem blauen Punkt folgt dem Westufer des Sees bis zu einem Bach und einem markierten Abzweig nach links. Der Markierung folgend, gelangt man entlang des Bachbettes an die Garzauer Straße, der man nach rechts folgt. Hinter der Unterführung geht es auf einer Treppe hinauf, durch einen Park zwischen Neubauten und den Bahnschienen schließlich zur S-Bahnstation Hegermühle.

i Tour 10

Stadt- und Touristinformation Altlandsberg, Krummenseestraße 1, 15345 Altlandsberg, Tel. 033438/151150; Mo–Fr 11–17, Sa/so 11–16 Uhr. Auf dem Schlossgut Altlandsberg. Informationen zu Stadtrundgängen und Sehenswürdigkeiten. Im Schlossgut-Laden gibt es vor Ort frisch gebrautes Craft-Bier, Altlandsberger Spirituosen und regionale Produkte, ebenso Kaffee. www.altlandsberg.city

Stadt- und Touristinformation Strausberg, August-Bebel-Straße 1, 15344 Strausberg, Tel. 03341/311066; Mo–Fr 9–17, Sa/So 10–15 Uhr. www.stadt-strausberg.de

▸ Altlandsberg:
→ Infoteil Tour 9 (→ S. 102).

▸ Unterwegs, etwas abseits vom Weg:

Store & Saloon Buchholz, Wesendahler Str. 12, 15345 Altlandsberg, Tel. 033438/729988; Mo–Fr 9–19, Sa/So 12–18 Uhr. Etwas abseits vom Weg, wie im Text beschrieben. In Erinnerung an die ›Indianerfilme‹ der DEFA errichteten die Besitzer ihren Saloon mit Imbiss für regionale Speisen wie Frankfurter Hefeklöße, Karnickelgulasch aus Beelitz und Würstchen aus Britz; moderate Preise. www.the-buchholz-saloon.de

Weinhaus Siering, Neue Spitzmühle, Spitzmühlenweg 2 /28, 15344 Strausberg, Tel. 0179/98719357; geöffnet nach Absprache. Weine aus der Pfalz. Steht das Fass vor dem Tor, verkauft der Besitzer hier seinen Wein an Passanten. www.weinhaus-siering.de

▸ Strausberg:
In Strausberg und in der Nähe des Straussees mehrere Cafés und Restaurants.

!

→ Infoteil Tour 9 zu den Sehenswürdigkeiten in Altlandsberg (→ S. 102).

Kulturbunker, Garzauer Str. 20, 15344 Strausberg, Tel. 030/42105806; aktualisierte Öffnungszeiten telefonisch oder per E-Mail erfragen. vorstand@orte-der-geschichte.de Wechselnde Ausstellungen In den unterirdischen Räumen einer ehemals geheimen militärischen Nachrichtenanlage der DDR und des Warschauer Vertrages. Der Zugang befindet sich in der Garzauer Straße, 75 Meter, bevor der E 11 in die Rosa-Luxemburg-Straße einbiegt. www.kulturbunker-strausberg.de

▸ Karte S. 105

Durch Wald und Feld

Tour 11: Von Strausberg nach Buckow » (20 km)***

Kurzcharakteristik
Dieser Streckenabschnitt des E 11 verläuft zumeist gradlinig auf Feld-, Wald- und Fahrwegen. Daher rührt die etwas geringere Bewertung. Dennoch: Die Orientierung fällt leicht, die Landschaft ist abwechslungsreich, der Herrensee eine Perle. Die Siedlungsgebiete, die man streift, sind keineswegs langweilig anzuschauen. Bei Garzau lohnt sich ein kleiner Umweg zu einer Pyramide – ein architektonisches Kleinod preußischer Adelsgeschichte – am Rand des verwilderten Schlossparks. Hinter Garzau geht die Ebene in sanftes Hügelland über. In einem Waldgebiet, das durchquert wird, wechseln sich Bestände aller im Brandenburgischen vorkommenden Nutzbaumarten ab. Das Sumpfwiesengebiet ›Rotes Luch‹, der Schermützelsee und der Besuch von Buckow im Herzen der Märkischen Schweiz sind die Höhepunkte dieser Wanderung. Buckow liegt in einem eiszeitlich entstandenen Talkessel zwischen fünf Seen und einer bewaldeten Hügelkette. Hier gibt die Natur den Ton an: Parks und Promenaden, Seen und Ausblicke; Wanderwege führen zu den schönsten Ausflugszielen der Märkischen Schweiz.
Teilstrecken Keine.
Verkehrsverbindungen Nach S-Bahnstation Hegermühle von Ostkreuz mit der S 5 im 20-Minuten-Takt.
Buckow: Busverbindung (928) zum Bahnhof Müncheberg. Von dort mit kurzer Wartezeit Anschluss zum Zug von Küstrin (Kostrzyn) nach Berlin-Ostkreuz (Oderlandbahn, RB 26). An den Wochenenden verkehren Busse und Züge im Stundentakt, in den Wintermonaten fährt der letzte Bus ab Buckow um 19.21 Uhr. Von Mai bis Oktober verkehrt an den Wochenenden und Feiertagen zwischen Buckow und Müncheberg eine Kleinbahn im unregelmäßigen Stundentakt (www.buckower-kleinbahn.de). Der Bahnhof befindet sich einen Kilometer südlich des Marktplatzes, an der Hauptstraße.
Wegebeschaffenheit Naturbelassen 30 %, teilbefestigt 40 %, harter Belag 30 %.
Wunschwegkategorie 1, 3, 4, 5, 6, 16, 20.
Wanderkarte Radwander- und Wanderkarte Naturpark Märkische Schweiz, 1:50 000, Verlag Dr. Barthel; Rad-, Wander- & Gewässerkarte Naturpark Märkische Schweiz, 1:35 000, Verlag Grünes Herz.
Einkehr Buckow. Man sollte Wasser und Proviant nicht vergessen.
Sehenswürdigkeiten Feldsteinbauten in und Pyramide bei Garzau, das Brecht-Weigel-Haus am Rand von Buckow und das Städtchen Buckow, Zentrum der Märkischen Schweiz.
Hinweise für Radfahrer Der Wanderweg ist bis hinter Garzau (außer der Strecke am Herrensee) zum Radfahren geeignet. Ab Garzau Ortsausgang empfiehlt sich die Nutzung des Europaweges R 1 bis Buckow. Der markierte Wanderweg geht hinter Garzau in nur mühsam befahrbare Waldwege über.

Streckenverlauf

Hinweis: Man kann diese Wanderung nach Buckow auch am S-Bahnhof Strausberg Stadt – dem 66-Seen-Weg folgend – beginnen und sie so um einige lohnenswerte Streckenabschnitte am Straussee und am Herrensee erweitern. Die Wegführung ist im vorherigen Kapitel beschrieben.
Die Wanderung beginnt an der S-Bahnunterführung südlich des S-Bahnhofs Hegermühle – knapp 300 Meter entgegen-

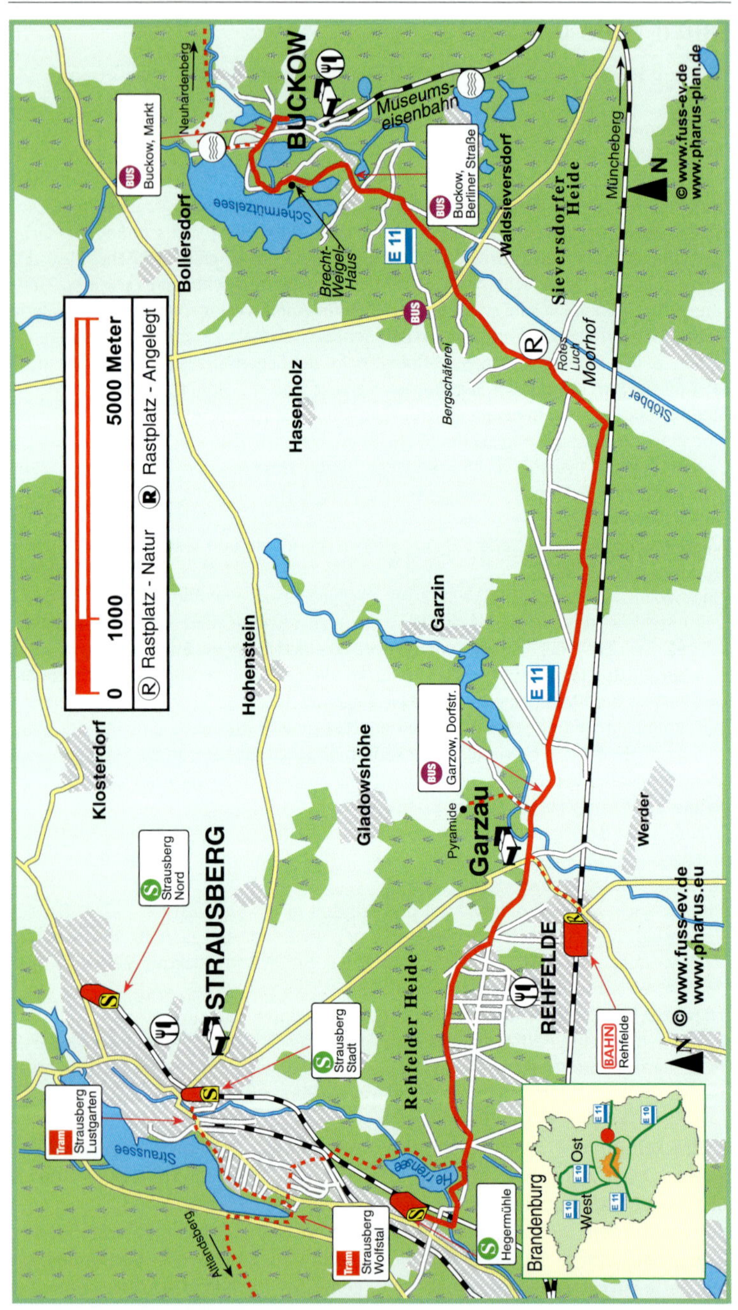

0
1000
5000 Meter
Rastplatz - Natur
Rastplatz - Angelegt
BUCKOW
Museums-eisenbahn
Buckow, Markt
Buckow, Berliner Straße
Neuhardenberg
Schermützelsee
Brecht-Weigel-Haus
E 11
Bollersdorf
Waldsieversdorf
Sieversdorfer Heide
Müncheberg
© www.fuss-ev.de www.pharus-plan.de
Hasenholz
Bergschäferei
Rotes Luch
Moorhof
Stöbber
Garzin
Hohenstein
Klosterdorf
Gladowshöhe
Garzow, Dorfstr.
Pyramide
Garzau
STRAUSBERG
Strausberg Nord
Strausberg Stadt
Strausberg Lustgarten
Straussee
Strausberg Wolfstal
Altlandsberg
Hegermühle
He rrensee
Rehfelder Heide
REHFELDE
BAHN Rehfelde
Werder
© www.fuss-ev.de www.pharus.eu
Brandenburg
Ost
West
E 10
E 11

gesetzt der Fahrtrichtung der S-Bahn –, zu erreichen durch einen Park zwischen Neubaugebiet und Schienenstrang.
Unter der Bahnbrücke hindurch geht es weiter am Rand der Garzauer Straße in Richtung Rehfelde. Auf der rechten Straßenseite befinden sich die Wohn- und Dienstgebäude der Revierförsterei. Nach etwa 200 Metern überquert die Straße einen Bach, hinter dem ein Wanderweg nach links zum Ufer des Herrensees abzweigt. Es gibt hier verschiedene Markierungen. Die Markierung des E 11 (blauer Balken auf weißem Grund), dem auch diese Tour folgt, fehlt zunächst, was aber kein Grund ist, dem Weg nicht zu folgen. Am **Herrensee** angelangt, wenden wir uns nach rechts und laufen in Ufernähe etwa 400 Meter Richtung Südosten. Den Streckenabschnitt von der S-Bahn-Brücke bis zum Südufer des Herrensees teilen sich der E 11 und der 66-Seen-Weg (blauer Kreis auf weißem Grund). Von der Südspitze des Herrensees entfernt sich der E 11 vom Gewässer. Wir gelangen über eine Treppe zurück zur Garzauer Straße und folgen ihr nach links bis zu einem Parkplatz hinter dem Ortseingangsschild von **Rehfelde**. Die Straße in das Ortsinnere beschreibt hier eine scharfe Rechtskurve. Unsere Wanderung aber führt geradeaus weiter.
Am Parkplatz informieren Infotafeln unter anderem über den Jakobsweg, der Rehfelde und Garzau durchquert. Einige Schritte weiter zweigt von der geteerten Karl-Liebknecht-Straße nach schräg links ein Waldweg ab, die ›Waldpromenade‹. Sie trennt die Siedlung vom Wald, und auf ihr erreichen wir nach zehn Minuten den Ortsrand von Rehfelde.
Nach etwa einem Kilometer mündet die Waldpromenade im spitzen Winkel in die Straße 32. Von hier aus geht es weiter nach halblinks und nach etwa 200 Metern nach rechts in die Poststraße. Auf dieser gelangen wir immer geradeaus, nachdem wir ein kleines Waldstück passiert haben, zu einer Wegkreuzung. Ab dieser Stelle führt uns ein nach links weisender, ausgeschilderter und markierter Feldweg nach Garzau.
Zur Linken erstreckt sich die Kleingartensiedlung ›Am Feld‹. Der Feldweg erreicht in einem sanften Linksschwung das Ortseingangsschild von Garzau. Hinter diesem sind es noch einmal etwa 200 Meter bis zur Kreuzung mit der Rehfelder Straße. Schräg gegenüber verkündet eine Werbetafel den Beginn des Naturparks Märkische Schweiz. Weiter geht es, nachdem wir die Rehfelder Straße überquert haben, geradeaus auf der Alten Heerstraße ins Ortsinnere von **Garzau**. Hinter dem Mühlenfließ erstreckt sich zur linken der **Schlosspark**. Im Schloss befindet sich das Lager eines Antiquitätenhändlers, die wertvollen Stücke sind nur nach Voranmeldung zu besichtigen. Das **Schloss** diente dem Ostberliner Magistrat bis 1991 als Ferien- und Schulungsheim, seit 2006 ist es in Privatbesitz. Garzau ist ein sehr altes Dorf mit einer Reihe von imposanten Feldsteinhäusern. Einige Schritte hinter dem Schloss zweigt nach links eine Nebenstraße – ›Am Guts-

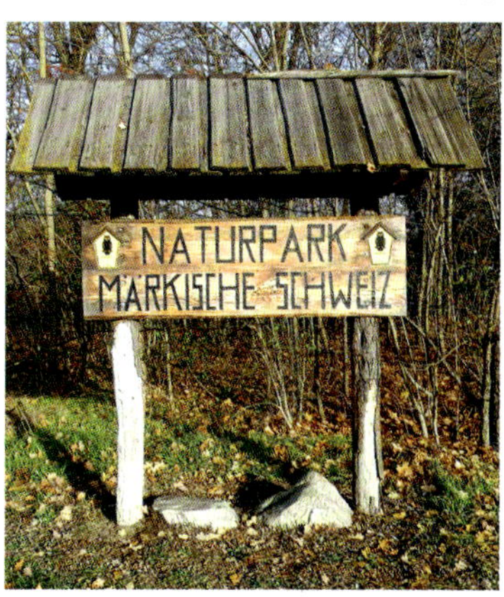

Hinweisschild am Wegesrand

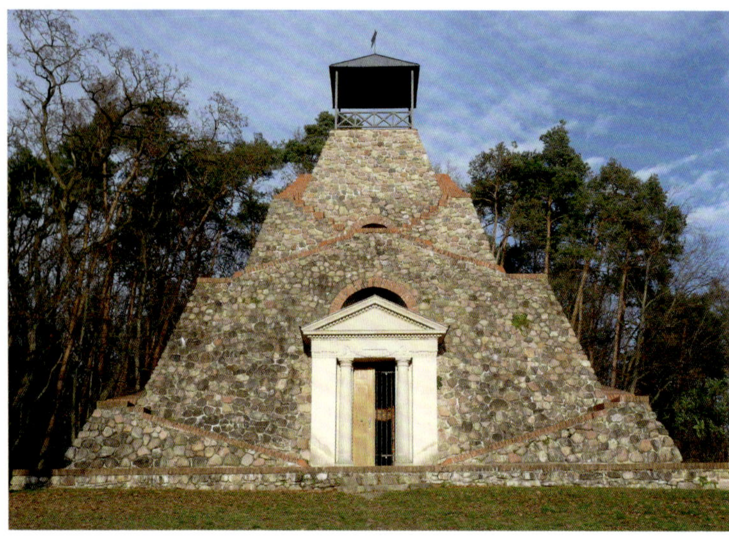

Ungewöhnlich: die Pyramide bei Garzau

hof‹ – zur Imkerei Lahres und zur Pyramide Garzau ab. Die Imkerei (→ S. 116) befindet sich einige Schritte weiter, an der rechten Seite des Weges. Geradeaus geht es weiter zur Pyramide. Der Weg ist ausgeschildert. Die **Pyramide** auf einem Hügel im verwilderten Gutspark, der einst im englischen Stil angelegt worden war, stammt vom Ende des 18. Jahrhunderts. Bauherr war Friedrich Wilhelm Carl Reichsgraf von Schmettau, bis 1802 Eigentümer von Garzau. Später verfiel die Pyramide. Zwischen 2001 und 2010 wurde sie unter der Ägide eines eigens gegründeten Fördervereins rekonstruiert. Darüber und über die Geschichte dieser größten Feldsteinpyramide Deutschlands geben Infotafeln Auskunft. Auf jeden Fall lohnt sich dieser Abstecher. Zurück zur Alten Heerstraße und zum Schloss gelangt man auf Wegen durch den Park, geradeaus an der Pyramide vorbei, dann nach links und wieder nach links. Der Abstecher ist in den GPS-Daten vermerkt.

▶ Karte S. 112

Weiter geht es auf der Alten Heerstraße, vorbei an der **Feldsteinkirche** von Garzau. Sie stammt aus dem 13. Jahrhundert und steht unter Denkmalschutz. Nach Verlassen des freundlichen Ortes beschreibt die Landstraße einen Bogen nach halblinks. Dort befindet sich ein kleiner Parkplatz. Der Radwanderweg folgt der Landstraße, nach rechts zweigt der Jakobsweg ab, geradeaus geht es für uns weiter auf einem mit Kopfsteinen gepflasterten, von alten Bäumen gesäumten, schnurgeraden Weg Richtung Osten zum Roten Luch (vier Kilometer). Auf den Karten trägt der Weg den Namen ›Anitz‹. So heißt auch die Ansammlung von Häusern und Stallungen, zu der wir nach etwa einem Kilometer gelangen. Einige Schritte hinter dem Gehöft teilt sich der Weg. Der E 11 zweigt nach halbrechts ab. Hinweisschilder zeigen die Richtung - bis zum Roten Luch sind es noch drei, bis Buckow acht Kilometer. Der nun sandige, bequem zu laufende Weg führt uns in ein Waldstück, in dem sich kleine Schonungen aus Birken, Fichten, Lärchen, Kiefern, Robinien und Buchen abwechseln. Weiter geht es durch Mischwald immer geradeaus, parallel zur Bahnlinie Berlin–Küstrin, dann am Rand einer freien Fläche in hügeliger Landschaft, von dieser halbrechts abschwenkend durch einen Hohlweg bis zu einer Weggabelung am Rand des **Roten Luchs**.

Der Name ›Rotes Luch‹ bezeichnet eine ausgedehnte Wiesenlandschaft. Elf Kilometer lang und einen Kilometer breit ist dieses trockengelegte Niedermoor, eine Talwasserscheide zwischen Ostsee und Nordsee. Der das Luch entwässernde Stöbberbach fließt zu einem Teil in die Oder und in entgegengesetzter Richtung in die Spree. ›Rot‹ wird das Luch genannt, weil sich der Stöbberbach aus Quellen eisenhaltigen Wassers speist, die mancherorts eine rötliche Färbung annehmen.

Der Wanderweg zweigt an der Weggabelung vor dem Luch nach links ab. Zunächst durch Wald, dann unmittelbar am Rand der großen Wiesenfläche wandern wir nun in nordöstlicher Richtung. Nach knapp zwei Kilometern, am Rand des Landschaftsschutzgebietes Tiergarten, taucht der Weg wieder in den Wald ein. Er mündet in einen geteerten Streckenabschnitt – Teil des Radwanderwegs R 1 –, überquert auf diesem die B 168 und verlässt 100 Meter weiter den R 1, der nach rechts in Richtung Waldsieversdorf abschwenkt. Schnurgeradeaus geht es nun weiter durch den Wald in Richtung Buckow. Der Weg endet an der Verbindungsstraße zwischen der B 168 und Buckow, gegenüber einem Parkplatz. Wir folgen der Verbindungsstraße nach links Richtung Buckow bis zum Ortseingang. Vor der Jugendherberge biegen wir nach links

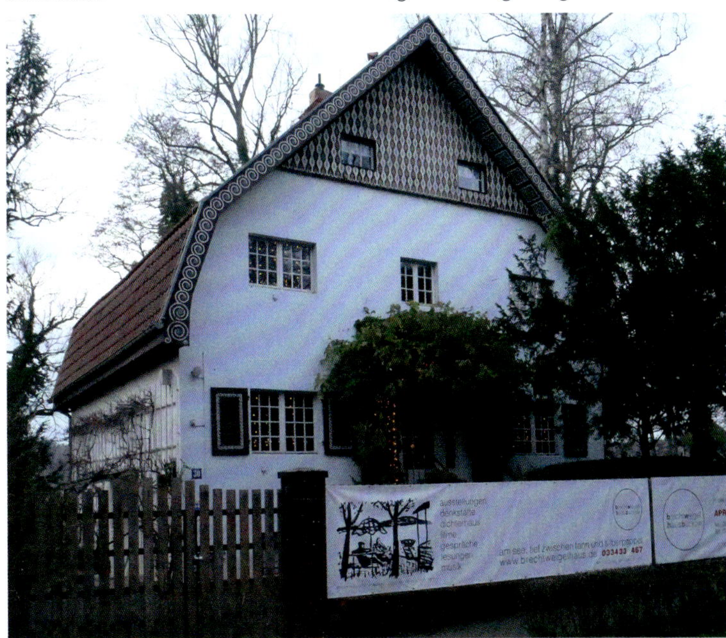

Das Brecht-Weigel-Haus in Buckow

in die Straße Am Fischerberg ein, gehen rechts am in der Senke liegenden Parkplatz vorbei und einige Schritte weiter wieder nach rechts, den Markierungen folgend, zunächst zum Weißen See und weiter zum Uferweg am **Schermützelsee**. Dies ist einer der beliebtesten Spazierwege in der Umgebung von Buckow. Vom Abzweig vor der Jugendherberge bis zum ersten Haus am Ufer des Schermützelsees sind es etwa zwei Kilometer. Dort beginnt die Bertolt-Brecht-Straße. Das Haus Nummer 30 ist das **Brecht-Weigel-Museum**. Bertolt Brecht und seine Frau Helene Weigel fanden hier seit 1952 eine zweite Heimat, wo sie arbeiteten, Freunde und Mitarbeiter empfingen. Das heute denkmalgeschützte Wohngebäude war 1911 von dem Berliner Bildhauer Georg Roch (1881–1943) gestaltet worden.

Die Wanderung führt am Brecht-Weigel-Haus vorbei, knapp 100 Meter weiter links bergan, entlang einiger teils stattlicher Villen am Hochufer des Schermützelsees und dann in einem weiten Rechtsbogen bis zur Werderschen Straße. Dieser folgen wir nach links bis zur Wriezener Straße, auf der wir nach rechts ins **Ortszentrum von Buckow** gelangen. Dort befinden sich Restaurants, Cafés, die Touristinformation am Rand des Schlossparks, der Markt mit der Kirche und etwa 75 Meter hinter dem Markt, an der Hauptstraße, die Haltestelle für den Bus Richtung Müncheberg.

i Tour 11

Touristinformation Märkische Schweiz Sebastian-Kneipp-Weg 1, 15377 uckow (Märkische Schweiz), Tel. 033433/150031; April–Okt. Di–Fr 10–12.30 u. 13–16, Sa/So 10–12.30 u. 13–17 Uhr, Nov.–März Di–Fr 10–12 u. 13–16, Sa/So 10–14 Uhr. Die Touristinformation, untergebracht in einer ehemaligen Warmbadeanstalt, befindet sich am Rand des Schlossparks. Zu ihr gehören eine Galerie und ein Kneippgarten.
www.maerkischeschweiz.eu

▸ Buckow (kleine, begründete Auswahl von Lokalen im Stadtzentrum. Weitere Adressen findet man auf der Webseite der Touristinformation):

Gasthaus und Hotel Stobbermühle, Wriezener Straße 2, 15377 Buckow, Tel. 033433/66833; Mo–Sa 12–22, So 12–21 Uhr. Am Rande der alten Stobbermühle im Stadtzentrum, vielfältiges Speisenangebot. www.stobbermuehle.de

Ristorante Castello Angelo, Wriezener Str. 59, 15377 Buckow, Tel. 033433/57513; Mo, Mi u. Do 15–21, Fr–So 12–22 Uhr. Gegenüber der Stobbermühle. Reichhaltige italienische Küche. www.castello-angelo.de

Mondo Mangiare, Am Markt 5, 15377 Buckow, Tel. 033433/599998; Mo–So 12–22 Uhr. Italienische und Indische Spezialitäten. www.mondo-mangiare.de

Café am Markt, Am Markt 4, 15377 Buckow, Tel. 033433/56695; Di–So 12–18, Mo 12–17 Uhr. Kleinere Gerichte, Kaffee und Kuchen.

▸ Unterwegs:

Imkerei Lahres, Am Gutshof 3, 15345 Garzau-Garzin, Tel. 033435/156548; Fr 9–17 Uhr. 2004 gegründete Imkerei mit etwa 700 Bienenvölkern. Ab sechs Gläsern Versand an den Verkäufer. Auf Wunsch Führungen durch den Betrieb. www.imkerei-lahres.de

!

Brecht-Weigel-Haus, Bertolt-Brecht-Straße 30, 15377 Buckow (Märkische Schweiz), Tel. 033433/467; April–Okt. Mi–Fr 13–17, Sa/So 13–18 Uhr, Nov.–März Mi–Fr 10–12 u. 13–16, Sa/So 11–16 Uhr. Ein Besuch lohnt sich, da sich ein Hauch der Atmosphäre des Lebens und Wirkens des Künstlerpaares hier nachvollziehen lässt. www.brechtweigelhaus.de

▸ Karte S. 112

Durch die Märkische Schweiz an den Rand des Oderbruchs

➲ Tour 12: Von Buckow nach Neuhardenberg » (18 bzw. 22 km)*****

Kurzcharakteristik
Die Märkische Schweiz ist seit mehr als 100 Jahren eines der beliebtesten Ausflugsgebiete der Berliner. Sie erstreckt sich zwischen Buckow und dem etwa 30 Kilometer nördlich gelegenen Bad Freienwalde. Fontane schrieb in seinen Wanderungen durch die Mark Brandenburg: ›Freienwalde ist immerhin eine Dame, Buckow ist eine ländliche Schönheit, die mit nacktem Fuß in den See tritt und unter Weidenzweigen ihr Haar flicht. Nun wähle jeder nach seinem Sinn.«
Hügel, die zuweilen wie Berge wirken, Laubwälder an ihren Hängen, Bächlein, viele Seen unterschiedlicher Größe, ausgedehnte Forste, die geringe Besiedelung sowie die Ruhe der Landschaft machen die Buckower Schweiz zu einem Wandergebiet par excellence. Die folgende sowie Tour 26 erschließen verschiedene Facetten ihrer Reize.
Diese Wanderung beginnt im Schlosspark von Buckow, dem Herz der Märkischen Schweiz, und führt nach Neuhardenberg am Rand des Oderbruchs. Sie streift das Ostufer des Schermützelsees mit der örtlichen Badeanstalt und taucht dann in die ruhige Landschaft ein, zunächst auf einem breiteren Feldweg, dann in die hügeligen Wälder östlich von Buckow. Am Schweizerhaus (Besucherzentrum des Naturparks) bieten sich zwei Wandervarianten an. Die erste führt über den Kamm der Hügellandschaft, die zweite geruhsam durch das Stöbbertal. Beide Routen finden am Großen Tornowsee wieder zueinander. Weiter geht es auf bequem zu laufenden Waldwegen durch das Stöbbertal und von diesem, am Rand der Siedlung Dolgensee in südlicher Richtung abzweigend, die letzten Kilometer immer geradeaus, nach Neuhardenberg. Mit seinem von Lenné und Graf von Pückler-Muskau angelegten Park und dem von Schinkel gestalteten Schloss ist Neuhardenberg einer der inspirierendsten Orte des Oderbruchs. In Schloss und Park finden von April bis Dezember vielfältige Veranstaltungen statt.
Alternativ bietet sich vor Dolgensee ein Abzweig nach Altfriedland an. Das ist ein zwischen zwei Seen malerisch gelegenes ehemaliges Fischerdorf, in dessen Ortsmitte die Ruine eines Zisterzienserinnenklosters auf Entdeckung wartet.
Teilstrecken Keine.
Verkehrsverbindungen Von und nach Buckow: siehe vorangehende Tour.
Von Neuhardenberg und Altfriedland fahren auch an den Wochenenden Rufbusse (Linie 958) nach Wriezen und Seelow-Gusow, von wo aus man Bahnanschluss Richtung Berlin hat, von Wriezen mit Umsteigen in Eberswalde. Den Rufbus bestellt man spätestens 90 Minuten vor Abfahrt (Tel. 03341/4494902). Der Rufbus von Neuhardenberg nach Wriezen hält bei Bedarf in Altfriedland.
Die Neuhardenberg nächst gelegene Bahnstation – ca. sieben Kilometer – ist Alt Rosenthal (Züge alle zwei Stunden Richtung Berlin-Ostkreuz). Der Weg ist im Rahmen der folgenden Tour beschrieben.
Wegebeschaffenheit Naturbelassen 70 %, teilbefestigt 20 %, harter Belag 10 %.
Wunschwegkategorie 2, 3, 4, 5, 7, 10, 13, 16.
Wanderkarten Radwander- und Wanderkarte Naturpark Märkische Schweiz, 1:50 000, Verlag Dr. Barthel; Rad-, Wander- und Gewässerkarte Naturpark Märkische Schweiz, 1:35 000, Verlag Grünes Herz.
Einkehr Buckow, mehrere Möglichkeiten unterwegs, Neuhardenberg, Altfriedland.
Sehenswürdigkeiten Schweizerhaus, Fledermausmuseum, Klosterruine Altfriedland, Schloss, Park und Kirche in Neuhardenberg.

Hinweise für Radfahrer: Die Märkische Schweiz um Buckow lässt sich besser erwandern als mit dem Fahrrad erkunden. Der Weg durch das Stöbbertal mag auch für Radfahrer verführerisch sein, doch ist der Boden in trockenen Sommern sandig und stellenweise schwer zu befahren. Empfehlungen für Radtouren um Buckow findet man unter anderem auf der Webseite des Naturparks: www.maerkischeschweiz.eu

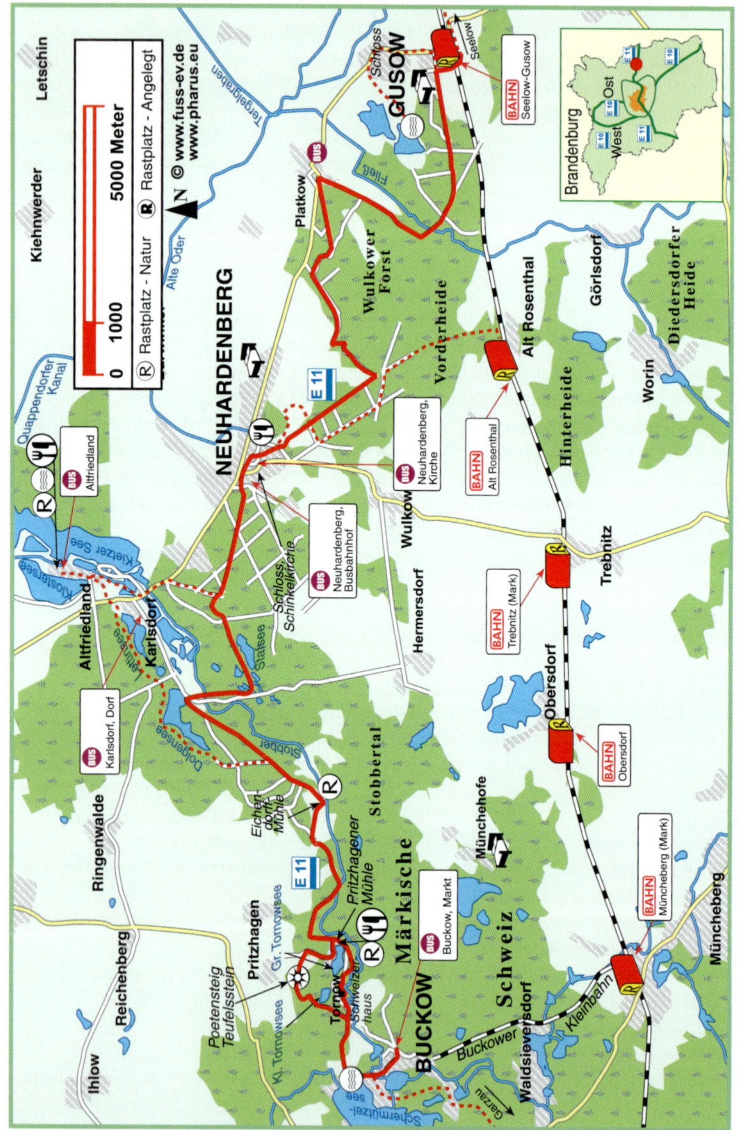

Streckenverlauf

Ausgangspunkt dieser Tour ist die Bushaltestelle Buckow Markt im Ortszentrum. Von hier gehen wir am Markt vorbei, hinter diesem nach rechts in Richtung der Touristinformation, an die sich ein Kneippgarten anschließt. Dahinter befindet sich der **Schlosspark**. Das Schloss wurde während des Zweiten Weltkrieges zerstört. Wir halten uns beim Durchqueren des Schlossparks links und verlassen ihn durch die Straße Am Schlosspark. Diese mündet in die Wriezener Straße, in die wir nach rechts einbiegen. Die Wriezener Straße passiert das Ostufer des **Schermützelsees**, die Anlegestelle für Schiffsfahrten, das Strandhotel und das Strandbad.

Der erste Abzweig hinter dem Strandbad nach rechts ist der Weinbergsweg. Auf diesem gelangen wir zu einer Busschleife und einem Parkplatz. Der Weg teilt sich. Auf dem Weinbergsweg – es ist der Abzweig nach halbrechts – gelangen wir nach etwa 400 Metern zu einem nach links abzweigenden Nebenweg, der in den Hopfenweg übergeht. Dieser führt zur **Güntherquelle**. Dort befindet sich am gegenüberliegenden Ufer des Stöbber, des im Roten Luch entspringenden Gewässers, das Besucherzentrum des Naturparks Märkische Schweiz, das **Schweizerhaus**. Der E 11 mit dem blauen Balken auf weißem Grund folgt der Stöbber Richtung Osten durch das von ihr gebildete Tal. Der Weg ist reizvoll und gut markiert (→ Tour 26, S. 216).

Alternativstrecke

Die Autoren empfehlen einen kleinen Umweg, dem auch die GPS-Daten für diese Tour folgen. Links von der Brücke zum Schweizerhaus zweigt vom Talweg hügelauf ein schmaler Waldpfad in Richtung Norden ab. Auf diesem gelangen wir, einen Waldweg – er führt Richtung Kleiner Tornowsee und Wolfsschlucht – querend, zum Poetensteig, dem beliebtesten Wanderweg in der Umgebung von Buckow. Wir folgen ihm nach rechts durch lichten Wald von einer Kuppe zur anderen – Teufelsberg, Dachsberg, Großer Stein –, von denen sich beeindruckende Blicke in die weite Landschaft eröffnen. Durch die Silberkehle gelangen wir auf steilem Pfad hinab ins Tal zur Marienquelle. An mehreren Stellen wird der Pfad von umgestürzten Bäumen blockiert, die zu überwinden Geschick und Trittsicherheit erfordert, vor allem wenn der Boden feucht ist. Sicherer und bequemer zu laufen ist der Abzweig an der Kreuzung des Poetensteiges mit dem Weg nach Pritzhagen, rechts hinab ins Tal und im Tal nach links Richtung Tornow und Pritzhagener Mühle.

Der Poetensteig erreicht an der Marienquelle das Tal. Er führt weiter nach links Richtung Tornow (grüner Balken auf weißem Grund, Hinweisschild Richtung Pritzhagener Mühle), biegt nach rechts in die Straße am Tornowsee, passiert den Ort, verläuft vorbei an der Schule am **Tornowsee** mit lustigen Wandmalereien. Hinter **Tornow** vereint sich der Weg mit dem von rechts kommenden E 11, dessen Markierung die Tour nun bis Hardenberg folgt.

Fortsetzung beider Varianten

Etwa 100 Meter weiter weist ein Abzweig zur nahe gelegenen Pritzhagener Mühle, einem beliebten Lokal, das an freundlichen Tagen von Ausflüglern überlaufen ist. Weitere Schilder weisen nach Drei Eichen und Alte Mühle.

Richtung Neuhardenberg geht es weiter geradeaus durch die wechselnden sanften Landschaften des Stöbbertals. Ein Wegweiser zeigt die Richtung zum Fledermausmuseum in Julianenhof, etwa einen Kilometer abseits des Weges. Der nächste Orientierungspunkt auf dem E 11 ist die **Eichendorfer Mühle**,

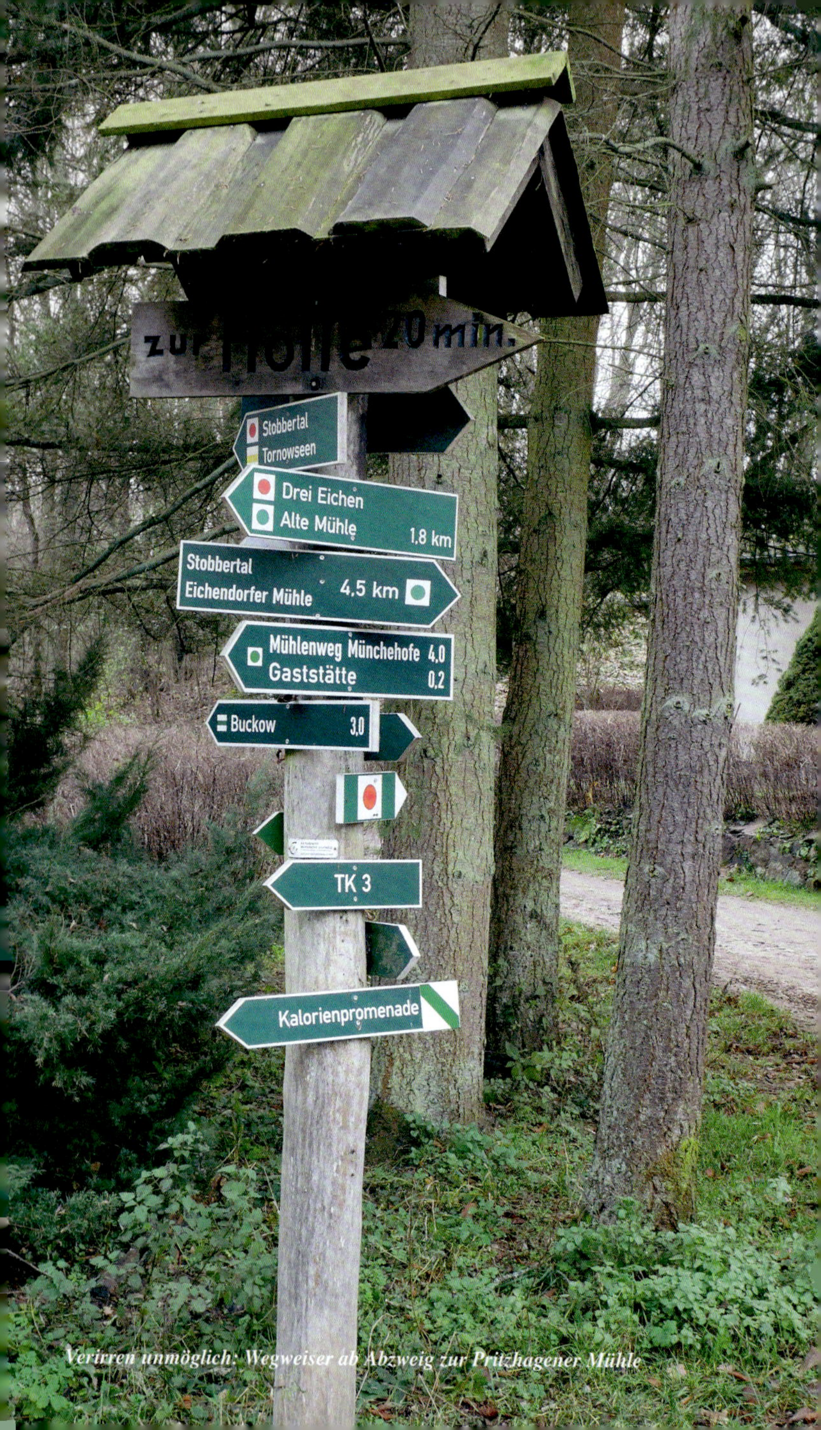

Verirren unmöglich: Wegweiser ab Abzweig zur Pritzhagener Mühle

ein privates Grundstück. Vor ihr geht es weiter nach links.
Wo sich – nach drei Kilometern hinter der Eichendorfer Mühle – rechts im Wald der Bauernsee vor neugierigen Blicken verbirgt, trennt sich nach halblinks ein Weg vom Hauptweg, auf dem man mit etlichen Verzweigungen nach Altfriedland gelangt (Beschreibung weiter unten im Text: Alternativroute Altfriedland).

Alternativroute Altfriedland

Auf dem E 11 weiter geradeaus erreichen wir nach etwa 1,5 Kilometern einen Parkplatz vor der Siedlung am Dolgensee. Von hier geht es weiter nach rechts, auf einem Fahrweg, vorbei an einem Fischereibetrieb, über eine die Stöbber querende Brücke und hinter dieser nach links und hügelauf. Wir folgen dem Fahrweg rund einen Kilometer und schwenken dann – der Abzweig ist markiert – nach links ab, Richtung Osten. Im Wald passieren wir den **Stafsee** – am besten an der linken, der Nordseite. Etwa 750 Meter hinter dem See gelangen wir zu einer Kreuzung von Waldwegen. Hier zweigen wir nach rechts ab und gelangen schnurstracks, vorbei an einem Abzweig nach Altfriedland, nach etwa 3,5 Kilometern bis zum Ortsanfang von **Neuhardenberg**. Rechts hinter dem Sportplatz, an der Friedrich-Engels-Straße, befindet sich der Busbahnhof. Bis zum **Ortszentrum** mit Kirche, Schloss, Park und Gastronomie gelangen wir entlang der B 167, die Neuhardenberg durchquert und im Ort den Namen Karl-Marx-Straße trägt. An der Kirche und Zufahrt zum Schloss befinden sich eine weitere Bushaltestelle.
Der Abzweig halblinks auf Höhe des Bauersees ist nicht ausgeschildert. Die GPS-Daten für den Abstecher nach Altfriedland können von der Webseite des Verlages heruntergeladen werden.
Zunächst geht es nordwärts in Richtung Dolgensee. Nach etwa 800 Metern mündet dieser Weg in einen anderen, dem wir nach links folgen. Einige Schritte weiter nehmen wir den Abzweig nach rechts. Wir gelangen so zum **Dolgensee**, streifen diesen an seinem nördlichen und nordöstlichen Ufer. Weiter führt der Weg zu einer Nebenstraße. Hat man diese überquert, führt ein Pfad geradeaus vorbei am kleinen **Kesselsee** und hinter diesen nach halblinks bis zu einem breiteren Weg. Wir folgen diesem zunächst nach rechts und schwenken nach 200 Metern nach links ab. Nach gut 100 Metern nehmen wir den nach rechts abzweigenden Weg und gelangen am Nordufer des Lettinsees zur B 167. Schräg rechts gegenüber führt ein Weg von der B 167 zum **Karpfenteich**, auf dem wir ins nun schon sichtbare **Altfriedland** gelangen. Lohnenswert ist ein Besuch der Ruinen des **Zistersienserinnenklosters**, wo sich auch eine Badestelle und ein Restaurant befinden.
Man kann nun entweder von hier aus mit dem Bus Richtung Wriezen oder Seelow fahren oder aber bis Neuhardenberg weiterlaufen. Entscheidet man sich für die etwa fünf Kilometer Fußweg bis Neuhardenberg, geht man entlang der Fischerstraße durch eine imposante Allee bis zur B 167, geht entlang dieser nach links etwa 600 Meter und zweigt dann nach rechts in den Wald ab. An der ersten großen Kreuzung von Waldwegen, etwa 500 Meter nach dem Abzweig von der B 167, weisen ein Hinweisschild und die Markierung des E 11 den Weg nach Neuhardenberg (→ S. 123).

i Tour 12

Touristinformation Märkische Schweiz → S. 116.

Schweizerhaus, Lindenstraße 33, 15377 Buckow (Märkische Schweiz), Tel. 033433/15841; tgl. 10–16 Uhr. Besucherzentrum des Naturparks Märkische Schweiz, interessante Informationen zur Landschaft, Natur, Bewirtschaftung, Geschichte, Gegenwart und Naturschutz in der Region.

www.maerkische-schweiz-naturpark.de
Neuhardenberger Landtourismus e.V., Karl-Marx-Allee 23, 15320 Neuhardenberg, Tel. 033476/60477; bei Redaktionsschluss geschlossen. Informationen zu Veranstaltungen in Neuhardenberg und den zur Gemeinde gehörenden Dörfern, inklusive Altfriedland.
www.neuhardenberg-information.de

- Buckow: → Tour 11 (S. 116)
- Unterwegs:

Pritzhagener Mühle, Lindenstraße 74, 15377 Oberbarnim, Tel. 033433/844; tgl. 12–17 Uhr. Uriges Restaurant an der Strecke, das berühmt ist für seinen kauzigen Wirt und die leckeren Speisen. An sonnigen Tagen oft von Gästen überlaufen.

- Altfriedland:

Klosterschänke, Fischerstraße 34a, 15320 Neuhardenberg (OT Altfriedland), Tel. 0172/3029421; Mi–So 11.30–20, Fr/Sa 11.30–21 Uhr. Direkt neben der Klosterruine. Beliebt wegen der guten einheimischen Küche (Fisch und Wild), der Lage und Atmosphäre in der Nähe der Klosterruine und des Sees sowie der Freundlichkeit des Personals.
www.klosterschänke-altfriedland.com

- Neuhardenberg:

Gutsbäckerei Neuhardenberg, Karl-Marx-Allee 7, 15320 Neuhardenberg, Tel. 033476/124800; Mo–Fr 6.30–18, Sa 6.30 -16.30, So 7.30–10.30 u. 13.30–16.30 Uhr. Regionale Spezialitäten und viel Süßes, im Sommer auch auf der Terrasse.

Brennerei Das Landgasthaus, Schinkelplatz 1-8, Tel. 033476/600-0; tgl. 12–22 Uhr. Das Lokal gehört zur Stiftung Schloss Neuhardenberg. Gegenüber der Schinkel-Kirche im Ortszentrum, untergebracht in der Brennerei des Schlosses. Regionale Küche, selbst gebrautes Bier, offene Weine.
www.schlossneuhardenberg.de

Spritzenhaus, Karl-Marx-Allee 116 B, 15320 Neuhardenberg, Tel. 033476/600-0; Sa/So 11–16 Uhr. Café und Restaurant gehören zum Hotel Schloss Neuhardenberg. www.schlossneuhardenberg.de

Internationales Fledermausmuseum Julianenhof, Julianenhof 15, 15377 Märkische Höhe, Tel. 033437/15256; Sa/So 10–16 Uhr. Sehenswertes Projekt des NABU, bestehend aus restaurierten Wirtschaftsgebäuden (Scheune und Eiskeller), einem Fledermaus- und Museumsgarten. Viele spannende Informationen zu Fledermäusen und wechselnde Ausstellungen. Lohnenswerter Ort für einen Abstecher.
www.fledermausmuseum-julianenhof.de

Ökohof Jule Julianenhof 20, 15377 Märkische Höhe, Tel. 0174/6494112; tgl. 10–18 Uhr. Ganz in der Nähe des Fledermausmuseums. www.oeko-jule.de

Klosterruine Atlfriedland, Fischerstraße 33, 15320 Neuhardenberg (OT Altfriedland). Das Zisterzienserinnenkloster wurde im 13. Jahrhundert gegründet und 1546 im Zuge der Reformation säkularisiert. Der Kreuzgang und das Refektorium mit seinem beeindruckenden Sterngewölbe wurden in den letzten Jahren restauriert und können besichtigt werden. Die Klosterkirche wird als evangelische Gemeindekirche genutzt. Beliebt sind die Konzertreihe ›Im Kloster‹ (Informationen und Kartenservice: Neuhardenberg-Information, Tel. 033476/60477) und der Kunstherbst.
www.klosterland.de/kloster/altfriedland

Museum Schloss Neuhardenberg, Karl-Marx-Allee, 15320 Neuhardenberg, Tel. 033476/600-750; vorübergehend geschlossen. Park, Museum, Hotel und Brennerei von Schloss Hardenberg wurden zwischen 1997 und 2001 aus Mitteln des Deutschen Sparkassen- und Giroverbandes restauriert und 2001 in die Verantwortung der eigens gegründeten Stiftung Schloss Neuhardenberg übertragen. Die aktuellen Öffnungszeiten und das Veranstaltungsprogramm standen bei Redak-tionsschluss leider noch nicht fest.
www.schlossneuhardenberg.de

▶ Karte S. 118

Neuhardenberg

Neuhardenberg am Rand des Oderbruchs ist einer der berühmtesten Orte Brandenburgs. Erstmals erwähnt wurde es im 14. Jahrhundert als Quilitz. Im Jahr 1815 erhielt es der Staatskanzler des preußischen Königs, Karl August Fürst von Hardenberg (1750–1822), für seine Verdienste um die Krone als Geschenk. Der benannte Quilitz in Neu-Hardenberg um und beauftragte den hoch geachteten preußischen Baumeister Karl Friedrich Schinkel (1781–1841) mit der Umgestaltung des Schlosses und der Kirche. Einige Jahre zuvor hatte ein Brand große Teile des Dorfes vernichtet. Beim Wiederaufbau und der Neugestaltung war Schinkel bereits maßgeblich beteiligt. Man sieht dem Dorf an, das von einem breiten, preußisch-freundlich gestalteten Anger zweigeteilt ist, dass eine schöpferische Hand hier formend beteiligt war.

Die Hardenbergs waren am Widerstand gegen die Nazis beteiligt. Im Zuge der Bodenreform wurde die Enteignung ihrer Besitzungen bestätigt, aus Neuhardenberg wurde Marxwalde. Die Menschen lebten von der Landwirtschaft. In der Nähe befand sich ein Militärflughafen der NVA, auf dem auch der erste Kosmonaut der DDR, Sigmund Jähn, Dienst tat. Von 1960 bis 1978 lebte er in Marxwalde. Seit 2007 ist er Ehrenbürger des Ortes, der 1991 in Neuhardenberg umbenannt wurde, um begangenes Unrecht, so der damalige Bürgermeister, zu beseitigen.

Im Jahr 1996 wurde der Familie Hardenberg ihr Besitz rückübertragen. Sie verkaufte ihn fünf Jahre später an den Deutschen Sparkassen- und Giroverband. In den folgenden Jahren flossen beträchtliche Mittel in die Renovierung von Schloss und Park, die Erhaltung der Kirche und des Dorfangers sowie in ein Hotel und den Ausbau der ehemaligen Brennerei in ein Restaurant. An die zweite Hälfte des 20. Jahrhunderts erinnern neben den Straßennamen die Büsten für Karl Marx, den Namensgeber von 1949 bis 1990, und Friedrich Engels. Vom späten Frühjahr bis in den Herbst finden in Schloss und Park beliebte kulturelle Veranstaltungen statt. Die spektakulärste war die bis 2019 jährlich im Juni stattfindende Neuhardenberg-Nacht, die 2020 und 2021 leider den Corona-Restriktionen zum Opfer fiel.

Auf dem ehemaligen Flugplatz befindet sich ein Museum zur Geschichte der Militärluftfahrt in der DDR.

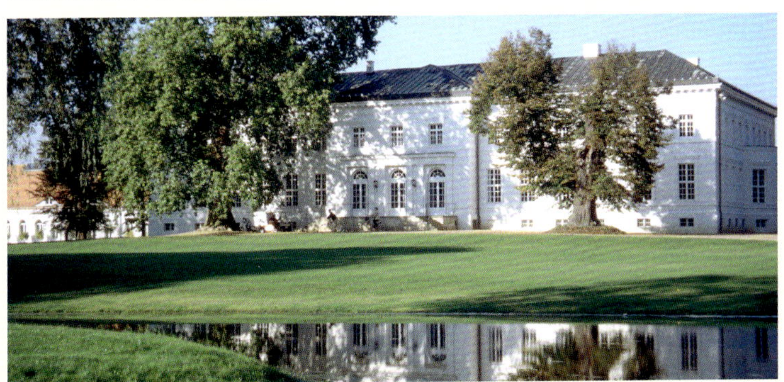

Kleinod im Oderbruch: Schloss Hardenberg

Gegensätze in Märkisch-Oderland

Tour 13: Von Alt Rosenthal über Neuhardenberg nach Gusow » (21 km)***

Kurzcharakteristik
Die vorige Tour auf dem E 11 endet in Neuhardenberg. Wer hier übernachtet und am folgenden Tag seinen Weg auf dem E 11 fortsetzen möchte, spart sich die Anfahrt über Alt Rosenthal und den Weg von dort nach Neuhardenberg.
Alt Rosenthal liegt an der Bahnstrecke zwischen Berlin und Küstrin. Vom Bahnhof führt ein Weg schnurgeradeaus durch ein ausgedehntes Waldgebiet bis zum Schlosspark Neuhardenberg – das letzte Stück auf dem E 11 zwischen Neuhardenberg und Platkow. Man kann also entscheiden, ob man einen Besuch in Neuhardenberg in die Tour einbezieht oder direkt von Alt Rosenthal über Platkow nach Gusow wandert.
Der Wanderweg zwischen Neuhardenberg und Gusow führt durch einsame Waldlandschaften in flachem Land. Dieses Teilstück ist eines der weniger spektakulären entlang des E 11. Und gerade darin besteht sein Reiz. Auf dem letzten Teilstück vor dem Dorf Gusow ist der Waldweg auf einer Strecke von fast einem Kilometer von mächtigen Eichen gesäumt, die eine wunderbare Kulisse bilden. In Gusow lohnt ein Besuch des Schlosses und des Zinnfigurenmuseums. Am Baggersee in der Nähe gibt es einen Campingplatz, einen gepflegten Badestrand mit winzigem FKK-Teil und in der Badesaison einen Imbiss.
Wer am nächsten Tag die Wanderung fortsetzen und am Weg übernachten möchte, hat in Seelow die größte Auswahl. Ein Sonnenaufgang, beobachtet von den Höhen über dem Oderland bei Seelow, ist ein besonderes Erlebnis. Die Strecke vom Bahnhof Gusow bis Seelow (etwa 7 Kilometer) ist im Rahmen der folgenden Tour beschrieben.
Teilstrecken Alt Rosenthal–Neuhardenberg (7 km), Neuhardenberg–Bhf. Seelow-Gusow (14 km), Bhf. Seelow-Gusow–Bhf. Seelow (7 km).
Verkehrsverbindungen Alt Rosenthal und Seelow-Gusow liegen an der Bahnstrecke Berlin–Küstrin. Die Züge verkehren stündlich, aber nur jeder zweite hält in Alt Rosenthal. Von und nach Neuhardenberg gibt es mehrere Busverbindungen (s. Verkehrsverbindungen bei der vorigen Tour).
Seelow liegt an der Bahnstrecke Eberswalde–Frankfurt (Oder), die Züge verkehren im Zwei-Stunden-Rhythmus. Zwischen Seelow und Frankfurt/Oder verkehren auch Busse der Linien 968 und 969.
Wegebeschaffenheit Naturbelassen 75 %, teilbefestigt 20 %, harter Belag 5 %.
Wunschweg-Kategorie 5,10,12.
Wanderkarte Top-Stern-Karte Märkisch-Oderland/Lebuser Land, mit Wanderwegen, 1:75 000, Pietruska Verlag.
Markierung Blauer Balken auf weißem Grund, durchgängig markiert und mit Hinweisschildern versehen.
Einkehr Neuhardenberg, Gusow.
Sehenswürdigkeiten Schloss, Park und Kirche in Neuhardenberg, Schloss mit berühmtem Zinnfigurenmuseum in Gusow.
Hinweise für Radfahrer Die zumeist unebenen Waldwege sind besonders im Sommer bei trockenem Wetter sandig und deshalb schwer zu fahren.

▸ Karte S. 118

Streckenverlauf

Start ist der Bahnhof von Alt Rosenthal. Wir überqueren an der Schranke die Bahnlinie, wenden uns dann nach rechts, parallel zum Bahndamm, passieren einige Häuser und gelangen nach etwa 500

Metern zu einem Abzweig mit dem Namen ›Schlossallee‹. Die führt zunächst über ein Feld und taucht dann in den Wald ein. Nach knapp vier Kilometern gelangen wir auf eine markante Kreuzung von zwei Hauptwegen, die in Richtung Norden und Westen von Baumalleen gesäumt sind. Auf einem Baum rechter Hand verweist ein blaues Schild auf eine Wildkamera. Hinter einer Schranke in Richtung Neuhardenberg gelangen wir zum E 11, der dort, aus Neuhardenberg kommend, nach rechts in Richtung Platkow führt. Will man sich den Besuch von Neuhardenberg sparen, geht man also ein paar Schritte geradeaus und wendet sich dann dem blauen Balken auf weißem Grund folgend nach rechts. Möchte man weiter nach **Neuhardenberg** und vermeiden, auf gleichem Weg hin- und bis zum Abzweig Richtung Platkow zurückzulaufen, nimmt man nun am besten den nach links von der Kreuzung abzweigenden Weg durch die Eichenallee und biegt nach etwa 400 Metern nach rechts ab. Nach weiteren etwa 500 Metern gelangt man zu einem mit grünem Punkt auf weißem Grund markierten Rundweg um Neuhardenberg. Man folgt diesem – zunächst weiter geradeaus, dann am Waldrand nach rechts bis zu einer Raststelle, wo sich der Rundweg und der E 11 miteinander vereinen. Hinweisschilder und die Markierungen beider Routen begleiten einen bis zum Park und Schloss von Neuhardenberg. Die GPS-Daten, die auf der Seite des Trescher Verlages abgerufen werden können, folgen dem bis hierher beschriebenen Streckenverlauf.

Auf den markierten Wegen schlägt man zunächst einen Bogen um ein dem Schlosspark vorgelagertes Feld und gelangt dann vom Rand des Dorfes in den Park und durch diesen zum Schloss. Empfehlenswert für einen kleinen Imbiss in Neuhardenberg ist die Gutsbäckerei am westlichen Ende des Schinkelplatzes (→ S. 122).

Um vom Schloss und Park Neuhardenberg nach Platkow zu wandern und nicht den gleichen Weg bis zum beschriebenen Rastplatz am Waldrand nehmen zu müssen, halten wir uns nun am rechten

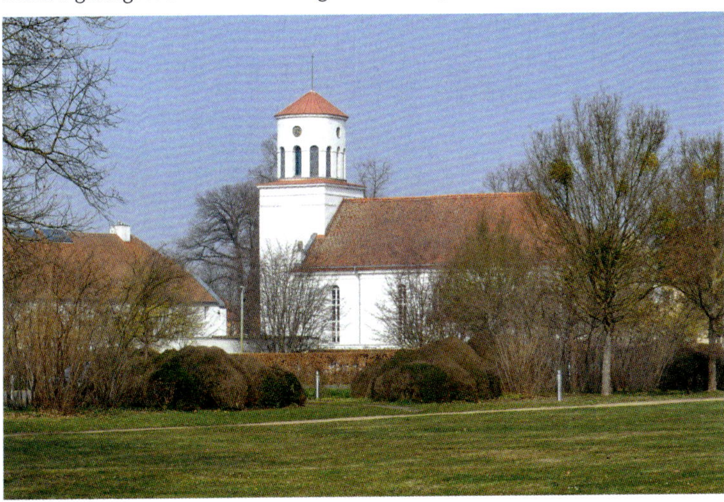

Blick vom Park zur Schinkel-Kirche in Neuhardenberg

Rand des Parks und biegen kurz vor dessen Ende nach links ab, dem Rundweg folgend. Im Scheitelpunkt des in einem Bogen verlaufenden Parkweges wenden wir uns nun nach rechts und gelangen auf einem wenig genutzten Feldweg über freies Feld schnurstracks in Richtung des Waldrandes zum bereits gegangenen markierten Weg. Hinter dem Rastplatz geht es, dem blauen Balken folgend, geradeaus weiter. Nach knapp zwei Kilometern schiebt sich der Feldrand nahe an den Weg. Einige Schritte weiter wechselt die Strecke die Richtung nach links und verläuft nun die nächsten Kilometer bis Platkow in östlicher Richtung. Der Wald – vornehmlich aus Kiefern und wenigen Laubbäumen – atmet Ruhe. Das war nicht immer so, denn noch bis vor wenigen Jahren gab es hier einen Truppenübungs- und Schießplatz. Der Weg bis Platkow ist gut markiert.

Vom Dorf **Platkow** sieht man auf dem E 11 nur wenige Häuser. Der Wanderweg mündet in die B 167. Dieser folgen wir wenige Schritte nach rechts und biegen dann nach rechts in die Waldstraße ein, entlang derer wir bis an das Ende des Dorfes gelangen. Im letzten Haus auf der rechten Seiten der Straße, bevor diese wieder in den Wald eintaucht, befand sich zum Zeitpunkt der Drucklegung eine Unterkunft für geflüchtete Menschen.

Wir gehen von hier aus einige Schritte nach links und folgen dem Weg am Rand einer Wiese in der bisherigen Himmelsrichtung bis zu einem einsamen **Anwesen** mit einer Pferdekoppel. An diesem kehren wir nach rechts zurück auf den Waldweg, die Verlängerung der Waldstraße in Richtung Alt Rosenthal. Nach knapp 500 Metern wenden wir uns an einer Kreuzung von zwei Hauptwegen, der Markierung folgend, nach links, überqueren auf einer Brücke einen Bach in uriger Landschaft und folgen dem Weg. Nach etwa 700 Metern zweigt im stumpfen Winkel eine von mächtigen Eichen bestandene Allee nach links ab. Ein Spaziergang unter den Eichen – egal zu welcher Jahreszeit – ist ein Erlebnis. Nach etwa 800 Metern verlassen wir den

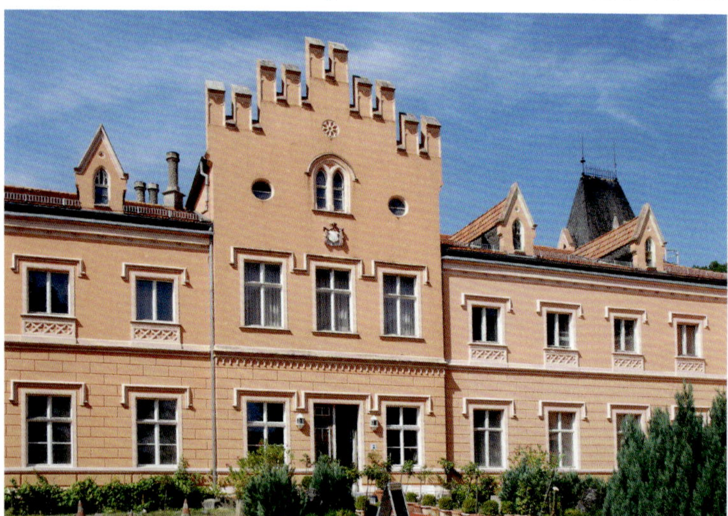

Schloss Gusow, Mitteltrakt

▲ Karte S. 118

Wald, passieren die linker Hand liegenden Ställe einer ehemaligen Tierzucht und erreichen an deren Ende, am Rand von **Gusow**, eine Wegkreuzung. Nach rechts geht es zum nur wenige Fußminuten entfernt liegenden Bahnhof und nach links zum Schloss Gusow (etwa 500 Meter) und weiter zum Baggersee (etwa 800 Meter) mit Badestelle und Imbiss in den Sommermonaten. Hinweisschilder zeigen den Weg an.

Schloss Gusow in seiner heutigen neogotischen Gestalt ist ein Bau aus den 1870er Jahren. Der Schlosspark ist verwildert und harrt besserer Zeiten. Ein Blick auf ihn von der hinteren Seite des Anwesens lohnt sich - auch wegen der freundlichen Anwesen in der Straße Karl-Liebknecht-Platz. Man gelangt dorthin entlang der Breitscheidstraße, die am Beginn der Schlossstraße nach schräg rechts abzweigt.

Im Dorf gibt es eine Bäckerei. Die Möblierung im Verkaufsraum ist ebenso eine Zeitreise in die Kindheit wie der Geruch der Backwaren.

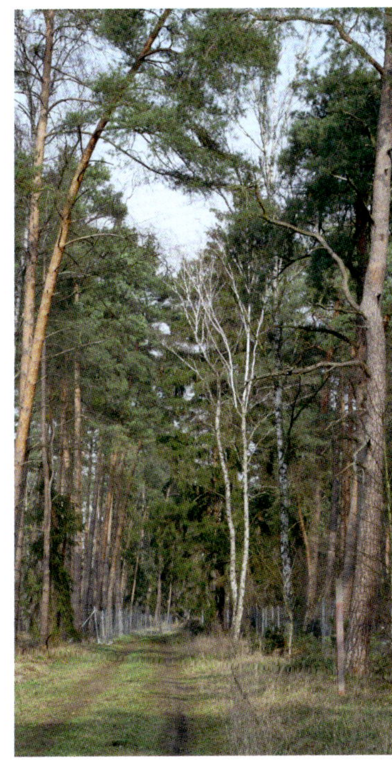

Kiefern dominieren Teile dieser Etappe

i Tour 13

Informationen zur Tourismusinformation, zum Schloss und zur Gastronomie in Neuhardenberg → Infoteil Kapitel Tour 12 (S. 116).

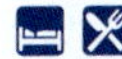

Hof Platkow, Letschiner Str. 2, 15306 Gusow-Platkow, Tel. 03346/9379208. Zwei junge Leute haben Haus und Grundstück gekauft und in ihr kleines Naturgut viel Liebe und Kraft investiert. Sie empfangen Gäste und vermitteln Kontakte. Man gelangt zum Gut, wenn man der B167 folgt, also nicht in die Waldstraße einbiegt - die nächste Querstraße nach links ist die Letschiner Straße. www.hof-platkow.de

Schloss Gusow - Hotel und Restaurant, Schloßstraße 7, 15306 Gusow-Platkow, Tel. 03346/8725. Mit dem Erwerb des Schlosses erfüllte sich ein Berliner Ehepaar 1992 einen Traum. In eigener Regie kümmern sie sich seitdem um Erhalt und Wiederherstellung von Schloss und Park, betreiben Hotel und Restaurant, hauchen dem Zinnfigurenmuseum Leben ein. Im Schloss können Veranstaltungen gebucht werden. www.schloss-gusow.de

Bäckerei Peter Studier, Hauptstraße 51, 15306 Gusow, Tel. 03346/844546; Di–Fr 6–17.30, Sa 6–11 Uhr.

!

Schloss Gusow - Zinnfigurenmuseum, Schloß Gusow, 15306 Gusow, Tel. 03346/8725; April–Sept. Di–So 10–18 Uhr; Okt.–März Di–So 10–17 Uhr. Gezeigt werden etwa 130 Dioramen mit über 7000 Zinnfiguren, die Einblicke in die wechselvolle Geschichte der Region geben.

Das Oderbruch

Die Niederungen an der Oder zwischen Lebus im Süden und Oderberg/Hohensaaten im Norden sind eine faszinierende Landschaft: ein knapp 60 Kilometer langes und etwa 12 bis 15 Kilometer breites Niederungsland, das deutlich niedriger als seine Umgebung liegt und bis ins 18. Jahrhundert von mehreren Seitenarmen der Oder durchflossen wurde.

Erste Siedlungen sind bis ins 13. und 14. Jahrhundert nachweisbar. Es waren slawische Fischerdörfer auf inselartigen Erhebungen, die in dem unberechenbaren Sumpf- und Wasserland Schutz vor Überschwemmungen boten. König Friedrich Wilhelm I. und sein Sohn Friedrich II. beförderten im 18. Jahrhundert eine systematische Trockenlegung. Kilometerlange Dämme und Deiche wurden gebaut, der Flusslauf der Oder begradigt und Nebenarme gesichert. Es entstand ein dichtes Netz von Vorflutern, Stauwehren und Entwässerungsgräben. Innerhalb weniger Jahrzehnte gewannen die Menschen dem Sumpfland riesige Flächen fruchtbarer Ackerfläche ab und verwandelten den natürlichen Lebensraum in ein wasserbauliches Kunstwerk. König Friedrich II. soll einer ungesicherten Legende zufolge verkündet haben: »Hier habe ich im Frieden eine Provinz erobert.« Er lud Kolonisten aus Hessen, Mecklenburg, der Pfalz, aus Sachsen, Württemberg, Österreich, Frankreich und der Schweiz ein, die neu entstandenen Flächen zu bewirtschaften. Das Oderbruch wurde in den Jahrzehnten danach zum Gemüsegarten der Berliner und ist es in gewissem Maße auch heute noch.

Trotz der vielen Schutzmaßnahmen ist das Oderbruch durch seine Lage nur wenige Meter über dem Meeresspiegel auch heute noch stets der Gefahr von Hochwassern ausgesetzt. Eine der schlimmsten ereignete sich im Juli 1997. Nach schweren Regenfällen in den Gebirgslagen Polens und Tschechiens drohten unter dem gewaltigen Druck der aus dem Süden abfließenden Wassermassen die Deiche zu brechen und die Landschaft zu überschwemmen. An einigen Stellen geschah dies auch. Tausende Menschen wurden evakuiert. Um Schlimmeres zu verhindern, waren 30 000 Soldaten der Bundeswehr neben vielen zivilen Helfern im Einsatz. Auf 300 Millionen Euro beliefen sich die Schäden auf deutschem Gebiet, in Polen auf das Zehnfache. Bei einer grandiosen Spendenaktion im ganzen Land kamen 50 Millionen D-Mark zur Unterstützung der von den Fluten Betroffenen zusammen.

Das Oderbruch wird im Westen von den Hochflächen des Barnim begrenzt, die nach Osten hin in einem weiten Bogen zur Oder abfallen. Der Höhenunterschied beträgt bis zu 90 Meter. Von der Oder aus präsentiert sich der Rand dieser Hochfläche als Höhenzug. Zwischen den Dorf Reitwein nahe an der Oder und der Stadt Seelow trägt dieser den Namen Seelower Höhen. Im April 1945 war das Oderland vor den Seelower Höhen der Austragungsort einer der letzten Schlachten des Zweiten Weltkrieges. Sie kostete 33 000 sowjetischen und 12 000 deutschen Soldaten das Leben, fast alle Dörfer im Kampfgebiet waren zerstört. Drei Wochen später war der Krieg beendet. Zwei Jahre später verheerte ein Hochwasser das Oderbruch, als in der von Nähe von Reitwein der Damm brach. Mehr als 20 000 Menschen verloren damals ihr Obdach.

Das Oderbruch ist aber weit mehr als Erinnerung an Krieg und Tod. Die weiten Ackerflächen, die von den Oderdämmen begrenzten üppigen, mit Bäumen und

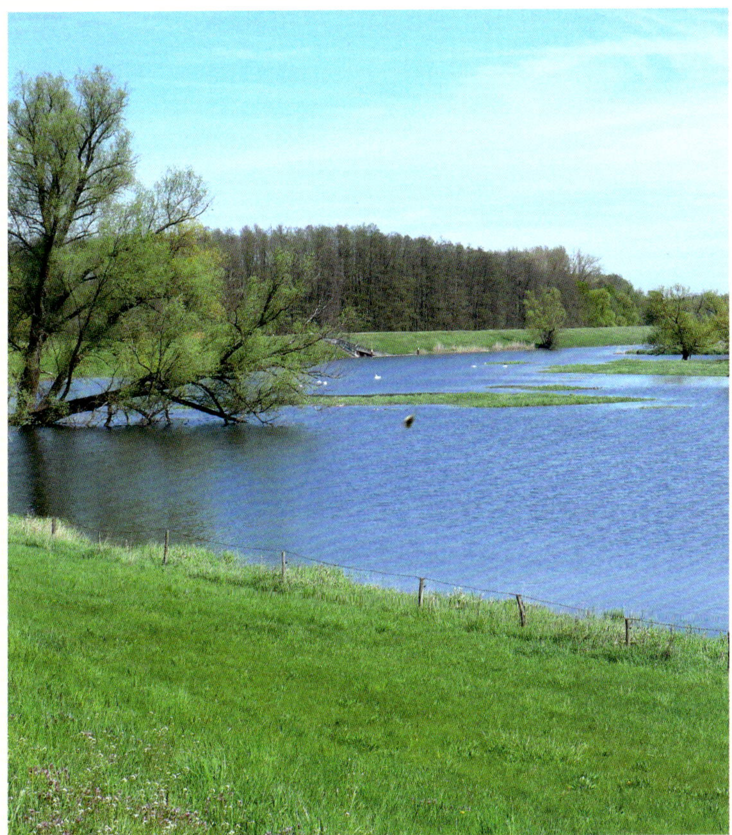

Überschwemmte Flächen im Frühjahr

Gesträuch bewachsenen Wiesen, die Hänge der das Land begrenzenden Höhenzüge ermöglichen eigenwillige, faszinierende Natur- und Kulturerlebnisse. Eine der spannendsten Filmdokumentationen der DDR-Zeit und über sie hinaus war das Langzeitprojekt ›Die Kinder von Golzow‹. Von 1961 an begleiteten Barbara und Winfried Junge 18 Menschen der Jahrgänge 1953 bis 1955, von der Einschulung über die erste Liebe, die Lehrzeit, das Berufsleben, die Wendezeit bis zum Jahr 2007. Die Filme erzählen Lebensgeschichten und geben einen tiefen Einblick in die Wirklichkeit der DDR und der Zeit nach 1990, eingebettet in die Landschaft des Oderbruchs in der Nähe von Seelow.

Neben den in diesem Buch beschriebenen, am Weg zwischen Seelow und Frankfurt (Oder) liegenden sehenswerten Orten gibt es viele weitere lohnenswerte Ausflugsziele, die zu Fuß, mit dem Fahrrad oder Auto zu erreichen sind. Wertvolle Informationen vermitteln die Reiseführer ›Brandenburg‹ von Kristine Jaath und ›Oderbruch‹ von Thomas Worch, die beide im Trescher-Verlag erschienen sind.

Die Seelower Höhen und das Oderbruch

➲ Tour 14: Von Gusow nach Seelow und weiter nach Reitwein » (23 km)***

Kurzcharakteristik
Von Gusow nach Seelow gelangt man auf einem naturbelassenen Fahrweg, der vornehmlich Feldlandschaften durchquert. Beeindruckend und bedrückend sind am Rand von Seelow die Gedenkstätte und das Museum zur Schlacht vor den Seelower Höhen im April 1945. Von Seelow aus geht es am Fuß der Seelower Höhen, die das Oderbruch im Westen begrenzen, auf befestigten und teilbefestigten Wegen etwa acht Kilometer in südlicher Richtung. Der letzte, etwa ebenso lange Abschnitt der Wanderung durchquert das Oderbruch über die Orte Sachsendorf und Hathenow auf befestigten Nebenstraßen und Feldwegen durch flaches Land und entlang von Feldrainen in Richtung Oder.
Das Dorf Reitwein liegt zu Füßen der Seelower Höhen, die von Seelow bis hierher einen weiten Bogen schlagen und nun zur Oder abfallen. Dieser Teil des Höhenzuges trägt den Namen Reitweiner Sporn. Auf ihm befand sich der Gefechtsstand von Marschall Schukow, von dem aus er im April 1945 die Angriffe seiner Armeen kommandierte. Die Unterstände sind erhalten und können besichtigt werden.
Für diese landschaftlich reizende und abwechslungsreiche, an Historie reiche Tour bieten sich verschiedene Varianten an: Man kann sie in Gusow beginnen und in Reitwein enden lassen. Von Reitwein fahren auch am Wochenende, wenn auch selten, Busse nach Küstrin, Seelow und Frankfurt (Oder). Von Frankfurt (Oder) fahren Regionalzüge nach Berlin.
Oder man übernachtet in Reitwein und setzt die Tour am folgenden Tag in Richtung Frankfurt fort.
Oder aber man nutzt, wie hier empfohlen, ausnahmsweise das Fahrrad. Die Wege eignen sich dafür hervorragend. Der Vorteil ist, dass man die Tour von Reitwein entlang der Oderdeiche bis Küstrin fortsetzen kann (etwa elf Kilometer). Von Küstrin gibt es eine direkte Bahnverbindung nach Berlin. Die für diese Tour aufgezeichneten GPS-Daten erfassen auch die Strecke von Reitwein nach Küstrin.
Oder man beginnt die Wandertour in Seelow und verlängert sie um die Strecke bis Küstrin. Der Fahrradweg verläuft unterhalb des Dammes. Ist man zu Fuß unterwegs, kann man den für Fahrräder ungeeigneten Pfad auf der Dammkrone nutzen und wird mit wunderbaren Blicken über die Bruchlandschaften an der Alten Oder belohnt.
Teilstrecken Gusow-Seelow (6 km), Seelow-Reitwein (17 km), Reitwein-Küstrin (11 km).
Verkehrsverbindungen Der Bahnhof Seelow-Gusow liegt an der Bahnstrecke Berlin-Küstrin. Die Züge verkehren stündlich. Bei Redaktionsschluss verkehrten die Züge auf der Strecke nur bis Küstrin-Kietz, der letzten Station vor der polnischen Grenze. Der Grund: Aufwändige Arbeiten an der Brücke über die Oder.
Seelow: Bahnverbindungen Richtung Frankfurt (Oder) und Eberswalde, von dort aus weiter mit Regionalzügen bis Berlin.
Reitwein: Busverbindungen (Linie 969) nach Frankfurt, Küstrin und Seelow, an den Wochenenden selten.
Wegebeschaffenheit Naturbelassen 10 %, teilbefestigt 30 %, harter Belag 60 %.
Wunschweg-Kategorie 1, 7, 10, 20.
Wanderkarten Top-Stern-Karte Märkisch Oderland/Lebuser Land, mit Wanderwegen, 1:75 000, Pietruska Verlag; Topographische Karte Brandenburg L 3552 Seelow,

▸ Karte S. 132

1:50 000, Verlag Landkartenhaus.
Markierung Blauer Balken auf weißem Grund, bis Sachsendorf durchgehend und zuverlässig markiert.
Einkehr Seelow, Reitwein.
Unterkunft Seelow, Reitwein.
Besondere Sehenswürdigkeiten Gedenkstätte und Museum ›Seelower Höhen‹ zur Erinnerung an die Schlacht um die Seelower Höhen im April 1945.
Hinweise für Radfahrer Als Radtour bestens geeignet.

Streckenverlauf

Vom Bahnhof Seelow-Gusow geht es zunächst einige Meter in Fahrtrichtung bis zum Bahnübergang. Wir überqueren dort die Gleise und nehmen auf der anderen Seite der Bahnstrecke, wieder parallel zu ihr, den in entgegengesetzter Richtung verlaufenden Fahrweg. Wir folgen ihm bis zum Lager Gusow und wenden uns nun nach links, weg von der Bahnstrecke. Hinter einem schmalen Waldstück geht es weiter nach links am Waldrand, dann über weites Feld. Der gut markierte Weg überquert auf einer Brücke die Bundesstraße 1. Hinter der Brücke erhält der Feldweg einen Namen: Pflaumenweg. Am Rand von Seelow mündet dieser in den Mühlenweg. Diesem folgen wir nach rechts. Die nächste nach rechts abzweigende Straße ist die Moerserstraße, die in den Müncheberger Weg mündet. Wir wenden uns auf ihm nach links und biegen dann nach rechts in die Robert-Koch-Straße ab. Entlang dieser kommen wir zur Ernst-Thälmann-Straße, der Hauptstraße durch Seelow. Ein Schild des E 11 weist nach links zum Bahnhof. Man kann ihm folgen oder sich nach rechts in Richtung des Zentrums von Seelow wenden, wo sich Geschäfte, Restaurants, ein Marktplatz und die Tourist-Information Oderbruch befinden.

Zur **Gedenkstätte und Museum Seelower Höhen** gelangen wir vom Stadtzentrum entlang der Küstriner Straße, die vom Kreisverkehr im Zentrum nach links abzweigt, in Richtung Osten. Gedenkstätte und Museum befinden sich rechts hinter der Bahnlinie, die Frankfurt (Oder) mit Eberswalde verbindet. Von der Plattform zu Füßen des Denkmals über den Gräbern von im Oderbruch gefallenen sowjetischen Soldaten und Offizieren hat man einen weiten Blick ins Oderbruch und auf den Bogen des die Ebene begrenzenden Höhenzuges, bei gutem Wetter bis Reitwein.

Von der Gedenkstätte geht es zunächst etwa 200 Meter weiter parallel zur Küstriner Straße bis zu einem asphaltierten Nebenweg, auf dem wir uns nach rechts wenden. Auf diesem gelangen wir zunächst zum Schweizerhaus, einem ehemaligen Ausflugslokal, das dann Mustergut war und in der DDR-Ära schließlich Lehrlingswohnheim. In den letzten Jah-

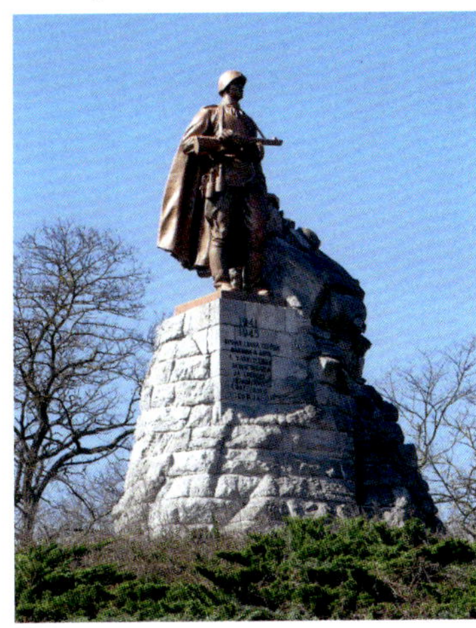

In der Gedenkstätte Seelow

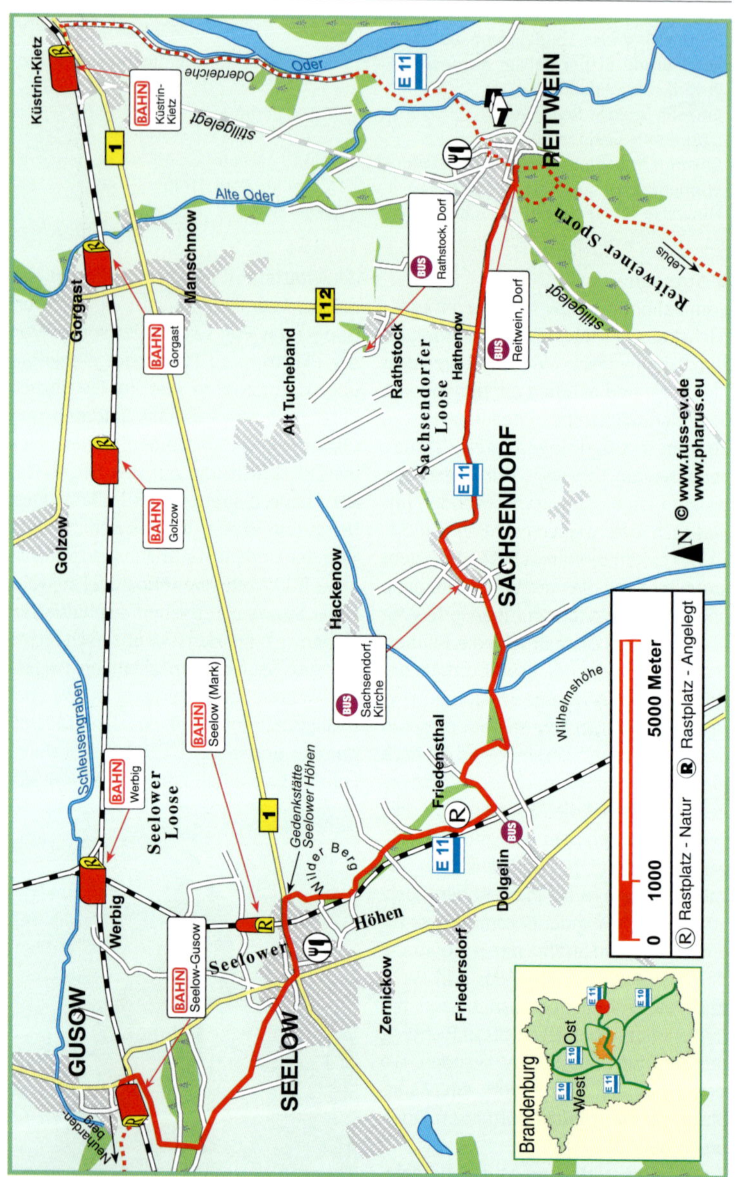

ren ist das Schweizerhaus zu neuem Leben erwacht (→ S. 135).

Wir lassen es rechts liegen und setzen die Tour auf dem asphaltierten Weg fort, der zu Füßen des Höhenzuges und parallel zu ihm verläuft. Wie aus dem Nichts taucht in der Landschaft ein Strommast auf. Hinter dem zweiten Strommast zweigt ein Feldweg vom Hauptweg ab. Auf diesem erreichen wir nach einigen Metern, hinter einer Wiese, den Waldrand an den Hängen des Höhenzuges. Vor den kaum noch auszumachenden Überbleibseln eines Fundaments geht es weiter nach links, parallel zum bisher gegangenen Weg. Dieser Pfad durch urwüchsiges Waldgelände ist, wenn man zu Fuß unterwegs ist, eine wunderbare Erholung von den bisherigen Eindrücken und gute Vorbereitung auf die noch kommenden Kilometer durch vornehmlich offenes flaches Land. Der Pfad mündet in einen Waldweg, dem wir einige Meter nach rechts folgen. Wir stoßen auf die Fortsetzung des Pfads in der bisherigen Richtung, überqueren einen Bach und erreichen dann bald zwei Anwesen, hinter denen der Waldweg auf den zuvor verlassenen asphaltierten Weg zurückkehrt. Hinter den Anwesen heißt dieser Weg Tuchebander Weg.

In dem kleinen Dorf **Ludwigslust**, das nach etwa 500 Metern erreicht ist, wenden wir uns zunächst nach links und biegen nach wenigen Schritten nach rechts in die Waldstraße ein. Dieser folgen wir bis ans Ende des Ortes. Der Weg setzt sich nach schräg rechts fort, hinein in den Wald, und steigt dabei leicht an. Nach etwa 300 Metern, vor Erreichen der Unterführung des Bahndammes, zweigt ein Feldweg nach links ab. Über ihn gelangen wir weiter hügelan zu einigen Häusern eines Ausbaus. Weiter geht es geradeaus, parallel zur unsichtbaren Bahnlinie zur Rechten, bis nach etwa 700 Metern hinter einigen Häusern der nun befestigte Weg in eine Landstraße mündet.

Dieser Straße in Richtung Friedenstal folgen wir nach links. Bäume und Sträucher begrenzen sie, dahinter erstrecken sich Felder, so weit das Auge reicht. Wir befinden uns hier wieder auf dem Plateau und Höhenzug über dem Oderbruch. **Friedenstal** liegt am Rand des Oderbruchs, zu Füßen des Plateaus. Die Straße führt recht steil bergab. Ist man mit dem Fahrrad unterwegs, sollte man die Geschwindigkeit drosseln, um nicht vor den ersten Häusern von Friedenstal den Abzweig nach rechts zu verpassen. Diesem Feldweg folgen wir. Es geht nun wieder zu Füßen des Höhenzuges entlang, am Waldrand, bis wir zu einer wenig befahrenen, von Bäumen und Sträuchern gesäumten Landstraße kommen. In sie biegen wir nach links ein, hinein ins Oderbruch.

Nach etwa zwei Kilometern entlang dieser Straße erreichen wir **Sachsendorf**. Das Dorf wurde urkundlich erstmals 1366 erwähnt und besitzt mit der Kirche ein Kleinod. Die Hauptstraße durch das Dorf ist die Straße des Friedens. Nach knapp einem Kilometer passiert sie einen an der linken Straßenseite liegenden Friedhof. Noch ein paar Meter weiter zweigt nach rechts ein befestigter, gut zu fahrender und ebenso gut zu laufender Feldweg in Richtung Hathenow ab. Wir folgen ihm. Der Weg knickt nach knapp einem Kilometer südwärts ab, nach links, und erreicht nach weiteren etwa 1,5 Kilometern **Hathenow**. Wir durchqueren den Ort, kreuzen eine

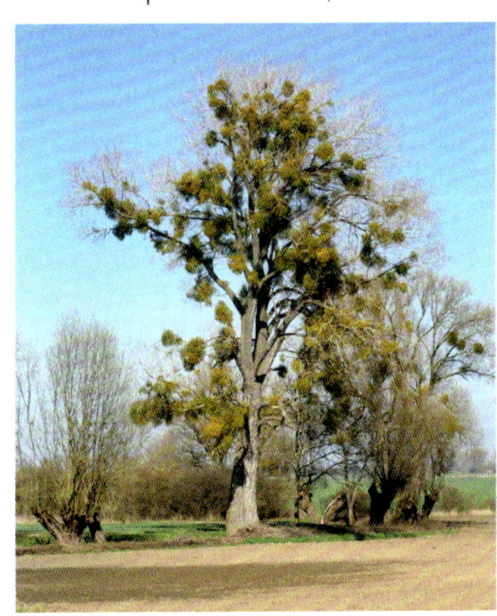

Naturkunst am Wegesrand

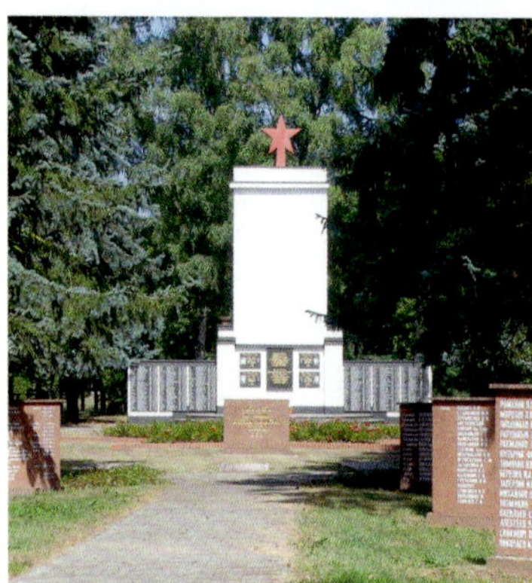

Die Sowjetische Kriegsgräberstätte in Reitwein

Straße und erreichen weiter geradeaus nach nochmals etwa zwei Kilometern den Ortsrand von **Reitwein**. Hält man sich am Ortseingang nach rechts, gelangt man zu den Unterständen von Marschall Schukow; der Weg ist ausgeschildert. Die Unterstände liegen nicht am E 11. Von den Unterständen gelangt man in einem Bogen zurück auf den E 11 (→ Karte).

Der E 11 passiert die am Hang des Reitweiner Sporns an den Krieg mahnenden, weithin sichtbaren Ruinen der **Stüler-Kirche**. Ihr zu Füßen, am Hathenower Weg, befindet sich die Pension Gräfliche Villa, dieser gegenüber die **Sowjetische Kriegsgräberstätte**. Etwas weiter erleichtert eine Hinweistafel die Orientierung in Reitwein und seiner Umgebung.

Die Bushaltestelle befindet sich am Birkenweg. Man folgt von der Infotafel dem Hathenower Weg ins Innere des Dorfes, überquert nach etwa 100 Metern die Hauptstraße schräg rechts in den Birkenweg und hat sie nach wenigen Schritten erreicht.

▸ Karte S. 132

■ Entlang der Oder nach Küstrin

Hat man in Reitwein den Bus verpasst oder noch genügend Energie und Lust zu wandern oder ist man mit dem Rad unterwegs, bietet sich eine Fortsetzung der Tour entlang der Oderdeiche nach Küstrin an. Dazu wendet man sich an der Infotafel (mit dem Rücken zum Dorf) zunächst nach links, vorbei an der Gaststätte ›Reitweiner Sporn‹, geht weiter zur Hauptstraße, auf dieser nach rechts und dann den dritten Abzweig nach links in den Triftweg. Auf ihm gelangt man nach etwa 1,5 Kilometern zu den Deichen und zum Oder-Radweg.

Der Radweg verläuft zu Füßen der Deichanlagen. Ist man zu Fuß unterwegs, hat man den Vorteil, auf der Dammkrone wandern und den Anblick der beeindruckenden Bruchlandschaften genießen zu können. Nach etwa sieben Kilometern auf oder entlang der Deichanlagen zweigt nach links ein ausgeschilderter Weg nach Küstrin-Kietz ab. Hat man diesen verpasst, ist das nicht schlimm: Der Fahrradweg entlang der Deiche mündet wie der zuvor abzweigende Weg in die Karl-Marx-Straße, auf der man nach links zum Bahnhof von **Küstrin-Kietz** und nach rechts zur Oderbrücke nach Kostrzyn in Polen gelangt.

Vom Deich bis zum Bahnhof Küstrin-Kietz, der letzten Bahnstation auf deutscher Seite, sind es entlang der Karl-Marx-Straße ungefähr 700 Meter. Der Ort hat – man sieht es ihm an – bessere Zeiten erlebt, die meisten Plattenbauten aus DDR-Zeiten sind dem Verfall preisgegeben.

Um zum Zug zu gelangen, geht man erst in einigem Abstand am jenseits von still gelegten Gleisanlagen sichtbaren Bahnhofsgebäude vorüber. Die Überführung für Fußgänger ist gesperrt. Erst 200 Meter weiter erlaubt ein Bahnübergang den Wechsel auf die andere Seite. Von dort aus kommt man auf dem Bahnhofsweg zum Bahnhofsgebäude.

Kurz vor dem Abzweig zum Bahnübergang nimmt von der Karl-Marx-Straße nach links die Oderbruchstraße ihren Anfang. In der Nummer 9 ist der Bäcker Andreas Grzegorski zu finden. Er bäckt hervorragendes Brot und ganz wunderbare Kuchen im unter Denkmalschutz stehenden Tonbackofen. Schon der Künste und Freundlichkeit dieses Bäckers wegen lohnt ein Besuch in Küstrin-Kietz.

Tour 14

Tourismus-Information Seelow-Oderbruch, Mittelstraße 10, 15306 Seelow, Tel. 03346/849808; Mo–Fr 10–17, Sa 10–14 Uhr. www.oderbruch-tourismus.de

Tourist-Information Kulturerbeland (Küstrin-Kietz), Bayernstraße 7, 15328 Küstriner Vorland (OT Küstrin-Kietz), Tel. 033479/547845 und 0151/23860510; Di–Sa 10–17, So 11–15 Uhr. Die Bayernstraße ist die Verlängerung der Schleswig-Holstein-Straße, die hinter dem Kulturhaus, schräg gegenüber vom Bahnhof, von der Karl-Marx-Straße abzweigt. Der Gästeführer und Reiseleiter Klaus Ahrendt bietet Führungen für Gruppen und Einzelpersonen durch das Oderland, die ehemaligen Festungsanlagen Küstrin, in die Warthe-Mündung, zu verschiedenen anderen Orten und Themen an. www.klaus-ahrendt.de

▸ Seelow:

Naturkost Nußschale, Puschkinpl. 7, 15306 Seelow; nur Mo–Fr 10–14 u. 15–17 Uhr. Naturkostladen mit gemütlichem Café und Kuchen im Zentrum von Seelow. www.naturkost-mol.de

Irinas Café, Puschkinpl. 18, 15306 Seelow, Tel. 03346/846299; tgl. 9–18 Uhr.

Weitere Restaurants und Cafés in der Nähe des Marktplatzes im Zentrum.

▸ Reitwein:

Am Reitweiner Sporn, Wuhdener Weg 4, 15328 Reitwein, Tel. 033601/46843; Do–Di 11.30–21 Uhr.

▸ Küstrin-Kietz:

Bäckerei Andreas Grzegorski, Oderbruchstraße 9, 15328 Küstriner Vorland, Tel. 033479/239; Di, Do, Fr 6.30–12 u. 15–17, Mi 6.30–12, Sa 6.30–11 Uhr.

▸ Unterkunft Reitwein:

Pension Gräfliche Villa, Hathenower Weg 6, 15328 Reitwein, Tel. 033601/540. www.graefliche-villa.de

Zur alten Scheune, Fischerstraße 10, 15328 Reitwein, Tel. 033601/547. www.zuraltenscheune.de

Ferienhaus Zum Weißen Hirsch, Birkenweg 7, 15328 Reitwein, Tel. 033601/5830.

▸ Unterkunft Küstrin:

Fischereihof Schneider, Kuhbrücke 23, 15328 Küstriner Vorland, Tel. 033479/54888; 1. Mai–3. Okt. tgl. ab 10 Uhr. Fischimbiss, auch Kaffee und Kuchen, Pension am Ufer der Oder. Vom Bahnhof etwa 2,5 Kilometer Richtung Nordosten. www.oderfischer.de

Gedenkstätte/Museum Seelower Höhen, Küstriner Str. 28, 15306 Seelow, Tel. 03346/597; Di–So 11–16 Uhr. Anlage und Museum wurden 1972 errichtet. Der halbrunde Eingangsbereich stellt den Befehlsstand von Marschall Schukow auf den Reitweiner Höhen nach. Die Ausstellung informiert über das Gemetzel vor den Toren Berlins im April 1945 und die Geschichte der Anlage. www.seelowerhoehen.de

Schweizerhaus Seelow, Am Schweizerhaus 1-5,15306 Seelow, Tel. 03346/4291910; Mo–Fr 9–14 Uhr. Um den Erhalt und die Rekonstruktion des Schweizerhauses kümmert sich der Heimatverein Schweizerhaus Seelow e.V. Sein Besitzer in den 1920er Jahren war der Sozialdemokrat, Pazifist, Bankier und Kunstmäzen Hugo Simon (1880–1950), der hier ein landwirtschaftliches Mustergut errichtete und tausende Besucher nach Seelow zog. Die Nazis enteigneten das Gut und zwangen Hugo Simon zur Flucht. Infotafeln geben Auskunft über die Geschichte, So 14–17 Uhr ist das berühmte Sammeltassencafé geöffnet. Es finden Veranstaltungen statt. www.heimatverein-seelow.de

Oderlandschaften

➲ Tour 15: Von Reitwein nach Frankfurt (Oder) » (26 km)*****

Kurzcharakteristik
Diese Etappe ist die letzte des Europäischen Fernwanderweges E 11 im Land Brandenburg. Sie führt am Rand der Oderniederung entlang der polnischen Ostgrenze von Reitwein Richtung Süden. Streckenweise ist sie eine der schönsten im Land, einzigartig in ganz Deutschland. Bekannt ist die Route auch als ›Wanderung zu den Adonisröschen‹. Die an den Oderhängen im Frühjahr – von Mitte April bis Anfang Mai – gelb blühenden Adonisröschen stammen aus den Steppen Asiens. Der Teppich, den die Blüten bilden, ist ein Naturereignis, zu dem jährlich Scharen von Menschen pilgern.
Hinter Reitwein durchquert man zunächst einen lichten Buchenwald und gelangt dann auf einem teilweise asphaltierten Höhenweg, der weite Blick über das Land erlaubt, in das geschichtsträchtige Lebus an der Oder. Hinter der kleinen Stadt führt der schönste Wegabschnitt entlang der und durch die Oderniederung – eine einzigartige Naturlandschaft zu Füßen der Oderhänge, die geprägt ist durch ausgedehnte Wiesen, Gewässer, Büsche und Baumgruppen. Von einem parallel verlaufenden Wanderweg oberhalb der Adonishänge öffnet sich ein weiter Blick über diese phantastische Gegend, am südlichen Horizont begrenzt durch die Silhouette von Frankfurt (Oder).
Der dritte Teil der Wanderung führt zunächst weg von der Oder ins Landesinnere, am Rand eines waldigen Sumpfgebietes und durch das winzige Dorf Wüste Kunersdorf. Hinter dem Dorf folgt ein von Büschen und kleinen Bäumen beschatteter Wanderweg dem Verlauf einer vor vielen Jahren aufgegebenen Bahnlinie durch das Oderbruch bis an den Rand von Frankfurt (Oder).
Der letzte Teil der Tour erlaubt die Bekanntschaft mit Frankfurt (Oder). Die Wanderroute führt zurück zur Oder. Entlang der Uferpromenade passiert sie die wichtigsten Kulturorte der Stadt, unter anderem die Konzerthalle, die Oderbrücke nach Słubice am polnischen Oderufer, das Kleist-Museum, hinter ihm stadteinwärts die St. Marienkirche mit ihrer wunderbaren farbigen Chorfenstern und den Oderturm. Endpunkt ist der Bahnhof der Fernbahn.
Anmerkung: Man kann diese Tour auch variieren, zum Beispiel in Küstrin-Kietz beginnen und auf den Oderdeichen zunächst bis Reitwein (11 km; Beschreibung in entgegengesetzter Richtung: siehe vorige Tour Nr. 14) und von dort nach Lebus wandern. Von Küstrin-Kietz bis Lebus sind es 21 Kilometer. Eine Rundtour durch die Oderniederung und entlang der Adonishänge (ca. 5 km) könnte diese Tour beschließen. Von Lebus fahren Busse nach Frankfurt (Oder) und Seelow. Die Bushaltestelle befindet sich an der Frankfurter Straße. Um zu ihr zu kommen, geht man vom Restaurant ›Oderblick‹ die Breite Straße hangaufwärts, biegt dann links ein in die Straße der Freiheit, geht an der Gedenkgräberstätte für die hier gefallenen sowjetischen Soldaten vorbei und gelangt zu einem Kreisverkehr auf der B 112. Die Bushaltestelle befindet sich 50 Meter links vom Kreisverkehr. Die GPS-Daten zu dieser Tour folgen dem Weg von Küstrin bis Frankfurt (Oder).
Bei Niedrigwasser – und nur bei Niedrigwasser! – ist es auch möglich, von den Adonishängen hinter Lebus auf einem Wanderweg entlang der Oderniederung und über die Oderwiesen bis nach Frankfurt zu wandern.
Teilstrecken Reitwein–Lebus (10 km), Lebus–Bahnhof Frankfurt (Oder) (16 km). Die drei Orte und der Bahnhof Küstrin-Kietz sind mit der Buslinie 969 zwischen Frankfurt (Oder) und Seelow verbunden. Daher ist diese Tour als Ganzes oder in Teilen empfehlenswert.

► Karte S. 138

Verkehrsverbindungen Reitwein/Lebus/Küstrin-Kietz: Buslinie 969, an den Wochenenden selten.
Küstrin-Kietz: Bahnverbindung RB 26 von/bis Berlin-Lichtenberg/Ostkreuz.
Frankfurt (Oder): RE 1 nach Magdeburg über Berlin und Potsdam, RB 60 nach Eberswalde Hbf., andere Bahnverbindungen, unter anderem nach Moskau und Paris.
Wegebeschaffenheit Naturbelassen 35 %, teilbefestigt 40 %, harter Belag 25 % (Ortslagen).
Wunschwege-Kategorie 1, 3, 6, 7, 9, 10, 11, 12, 13, 14, 16.
Wanderkarte Top-Stern-Karte Märkisch Oderland/Lebuser Land, mit Wanderwegen, 1:75 000, Pietruska Verlag.
Markierung Blauer Balken auf weißem Grund, unvollständig vorhanden.
Einkehr Reitwein, Lebus, Frankfurt.
Besondere Sehenswürdigkeiten ›Schukow-Bunker‹ am Reitweiner Sporn, Aussichtspunkte bei Reitwein und Lebus, Turmberg und Ausgrabungsstätte Lebus, in Frankfurt: u.a. Kleist-Museum, Rathaus, Museum ›Viadrina‹, die Kirche Sankt Marien.
Hinweise für Radfahrer Wanderwege nur streckenweise gut befahrbar. Alternativ bietet sich der parallel verlaufende Oder-Neiße-Radweg mit eigener Routenführung an.

Streckenverlauf

Von der Bushaltestelle in Reitwein sind es nur einige Schritte zur Ruine der **Stüler-Kirche** am Hang des Reitweiner Sporns. Am Feldweg, der am Hang entlang verläuft, gibt es eine Karte und Informationstafel zu den Wander- und Fahrradwegen in der Umgebung. Ein Blick auf die Karte lohnt, um sich die Orientierung zu erleichtern. Zu den Gemäuern der im April 1945 zerstörten Kirche führt hinter der Pension ›Gräfliche Villa‹ ein Weg hinauf. Es ist ein beeindruckender Ort der Stille und Vergänglichkeit.

Zwei Möglichkeiten für den folgenden Wegabschnitt am Reitweiner Sporn bieten sich an:

- Entweder man folgt der Markierung des E 11 entlang der Ostseite des Hügels auf einem Wald- und Feldweg, auf dem man mit leichter Steigung auf den Höhenzug am Reitweiner Sporn gelangt. Vom Weg zweigt ein markierter Pfad zu einem lohnenden Aussichtspunkt über die Oderniederung ab.
- Oder man geht zunächst vorbei an der Stüler-Kirche Richtung Hathenow und nimmt dann den nach links abzweigenden Weg, auf dem man den Reitweiner Sporn von Westen umgeht. Der Abzweig ist in Richtung ›Schukow-Bunker‹ ausgeschildert. Hinter dem letzten bewohnten Haus führt der Weg hinein in den Wald, zunächst parallel zu den ausgedehnten Feldern des Oderbruchs. Nach etwa 400 Metern zweigt ein Weg nach links in den Wald und hügelauf ab. Die Markie-

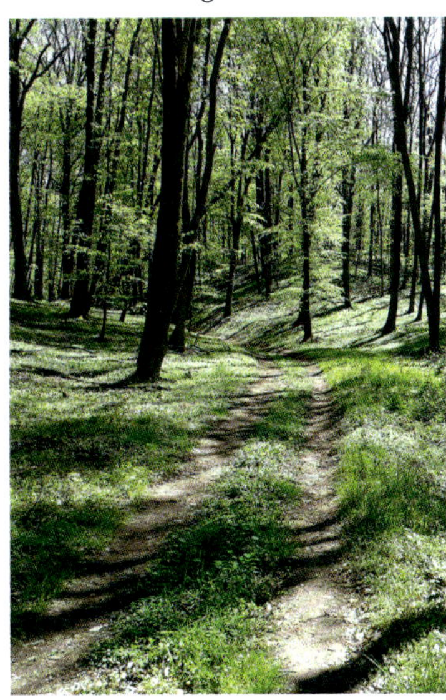

Buchenwald auf dem Reitweiner Sporn

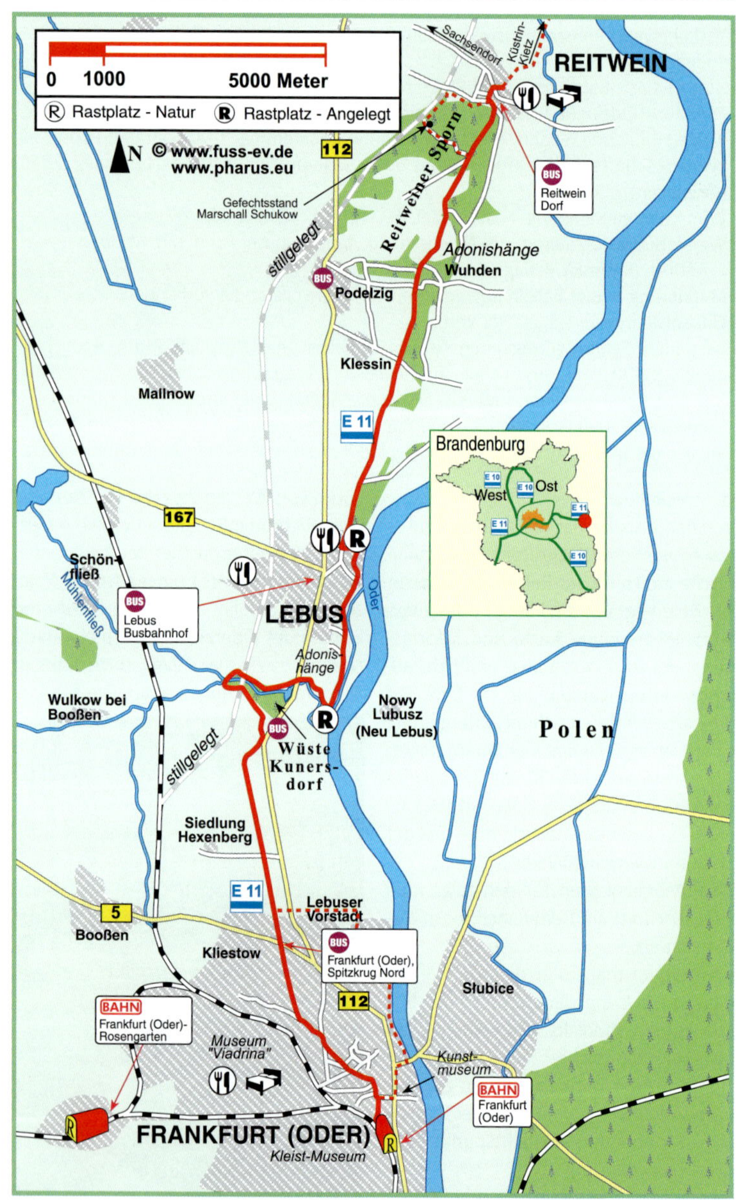

rung ist leider verloren gegangen. Doch kann man den Abzweig nicht verfehlen, denn er ist der erste nach Verlassen von Reitwein. Auf dem Weg in den Wald erreicht man den ›Schukow-Bunker‹, dessen Eingang Angehörige eines NVA-

Pionierregiments 1989 freigelegt haben. Eine Infotafel gibt Auskunft über den Ort und die Schlacht um die Seelower Höhen im April 1945. Oberhalb des Eingangs zum Bunker befinden sich die Überreste des Gefechtsstand des sowjetischen Marschalls. Der Bunker selbst ist nicht zur Besichtigung freigegeben. Ein Nachbau befindet sich im Eingangsbereich des Museums ›Seelower Höhen‹ in Seelow (→ S. 135).

Weiter führt der Weg hinauf auf die Höhe des **Reitweiner Sporns**. Dieser Streckenabschnitt durch lichten Buchenwald ist phantastisch, besonders im Frühjahr, wenn das noch junge, helle Grün der Blätter bei Sonnenschein eine beeindruckende Farbkulisse zaubert. Ist man oben angelangt, geht es weiter nach rechts, dann nach links und wieder nach links durch den Wald, bis man hier wieder auf den E 11 trifft und diesem nach rechts folgt. Von hier aus bis nach Lebus sind es noch ungefähr neun Kilometer. Der Feldweg ist zunächst noch von Laubbäumen gesäumt. Ab dem Ort Wuhden geht er in eine asphaltierte, doch kaum befahrene Nebenstraße über. Am Rand der Fahrbahn lässt es sich gut laufen – lange Streckenabschnitte durch offenes Land. Hier und da ist der Weg von Hecken und Bäumen begrenzt. Nach rechts schweift der Blick über die Felder, nach links über die meist verborgen liegende Oderniederung bis weit hinein nach Polen. Der nächste Ort nach Wuhden ist **Klessin**. Von dort bis Lebus sind es noch einmal etwa vier Kilometer.

Lebus ist ein ruhiges Städtchen. Die Siedlungsgeschichte an einer Oderfurt reicht bis in die Bronzezeit zurück. Die slawische, zum polnischen Piastenreich gehörende Burg und der Bischofssitz gerieten im 13. Jahrhundert in deutsche Hände. Zugleich begann der Aufstieg des im Jahr 1253 gegründeten Frankfurts an der Oder, die Burg und der Dom in Lebus verfielen. Im 18. Jahrhundert waren von der stolzen Feste mit ihren drei Türmen auf einer Anhöhe über der Stadt nur noch die Grundmauern erhalten. Und auch sie verschwanden bald. Während der Kampfhandlungen im Winter/Frühjahr 1945 blieb in Lebus kein Stein auf dem anderen.

Wir betreten Lebus von Norden kommend über die Neue Lindenstraße. Nach etwa 400 Metern ist der Friedhof erreicht. Im hinteren Bereich befindet sich eine Kriegsgräberstätte für die Opfer des Zweiten Weltkrieges. Von der hinteren linken Ecke des Friedhofs führt ein schmaler, steiler Pfad hinab zur Günter-Eich-Straße. Wir gehen ein paar Schritte nach rechts und schwenken dann nach links in die Schlossbergstraße ein. Diese strebt zunächst geradewegs der Oder zu, wendet sich dann nach rechts und steigt hinauf auf den Turmberg. Geradeaus geht es weiter auf den Poetensteig, der zu Füßen des Höhenzuges zur Kirche führt. Die Schlossbergstraße endet dort, wo einst die Burg die Oderfurt und die ihr zu Füßen liegende Stadt beherrscht hat. Hier befinden sich Rastplätze, Informationstafeln zu den Ausgrabungen im letzten und diesem Jahrhundert und die markierten Überreste der Grundmauern. Von einem Aussichtspunkt öffnet sich der Blick auf die Kirche von Lebus, die Dächer der kleinen Stadt und die Landschaften der Oderniederung. Von hier aus nehmen wir den Pfad und die Treppe in Richtung Kirche und von dieser zum Ufer der Oder. Bis 1945 verkehrte hier eine Fähre ans gegenüberliegende Ufer. Bemühungen, den Fährbetrieb wieder aufzunehmen, scheiterten bisher. Das Restaurant ›Oderblick‹ neben der Oderzufahrt ist der ideale Ort für eine Rast. Weiter geht es entlang der Kietzer Straße, parallel zur Oder, Richtung Süden.

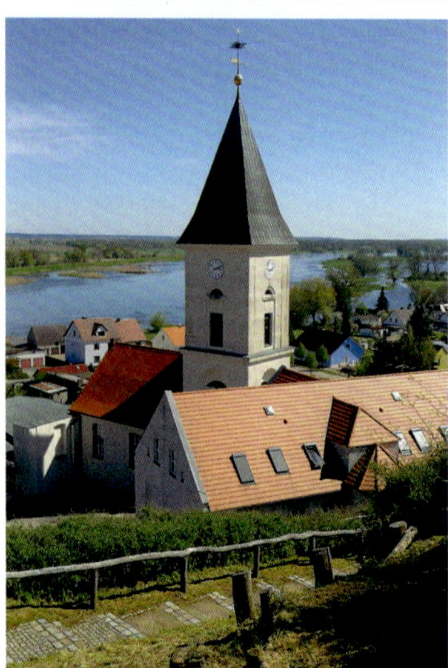

Blick über Lebus Richtung Polen

Nach etwa 300 Metern steigt die Straße – nun mit dem Namen Kietzer Berg – die Oderhöhen hinauf. Die Markierungen des Oderradwegs und des E 11 folgen dem Schwenk. Wir aber gehen weiter geradeaus und folgen dem Pfad zu Füßen der Oderhöhen. Auf diesem gelangen wir zur Oderniederung. Wo nach etwa 350 Metern eine Bank zur Rast einlädt, hat man die Wahl, dem schmalen Weg nach links zu folgen und über die Wiesen dieser einzigartigen Vogel-Wasser-Gras- und Baumlandschaft zu laufen. Nach schweren Regenfällen holt man sich hier aber nasse Füße. Deshalb kann man ebenso gut nach rechts abzweigen. Hinter dem Tor im Schutzzaun beginnt ein bequem zu laufender Feldweg zu Füßen des Höhenzuges. Er endet nach knapp zwei Kilometern an einer Raststelle.

Der Weg über die Wiesen schwenkt nach gut einem Kilometer ab in Richtung Höhenzug und mündet in diesen Weg.

▶ Karte S. 138

An der Raststelle sind sie erreicht: die ›Adonishänge‹, an denen von Mitte April bis Anfang Mai die Adonisröschen blühen. Wenige Schritte landeinwärts gelangt man über einen mit Geländern gesicherten Pfad hinauf auf den Hang. Dort befinden sich weitere Bänke. Man hat von hier aus einen phantastischen Blick auf die wunderbare Landschaft zu beiden Seiten der Oder bis nach Frankfurt (Oder). Ein Ausflug hierher lohnt sich nicht nur zur Zeit der Adonisröschen-Blüte. Die Landschaft zeigt sich zu jeder Jahres- und Tageszeit in neuem, mal lieblichen, dann wieder melancholischem oder dramatisch drapiertem Gewand.

Von der Raststelle mit Informationstafeln kann man nun bei Niedrigwasser entlang der Oder und über die Oderwiesen bis Frankfurt wandern.

Die Gestalter des E 11 aber taten gut daran, den bisherigen Highlights noch einige weitere hinzu zu fügen und sich nicht auf niedrige Wasserstände zu verlassen. Der E 11 kehrt an der Raststelle der Oder den Rücken und setzt sich landeinwärts fort. Der blaue Balken auf weißem Grund taucht nun wieder auf, ebenso wie Hinweisschilder in verschiedene Richtungen. Gen Norden sind es von hier aus bis Reitwein 13,1 Kilometer und bis Lebus 3,2 Kilometer. Wir aber gehen westwärts, überqueren nach etwa 500 Metern die B 112 zwischen Frankfurt (Oder) und Lebus und setzen an der gegenüberliegenden Straßenseite den Weg in gleicher Richtung fort. Links liegt der kleine **Kunersdorfer See**. Der Weg führt zunächst an einer Waldlichtung mit Apfelbäumen entlang und unterquert dann eine still gelegte Eisenbahnlinie durch das Oderbruch. Zur Linken erstreckt sich ein faszinierendes **Waldsumpfgebiet**, in dem es die Bäume schwer haben, sich im wassergetränkten Boden zu behaupten. Die Bahn überquert das schmale Luch in beträchtlicher Höhe. Das sieht in dieser Landschaft dramatisch aus. Der Gegensatz zu den weiten Oderniederungen könnte kaum größer sein.

Der Wanderweg umrundet das Luch und unterquert die ehemalige Bahnlinie erneut. Hinter der Bahn verbirgt sich das Dorf **Wüste Kunersdorf**, das, anders als der Name vermuten lässt, in üppige Gärten getaucht ist. Am Ende des Dorfes biegen wir nach rechts in einen Feldweg ab und gelangen auf diesem zur B 112. Kurz vor Erreichen der Bundesstraße zweigt nach rechts ein Feldweg ab, der von der Fernstraße weg ins offene Feld führt. Diesem folgen wir etwa 500 Meter bis zu einer von Bäumen und Buschwerk gesäumten Schneise durch die Felder, durch die nach links ein Pfad in Richtung Süden verläuft. Dies ist die ehemalige Bahnstrecke, die wir bereits zwei Mal unterquert haben. Schienen, Gleisbett und Schwellen wurden sämtlich entfernt. Dem wunderbar zu laufenden, schattigen Pfad folgen wir zum Ort **Kliestow** am Stadtrand von **Frankfurt (Oder)**.

Wir können nun geradeaus bis zur B 5 gehen, diese überqueren, einige Schritte nach rechts gehen und dann den nach links abzweigenden Weg entlang der still gelegten Bahnstrecke bis zur Straße Am Klingetal fortsetzen. Dieser folgen wir in einem Linksschwenk bis zum Botanischen Garten, gehen nach rechts in die Lienaustraße, dann nach links in die Luisenstraße und von dieser nach rechts in die Humboldtstraße, die in die Fürstenwalder Straße mündet. Diese überquert nach links auf der Thälmann-Brücke die Leipziger Straße, wird hinter ihr zur Ernst-Thälmann-Straße und setzt sich als Heilbronner Straße fort. Von der Heilbronner Straße zweigt nach etwa 250 Metern die Bahnhofstraße ab, auf der wir zum Bahnhof gelangen.

Alternativroute: entlang des Oderufers

Wir können aber auch – wenn Kraft und Neugier es zulassen – einen anderen Weg nehmen. Nach Erreichen von Kliestow überqueren wir geradeaus eine Wiese und gehen hinter dieser nach links in den Sandfurt-Weg in Richtung der B 112. Diese überqueren wir und setzen unseren Weg auf dem Ragöser Talweg fort. Dieser mündet in die Kliestower Straße, der wir nun nach rechts folgen. Nach etwa 750 Metern zweigt nach links die Straße Am Schlachthof ab. Wir nehmen sie und stoßen nach etwa 400 Metern auf den Mittelweg, in den wir nach rechts abbiegen. Der Mittelweg geht in die Straße Am Winterhafen über. Diese bringt uns zur **Oderpromenade**, der wir nun bis ins Stadtzentrum folgen. Am Weg liegen interessante Orte: die Kulturmanufaktur Gerstenberg, die Konzerthalle Carl Philipp Emanuel Bach, die Oderbrücke nach Słubice, das Museum ›Viadrina‹, das Kleist-Museum, hinter ihm stadteinwärts das Rathaus und die St. Marienkirche mit ihren wunderbaren farbigen Chorfenstern. Von der Marienkirche sind es nur wenige Schritte bis zum Brunnenplatz am Oderturm. Vom **Oderturm** gehen wir über die Heilbronner Straße, vorbei am verfallenden ehemaligen Lichtspieltheater der Jugend, bis zur nach links abzweigenden Bahnhofstraße, entlang derer wir in wenigen Minuten am Bahnhof sind.

Bleibt man hinter dem Kleist-Museum am Ufer, ist die **Insel Ziegenwerder** ein lohnenswertes weiteres Ziel. Einst ließen die Frankfurter Fischer hier ihre Ziegen grasen. Später öffneten zwei Oderstrandbäder. Im Jahr 2003 wichen sie der Umgestaltung der Insel in einen wunderbaren Landschaftspark mit Baumriesen, Blu-

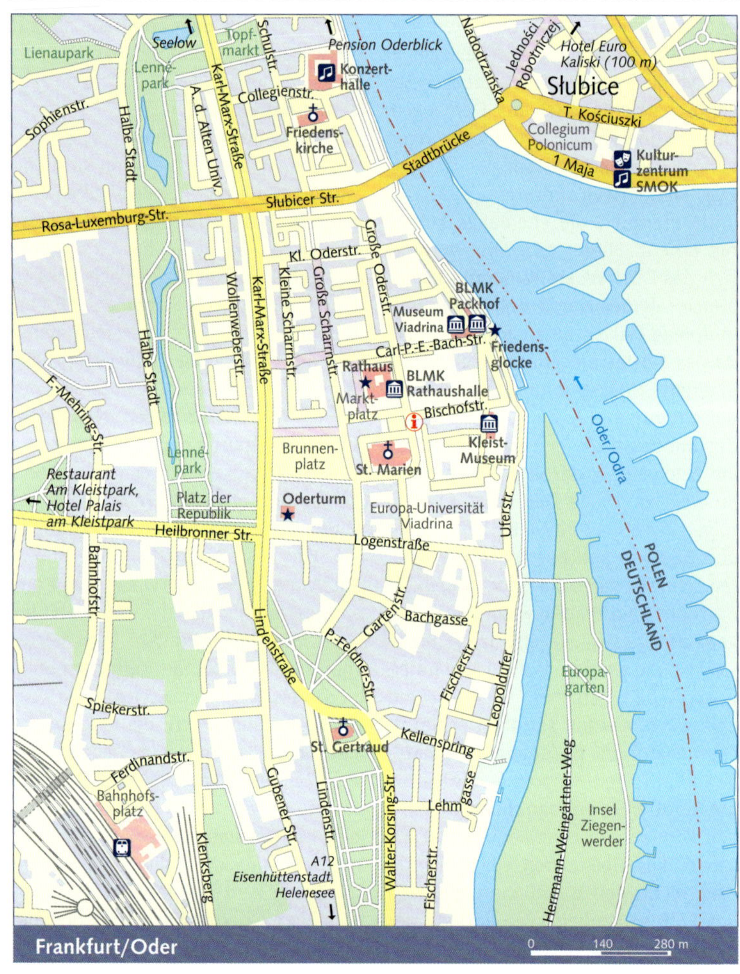

menrabatten, Promenaden, schmalen Wasserläufen, einem Heckentheater mit Gastronomie, einem Panoramakino und einem Abenteuerspielplatz.

Vom Südzipfel der Insel gelangt man entlang des Hermann-Weingärtner-Weges zum Anger-Park und weiter, vorbei am Gertraudenplatz und der Gertraudenkirche, zum **Oderturm**. Hinter dem Oderturm erstreckt sich der Brunnenplatz, von wo aus man zu den oben beschriebenen sehenswerten Orten gelangt.

Wie oben beschrieben ist es von hier aus nicht mehr weit bis zum Bahnhof.

i Tour 15

Deutsch-Polnische Tourist-Information, Große Oderstraße 29, 15230 Frankfurt (Oder), Tel. 0335/6100800; Mo–Fr 9–17, Sa 10–14 Uhr. Alle wichtigen Informationen und Termine zu kulturellen und anderen Veranstaltungen: www.frankfurt-slubice.eu/de

▸ Reitwein:

Am Reitweiner Sporn, Wuhdener Weg 4, 15328 Reitwein, Tel. 033601/46843; Do–Di 11.30–21 Uhr, Mi geschlossen.

▸ Lebus:

Restaurant Oderblick, Kietzer Str. 22, 15326 Lebus, Tel. 033604/449449; Di–So 11–22 Uhr, Mi geschlossen. Phantastische Lage, gutes Essen, Innen- und Außenbereich. Will man hier um die Mittagszeit einkehren, ist eine Reservierung ratsam. www.restaurant-oderblick.de

Anglerheim an der Oder, Oderstraße 16, 15326 Lebus, Tel. 033604/5691; tgl. 11.30–18 Uhr. Die Oderstraße verläuft parallel zur Oder Richtung Norden. Vom Restaurant Oderblick bis hierher sind es etwa 350 Meter. Auch hier besticht die Lage am Ufer der Oder. Mit Terrasse.

Cafe und Ferienhaus Müller, Frankfurter Str. 2, 15326 Lebus, Tel. 033604/221; tgl. 12.30–18 Uhr. Nur einige Schritte entfernt von der Bushaltestelle (s.o.), an der B 112 Richtung Frankfurt. Gutes Eis und guter Kuchen.

▸ Frankfurt (Oder): In Frankfurt gibt es eine ganze Reihe von Restaurants und Cafés. Empfehlenswert sind unter anderen:

Taverna Athos, Hanewald 9, 15230 Frankfurt (Oder), Tel. 0335/50088633; Mo 16.30–21, Di geschlossen, Mi–Fr 16.30–21, Sa/So 12–21 Uhr. Südlich der Oderbrücke nach Słubice, am Ufer der Oder mit großer Terrasse. Beliebtes griechisches Restaurant mit hervorragender Küche.

Kaffeehaus Rösterei Gränz Kaffee Im Packhof Am Packhof 1, 15230 Frankfurt (Oder), Tel. 0335/50097902; Fr–So 13–18 Uhr. Kaffee, Kuchen und Eis. Gute Qualität hat ihren Preis. Am Museum Viadrina, nur einige Dutzend Meter von der Taverna Athos am Oderufer Richtung Süden.

In der Nähe des Brunnenplatzes, vor allem in der Großen Scharrnstraße, befinden sich weitere Cafés und Restaurants.

Kulturmanufaktur Gerstenberg, Ziegelstraße 28A, 15230 Frankfurt (Oder), Tel. 0335/86949943. Interessanter Theater- und Veranstaltungsort im Maschinenraum einer ehemaligen Möbelfabrik. Nördlich der Oderbrücke nach Słubice.

Konzertsaal des Brandenburgisches Staatsorchesters Frankfurt, Lebuser Mauerstraße 4, 15230 Frankfurt (Oder), Tel. 0335/5527300. Wunderbarer Konzertsaal in der Kirche eines ehemaligen Franziskaner-Klosters und einem dazu gehörigen Neubau nördlich der Oderbrücke nach Słubice. Das Orchester gehört zu den besten im Land Brandenburg und hat sich mit Gastspielen auch international einen guten Ruf erworben. www.bsof.de

Museum Viadrina, Carl-Philipp-Emanuel-Bach-Straße 11, 15230 Frankfurt (Oder), Tel. 0335/401560; Di–So 11–17 Uhr. Museum zur Stadt- und Regionalgeschichte, ca. 200 Meter südlich der Oderbrücke. www.museum-viadrina.de

Kleist-Museum, Faberstraße 6–7, 15230 Frankfurt (Oder), Tel. 0335/3872210; Di–So 10–18 Uhr. In der Nähe des Museum Viadrina. Heinrich von Kleist (1777–1811) wurde in Frankfurt geboren. Den ›Rätseln, Kämpfen und Brüchen‹ seines Lebens ist die Ausstellung gewidmet. Eingerichtet wurde das Museum 1969 im Gebäude der ehemaligen Garnisonschule, 2013 erhielt es einen Anbau zur Seite gestellt. www.kleist-museum.de

St.-Marien-Kirche Oberkirchpl. 1, 15230 Frankfurt (Oder). St. Marien ist eine Klosterruine. Wie fast die gesamte Innenstadt fiel die Kirche in den letzten Kriegstagen Bränden zum Opfer. Die wunderbaren Glasmalereien der mittelalterlichen Chorfenster waren schon 1943 zum Schutz vor Bombenangriffen nach Potsdam ausgelagert worden. Von dort aus gelangten sie 1946 in die Eremitage nach Petersburg, wo sie restauriert wurden und nach dem Einbau und weiteren Restaurationsarbeiten seit 2009 ihre Pracht wieder entfalten. www.st-marien-ffo.de

›Märkische Heide, märkischer Sand‹: Der Fläming verkörpert das bekannte Wort in besonders typischer Weise. Langweilig ist die sanft gewellte in Landschaft aber keineswegs. Geschickt gewählte Wegführungen der Wanderwege verbinden überraschend vielfältige Gebiete miteinander. Ein Highlight par excellence sind die Kunstwanderwege zwischen Bad Belzig und Wiesenburg. Das attraktive Ende dieser überhaupt sehr lohnenswerteren Wanderserie bildet ein Abstecher entlang der Elbe zum berühmten Wörlitzer Park.

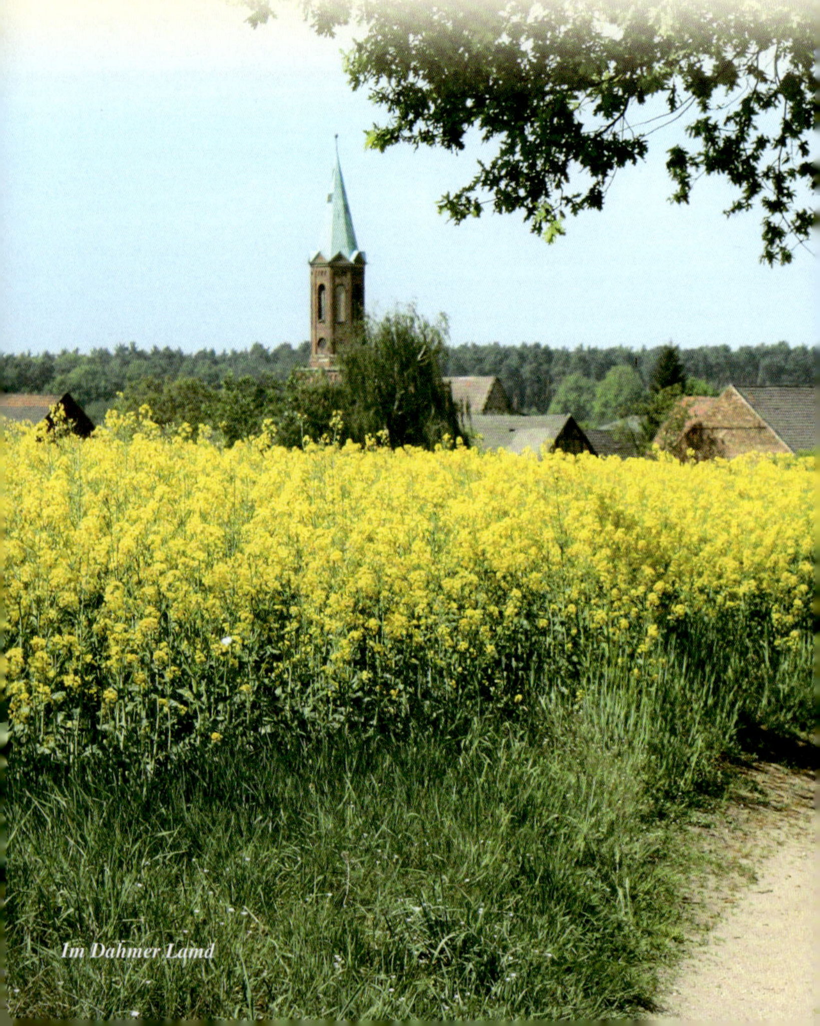
Im Dahmer Land

VON POTSDAM DURCH DEN FLÄMING AN DIE ELBE

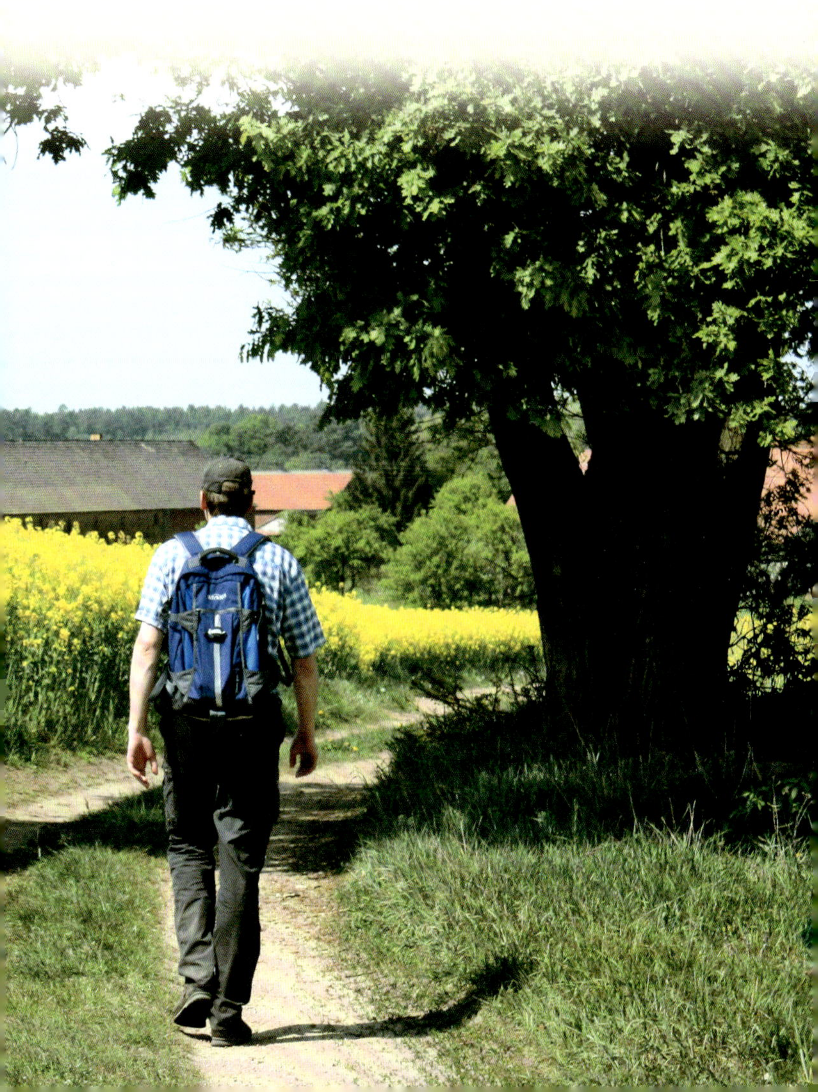

In der Seenlandschaft Potsdams

Tour 16: Von Potsdam nach Ferch-Lienewitz » (16 km)****

Kurzcharakteristik
Diese Tour ist eine der besten im nahen Umland von Potsdam und Berlin. Der fünfte Stern in der Bewertung fehlt nur wegen der unvermeidlichen Straßenanteile - im Dorf Caputh, etwa einen halben Kilometer auf einem Fahrradweg entlang einer Landstraße, und durch einen Vorort von Potsdam vor Erreichen des Hauptbahnhofs. Außerhalb der Orte aber führen die durchweg gut markierten Wege durch ausgedehnte, abwechslungsreiche Mischwälder und entlang der Ufer von vier Seen.
Eine ausgewogene Ergänzung zur Natur sind die kulturellen Beigaben: eine im Land Brandenburg beliebte kleine Brauerei mit Restaurant am Templiner See, das Sommerhaus von Albert Einstein sowie Schloss und Park Caputh.
Beginnt man die Tour in Potsdam, ist der Endpunkt der Bahnhof Ferch-Lienewitz, ein einsam gelegenes Bahnwärterhäuschen inmitten des Waldes ohne Gastronomie. Da die Züge von dort an den Wochenenden nur alle zwei Stunden verkehren, empfiehlt es sich, die Tour dort zu beginnen und bis Potsdam zu wandern. Nach etwa einer Stunde Fußweg durch den Wald trifft man am Großen Lienewitzsee auf eine wunderbare Badestelle. Weiter geht es durch ein ausgedehntes Waldgebiet bis Caputh, von dort auf einem Höhenweg über dem Ufer des Templiner Sees bis nach Potsdam.
Beginnt man die Tour in Potsdam und läuft hinter dem Bahnhof Ferch-Lienewitz weiter bis Ferch (etwa 3,5 Kilometer), findet man dort verschiedene Gasthäuser und ein Strandbad am Schwielowsee. Von Ferch fahren Busse (Linie 607) über Caputh bis in die späten Abendstunden zum Potsdamer Hauptbahnhof.
Eine weitere Option wäre, in Ferch zu übernachten und am nächsten Tag auf dem E 11 bis Lehnin weiter zu wandern.
Teilstrecken Potsdam-Hauptbahnhof–Caputh (9 km), Caputh–Ferch-Lienewitz (7 km).
Verkehrsverbindungen Potsdam: regelmäßige S-Bahn-, Bus- und Bahnverbindungen in alle Richtungen.
Caputh: Bus- und Bahnverbindung von und nach Potsdam.
Ferch-Lienewitz: Regionalbahn (RB 23) zwischen Potsdam Hauptbahnhof und Michendorf über Caputh-Geltow.
Fähre Caputh-Geltow: April–Nov. 6–22 Uhr, Dez.–März 6–20 Uhr. Tel. 0173/2450379, www.faehre-caputh.de
Wegebeschaffenheit Naturbelassen 50 %, teilbefestigt 30 %, harter Belag 20 %.
Wunschwegkategorie 2, 3, 4, 5, 7, 8, 10, 12, 21a.
Wanderkarten Radwander- und Wanderkarte Potsdamer Havelseen, Blütenstadt Werder und Umgebung, 1:35 000, Verlag Dr. Barthel; Topographische Karten Brandenburg, Potsdam und Umgebung; 1:50 000, Landesvermessung und Geobasisinformation Brandenburg; Potsdam-Havelseen, Ketzin-Werder-Kloster Lehnin: Rad- und Wanderkarte mit Ausflugszielen, Einkehr- und Freizeittipps, 1:50 000, publicpress.
Markierung Blauer Balken auf weißem Grund (E 11) und Blauer Punkt (66-Seen-Weg); der Verlauf beider Strecken ist zu großen Teilen identisch.
Einkehr Braumanufaktur am Templiner See, Caputh, Ferch.
Unterkunft Potsdam, Caputh, Ferch.
Hinweise für Radfahrer Die Wanderroute eignet sich nicht zum Radfahren. Eine Alternative ist der Radweg F 1 mit Start- und Endpunkt in Potsdam, der den Schwielowsee und den Templiner See umrundet.

▸ Karte S. 147

Streckenverlauf

Der Bahnhof Ferch-Lienewitz liegt mitten im Wald; es gibt keine Gaststätte, keinen Ort zum Verweilen in unmittelbarer Nähe. Wählt man den Bahnhof als Endpunkt der Tour, sind längere Wartezeiten bis zur Rückfahrt, hat man gerade einen Zug verpasst, unvermeidlich. Bis Ferch (→ nächstes Kapitel) ist es nicht weit, von dort fahren stündlich Busse, sodass bei entsprechendem Wetter, Kondition und Präferenzen natürlich auch nichts dagegen spricht, die Tour am Hauptbahnhof von Potsdam zu beginnen. Und dennoch: So oft wir die Tour auch schon gelaufen sind, hat sich der Bahnhof Ferch-Lienewitz als Ausgangspunkt der Wanderung immer als gute Wahl erwiesen.

Vom Bahnhof Ferch-Lienewitz folgt man zunächst einige hundert Meter der mäßig befahrenen Landstraße nach links, Richtung Autobahnauffahrt. Bevor diese erreicht ist, geht es hinter dem Forstamt Lienewitz nach links auf einer kopfsteingepflasterten Straße in den Wald hinein. Hier vereint sich der E 11 mit dem 66-Seen-Weg. Letzterer ist mit einem blauen Punkt auf weißem Grund

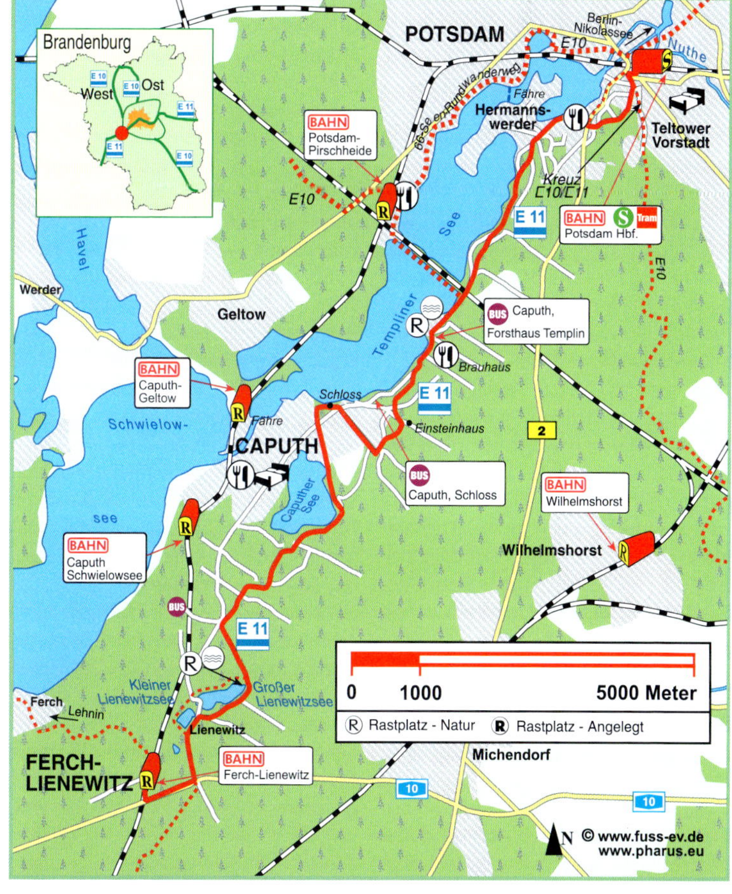

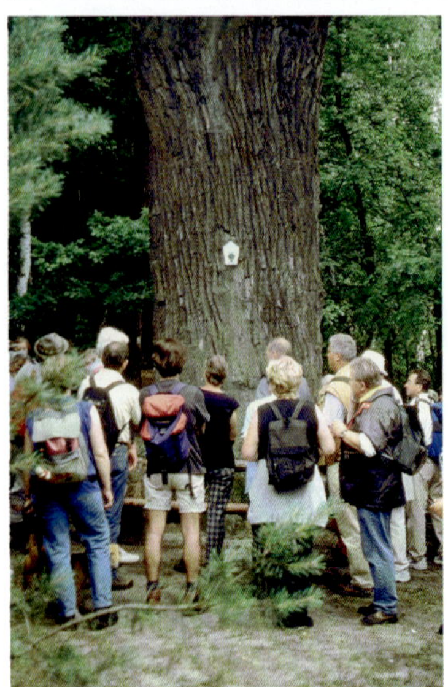

An einer alten Eiche am Lienewitzsee

gekennzeichnet. Der blaue Balken und der blaue Punkt markieren die Strecke zuverlässig. Hier und da werden sie von anderen Markierungen (gelb, grün und rot) lokaler Wanderwege ergänzt, die ignoriert werden können.

Nach etwa 300 Metern zweigt nach links ein Weg zum **Kleinen Lienewitzsee** ab. Es lohnt sich unbedingt, den See von seiner Nordwest- (linken) und nicht wie ausgeschildert von seiner Südostseite zu umwandern, denn in unmittelbarer Nähe des Nordwestufers befindet sich eine der imposantesten alten Eichen des Landes, ein Naturdenkmal, wie es nur wenige in Deutschland gibt.

Auch den folgenden See, den von einer Landenge mit einigen Häuschen getrennten **Großen Lienewitzsee**, genießt man am besten auf schmalem Uferpfad an seinem nördlichen - dem in Wegrichtung linken – Ufer. Nach langen Regenfällen mag dieser Pfad matschig sein und deshalb schwerer passierbar, lohnt sich aber dennoch. Nur wer nicht allzu gut zu Fuß ist, sollte – den Markierungen folgend – den bequemeren Weg nehmen, der am gegenüberliegenden Ufer verläuft, meist in einigem Abstand von diesem. Wo Pfad und Weg sich treffen, am schmaleren Nordostufer, befindet sich ein ausgedehnter gemütlicher Sandstrand - ein wunderbarer Rast- und Badeort, den ältere und auch einige sehr alte Bäume säumen.

Mit dem Rücken zum See geht es weiter halblinks in den Wald hinein. Bis **Caputh** ist der Weg bestens ausgeschildert und markiert. Man kann sich nicht verlaufen. Gut drei Kilometer sind es bis zum Ostufer des Caputher Sees. Der Wanderweg geht in die Seestraße über, auf der man geradewegs bis zum **Schloss Caputh** gelangt. Es ist das älteste erhalten gebliebene Lustschloss aus der Zeit des Großen Kurfürsten Friedrich Wilhelm von Brandenburg (1620–1680). Zu DDR-Zeiten beherbergte es eine Berufsschule, in den 1990er Jahren wurde es aufwendig restauriert. Einige Räume vermitteln heute wieder einen Eindruck von barocker Pracht. Die rückseitige Fassade blickt zum Templiner See, einem der vielen Havelseen. Zwischen Schloss und See liegt ein kleiner, in Anlehnung an einen Plan von Lenné geschaffener **Park** mit einem herrlichen Altbaumbestand. Im Park – rechter Hand – empfiehlt sich das gediegene Kavalierhaus, ein Restaurant mit Terrasse in Wassernähe.

Geht man vom Park in Ufernähe etwa einen Kilometer in westlicher Richtung, kommt man zur Fähre Caputh-Geltow; ganz in der Nähe gibt es einige beliebte Restaurants und Cafés. In Geltow befindet sich die Bahnstation Richtung Potsdam und Michendorf (RB 23). Auf gleichem Weg in Ufernähe oder entlang der Straße der Einheit gelangt man zurück zum Schloss. Gegenüber dem

▸ Karte S. 147

Haupteingang residiert das Kultur- und Tourismusamt.

Vom Schloss geht es weiter in Richtung Potsdam entlang der Lindenstraße und somit parallel zum Ufer des **Templiner Sees** in Richtung Osten. Nach etwa 200 Metern teilt sich die Straße. Wir bleiben auf der sich halbrechts fortsetzenden Lindenstraße. Nach weiteren gut 200 Metern verlassen wir diese nach links in die Rosenstraße und gehen bis an den Waldrand. Dort geht es weiter nach links, den nun wieder regelmäßigen Markierungen von E 11 und 66-Seen-Weg folgend. Die Strecke ist bis zum **Einsteinhaus** ausgeschildert.

Am Hang über Caputh besaß Albert Einstein von 1929 bis 1933 ein Sommerhäuschen, das ein junger, ehrgeiziger Architekt nach eigenen Ideen und den Wünschen Einsteins entworfen hatte. Einstein bezeichnete Haus und Ort als sein ›Paradies‹. Vier Jahre nach dem Bau musste er Deutschland verlassen. Heute wird sein Haus vom Einstein-Forum verwaltet und als Veranstaltungsort für Workshops und Seminare genutzt. An den Wochenenden und Feiertagen steht es Besuchern eingeschränkt zur Besichtigung offen.

Weiter geht es entlang des Hanges, parallel zum Ufer des Templiner Sees auf gut markierten Waldpfaden bis zur **Braumanufaktur Forsthaus Templin**. An der gegenüberliegenden Straßenseite befindet sich in östlicher Richtung der Zugang zum Waldbad Templin auf einer Landnase, die in den See reicht.

In Richtung Potsdam wandern wir nun etwa 500 Meter auf dem Fahrradweg entlang einer mäßig befahrenen Straße. Vor der Eisenbahnbrücke zweigt der 66-Seen-Weg nach links ab, der E 11 unterquert geradeaus die Brücke. Nach weiteren 150 Metern überqueren wir die Straße zum Ausgangspunkt des Höhenweges, auf dem wir – der Markierung des E 11 und anderen Markierungen folgend – durch einen Wald bis an den Rand von Potsdam gelangen. Dabei eröffnen sich zu Beginn des Weges noch Blicke auf das Gewässer.

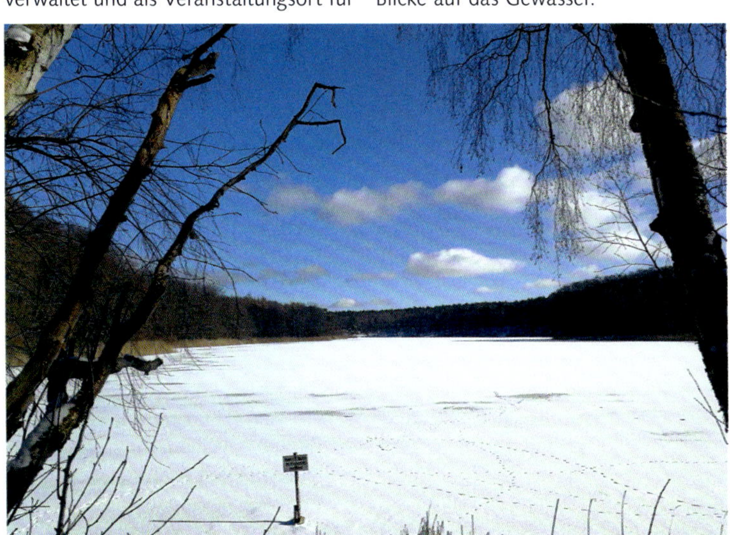

Blick über den Großen Lienewitzsee zum Nordufer

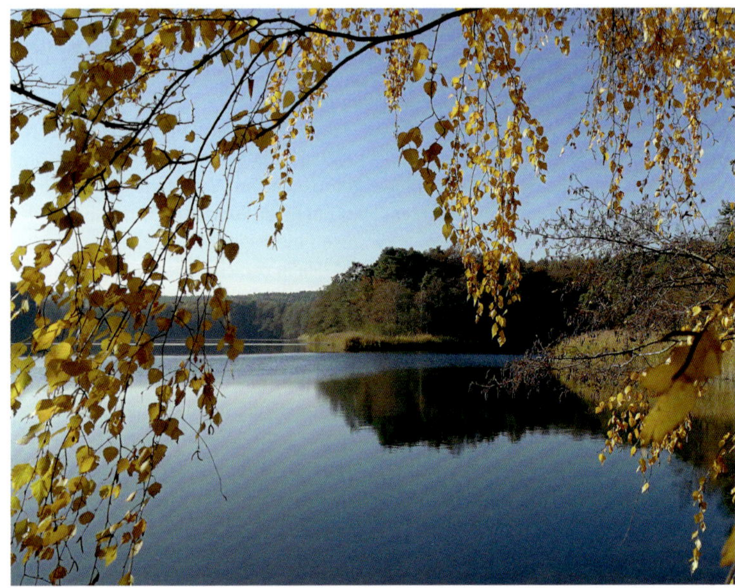

Herbstromantik bei Ferch

Nach etwa drei Kilometern erreichen wir wieder die Templiner Straße nach Caputh, wo sich gegenüber der Zugang zur Halbinsel Hermannswerder von Potsdam befindet. Wir überqueren die Templiner Straße und biegen einige Schritte weiter von dieser nach links in die Straße Alter Tornow ein. Diese führt auf die Halbinsel und endet an der Fähre zum Nordufer der Havel. Man kann, um in die Innenstadt von Potsdam zu kommen, auch die Fähre benutzen. Sie fährt alle 15 Minuten bis in die frühen Abendstunden.

Schneller gelangt man zum Hauptbahnhof, wenn man - nachdem man auf dem Alten Tornow ein schmales Gewässer überquert hat –, nach rechts in Richtung Havelufer abbiegt und dort dem Uferweg nach rechts bis zur Leipziger Straße folgt. In diese biegt man nach links ein. Zwischen ihr und der Havel erstreckt sich das Gelände des Wasserwerkes. Hinter diesem bietet es sich an, die Leipziger Straße zu verlassen und den Weg durch ein unter Einbeziehung der Hofbrauerei teils restauriertes, teils neu errichtetes, architektonisch sympathisch gestaltetes Wohnviertel an der Havel fortzusetzen. Automatisch wird man dann durch die Wegführung zur Leipziger Straße zurückgeleitet. Über sie erreicht man den Hauptbahnhof.

Der letzte hier beschriebene Teil der Tour vom Zugang auf die Halbinsel Hermannswerder bis zum Hauptbahnhof entspricht nicht dem Streckenverlauf des E 11. Dieser folgt der Templiner Straße bis zum Brauhausberg, wendet sich von dort nach links, verläuft ein Stück parallel zum Brauhausberg entlang der Straße Am Havelblick bis zum Findling am Kreuzpunkt der beiden Europawege E 10 und E 11 (→ Tour 5, S. 64). Von dort aus ist der Hauptbahnhof schon in Sichtweite.

▶ Karte S. 147

Tour 16

In Potsdam gibt es zwei **Tourismusinformationen**:

▸ in den Bahnhofspassagen Hauptbahnhof (mobiagentur), Tel. 0331/27558899; Mo–Fr 9–18, Sa 9–17, So 9.30–15 Uhr;

▸ Touristinformation am Alten Markt, Humboldtstraße 1, Tel. 0331/27558899; Mo–Fr 9–18, Sa 9–17, So 9.30–15 Uhr; telefonischer Service tgl. 9–19, Sa/So 9–15 Uhr: Tel. 0331/27558899.

Kultur- und Tourismusamt Schwielowsee in Caputh, Straße der Einheit 3, 14548 Schwielowsee; Mo–Fr 10–16, Sa 10–14 Uhr, Tel. 033209/70899. Gegenüber dem Eingang zum Schloss Caputh. www.schwielowsee-tourismus.de

▸ Caputh:

Kavalierhaus Caputh, Lindenstraße 60, 14548 Schwielowsee, Tel. 033209/84630; So 11–15 Uhr Brunch, 15–18 Uhr Kaffee und Kuchen, kleine Speisekarte. Beliebtes Café-Restaurant an der Ostseite des Schlossparks, Terrasse mit Blick auf den Templiner See, märkische und internationale Küche. www.kavalierhaus-caputh.de

Restaurant Brandenburg/Fährhaus Caputh, Straße der Einheit 88, 14548 Schwielowsee, Tel. 033209/70203; tgl. 12–21 Uhr. Gemütliche Gaststätte mit Biergarten und Terrasse an der Fähre Caputh-Geltow. Fisch- und Fleischgerichte, selbstgebackener Kuchen. www.faehrhaus-caputh.de

Café Heimath, Straße der Einheit 86, 14548 Schwielowsee, Tel. 033209/848075; Mi–So 10–17 Uhr. Einige Schritte von der Fähre. Winziges Kaffee mit leckerem Kuchenangebot. www.remiseamsee.de

Pizzeria Portofino, Weinbergstraße 2, 14548 Schwielowsee, Tel. 033209/21656; tgl. 12–22 Uhr. Ebenfalls nur einige Schritte von der Fähre entfernt, mit Biergarten. Der Name ist Programm: italienische Küche vom Feinsten. www.portofinocaputh.de

Café Traumschaum, Weinbergstraße 86, 14548 Schwielowsee; Di–Fr 11–18, Sa/So 11–17 Uhr. Etwa 400 Meter von der Fähre entfernt. Kleines Café mit Selbstbedienung, phantastischem Kuchenangebot und einer begrenzten Zahl an Sitzplätzen im Freien.

▸ Templiner See:

Braumanufaktur Forsthaus Templin, Templiner Str. 102, 14473 Potsdam, Tel. 033209/217979; Mi–So 11-21 Uhr. Beliebtes rustikales Restaurant mit regionaler Küche und phantastischen Bio-Bieren aus der eigenen Brauerei. www.braumanufaktur.de

▸ Potsdam:

In Potsdam gibt es viele interessante Restaurants, die hier aufzuzählen den Rahmen sprengen würde. An der Strecke:

Gaststätte Alter Tornow Alter Tornow 1, 14473 Potsdam, Tel. 0331/2012487; Mi–So 12–19 Uhr. Auf der Halbinsel Hermannswerder, in der Nähe des Havelufers. Einfache Gerichte.

Café Kaffeeklatsch, Templiner Str. 1, 14473 Potsdam (Ecke Leipziger Straße), Tel. 0331/88716309; Di–Fr 8–16, Sa/So 8–12 Uhr. Ein durchaus lohnenswerter Ort für ein zweites Frühstück, wenn man die Tour in Potsdam beginnt. www.kaffeeklatsch-potsdam.de

!

Einsteinhaus Am Waldrand 17, 14548 Schwielowsee, Tel. 0331/271780; Sa/So 10–18 Uhr bzw. nach vorheriger Anmeldung. www.einsteinssommerhaus.de

Schloss Caputh, Str. der Einheit 2, 14548 Schwielowsee, Tel. 033209/70345; Di–So 10–17.30 Uhr. www.spsg.de/schloesser-gaerten/objekt/schloss-park-caputh

Heimathaus Caputh, Krughof 28, 14548 Schwielowsee, Tel. 033209/71422; Ostern–Sept So 14–18 Uhr (Kaffee und Kuchen) oder nach Vereinbarung. Westlich des Schlossparks, vom Westausgang des Parks am ersten Straßenabzweig nach links. Gebäude des Heimatvereins. www.heimatvereincaputh.de

Wo der Spargel wächst

➲ Tour 17: Von Ferch-Lienewitz nach Kloster Lehnin » (21 km)****

Kurzcharakteristik
Diese abwechslungsreiche Tour verläuft zumeist durch ausgedehnte Waldlandschaften. Vom Aussichtsturm des 124 Meter hohen Wietkikenbergs hat man einen phantastischen Weitblick über die Wälder und Seen südwestlich von Potsdam, bei klarer Sicht bis zur Skyline von Berlin. Im Dorf Ferch zu Füßen der Erhebung am Ufer des Schwielowsee befinden sich ein Badestelle, mehrere Restaurants, eine sehr angenehm zu laufende Uferpromenade und in Nähe des Wanderweges einige interessante Orte, die einen Besuch lohnen.
Von Ferch geht es westwärts durch Kiefernwald bis zu den Spargelfeldern von Klaistow, einem Dorf in der Nähe von Beelitz. Aus dieser Gegend kommt der berühmte Beelitzer Spargel, der trockene Böden, warme Frühlingstage und wenig Wasser liebt. Angebaut wird er in der Region seit 1861, für den Großhandel nunmehr auf riesigen Flächen und unter Plastikplanen. Wanderarbeiter, vornehmlich aus Rumänien, im Jahr 2021 auch erstmals aus Georgien, stechen ihn. Der Spargel- und Erlebnishof Klaistow am Rand der Spargelfelder ist seit vielen Jahren ein beliebtes Ausflugsziel, vor allem für Kinder.
Der Wanderweg führt an den Spargelfeldern vorbei und taucht dann erneut in den Kiefern- und Mischwald ein. Verträumt, unbebaut und nicht mit dem Auto erreichbar liegen der Kolpinsee und der Schampsee am Weg. Beide laden zur Rast und zum Baden ein, ebenso wie der Klostersee in Lehnin.
Die Wanderung endet am ehemaligen Zisterzienserkloster Lehnin, eine der bekanntesten Sehenswürdigkeiten des Landes Brandenburg. Eine Besichtigung der restaurierten Gebäude und ein Spaziergang über das historisch für die gesamte Region zwischen Havel und Oder bedeutsame Gelände beschließt diese Tour.
Die Höchstwertung verpasst sie nur knapp, weil bei Redaktionsschluss die Markierung nicht durchgängig absolut sicher war. Ansonsten entspricht sie den höchsten Anforderungen eines Qualitätswanderweges gemäß den Richtlinien des Deutschen Wanderverbandes.
Teilstrecken Ferch-Lienewitz–Ferch (3 km), Ferch–Klaistow (6 km), Klaistow–Lehnin Kloster (12 km).
Verkehrsverbindungen Ferch-Lienewitz: Bahnverbindung (RB 23) von und nach Potsdam (am Wochenende im 2-Stunden-Takt).
Ferch: Busverbindung nach Caputh und Potsdam (Linie 607).
Klaistow: Busse Richtung Werder und Beelitz (Linie 641).
Lehnin: regelmäßige Busverbindungen zu den Bahnhöfen der Regionalzüge in Potsdam, Brandenburg/Havel, Beelitz Heilstätten und Bad Belzig.
Wegebeschaffenheit Naturbelassen 50 %, teilbefestigt 35 %, harter Belag 15 %.
Wunschwegkategorie 2, 4, 5, 8, 9, 10, 13, 16.
Wanderkarte Potsdam-Havelseen, Ketzin-Werder-Kloster Lehnin: Rad- und Wanderkarte mit Ausflugszielen, Einkehr- & Freizeittipps, 1:50 000, publicpress.
Markierung Blauer Balken auf weißem Grund (hinter Klaistow ca. 2 km unvollständig).
Einkehr Ferch, Klaistow, Lehnin.
Unterkunft Ferch, Lehnin.
Sehenswürdigkeiten In Ferch Museum der Havelländischen Malerkolonie, öffentliches Backhaus, Japanischer Bonsaiarten (alle in einiger Entfernung vom Weg); Spargel- und

► Karte S. 154

Erlebnishof Klaistow mit Tiergehegen, Bauernmarkt, Spielplätzen und Gastronomie; in Lehnin ehemaliges Zisterzienserklosters mit alten Gebäuden, Kirche und Ausstellung. **Hinweise für Radfahrer** Ungeeignet zum Radfahren, da überwiegend unbefestigte Waldwege. Es gibt wenig befahrene Landstraßen und Radwege zwischen Ferch und Lehnin. Die FONTANE.RAD-Route verbindet Werder mit Brandenburg über Lehnin.

Streckenverlauf

Die Wanderung beginnt am Bahnhof Ferch-Lienewitz. Wir überqueren die Bahngleise in Fahrtrichtung und verlassen die Straße nach rechts in den Wald hinein. Ein Hinweisschild mit der Markierung des E 11 zeigt den Weg zum Aussichtsturm Wietkiekenberg (1,7 km) und nach Ferch (2,6 km). Der Weg verläuft zunächst parallel zur Bahnlinie in Richtung Potsdam und entfernt sich dann von den Gleisen, die Strecke ist durchgängig und in regelmäßigen Abständen markiert. Nach etwa 400 Metern geht es weiter nach links, dann nach rechts und etwas weiter wieder nach links und allmählich bergan bis auf den Gipfel des Wietkiekenbergs. Der Zugang zum **Aussichtsturm** auf dem Berg ist kostenlos, von seiner Aussichtsplattform öffnet sich der Blick weit ins Land. Von der Anhöhe geht es ungewohnt steil bergab nach Ferch.

Bei den ersten Häusern von **Ferch** heißt es aufpassen, denn unscheinbar zweigt der E 11 an einer überdachten Bank neben alten Hinweisschildern nach rechts ab. Nach nur wenigen Schritten geht es an der Rückseite der letzten Häuser des Ortes nach links weiter bergab zum Ufer des Schwielowsees. Von hier aus bis Klaistow sind es noch 6,2 Kilometer. Weiter geht es nach links entlang der Dorfstraße von Ferch. Rechts liegt der See. Wir gehen am **Strandbad** vorbei, dem dazu gehörigen Imbiss ›Strandbad Ferch‹, dem Restaurant ›Landhaus Ferch‹, der Bushaltestelle und hinter dieser nach schräg rechts zur Uferpromenade am See. Auf Höhe des Parkplatzes hinter der Bushaltestelle lädt der ›Kapitänsclub‹ (Bootsverleih und Imbiss) zur Einkehr ein. Die Uferpromenade atmet gediegenen Wohlstand und die gärtnerische Phantasie der Bewohner. Eine Gedenktafel erinnert an den Maler Franz Reuter (1865–1944), der hier gelebt und gearbeitet hat. Auch andere Maler wählten sich Ferch als Ort ihres Schaffens. Einige ihrer Arbeiten sind im Museum der Havelländischen Malerkolonie ausgestellt.

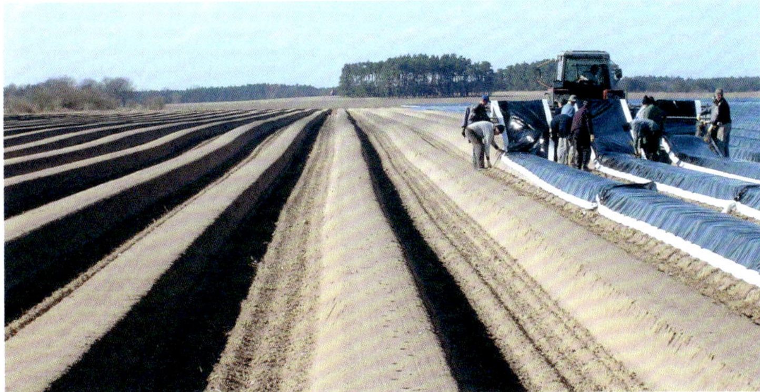

Eines der vielen Spargelfelder bei Beelitz

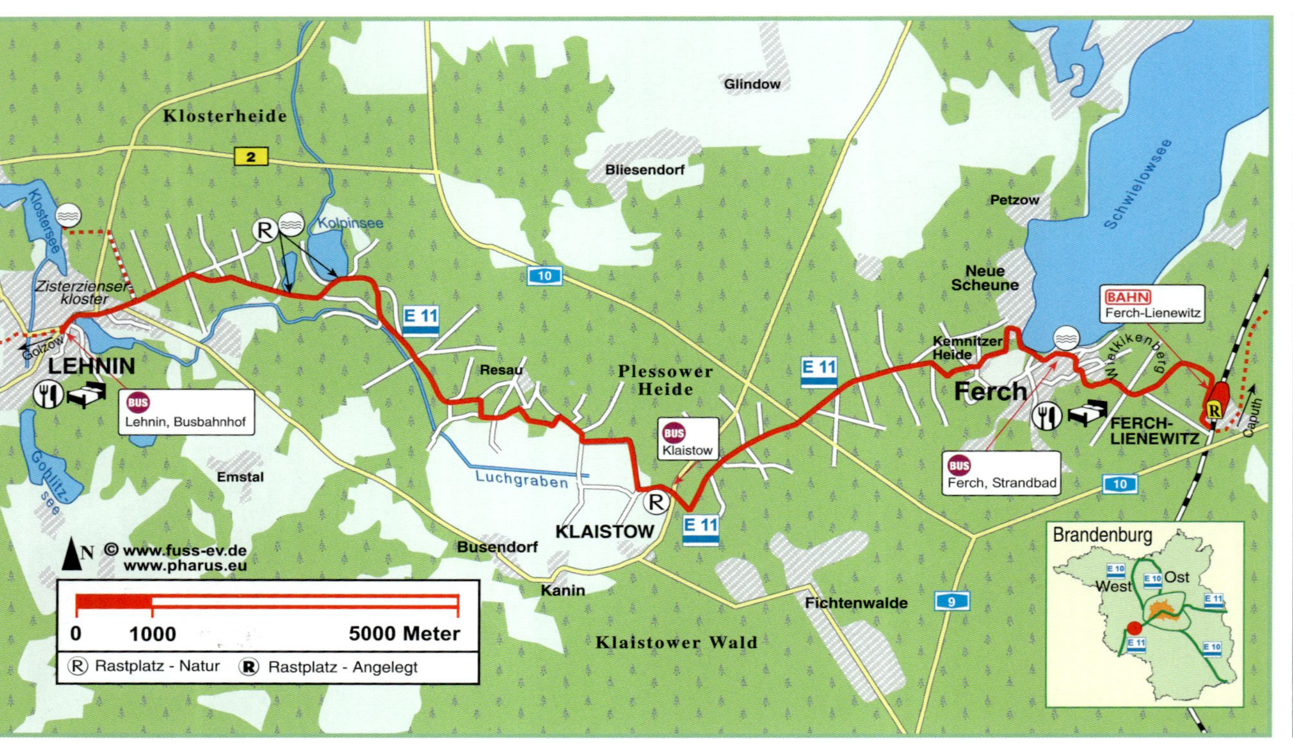
Glindow
Klosterheide
2
Bliesendorf
Petzow
Schwielowsee
Klostersee
Kolpinsee
Zisterzienser-kloster
10
Neue Scheune
BAHN Ferch-Lienewitz
E 11
Kemnitzer Heide
Wietkikenberg
Golzow
LEHNIN
Resau
Plessower Heide
Ferch
BUS Lehnin, Busbahnhof
BUS Klaistow
FERCH-LIENEWITZ
Caputh
BUS Ferch, Strandbad
Emstal
Luchgraben
Gohlitz-see
KLAISTOW
N
© www.fuss-ev.de
www.pharus.eu
Busendorf
Brandenburg
West
Ost
E 10
Kanin
Fichtenwalde
9
0
1000
5000 Meter
Klaistower Wald
Rastplatz - Natur
Rastplatz - Angelegt

Dieses befindet sich landeinwärts, etwa fünf Minuten zu Fuß vom Ufer entfernt. Am Ende der Uferpromenade ist die ›Bootsklause Ferch‹ eine gute Adresse für eine Rast.

Hinter einer weiten Wiesenfläche halten wir uns – der Markierung folgend – weiter in Ufernähe, nun kommen wir wieder durch ein Waldgebiet. Wir passieren eine sumpfige Stelle um das Mühlenfließ. Hinter dieser weist die Markierung des E 11 nach links. Es geht wieder hinauf auf den Ferch umschließenden Höhenzug. Oben angelangt, gehen wir durch einen ruhigen Ortsteil von Ferch. Am Ende des Wegs liegt an der rechten Seite die Kita Birkenhain. Hinter dieser mündet der Weg in eine Landstraße, den Glindower Weg. Hier fehlt die Markierung des E 11. Wir überqueren die wenig befahrene Straße und gehen geradeaus weiter entlang des Fercher Heidewegs, der in eine zweite Landstraße mündet, den Kammeroder Weg. Hier halten wir uns links – der Markierung folgend – und biegen nach gut 100 Metern nach rechts in einen Weg ein, der in den Wald führt.

Die Stürme im Herbst 2017 haben in dem Waldstück beträchtlichen Schaden angerichtet, dessen Spuren bis heute sichtbar sind. Zum Opfer gefallen ist dem Sturm auch die Markierung an einem Wegkreuz nach etwa 400 Metern. Wir biegen hier nach rechts ab und überqueren nach weiteren 400 Metern den Europa-Radweg R 1. Weiter geht es durch von nur wenig Laubbäumen durchwachsenen Kiefernwald, den Kemnitzer Forst – zunächst vorbei an einem kleinen Friedhof mit verwitternden Grabsteinen, einem Forsthaus, weiteren Wohnhäusern und einem Pferdehof, dann mehrere Kilometer auf einem breiten, bequem zu laufenden Waldweg. Dieser überquert auf einer Brücke den Berliner Ring. Und wieder umschließt uns der Wald.

Kurz vor Erreichen einer Landstraße biegen wir – der Markierung des E 11 folgend – nach rechts in Richtung eines Kreisverkehrs vor dem **Spargel- und Erlebnishof Klaistow** ab. Vor allem für Familien mit Kindern ist der Besuch des Areals ein Ereignis. Wer Trubel mag, findet hier Gelegenheit für eine Rast.

Der E 11 führt entlang der Zugangsstraße zwischen den Parkplätzen links und dem Spargel- und Erlebnishof rechts zum Haupteingang und weiter bis zum Waldrand. Im Wald befindet sich ein Kletter-Spielplatz. Wir schwenken vor der Waldkante nach links zu den Spargelfeldern und, bevor wir diese erreicht haben, auf einen Feldweg nach rechts. Der Feldweg führt am Rand der Südseite des Waldstücks vorbei und dann hinein in den Wald.

Die nächsten etwa zwei Kilometer müssen wir ohne Markierungen auskommen, die Orientierung bereitet dennoch keine Probleme. Die ursprüngliche Route des E 11 querte die Felder, führte entlang des Waldrandes Richtung Westen und dann in den Wald hinein. Da dieser Weg schwierig zu laufen ist, vermeiden wir die Abkürzung über das Spargelfeld, halten uns dabei parallel zum Feldrand und stoßen dann wieder auf den E 11.

Im Wald wird aus dem Feldweg wieder ein Waldweg. Er schwenkt nach etwa 200 Metern nach links ab und verläuft nun mehr oder weniger parallel zum Feldrand. Nach etwa 300 Metern schwenkt er nach rechts ab, in die Tiefe des Waldes. Hier folgen wir dem nach links in Richtung Feldrand führenden Weg und nehmen den nächsten nach rechts abzweigenden Waldweg, der nun wieder in etwa 100 Meter Entfernung parallel zum Feldrand verläuft. Nach etwa 400 Metern geht es einige Meter nach links, dann gleich wieder nach rechts und nun immer geradeaus, bis wir nach nochmals

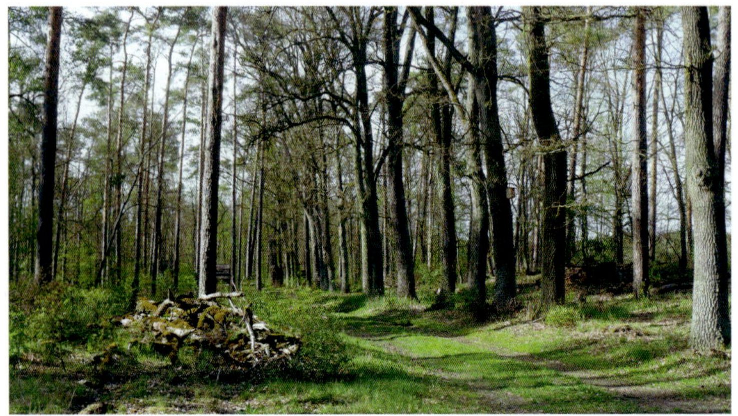

Auf dem Weg nach Lehnin

etwa 500 Metern auf die Markierung des E 11 stoßen. Zunächst geht es noch knapp einen Kilometer am Rand des Feldes in Richtung Westen, bevor der Weg in den Wald hinein führt, nun in Richtung Nordwesten.

Auch diesen Forst dominieren Kiefern. Zwischen ihnen und auf Inseln im Wald wachsen Laubbäume. Anders als zwischen Ferch und Klaistow verläuft der Weg nicht gradlinig, sondern geschwungen. Ständig wechselnde Perspektiven erzeugen immer neue Bilder. Der Weg ist bestens markiert. Nach etwa drei Kilometern zweigen wir nach links ab zum **Kolpinsee**. Am Abzweig, der ausgeschildert ist, säumen Huteeichen den Weg. Der heute kaum noch gebräuchliche Begriff Hutung bezeichnete bis ins Mittelalter Waldstücke, die ausschließlich als Weide zur Viehhaltung genutzt wurden. Vor allem Schweine wurden im Herbst unter Eichen gehütet, damit sie sich dort an den Eicheln satt fressen konnten. Viele Dorfgemeinschaften pflanzten Eichen zu diesem Zweck. Auch hinter dem Kolpinsee sind die Zugangswege in Eichenalleen eingebettet, was eine frühere Nutzung als Hutung vermuten lässt.

▶ Karte S. 154

Am Zugang zum See befindet sich eine kleine Rast- und Badestelle. Der Kolpinsee und auch der hinter ihm liegende Schampsee sind nicht mit dem Auto zu erreichen, nur wenige Einheimische aus der Umgebung und Wanderer kennen ihn. Wir gehen weiter entlang des linken, südlichen, Seeufers, überqueren einen Bach und erreichen eine weitere, größere Badestelle mit Bänken zur Rast. Geht man noch einige Schritte weiter und dann etwa 200 Meter nach links, kommt man zur einzigen Badestelle am kleineren Schampsee. In Richtung Lehnin gehen wir von der Badestelle am Kolpinsee nach links waldeinwärts und folgen nun der Markierung bis zum Ortseingang von Lehnin; das sind etwa 3,5 Kilometer Wegstrecke.

Das erste Haus am Rand von **Lehnin** ist die Gaststätte ›Sportlerklause‹. Wir gehen an ihr vorüber, durch die Potsdamer Straße, die nach etwa 100 Metern zur Neuhäuser Straße wird. Diese mündet in einer Straßenbiegung in die Kurfürstenstraße. Wir lassen den Parkplatz und den Supermarkt rechts liegen und gehen entlang der Kurfürstenstraße bis zum Abzweig nach rechts, zu den Parkplätzen am Kloster Lehnin.

Das **Kloster Lehnin** wurde 1542 säkularisiert, verfiel und erlebte ab Mitte des 19. Jahrhunderts seine Verwandlung in ein diakonisches Zentrum und historischen Erinnerungsort. Man betritt die Anlage durch das Tetzeltor, dem die Mauer fehlt, in die es ursprünglich eingebettet war. Rechts hinter dem Tor versteckt sich die gotische Torkapelle. Das älteste erhalten gebliebene Gebäude ist die riesige Scheune links, die von den Mönchen Mitte des 14. Jahrhunderts als Kornspeicher errichtet wurde. Die Ausmaße des Bauwerks zeugen vom Reichtum des Klosters. Auf der rechten Seite erstreckt sich das Amtshaus, in dem sich das Museum befindet. Die ältesten Teile der Klosterkirche stammen vom Ende des 12. Jahrhunderts, stilistisch zeigt sich hier der Übergang von später Romanik zu früher Gotik. In der Kirche finden im Sommer Konzerte statt. Ein Erlebnis der Ruhe ist der teilweise von einem Kreuzgang umschlossene Garten des Kirchenhofes. Auf dem Gelände des ehemaligen Klosters erläutern Infotafeln die Geschichte der einzelnen Gebäude.

Man verlässt das Kloster in Richtung Süden zum Marktplatz. Links ist das Klostercafé Fiedler eine gute Adresse. Einige Meter weiter nach rechts und dann nach links befinden sich die Tourist-Information Kloster Lehnin und auf Sichtweite der Busbahnhof.

Die Badestelle am **Klostersee** befindet sich nördlich vom Kloster. Möchte man zuerst baden und dann ins Kloster, zweigt man am Ortseingang an der Kreuzung von Potsdamer Straße, Neuhäuser Straße, Beelitzer Straße und Am Fischerberg in letztere Straße nach rechts ab, überquert auf dieser die Landstraße (Kurfürstenstraße) und geht weiter in Richtung See. Von der Kreuzung bis zum Strandbad sind es etwa 800 Meter. Kurz vor Erreichen des Strandbads befindet sich am Klostersee das Lehniner Institut für Kunst und Kultur mit einem Skulpturengarten und Ufercafé.

i Tour 17

Tourist-Information Kloster Lehnin, Markgrafenplatz 1, 14797 Kloster Lehnin, Tel. 03382/2363899; Mi–Fr 10–15 Uhr; vorübergehend geschlossen. Zwischen Kloster und Busbahnhof. www.kloster-lehnin.net

▸ Ferch:

Strandbad Ferch, Dorfstraße 41a, 14548 Schwielowsee, Tel. 0177/3787942; tgl. 12–18 Uhr. Gemütlicher Pavillon, Getränke und Imbiss. www.strandbadferch.de

Landgasthaus und Hotel Ferch, Dorfstraße 41, 14548 Schwielowsee, Tel. 033209/70391; tgl. 12–22 Uhr (Öffnungszeiten nach Redakionsschluss evtl. verändert). Nur einige Schritte vom Strandbad entfernt, Restaurant und Hotel mit Zugang zum See. www.culturehotels.de

Restaurant und Hotel Bootsklause Ferch, Seeweg 5, 14548 Schwielowsee, Tel. 033209/70616; tgl. außer Di 12–21 Uhr. Restaurant mit Terrasse und Blick auf den See. www.bootsklause-ferch.de

Brandenburg Spezialitäten, Dorfstraße 21, 14548 Schwielowsee, Tel. 033209/84711; Mi–So 12–18 Uhr. Landwirtschaftliche Erzeugnisse wie Käse, Senf, Säfte und vieles mehr, kleiner Imbiss und Kaffee. www.brandenburg-spezialitaeten.de

▸ Klaistow:

Spargel- und Erlebnishof Klaistow, Glindower Str. 28, 14547 Beelitz, Tel. 033206/61070; tgl. 8–19 Uhr. Hofladen, Restaurants, Spielplatz, Kletterwald und vieles mehr. www.spargelhof-klaistow.de

▸ Lehnin:

Sportlerklause Gaststätte, Potsdamer Str. 2, 14797 Kloster Lehnin, Tel. 03382/701307; Di, Do 14–20, Fr 14–22, Sa 11–22, So 10–20 Uhr. Gutbürgerliche deutsche Küche, Pizza und Baguette. Kegelbahn.

Klostercafé Fiedler, Marktpl. 6, 14797 Kloster Lehnin, Tel. 03382/333; tgl. 7–18, So ab 13 Uhr. Direkt neben dem Eingang zum Kloster. Backwaren aus eigener Produktion, besonders zu empfehlen ist die Eierschecke. www.klostercafe-lehnin.de

Cosiana Cuisine, Kurfürstenstraße 41, 14797 Kloster Lehnin, Tel. 03382/8139496; Di–So 11–21 Uhr. Vietnamesische Küche. Facebook: ›Cosiana Cuisine‹.

Restaurant Zillestube, Kurfürstenstraße 4, 14797 Kloster Lehnin, Tel. 03382/704267; Di–Do 11–15 und 17–22, Fr–So 11–22 Uhr. Gutbürgerliche Küche aus regionalen Erzeugnissen, Zillebilder im Gastraum.

Ufercafé am Klostersee/Gäste- und Seminarhaus am Klostersee, Zum Strandbad 39, 14797 Kloster Lehnin, Tel. 033827/34100; April–Mai Do–So 12–19 Uhr, Juni–Okt. Do/Fr 12–19, So 12–20 Uhr, Nov.–März Sa/So 12–18 Uhr. Am Ufer des Klostersees, auf dem Gelände des Lehniner Instituts für Kunst und Kultur e.V. (s.u.). Kaffee, Kuchen, Salate und Suppen; phantastischer Blick auf den See und die Uferlandschaften. www.kunstortlehnin.de/ufercafe

▸ Ferch:

Museum der Havelländischen Malerkolonie Beelitzer Str. 1, 14548 Schwielowsee, Tel. 033209/21025 (nur während der Öffnungszeiten); Do–So 12–16 Uhr. Die Beelitzer Straße zweigt von der Dorfstraße ab, ca. 200 Meter entfernt von der großen Wiese am Ufer des Schwielowsees. Das Museum wurde von einem eigens gegründeten Förderverein im letzten erhaltenen, denkmalgeschützten Kossätenhaus in Ferch eingerichtet. Dauerausstellung zur Geschichte und Werken havelländischer Künstler und wechselnde Ausstellungen. www.havellaendische-malerkolonie.de

Fischerkirche Ferch, Beelitzer Str. 3, 14548 Schwielowsee. Diese sehenswerte Kirche befindet sich schräg gegenüber vom Museum der Havelländischen Malerkolonie. Errichtet wurde die schlichte evangelische Kirche nach dem Dreißigjährigen Krieg. Sie steht unter Denkmalschutz. Ihren Namen hat sie von der eigenwilligen Gestaltung des Innenraumes: Die Holzdecke ist als Tonne gewölbt und besitzt die Form eines auf dem Kopf liegenden Kahns. Der an der Westseite der Decke sichtbare Auflagebalken des Turms kann als Steuerruder des Kahns gedeutet werden. Die Wolkenformationen sind denen über dem Schwielowsee nachempfunden, wie sie die Fischer bei ihrer Arbeit erlebten. Einige Wolken haben die Gesichter von Engeln gestaltet.

Japanischer Bonsai-Garten, Fercher Str. 61, 14548 Schwielowsee, Tel. 033209/72161; Mi–So 11–18 Uhr. Wunderbarer kleiner Garten, den Tilo Gragert angelegt hat. Er verliebte sich als Kind in die Kunst der Bonsai-Gärten und vertiefte sein angelesenes Wissen bei Meistern in Japan. Zum Garten gehört ein Teehaus. Die kleine Anlage befindet sich etwa einen Kilometer nördlich vom Mühlengrund, wo der E 11 das Ufer des Schwielowsees verlässt. www.bonsai-haus.de

▸Lehnin:

Museum im Kloster Klosterkirchplatz 4, 14797 Kloster Lehnin, Tel. 03382/768842, 0178/6187138; Fr 12–16 Uhr und nach telefonischer Vereinbarung (es ist beabsichtigt, die Öffnungszeiten zu erweitern). Im barocken Amtshaus des ehemaligen Klosters. Kleines, sehenswertes Museum zur Geschichte des Klosters und zum Lebensmotiv der Zistersienser ›Ora et Labora‹ (›Beten und Arbeiten‹). www.klosterlehnin.de

Lehniner Institut für Kunst und Kultur e.V., Zum Strandbad 39, 14797 Kloster Lehnin, Tel. 03382/73410. Skulpturenpark mit Galerie und unmittelbarem Zugang zum Klostersee. Gästezimmer, Seminarräume, Werkstätten und Ateliers für längere Aufenthalte, Führungen nach Vereinbarung. www.kunstortlehnin.de

▸ Karte S. 154

Das Zisterzienserkloster Lehnin

Theodor Fontanes bezeichnete das ehemalige Zisterzienserkloster in seinen ›Wanderungen durch die Mark Brandenburg‹ als »Musterkloster für diese Gegenden«. Es war nicht nur das eines der ältesten in der Mark, sondern auch das reichste und begütertste, und demgemäß, schrieb Fontane, »war seine Erscheinung«. Von dieser »Erscheinung« war zu Fontanes Zeit außer einigen Ruinen und der ihnen schlummernden Erinnerung an glanzvolle Zeiten allerdings wenig übrig geblieben.

Gegründet wurde das Kloster 1180 von Markgraf Otto I. (1125–1184). Es war eines der ersten Klöster in der Mark und avancierte zum Hauskloster und Begräbnisort der Askanier und später der Hohenzollern. Als solches spielte es eine enorme kirchliche, wirtschaftliche und politische Rolle. Von Lehnin aus verbreiteten sich der christlich-missionarische Gedanke und die aus ihm erwachsende klösterliche Lebensart über die gesamte Mark. Weitere wichtige Klostergründungen erfolgten an insgesamt 21 Ortener, darunter Chorin, Altfriedland, Angermünde und Brandenburg/Havel. Neben den Zisterziensern, die sich Ende des 11. Jahrhunderts von den Benediktinern abgespalten hatten, waren auch die Franziskaner in der Region aktiv.

Der christliche Glauben genügte keinesfalls sich selbst. Klostergründungen waren Zeichen der Macht jenen ›heidnischen‹ Slawen gegenüber, die unter die Herrschaft der germanischen Askanier geraten waren. Jüngere Forschungen berichten von gewaltsamen Zusammenstößen zwischen der einheimischen Landbevölkerung und den zugewanderten Ordensbrüdern. Auslöser waren vor allem die Schändung von verehrten heidnischen Heiligtümern.

Zu ihrem Leit- und Lebensmotiv hatten die Zistersienser die Formel ›Ora et labora‹ (›Bete und arbeite‹) erkoren. Sie waren Asketen, die sich großen Herausforderungen stellten – um sich würdig zu erweisen in Gottes Dienst. So verwundert nicht, dass sie ihr Kloster Lehnin auf einer Anhöhe am Rand der Sümpfe um den Klostersee errichteten.

Hatte Markgraf Otto I. dem Kloster zunächst nur einige Dörfer rund um Lehnin überlassen, wuchs der mönchische Besitz mit den Jahren und dehnte sich bis nach Wandlitz im Nordosten und hinein ins Sächsische im Südwesten aus. Ein Drittel der Zauche, des ›trockenen Landes‹ zwischen Havel und Fläming, befand sich als Kernbesitz in der Hand der Mönche. Im Jahr 1317 erwarben sie Werder und begründeten dort den Obstbau, die »Pflanzstätte aller Kultur in der Mittelmark«, so der Historiker Georg Sello (1850–1926).

Mit ihren weitreichenden Beziehungen waren die Zisterzienser immer auf dem neuesten agrar- und wirtschaftstechnischen Stand der Zeit. Ihre Klöster wurden zu Musterbetrieben, bei der Urbarmachung der Sümpfe, der Anlage von Mühlen, beim Anbau von Wein, bei Ackerbau und Viehzucht. Ausgeführt wurden die Arbeiten weniger von den Chormönchen, die zumeist adligen Familien entstammten, als vielmehr von Laienbrüdern mit verringerten Gebetspflichten, oder von angestellten Arbeitern. Gut 100 Jahre nach der Gründung lebten im Kloster mehr als 100 Mönche.

Das bauliche Ensemble war mit seiner einfachen, klar gegliederten Architektur ein Meisterwerk des Schlichten. Der Stil entsprach der Landschaft und der strengen Lebensführung der Zisterzienser, war – gemäß den Ordensregeln – nüchtern, ohne Zierrat, Schmuck und Gold. Zugleich genügte sie den Bedürfnissen des Herrscherhauses nach Repräsentation. Um bei allen selbstauferlegten Beschränkungen dennoch eine ansprechende Ästhetik zu erreichen, setzte die Mönche auf gestalterische Elemente in der Fassadengestaltung und die Grautontechnik bei der Bemalung der Chorfenster, Grisaille genannt.

Die Reformation bedeutete das Ende des klösterlichen Lebens in Lehnin. Im Jahr 1542 verloren die Klöster in Brandenburg ihre Besitzungen an die weltliche Herrschaft. Der Zahn der Zeit nagte danach an den Anlagen. Sie verfielen und dienten den Einheimischen als Baumaterial. Das änderte sich in der zweiten Hälfte des 19. Jahrhunderts mit dem aufkommenden Nationalismus und der Romantik, die in vergangenem Glanz die Gegenwart priesen. König Friedrich Wilhelm IV. veranlasste die möglichst originalgetreue Restaurierung der Kirche und anderer Bauten.

Im Jahr 1911 kaufte die Evangelische Landeskirche die Gebäude und gründete das Luise-Henrietten-Stift, mit dem nach langer Unterbrechung wieder eine geistliche Gemeinschaft in die Klosteranlage einzog. Heute ist das Stift auf dem Gelände des ehemaligen Klosters und seiner unmittelbaren Umgebung ein geriatrisches Zentrum, zu dem eine Klinik, ein Hospiz, die Diakoniestation und ein Kindergarten gehören.

Das Gelände kann besichtigt werden. Vor allem in den Sommermonaten finden hier Konzerte und andere Veranstaltungen statt.

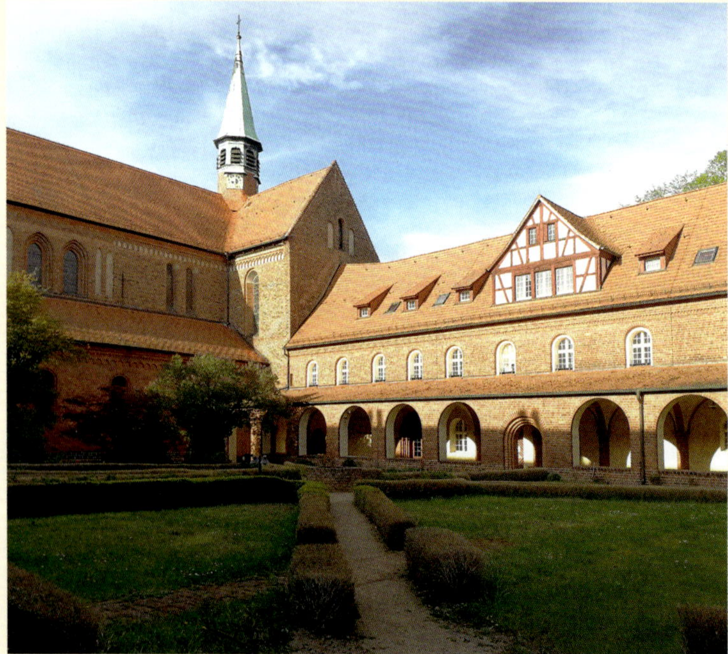

Schlichtweg beeindruckend: Kloster Lehnin

Zauberhafte Zauche

Tour 18: Von Lehnin nach Golzow » (15 km)***

Kurzcharakteristik

Im Unterschied zu vielen in diesem Buch beschriebenen Wanderungen ist dieser Streckenabschnitt auf dem E 11 eher unspektakulär. Seine Reize sind weite Felder, ausgedehnte Kiefern- und Mischwälder sowie naturbelassene Waldwege. Man findet Ruhe, Abgeschiedenheit, Einsamkeit und Entspannung, es ist quasi eine Einladung zur Meditation im Gehen. Auf den 15 Kilometern zwischen Lehnin und Golzow erlebt man eine fast schon karge Einfachheit des Seins, in der die Hintergrundtöne – der Gesang der Vögel, das Rauschen des Windes in den Baumkronen - umso intensiver wahrgenommen werden, der Phantasie freier Raum gelassen wird. Und man trifft auf vereinzelte natürliche oder vom Menschen geschaffene Kleinode am Weg. Das erste Drittel der Strecke ab Lehnin führt durch offenes weites Land mit überraschenden Weitsichten; die folgende Strecke bis nach Golzow durch von Kiefernbeständen dominierte Forste.

Lehnin ist das Zentrum der Zauche, die sich zwischen der Havel im Norden und dem Fläming im Süden erstreckt. Das Gebiet ist eine relativ unbekannte, wenig besiedelte Gegend. Das namensgebende Wort stammt aus dem Slawischen und bedeutet so viel wie ›trockenes Land‹. Auf dem sandigen Boden dominiert seit Beginn der Forstwirtschaft vor etwa 250 Jahren der Kiefernwald. In die weiträumigen sanft gewellten Wälder und weiten Felder der Zauche sind in den Niederungen Feuchtgebiete und alte Dörfer eingebettet.

Teilstrecken Lehnin-Michelsdorf (3,5 km), Lehnin–Oberjünne (12 km), Oberjünne-Golzow (3 km).

Verkehrsverbindungen Lehnin: regelmäßige Busverbindungen von und nach Potsdam (Linie 580), Brandenburg/Havel, Beelitz-Heilstätten und Bad Belzig.

Golzow: Busverbindungen nach Brück (RE 7), dabei Halt auch in Oberjünne, Bad Belzig (RE 7), Potsdam, Lehnin und Brandenburg.

Beelitz-Heilstätten, Brück und Bad Belzig liegen an der Strecke Berlin–Dessau (RE 7). Die Züge fahren stündlich.

Wegebeschaffenheit Naturbelassen 50 %, teilbefestigt 40 %, harter Belag 10 % (Ortslagen).

Wunschwegkategorie 4, 5, 21a.

Wanderkarten Große Wander- und Radwanderkarte Naturpark Hoher Fläming, 1:50 000, Verlag Dr. Barthel (Serie ›Schöne Heimat‹); Freizeitkarte Hoher Fläming-Havelland, 1:75 000, Pietruska Verlag; Topographische Karten Brandenburg, Hoher Fläming (Topographische Freizeitkarten, 1:50 000, Land Brandenburg/Für Wanderungen, Rad- und Bootsfahrten), Buch und Karte. Die Ausgabe 2012 entstand in enger Zusammenarbeit mit der Naturparkverwaltung sowie den Verbänden und Verwaltungen der Region als zentrale Karte zur Wanderregion Fläming für den 112. Deutschen Wandertag, der in jenem Jahr im Fläming stattfand.

Markierung Blauer Balken auf weißem Grund, zuverlässig mit wenigen Ausnahmen, die in der Streckenbeschreibung berücksichtigt sind.

Einkehr Oberjünne, Golzow.

Unterkunft Lehnin, Golzow.

Sehenswürdigkeiten In Lehnin das ehemalige Zisterzienserkloster, in Golzow die achteckige Kirche, Armenhaus und die Alte Schnapsbrennerei allerdings von außen zu besichtigen.

Sonstige Hinweise Als Überbrückungsstrecke des Weitwanderweges angenehm zu laufen, als Einzelwanderung unspektakulär, ein Highlight jedoch für meditative Waldeinsamkeit.
Hinweis für Radfahrer Die Wald- und Feldwege sind schwer befahrbar, da zumeist sandig.

Streckenverlauf

Die Wanderung beginnt in Lehnin am Eingang der ehemaligen Klosteranlage in der Nähe des Busbahnhofs. Unter der Eiche auf dem Marktplatz weisen Hinweisschilder in allen Richtungen zu Wanderzielen in der Umgebung. Der E 11 ist auch darunter. Steht man mit dem Gesicht zum Kloster, zweigt nach links die schmale Bahnhofstraße in Richtung Nordwesten ab. Die Bahnstrecke wurde 1967 stillgelegt. Die Bahnhofstraße geht hinter der Brücke über den schmalen Emster-Kanal in die Straße Kaltenhausen über. Kurz vor dem Kreisverkehr befindet sich links das sowjetische Ehrenmal. Wir halten uns am Kreisverkehr links, überqueren die Straße und halten uns nun schräg links, wo die Alte Michelsdorfer Straße ihren Anfang nimmt. Der Abzweig ist ausgeschildert. Von hier aus sind es bis Michelsdorf 2,6 Kilometer, bis Golzow 14,7 Kilometer.

Auf der Alten Michelsdorfer Straße geht es nun immer geradeaus Richtung Westen. Nach etwa 100 Metern zweigt von ihr nach links ein Fahrweg ab, dann ein weiterer. Am Ende der Siedlung geht die Michelsdorfer Straße in einen gut zu laufenden Feldweg über. Er führt durch die offene, sanft gewellte Landschaft, zu Beginn noch von Hecken und jungen Bäumen am Wegrand geschützt. Nach etwa 1,5 Kilometern vom Ortsausgang passieren wir die sich links erstreckenden Anlagen einer Fabrik zur Produktion von Mineralwasser. Hinter dieser taucht der Weg in ein kleines Waldstück ein, hinter dem wir **Michelsdorf** erreichen.

▸ Karte S. 163

Der Feldweg mündet in die Straße Zum Mühlenberg, die nach rechts abzweigend in die Alte Dorfstraße übergeht. Zur Rechten verstecken sich hinter einigen Häusern der Friedhof und die Dorfkirche. Die Alte Dorfstraße mündet in die Brandenburger Straße. Dieser folgen wir nach rechts bis zum Ortsausgangsschild von Michelsdorf. Dort zweigt nach links ein Feldweg ab. Ein Hinweisschild weist in Richtung Golzow, bis wohin es von hier aus noch 11,5 Kilometer sind.

Wir gehen an einem Windrad vorüber und erreichen nach etwa 600 Metern den Waldrand und eine Siedlung, die zu Michelsdorf gehört. Am Siedlungsrand befindet sich eine überdachte Raststelle. Wir laufen an den Häusern der Siedlung vorbei. Einige sind ständig bewohnt, andere dienen als Wochenendgrundstücke. Der Weg durch die Siedlung endet an einem Forstweg am Rand des Walds. Der Wegweiser des E 11 zeigt nach links, bis Golzow sind es von hier aus noch 9,7 Kilometer. Nach einigen Metern am Westrand der Siedlung sind wir im Wald.

Der zweite Teil dieser Wanderung führt nun durch vornehmlich durch **Kiefernwälder** verschiedenen Alters, durchsetzt von einigen Fichten und Laubbäumen: Buchen und Eichen vor allem, daneben kleinere Erlenhaine und Ulmenbestände. Die Strecke ist gut markiert, die Wege mäandern durch den Wald. Nach knapp drei Kilometern erreichen wir einen von Eichen gesäumten Forstweg in einer breiten Schneise. Dieser endet an der **Bushaltestelle Oberjünne Forsthaus**

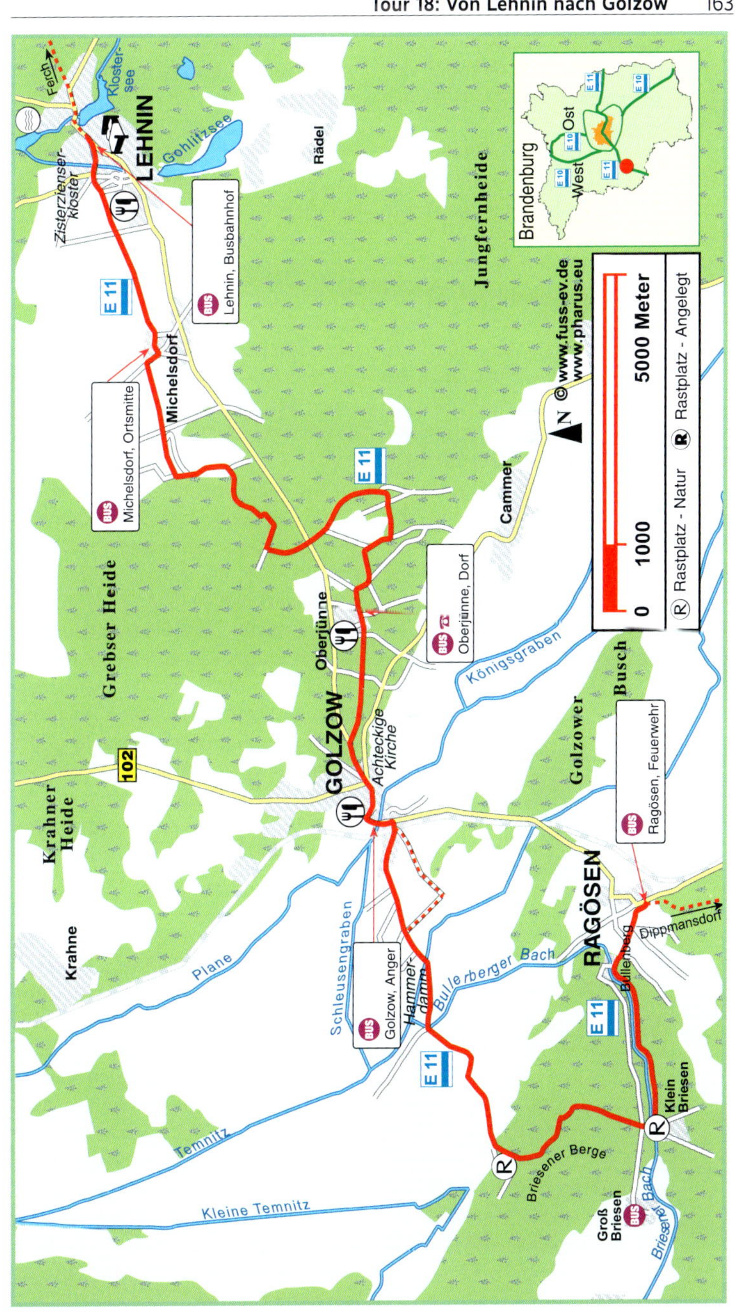
Ferch
Klostersee
LEHNIN
Gohlitzsee
Zisterzienserkloster
Rädel
Lehnin, Busbahnhof
E 11
Jungfernheide
Brandenburg
Ost
West
E 10
www.fuss-ev.de
www.pharus.eu
0
1000
5000 Meter
Rastplatz - Natur
Rastplatz - Angelegt
Michelsdorf
Michelsdorf, Ortsmitte
Cammer
Oberjünne
Oberjünne, Dorf
Grebser Heide
GOLZOW
Achteckige Kirche
Königsgraben
Golzower Busch
Ragösen, Feuerwehr
102
Krahner Heide
Krahne
RAGÖSEN
Dippmansdorf
Bullenberg
Bullerberger Bach
Plane
Schleusengraben
Golzow, Anger
Hammerdamm
Temnitz
Kleine Temnitz
Briesener Berge
Klein Briesen
Groß Briesen
Briesener Bach

(Linie 580 zwischen Potsdam und Bad Belzig). Das Forsthaus befindet sich an der gegenüberliegenden, südlichen Straßenseite.

Wir überqueren die Straße und setzen unseren Weg fort, links am Anwesen vorbei und wieder hinein in den Wald. Nach etwa 200 Metern kommen wir zu einer Waldlichtung mit beträchtlichen Ausmaßen - der perfekte Ort für eine Rast. Wir nehmen nun den Forstweg, der nach links in den Wald führt. Zu Füßen der Kiefern wachsen junge Buchen und Eichen - ein gutes Beispiel für die Umgestaltung der Kiefern-Monokultur in Mischwälder. Der Forstweg beschreibt einen Bogen in südöstlicher Richtung, in einiger Entfernung parallel zur Waldlichtung.

An einem Lärchenhain erreichen wir eine Kreuzung. Wir folgen der Markierung nach rechts, Richtung Westen, bis wir

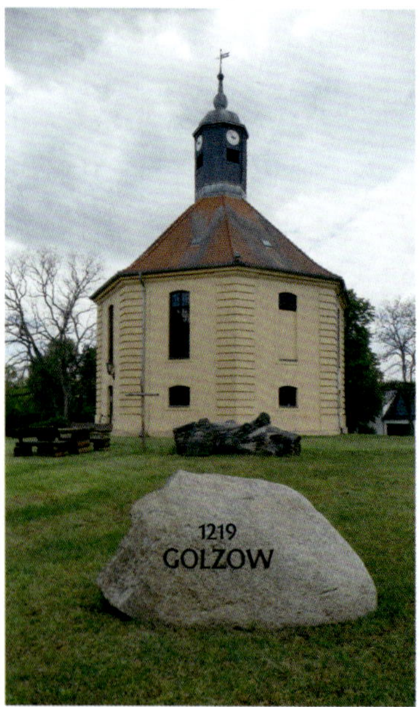

Hübsches Oktogon: die kleine Kirche in Golzow

▸ Karte S. 163

einen Forstweg erreichen, in den wir erneut nach rechts einschwenken. Nach etwa 400 Metern sind wir an der Südflanke der Waldlichtung. Weiter geht es nach links, dann hinein in den Wald und auf verschlungenen, gut markierten Wegen durch einen abwechslungsreichen Forst bis an den Ortseingang von **Oberjünne**.

Wir gehen rechts vorbei am Sport- und Spielplatz und gelangen zum Dorfanger. Die Bushaltestelle am Spritzenhaus an der Südseite des Angers wird von den Linien 542 (Richtung Golzow und Brück Bahnhof) sowie 580 (Richtung Lehnin, Potsdam und Bad Belzig) angefahren. An der gegenüberliegenden Nordseite ist das Gasthaus ›Zum Heidekrug‹ eine beliebte Adresse für Freunde von Wildgerichten. An der schmalen Westseite des Angers lädt eine uralte, unter Naturschutz stehende Eiche mit um sie platzierten Bänken zu einer Rast. Vor der Eiche wenden wir uns nach halblinks, vorbei am Friedhof, in Richtung Ortsausgang, wo ein knallgelb gestrichenes Langhaus ein Blickfang ist. An seiner Fassade zweigt ein Weg von der geteerten Straße in den Wald ab. Von hier aus bis Golzow sind es noch 2,4 Kilometer.

Diesem Weg folgen wir - zunächst durch einen noch recht jungen, dichten Kiefernwald - immer geradeaus. Hinter einer Wegkreuzung ändert sich das Antlitz des Forstes: Die Bäume sind höher gewachsen, ihre Kronen greifen weiter aus, der Abstand zwischen den Stämme ist größer. Hinter der folgenden Wegkreuzung öffnet sich nach rechts eine Lichtung mit einigen einsamen Kiefern, die den Kahlschlag überstanden haben. Wir folgen dem im spitzen Winkel nach links abzweigenden Weg, weiter durch jungen Kiefernwald, bis zum Ortseingang von **Golzow**.

Der Waldweg endet gegenüber dem Hauptsitz der Feuerwehr von Golzow. Wir gehen nach rechts entlang der Brücker Straße. Diese mündet nach etwa 200 Metern in die Hauptstraße, die hier eine Kurve beschreibt. Wir gehen nach links in Richtung Ortszentrum. Auf einer kleinen Anhöhe erhebt sich rechts die achteckige **Barockkirche** von Golzow. Das architektonische Kleinod stammt aus der Mitte des 18. Jahrhunderts, ein Blick in den Innenraum lohnt sich. Vor der Kirche erklärt eine Tafel, wie man die Schlüssel bekommt (→ Infoteil). Hinter der Kirche weitet sich die Straße zum Anger mit Metzgerei Paul und den Bushaltestellen. In Richtung Brück, Lehnin, Potsdam und Brandenburg halten die Busse an der Haltestelle vor dem nicht mehr betriebenen Kulturhaus. Die Busse in Richtung Bad Belzig fahren vom Halt an der Straße. Dort auch befinden sich Informationstafeln zu Golzow und Umgebung.

Tour 18

Tourist-Information Kloster Lehnin, Markgrafenplatz 1, 14797 Kloster Lehnin, Tel. 03382/2363899; Mi–Fr 10–15 Uhr; bei Redaktionsschluss geschlossen, aktuelle Öffnungszeiten über die Homepage erfragen. Zwischen Kloster und Busbahnhof. www.kloster-lehnin.net

- Lehnin:

→ Tour 17

- Oberjünne:

Gasthaus zum Heidekrug, Oberjünne 24, 14822 Planebruch, Do–Mo 12–20 Uhr, Di–Mi geschlossen, Tel. 033835/41565. Am Anger in Oberjünne. Vor allem die Wild- und Fischgerichte lohnen einen Besuch. www.gasthaus-heidekrug.de

- Golzow:

Zickengang, Brandenburger Str. 92, 14778 Golzow, Tel. 033835/41367; Mo, Do–Sa 17–Ende, So 11.30–Ende. Zu erreichen von der Einmündung der Brücker in die Brandenburger Straße, ca. 100 Meter nach rechts. Eine lohnenswerte Adresse: Schmackhaften Gerichte in Wohnstuben-atmosphäre, Veranstaltungen. www.zickengang.de

Bürgers, Anger 1, 14778 Golzow, Tel. 033835/339; Mi–Sa 11.30–22, So 11.30–21 Uhr. Restaurant und Pension, nur wenige Schritte vom Zickengang in Richtung Brandenburg entfernt. Innenraum und Terrasse. Gutes hausgemachtes Eis und umfangreiche ›klassische‹ Speisekarte. www.buergers.de

Günter Heuer, Brandenburger Str. 14, 14778 Golzow, Tel. 033835/291; Mo–Fr 6.30–12.30 u. 15–18, Sa 6.30–11 Uhr. Bäckerei mit tollem Kuchenangebot. Einige Schritte hinter Zickengang und Bürgers.

- Lehnin:

→ Infoteil Tour 17.

- Golzow:

Kirche: Der achteckige Bau ist eine Brandenburger Rarität, ein Besuch des Innern lohnt sich. Den Schlüssel erhält man im Pfarrbüro, Tel. 0172/2920659 (vorherige Anmeldung empfohlen).

Alte Brennerei: Sie war die bedeutendste Sehenswürdigkeit von Golzow. 1998/99 wurde das 1855 errichtete Gebäude restauriert. Bis vor kurzem beherbergte es einen Laden, ein Restaurant und ein Museum. Nach einem Besitzerwechsel ist die Zukunft jedoch ungewiss. Hinter dem Anger an der B 102 in Richtung Ragösen, Lütte und Bad Belzig. Hinter der Alten Brennerei befindet sich an der linken Straßenseite der B 102 ein kleines Freibad.

Amtshaus: Das gelb gestrichene Gebäude liegt an der Route des E 11, unweit des Anger sin Richtung Westen, am Mühlendamm. Es wurde 1717 errichtet und erhielt 1833 einen Anbau. 1997/98 wurde das Gebäude mit den drei Meter hohen Innenräumen restauriert – jedoch nur seine Hülle. Seitdem steht es leer.

Brunnen, Bäche, Quellen und ein Paradies

Tour 19: Von Golzow nach Dippmannsdorf » (20 km)*****

Kurzcharakteristik
Die Strecke führt zunächst durch die Belziger Landschaftswiesen, ein Feuchtgebiet - viel Ruhe umgibt die Wanderer, weit schweift ihr Blick. Wassergräben und Gehölzgruppen machen den Reiz dieser Flächen aus. Ihren Westrand begrenzen die bewaldeten Hügelketten des Hohen Fläming.
Auf sandigen Wegen geht es zunächst recht steil hinauf auf das Plateau des Fläming, durch Kiefernwald, dann über ein weites, im Frühsommer in allen Farben blühendes Grasland am Rand des beschaulichen Klein-Briesen. Das ist ein aus nur wenigen Häusern bestehender Ort um eine kleine Kirche.
Der Wanderweg führt weiter am Waldrand zu einem artesischen Brunnen, der 1980 als Viehtränke angelegt wurde und 20 Jahre später seine jetzige Form erhielt. Das Wasser verdankt seine rötliche Farbe den in ihm gelösten Eisen, das bei Kontakt mit der Luft oxidiert. Es fließt in den Klein Briesener Bach, dem der Wanderweg - zunächst in größerer Entfernung, dann am mäandernden Ufer - durch Misch-, Laub- und Kiefernwald bis Ragösen folgt. Infotafeln und ein Steingarten vermitteln viele spannende Informationen zur Region. Der Wanderweg zwischen Klein-Briesen und Ragösen ist in jeder Hinsicht ebenso ein Genuss wie der folgende Wegteil bis Dippmannsdorf, wie Ragösen ein Dorf am Rand des Flämings. Der Weg führt durch den Wald. Einen längeren Streckenabschnitt teilt er sich mit einem Kinder-Erlebnisweg. Am Rand von Dippmannsdorf ist das ›Paradies‹ - ein in einem Talschnitt unter Bäumen befindliches Quellgebiet - eine Naturattraktion. In der Nähe ist die Gaststätte ›Paradies‹ am Waldrand eine gute Adresse für eine Einkehr zum Abschluss der Tour. Sehenswert ist die Kirche im Ortszentrum von Dippmannsdorf. Das hinter ihr befindliche Naturbad wird mit dem Quellwasser aus dem ›Paradies‹ gespeist. Es ist ein kleines Bad, aber nach einer Wanderung an einem heißen Sommertag ein ganz wunderbarer Ort für eine Abkühlung.
Teilstrecken Golzow–Ragösen (16 km), Ragösen–Dippmannsdorf (4 km).
Verkehrsverbindungen der Touren 18 bis 20 Zwischen Bahnhof Potsdam und Bahnhof Bad Belzig (Linie 580) sowie zwischen Brandenburg und Bahnhof Bad Belzig (Linie 581) verkehren Busse - Linie 580 von Potsdam Montag bis Freitag stündlich, an den Wochenenden nur bis Golzow im 2-Stunden-Takt, und Linie 581 von Brandenburg Montag bis Freitag stündlich und an den Wochenenden im Zwei-Stunden-Takt - mit Halt in Lehnin, Michelsdorf, Oberjünne (mit Anmeldung), Golzow, Ragösen, Dippmannsdorf, Lütte und Bad Belzig.
Damit lässt die Wanderstrecke zwischen Lehnin und Belzig individuelle Teilungen zu. Für die gesamte Strecke sind das: Lehnin - 3,5 km bis Michelsdorf, + 8,5 km bis Oberjünne, + 3 km bis Golzow, + 16 km bis Ragösen, + 4,3 km bis Dippmannsdorf, + 3 km bis Lütte, + 11 km bis Bad Belzig Burg Eisenhardt + 1 km bis Belzig Bahnhof. Von Brandenburg Hbf. fahren die Züge des RE1 halbstündlich in Richtung Berlin und Magdeburg. Bad Belzig liegt an der Strecke des RE7 zwischen Berlin und Dessau. Die Züge fahren stündlich.
Wegebeschaffenheit Naturbelassen 75%, teilbefestigt 10%, harter Belag 15%.
Wunschwegkategorie 3, 4, 5, 11, 12, 21a.
Wanderkarten Große Wander- und Radwanderkarte Naturpark Hoher Fläming, 1:50000, Verlag Dr. Barthel (Serie ›Schöne Heimat‹); Freizeitkarte Hoher Fläming-

▶ Karte S. 168

Havelland, 1:75 000, Pietruska Verlag; Topographische Karten Brandenburg, Hoher Fläming (Topographische Freizeitkarten), 1:50 000, Land Brandenburg/Für Wanderungen, Rad- und Bootsfahrten. Buch und Karte.

Markierung Blauer Balken auf weißem Grund und nach ca. 6 Kilometern zusätzlich rotes Burgenwegsymbol.

Einkehr Golzow, Dippmannsdorf. Zwischen beiden Orten gibt es keine öffentlichen Lokale, weshalb sich die Mitnahme von Proviant empfiehlt.

Unterkunft Golzow, Ragösen, Dippmannsdorf.

Sehenswürdigkeiten Golzow: Kirche, alte Brennerei, Amtshaus (→ Hinweise S. 165).

Sonstige Hinweise Der Deutsche Wanderverband zertifiziert im Rahmen des Projektes ›Wanderbares Deutschland‹ Wanderwege als Qualitätswanderweg. Im Fläming wurde 2010 dem etwa 140 Kilometer langen ›Burgenrundwanderweg‹ dieses Qualitätszertifikat verliehen. Des Wegführung deckt sich auf dieser und der nächsten Tour teilweise mit dem Europaweg E 11. Die Orientierung ab Briesener Berg ist dank der Markierungen des Burgenweges und des blauen Balken absolut sicher. Einige Wegverzweigungen, die Aufmerksamkeit erfordern, gibt es dennoch. Auf sie weisen wir hin. Man sollte in jedem Fall den Markierungen folgen.

Hinweise für Radfahrer Qualitätswanderwege sind speziell für Fußwanderer angelegt und zum Radfahren völlig ungeeignet. Die Orte sind mit wenig befahrenen Straßen verbunden.

Streckenverlauf

Die Bushaltestellen aus allen und in alle Richtungen befinden sich am Anger von Golzow hinter der achteckigen Kirche. (→ Infoteil Tour 18). Hier beginnt diese Tour.

Von der Bushaltestelle gehen wir entlang der B 102 westwärts in Richtung Bad Belzig. Wo die Straße nach links abschwenkt, zweigt geradeaus von ihr der Mühlendamm ab. Der Abzweig ist markiert. An der rechten Straßenseite der B 102 sieht man in etwa 150 Meter Entfernung das sperrige Gebäude der Alten Schnapsbrennerei, dessen kleines Museum, Hofladen und Gaststätte derzeit leider geschlossen sind.

Das erste Haus an der linken Straßenseite des Mühlendammes ist das **Alte Amtshaus**, ein 1717 errichtetes Gebäude, dessen Fassade 1997/98 restauriert wurde. Seitdem fand sich kein Käufer, der die enormen Kosten für den Innenausbau hätte aufbringen können oder wollen. Der Mühlendamm führt an einer Freifläche auf der rechten Seite vorbei. Dass sich hier einst ein Park befand, lässt sich erahnen. Das Herrenhaus, zu dem der Park gehörte, fiel 1945 dem Krieg zum Opfer.

Der Mühlendamm überquert nach gut 200 Metern die Plane, ein Bach (Fluss),

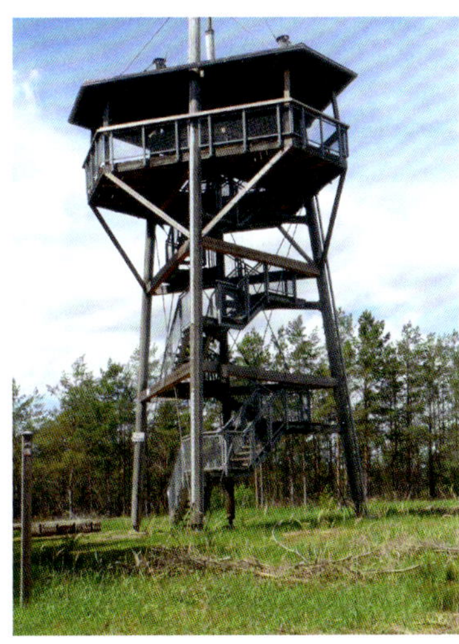

Aussichtsturm ohne Weitblick am Burgenwanderweg

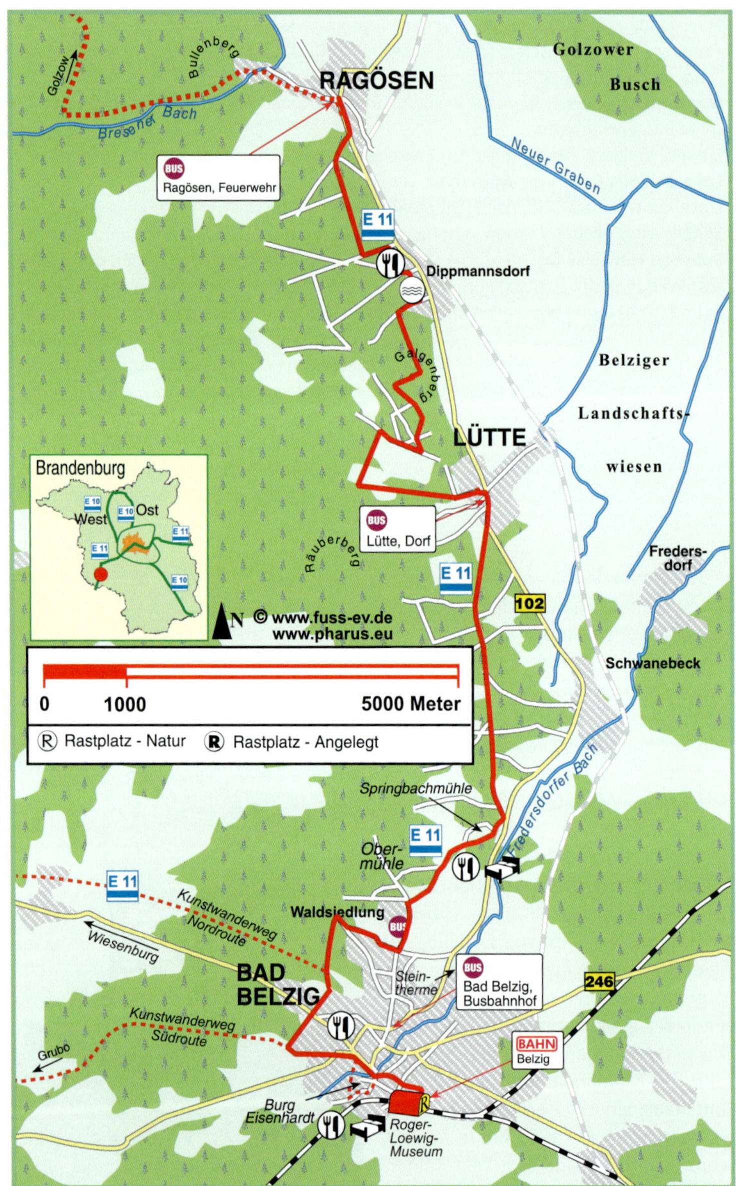

der im Hohen Fläming sein Quellgebiet hat und nach 61 Kilometern durch Wiesen, Weiden und Wälder in die Havel mündet. Hier befand sich bis zum Jahr 2000 Hennigs Mühle, heute ein Altenhof.

Hinter der Plane wenden wir uns nach links. Der Mühlendamm kehrt zur B 102 zurück. Dort wo er sie berührt, schwenken wir nach rechts in die Wolliner Straße ein. Nach nur wenigen Metern teilt sich diese in einen nach schräg links abzweigenden Feldweg und die nach schräg rechts verlaufende Fortsetzung der Wolliner Straße durch eine kleine Siedlung. Letzterer folgt der E 11. Die Straße aber ist geteert, auch außerhalb des Ortes.

Angenehmer zu laufen ist daher der Abzweig halb links (→ GPS-Daten). Er führt entlang eines Feldes an einem Damm vorbei, dann am Rand eines Waldstücks wieder über freies Feld, schwenkt nach etwa 1,5 Kilometern hinter der Trennung vom E 11 im rechten Winkel ab nach rechts und mündet nach weiteren etwa 700 Metern in eine Landstraße. Dort finden wir Markierungen, die den weiteren Wegverlauf, nun auf dem E 11, weisen.

Wir biegen nach links in einen Feldweg ab, der von der Landstraße in Richtung Westen abzweigt. Diesem gut markierten Weg über das flache Land, in dem Hecken, Gebüsch und Baumgruppen immer wieder neue Aussichten zulassen, folgen wir bis zur bewaldeten Hügelkette. Ihr zu Füßen verläuft die Grenze zwischen der Zauche (dem ›trockenen Land‹) und dem Fläming.

Die Landschaft ändert sich abrupt. Schräg links geht es auf sandigen Wegen durch den Kiefernwald einige hundert Meter recht steil hügelauf. Oben angekommen, treffen wir auf den von rechts kommenden Burgenwanderweg, der sich von hier bis Bad Belzig mit dem E 11 vereint. Etwa 200 Meter nach rechts (in nördlicher Richtung) erhebt sich am Burgenwanderweg ein **Aussichtsturm**. Der Wald um ihn herum ist inzwischen so hoch gewachsen, dass die Wipfel den

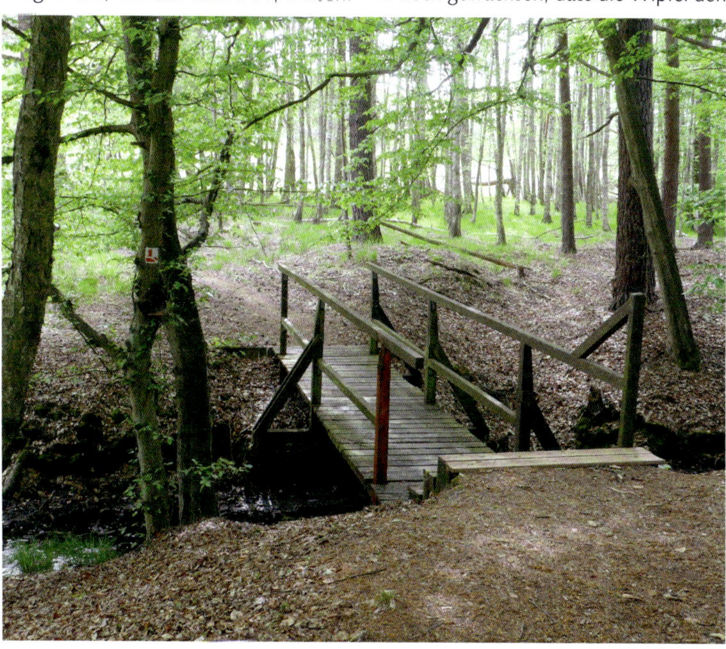

Brücke über den Briesener Bach

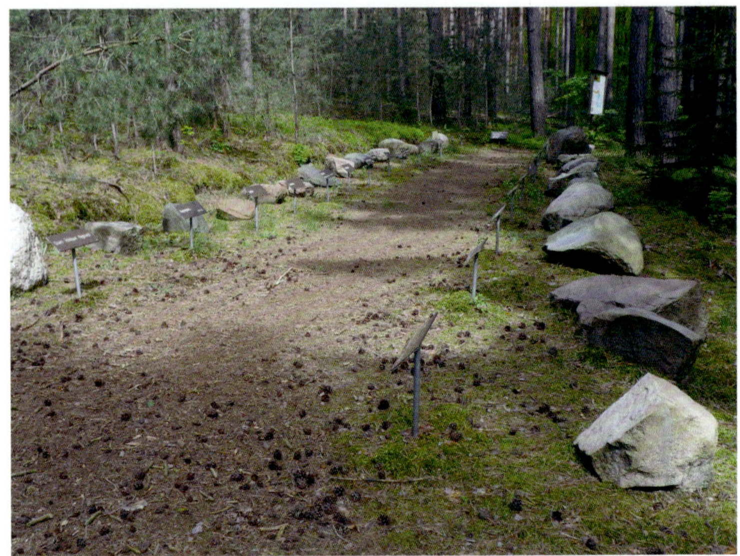

Steinerne Migranten aus Skandinavien

Blick in die Ferne verdecken. Eine Etage mindestens fehlt dem Turm, um seiner Bestimmung - einen weiten Blick ins Land zu erlauben - gerecht werden zu können. Wo sich E 11 und Burgenwanderweg treffen, geht es weiter geradeaus auf einem breiten, hier und da von Birken gesäumten Weg durch Kiefernwald bis zu einer weiten Wiesenlandschaft, die von einer Landstraße durchquert wird. Bäume säumen diese Straße, im Frühjahr blüht die Wiese. Wir folgen der Straße nur etwa 200 Meter nach rechts und nehmen dann den Abzweig nach links in das winzige Dorf **Klein Briesen**. Hier in der Nähe verlief einst die Grenze zwischen Sachsen und Brandenburg-Preußen. Sehenswert ist die Fachwerkkirche von 1692, eine der kleinsten Kirchen Brandenburgs.

Von der Zufahrtsstraße in den Ort zweigt am Waldrand nach links der markierte Pfad zu einem artesischen Brunnen mit einer Raststelle und Infotafel zu den ›eigenwilligen Bächen‹ im Fläming ab. Von hier aus geht es zunächst entlang des Briesener Baches in Richtung Südwesten. Knapp 200 Meter hinter der Quelle liegen, hinter Wildwuchs verborgen, die Überreste des Familiengrabes derer von Thümen. Unter der Herrschaft dieser Familie entstand in Klein Briesen Anfang des 17. Jahrhunderts ein Rittergut. Der Pfad parallel zum Bach mündet in einen Forstweg, dem wir nach links folgen. Im Wald versteckt, befand sich in der Nähe bis vor wenigen Jahren der Juliushof, ein beliebtes Hotel-Restaurant, das aber inzwischen von den Besitzern aufgegeben wurde.

Nach etwa 600 Metern folgen wir den Markierungen nach links. Hier beginnt der schönste Abschnitt der überhaupt wunderbaren Tour. Nach knapp einem Kilometer durch den an Baumarten abwechslungsreichen Forst erreichen wir wieder den Briesener Bach und folgen ihm etwa vier Kilometer bis nach Ra-

▶ Karte S. 168

gösen. Der Bach mäandert durch den Wald, in dem mal Kiefern, mal Laubbäume dominieren. Ein Findlingsgarten am Weg präsentiert die während der Eiszeiten aus dem Norden in die Region transportierten Gesteinsarten. Hinter dem Findlingsgarten bedeckt ein Teppich aus Blaubeersträuchern den Waldboden. Pflanzen und Tiere am Weg werden durch Infotafeln vorgestellt, Bänke laden zur Rast.

Dieser Wegabschnitt entlang des Baches endet am Mühlenteich. Ohne die Richtung zu ändern, gehen wir weiter entlang der Forststraße, die in die nach rechts abzweigende Briesener Straße mündet. Vom ersten Abzweig nach links gelangt man zum Naturcamp Ragösen (→Infoteil). Wir folgen der Briesener Straße bis nach **Ragösen** zur Dorfkirche und gehen von der Kirche nach rechts bis zur Bushaltestelle ›Feuerwehr‹ (Ab hier →Karte S. ???).

Von hier aus kehren E 11 und Burgenwanderweg hügelan zurück in den Wald. Die Wege sind zuverlässig markiert. Die letzten zwei Kilometer teilen sich E 11 und Burgenwanderweg mit einem Kindererlebnispfad. Für die Kinder wurden Attraktionen gestaltet, unter anderem Klanghölzer, ein Hochsitz und die überdimensionale hölzerne Skulptur einer Waldameise zu Füßen eines steilen Hanges. Von der Ameise aus sind es etwa 200 Meter bis zur Gaststätte ›Dippmannsdorfer Paradies‹, der ersten Möglichkeit zur Einkehr hinter Golzow. Das Lokal liegt nicht direkt am Weg, der Weg dorthin ist aber ausgeschildert.

Hinter der Ameise geht es weiter durch den Wald am Hang eines tiefen Einschnitts in die hier zur Ebene abfallende Landschaft. Auf dem Grund des Tals verbirgt sich ein Quellgebiet mit mehr als 30 Quellen, um das ein Rundwanderweg angelegt wurde - ein beliebtes Dippmannsdorfer Ausflugsziel.

Der Wanderweg führt hinab nach **Dippmannsdorf** und erreicht einen phantasievoll gestalteten hölzernen Torbogen, einen der Zugänge zum Kindererlebnispfad. Die Tour endet, je nach Laune, an der wenige Schritte entfernten Kirche oder hinter dieser am oder im Naturbad. Die Bushaltestelle Dippmannsdorf Ortsmitte liegt an der Freibadstraße: bis zu dieser vorlaufen und dann knapp 100 Meter nach links.

Tour 19

▸ Golzow

→ Infoteil Tour 18.

▸ Dippmannsdorf:

Dippmannsdorfer Paradies, Am Sportplatz 10, 14806 Bad Belzig/OT Dippmannsdorf, Tel. 033846/40002; Mi–So 11–20 Uhr. Restaurant am Waldrand mit großer Terrasse.

Naturcamp Ragösen/Fläming, 14806 Bad Belzig/OT Bullenberg. Das Anwesen gehört dem Projekt ›Lebenslieder‹ und wird u.a. für Workshops, Seminare, Klassenfahrten, musikalische Projekte, Übergangsrituale genutzt. Wanderer und Radfahrer können Übernachtungen im Bauwagen buchen. Das Kontaktformular findet man auf der Webseite des Naturcamps: www.lebenslieder.org/natur-camp

▸ Golzow:

→ Infoteil Tour 18.

▸ Klein Briesen:

Einige Gegenstände im Innern der kleinen Kirche – darunter Kanzel, Taufengel und Gestühl – stammen aus der Bauzeit (Ende des 17. Jahrhunderts). Ein Besuch sollte vorher vereinbart werden, Ansprechpartner sind der Natur- und Kulturführer Klaus Wieben (Tel. 033846/41673) und Frau Gertrud Spiesecke (Tel. 033846/41600).

Burgenwandern im Hohen Fläming

Südwestlich von Berlin, an der Grenze zu Sachsen Anhalt, erstreckt sich ein flach gewelltes Hügelland, der Fläming. Sein geologisches Gesicht prägten die Eiszeiten. Die Turbulenzen seiner Geschichte verdankt er vor allem seiner Lage als Grenzland.

Bereits vor 10 000 Jahren war die Gegend von Menschen besiedelt, ab etwa 1700 v. Chr. vornehmlich durch germanische Stämme. Von den Hunnen bedrängt, zogen die Germanen im Zuge der Völkerwanderung Ende des 4. Jahrhunderts gen Westen. Ab dem 7. Jahrhundert nahmen Westslawen das verwaiste Land bis zur Elbe in Besitz. Bis Mitte des 12. Jahrhunderts war der Fläming die Grenzbarriere zwischen Slawen und Deutschen. Mit der Gründung der Mark Brandenburg 1157 durch Albrecht den Bären begann die massenhafte deutsche Besiedlung der Region, vom Klerus propagandistisch getragen. Schon 1107 erklärte der Erzbischof von Magdeburg: »Die Heiden hier sind übel, ihr Land aber höchst ergiebig an Fleisch, an Honig, an Mehl ... an Vögeln. Und wenn es sorgfältig bebaut wird, wird ein solcher Überfluss an allem Wachstum aus der Erde sein, dass kein Land mit ihm verglichen werden kann. Das sagen, die es kennen. Deswegen, ihr Sachsen, Franken, Lothringer, ihr ruhmvollen Flandrer, Bezwinger der Welt, hier könnt ihr Eure Seelen erretten und – wenn ihr wollt – das beste Land zum Siedeln bekommen.« Rund 400 000 Menschen strömten im 12. und 13. Jahrhundert gen Osten und besetzten das Land. Sie kamen aus der Altmark, dem Harz, Flandern und den Rheingebieten. Nach verheerenden Sturmfluten im eigenen Land folgten viele Flamen dem Ruf in die Mark Brandenburg. Ihre Erfahrungen beim Deichbau spielten eine wichtige Rolle bei der Kultivierung der Flussgebiete und Gewinnung von Ackerland. Den zugewanderten Flamen verdankt der Fläming seinen Namen, wenn dieser auch erst seit Mitte des 19. Jahrhunderts in Gebrauch ist.

In den Jahrhundertes zuvor war die Gegend als ›Sächsischer Grenzwall‹ bekannt gewesen, weil Anfang des 15. Jahrhunderts Teile des Flämings in kursächsischen Besitz gelangt waren. Immer wieder aufflammende Grenzkonflikte gehörten von da an zum Alltag der Menschen.

Die Kursachsen hielten Napoleon bis zur Völkerschlacht bei Leipzig 1813 die Bündnistreue. Eine der schmerzlichen Konsequenzen war der Verlust des Fläming an Preußen infolge des Wiener Kongress 1815. Viele ehemals sächsische Fläminger, Neupreußen genannt, wehrten sich noch einige Zeit gegen den ungeliebten ›schwarzen preußischen Vogel‹. In einem damals kursierenden Flugblatt hieß es: Warte, schwarzer Vogel, warte, bald kommt wieder Bonaparte. / Was Du hast gestohlen, wird er uns dann wiederholen.

Vier Burgen im Hohen Fläming – Bad Belzig, Rabenstein, Wiesenburg und Ziesar – sind Zeugen der kriegerischen Geschichte. Zunächst hatten sie die Herrschaft der Deutschen gegen die Slawen befestigt, dann die der einen Markgrafen gegen die anderen und später des Kurfürsten gegen die Preußen.

Seit den 1990er Jahren erkannte man in der Region das touristische Potential der an Historie und Kultur reichen Orte und landschaftlich reizvollen Gegenden. Der Höhenzug um Bad Belzig wurde einschließlich der Belziger Wiesenlandschaft 1997 zum Nationalpark erklärt. Den natürlichen Reichtum und die Burgen in einem klugen Konzept zu vereinen, lag auf der Hand und die Idee eines Burgenwan-

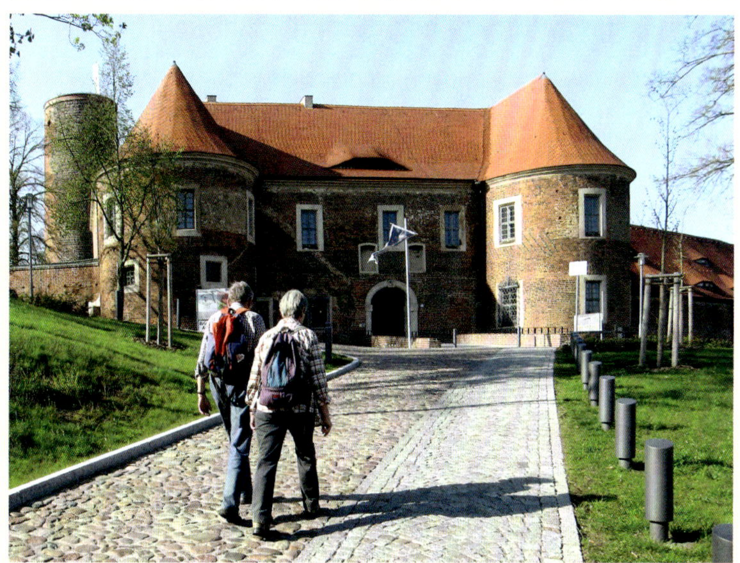

Am Etappenziel: Burg Eisenhardt

derweges in der Luft. Bis 2010 wurde diese Idee verwirklicht. Auf 147 Kilometern schlängelt sich der Burgenwanderweg durch die waldreichen Hügellandschaften. Die Burgen – aus einer, Wiesenburg, wurde ein Schloss, aus der in Ziesar eine Bischofsresidenz – sind die Hauptattraktionen am Weg, daneben gibt es Feldsteinkirchen, Museen und Handwerksstätten. Die Wanderwege verlaufen durch weite, einsame Wälder, labyrinthartig verzweigte Rummeln (Trockentäler), vorbei an riesigen Findlingen, über weite Felder und durch Flämingdörfer.

Die Strecke lässt sich in verschiedene Tagesetappen unterteilen, zwei sind teilweise identisch mit dem E 11. Alle Orte am Weg sind auch am Wochenende mit Bus und Bahn von Berlin aus zu erreichen, wenn auch die An- und Abfahrtszeiten bis zu zwei Stunden in Anspruch nehmen. Entscheidet man sich für eine Mehrtageswanderung, sollten Übernachtungen im südlichen Teil der Route – Bad Belzig, Rädigke, Raben und Jeserig – kein Problem sein. Die Orten im Norden – Görzke, Ziesar und Gross Glien – sind touristisch weniger erschlossen, aber hinsichtlich Gastronomie und Unterkunft keinesfalls Ödland. Nur sollte man rechtzeitig buchen.

Neben dem Burgenwanderweg ist der Kunstwanderweg zwischen Bad Belzig und Wiesenburg mit seiner Nord- und Südroute ein weiteres großartiges Fläming-Erlebnis (→ S. 201), zu dem sich viele andere kürzere Strecken rund um Bad Belzig, Raben und Wiesenburg als Wanderoptionen gesellen.

Weitere Informationen zum Burgenwanderweg erhält man in den Tourist-Informationszentren in Bad Belzig, Wiesenburg und im Naturparkzentrum Hoher Fläming in Raben (→ Infoteil Touren 24 und 25).

Informativ sind unter anderen diese Webseiten:
www.wandern-im-flaeming.de, www.ich-geh-wandern.de und www.belzig.com

Burg Eisenhardt und eine Stadt mit Charme

➲ Tour 20: Von Dippmannsdorf nach Bad Belzig » (21 km)*****

Kurzcharakteristik
Der Weg ab Dippmannsdorf verläuft zunächst durch die Wälder entlang der Hänge des Fläming und erklimmt dann das Plateau. Unterwegs ermöglicht ein kleiner Abstecher die Bekanntschaft mit der uralten ›Hexenbuche‹, die sich mit mächtigen Wurzeln am Rand einer Schlucht an den Boden klammert.
Auf dem Fläming-Plateau verläuft der Wanderweg zunächst durch Kiefernforste, streift ein von Wald umgebenes Feld und zwei ausgedehnte Wiesen. Unweit des Weges befindet sich die Quelle eines Baches. Von hier ist es nicht mehr weit bis nach Lütte. In diesem Dorf am Rande der sich ostwärts erstreckenden Belziger Landschaftswiesen gibt es eine Schinkelkirche und ein von den Bewohnern restauriertes ›Altes Haus‹.
Hinter Lütte geht es wieder in den Wald hinein. Bis zur Springbach-Mühle, einem beliebten Ausflugslokal, sind es etwa vier Kilometer. Weiter führt der Weg durch die Außenbezirke von Bad Belzig und städtische Forste, zum Schluss entlang einer Feuchtwiese zur Burg Eisenhardt.
In der Kleinstadt Bad Belzig schlägt das Herz des Hohen Fläming. Ihre bedeutendste historische Sehenswürdigkeit ist die Burg Eisenhardt einschließlich Museum, Bergfried, einem sympathischen Café auf dem Burggelände sowie einer kleinen, sehenswerten Kirche in unmittelbarer Nähe. Von der Burg sind es Richtung Norden nur ein paar hundert Meter bis in das restaurierte Zentrum des Städtchens mit seinen Fachwerk- und Bürgerhäusern. Jenseits der Bahnlinie beherbergt das Schweizerhaus das wunderbare Roger-Loewig-Museum. Man kann die Tour mit einem Besuch der 2020 eingeweihten SteinTherme am Rand von Bad Belzig ausklingen lassen. Ihr verdankt Bad Belzig den 2010 verliehenen Zusatz ›Bad‹ im Stadtnamen.
Bad Belzig ist der Ausgangs- bzw. Endpunkt des Flämischen Kunstwanderwegs. → Touren 24 und 25 (S. 202 und 208).
Teilstrecken Dippmannsdorf–Lütte (8 km), Lütte–Burg Eisenhardt (11 km), Burg Eisenhardt–Bahnhof Bad Belzig (1 km).
Verkehrsverbindungen Dippmannsdorf und Lütte: Bus von und nach Bad Belzig, Brandenburg/Havel (Linie 581) und Potsdam (Linie 580) - → Tour 19.
Bad Belzig: RE7 im Stundentakt Richtung Berlin und Dessau.
Wunschwegkategorie 1, 3, 4, 5, 9, 10, 16, 21a.
Wegebeschaffenheit Naturbelassen 60 %, teilbefestigt 20 %, harter Belag 20 % (Lütte, Stadtgebiet Belzig).
Wanderkarten Große Wander- und Radwanderkarte Naturpark Hoher Fläming, 1:50 000, Verlag Dr. Barthel (Serie ›Schöne Heimat‹); Freizeitkarte Hoher Fläming-Havelland, 1:75 000, Pietruska Verlag; Topographische Karten Brandenburg, Hoher Fläming (Topographische Freizeitkarten, 1:50 000, Land Brandenburg / Für Wanderungen, Rad- und Bootsfahrten). Buch und Karte.
Markierung Blauer Balken und Burgenwanderweg, durchgängig.
Einkehr Dippmannsdorf, Springbachmühle vor Bad Belzig, mehrere Möglichkeiten in Bad Belzig.
Unterkunft Springbachmühle vor Bad Belzig, Hotels in Bad Belzig.
Sehenswürdigkeiten Springbachmühle, Bad Belzig: Burg, Roger-Loewig-Museum, Stadtensemble.
Sonstige Hinweise Burgenwanderweg und E 11 sind hier deckungsgleich. Die Strecke

▸ Karte S. 168

ist durchgängig als Qualitätswanderweg ausgezeichnet (→ Burgenwanderweg, S. 172).
Hinweise für Radfahrer Der Qualitätswanderweg ist zum Radfahren ungeeignet. Die Orte sind jedoch durch Straßen miteinander verbunden.

Streckenverlauf

Wie die vorige Tour weist auch diese Etappe durchgängig sichere Markierungen auf, sodass detaillierte Wegbeschreibungen nicht notwendig sind.

Die Wanderung beginnt an der Bushaltestelle Dippmannsdorf, Ortsmitte. Hinter der Kirche führt die Straße Waldfrieden hügelauf. Nach etwa 100 Metern zweigt nach links ein Pfad in den Wald ab. Der Weg verläuft hügelauf-hügelab durch den Laubwald, entfernt sich mal mehr von der parallel am Waldrand verlaufenden B 102, wahrt aber stets genügend Distanz, damit man als Wanderer nicht allzu sehr vom Lärm der Fahrzeuge gestört wird.

Nach etwa einem Kilometer zweigt nach rechts ein ausgeschilderter Weg zur **Hexenbuche** ab. Dieser sehr alte Baum, der mächtig über einem Abgrund thront, ist ein Naturereignis. Ihr einen Besuch abzustatten, lohnt sich unbedingt. Man erfährt dort auch, was es auf sich hat mit ihrer Freundschaft zu einem Troll aus Skandinavien.

Die Wanderroute führt schließlich hinauf auf das Fläming-Plateau, durch Kiefernwald zu einem Weizenfeld. Dessen üppiger, im Frühsommer mit blühenden Gräsern auftrumpfender Feldrain zeugt davon, dass hier auf Chemikalien zum Düngen verzichtet wird.

Weiter geht es an zwei ausgedehnten Waldwiesen vorbei. Am Rand der zweiten führt ein vom Hauptweg abzweigender Pfad zur Quelle des Lütte Baches. Er ist ausgeschildert, und auf einer Informationstafel erfährt man Wissenswertes über die Eigenarten der Fläming-Bäche im Allgemeinen und dieses Baches im Besonderen.

Das Dorf **Lütte** liegt an der Grenze zwischen den Wäldern des Flämingrückens, die wir bisher durchwandert sind, und dem Großtrappen-Schutzge-

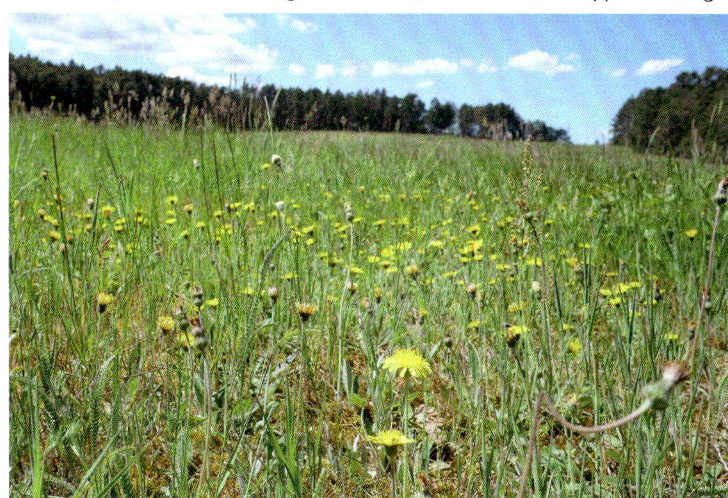

Blühende Waldwiesen schmücken den Fläming

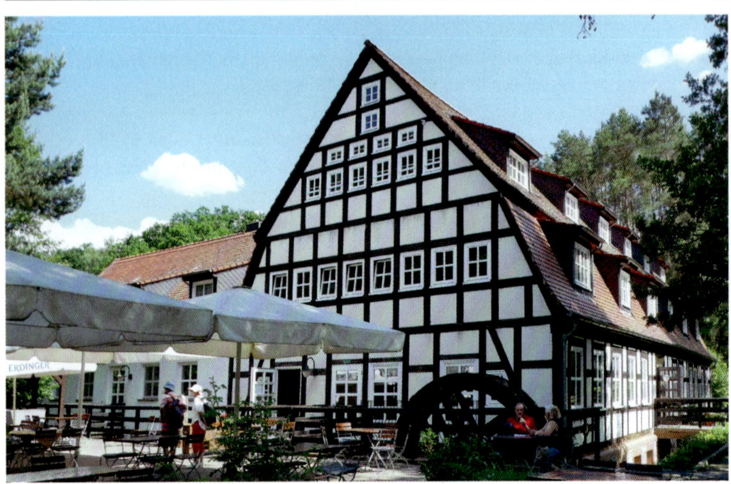

Hotel und Ausflugslokal: die Springbach-Mühle

biet in den Belziger Landschaftswiesen, die sich ostwärts erstrecken. Entlang der Lindenstraße gelangen wir ins Dorfzentrum. Schräg gegenüber zweigt von der Chausseestraße (B 102) die Straße Am Lütter Bach ab. An ihr befindet sich der Zugang zur Schinkelkirche auf dem Friedhofsgelände. Errichtet wurde die Kirche 1842, nachdem neun Jahre zuvor nahezu das gesamte Dorf einem verheerenden Brand zum Opfer gefallen war. Dem hiesigen Bau liegen Pläne für standardisierte Kirchenbauten zugrunde, die Karl Friedrich Schinkel im Auftrag des preußischen Königshauses in den 1830er Jahren für finanzschwache Dörfer angefertigt hatte. Einige Meter weiter backt Bäcker Edgar Albe hervorragenden Blätterteigkuchen nach einem französischen Rezept (→ Infoteil).

Der E 11 und der Burgenwanderweg folgen der Chausseestraße in Richtung Süden, vorbei am Anger. Hinter diesem befindet sich an der linken Straßenseite das ›Alte Haus‹. Dieses Anwesen, bestehend aus Schmiede, Kossätenhaus und Scheune, hat als einziges den Großbrand von 1833 überstanden. Im Jahr 2004 gründete sich ein Verein, der sich um den Wiederaufbau der Gebäude verdient gemacht hat.

Wir lassen das ›Alte Haus‹ links liegen. Nach etwa 200 Metern entlang der Chausseestraße beschreibt diese einen Linksschwenk. Geradeaus zweigt der Rothenbacher Weg von der Straße ab. Wir folgen ihm, gehen an den letzten und dann den allerletzten Häusern und Grundstücken von Lütte vorbei und tauchen in den Wald ein.

Auf den nächsten etwa vier Kilometern bis zur Springbach-Mühle geht es an einem Weiler vorbei, durch lichten Kiefernwald mit eigesprenkelten Laubbäumen und dann über eine Wiese, bis wir wieder die B 102 erreichen, aber vor dieser rechts unseren Weg fortsetzen. Zu E 11 und Burgenwanderweg gesellt sich hier eine Weile der Radwanderweg R 1. Bis zur **Springbach-Mühle** sind es noch etwa 300 Meter auf dem Mühlenweg. Die ehemalige Mahl- und Schneidemühle in einem stattlichen Fachwerkhaus ist heute Hotel-Restaurant mit großer Außenterrasse

▶ Karte S. 168

und umgeben von einem kleinen Park und Fischteichen.

Der markierte Wander-Fahrrad-Weg führt am Anwesen vorbei und biegt dann nach links ab, dem Zaun folgend. Es geht etwas hügelauf, dann durch das Vorland von Bad Belzig, immer den Markierungen nach. Nach etwa 1,5 Kilometern, an einer Bushaltestelle, mündet der Fahrweg in die Hermann-Lielje-Straße. Gegenüber befindet sich der Zugang zum ZEGG (Zentrum für Experimentelle Gesellschaftsgestaltung), ein Forschungsprojekt für eine sozial und ökologisch nachhaltige Lebensweise (→ Infoteil).

Nach rechts geht es zur Reha-Klinik, nach links – hier trägt die Straße den Namen von Rosa Luxemburg – zu den ersten Häusern einer Vorstadtsiedlung aus Einfamilienhäusern von Bad Belzig. Dort angekommen, zweigt nach links die Straße Am Kurpark ab. Auf ihr erreicht man nach etwa 400 Metern die SteinTherme. Zur Burg Eisenhardt gelangen wir, indem wir dort, wo der Weg zur Stein-Therme abzweigt, nach rechts in den Lärchenweg einschwenken. Dieser geht am Ende einer Schleife in einen Pfad über, auf dem wir, ohne die Richtung zu wechseln, auf den Weitzgrunder Weg stoßen und diesem noch etwa 400 Meter folgen. Dann schwenken wir nach links ab. Die Wege sind weiterhin bestens markiert. Wir durchqueren den Forst und kommen nach einigen Schwenks zur Lübnitzer Straße, die wir schräg links überqueren und gleich danach zuerst nach links, dann nach rechts abbiegen. Wir tauchen wieder in den Forst um Belzig ein und erreichen nach etwa 200 Metern den Erinnerungsort für Hunderte Frauen, die hier in einem Außenlager des KZ Ravensbrück schuften mussten. Mehr als 200 Frauen überlebten die Torturen nicht. Ein **Gedenkstein** erinnert an die Geschehnisse und die Toten.

Noch ein paar Schritte weiter treffen der E 11 und der Burgenwanderweg auf die Markierung des Fläming-Kunstwanderweges. Hier trennen sie sich. Auf dem E 11 geht es weiter nach rechts Richtung Westen nach Hagelberg (→ Tour 21 und → Nordroute des Kunstwanderweges). Wir folgen dem Burgenwanderweg nach links und den Markierungen bis zur Burg Eisenhardt, bis zu der es von hier aus noch 1,5 Kilometer sind.

Burg Eisenhardt ist nichts weniger als ein Kleinod in der Landschaft. Erste Erwähnungen verorten ihren Grundstein auf das Ende des 10. Jahrhunderts. Den Namen ›Eisenhardt‹ erhielt sie Mitte des 15. Jahrhunderts nach zahlreichen Umbauten und nachdem die Mauern mit Kanonen bestückt worden waren. Der prominenteste Gast auf der Burg war 1712 Peter der Große.

Zur Burg gehören ein Museum, der Bergfried und das Café. Südlich der Wehrmauern lohnt ein Abstecher zur **St. Bricciuskirche** vom Anfang des 15. Jahrhunderts mit ihrer zauberhaften Innenausstattung. Sie ist nach dem heiligen Briccius (um 370–444) benannt, der von 397 bis zu seinem Tod in der Nachfolge des heiligen Martin Bischof von Tours war.

Rechts an der Burg vorbei gelangt man auf der Schlossstraße in die Innenstadt von **Bad Belzig**. Hauptsehenswürdigkeiten sind das Rathaus, die St. Marienkirche und das Reißiger-Haus, ein Fachwerkhaus von 1728, links der Kirche. Hier wurde Carl-Gottlieb Reißiger (1798–1859) geboren, ein zu Lebzeiten hoch geachteter Komponist und Hofkapellmeister in Dresden.

Von der Burg Eisenhardt am schnellsten zum Bahnhof gelangt man entlang der Wittenberger Straße, die südlich der Burg an dieser vorbeiführt. Nach etwa 200 Metern mündet sie an einer Kursächsi-

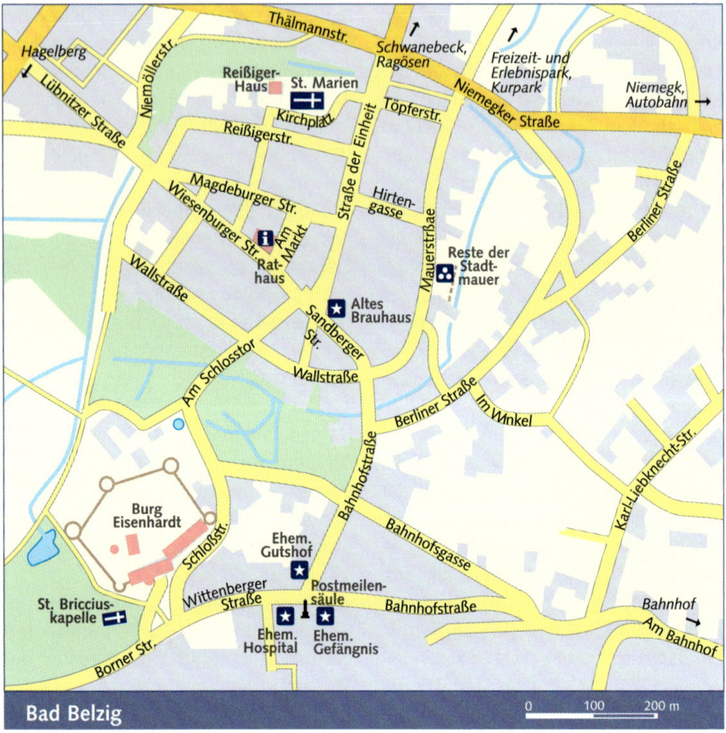

Bad Belzig

schen Postmeilensäule in die Bahnhofstraße, die hier einen Bogen beschreibt. Nach links geht es ins Stadtzentrum, geradeaus zum Bahnhof. Rechts von der Postmeilensäule ist das Eiscafé ›Zur Postmeile‹ eine beliebte Adresse.

Noch vor Erreichen der Postmeilensäule biegt von der Wittenberger Straße der Burgenwanderweg auf schmalem Pfad nach rechts ab, unterquert die Bahnstrecke und führt auf der anderen Seite hinauf zum Roger-Loewig-Museum sowie zum Ausgangs- bzw. Endpunkt des Kunstwanderwegs: Axis ›Mundis 2‹ (Achse der Welt). Vom Hang hat man vor allem am späten Nachmittag eines sonnigen Tages einen lohnenden Blick auf Bad Belzig im Tal. Über eine Brücke gelangt man zum Bahnhof. Der Abstecher von der Hauptstrecke nimmt nur einige Minuten mehr in Anspruch als der direkte Weg zum Bahnhof.

i Tour 20

Tourist-Information Bad Belzig, Marktplatz 1, 14806 Bad Belzig, Tel. 033841/94900; Mo–Fr 9–17, Sa 10–15, So 10–13 Uhr. www.belzig.com

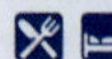

▸ Dippmannsdorf: → Tour 19.

▸ Lütte:

Bäckerei Edgar Albe, Am Lütter Bach 38, 14806 Bad Belzig/OT Lütte, Tel. 033846/40374; Di–Do 6–12, 14–18, Fr 6–18, Sa 6–10 Uhr.

▸ Bad Belzig:

Springbach-Mühle, Mühlenweg 2, 14806 Bad Belzig, Tel. 033841/796600; Mo–So

▸ Karte S. 168

11.30–21 Uhr (Küchenzeiten). Restaurant und Hotel, umgeben von Wald. Das Restaurant mit Terrasse am Mühlenfließ ist in einem Fachwerkhaus von 1862 untergebracht. In der weitläufigen Anlage bieten zahlreiche Nebenbauten Unterkunft für bis zu 56 Gäste. www.springbachmuehle.de

Café und Chocolaterie Burg Eisenhardt, Wittenberger Str. 14, 14806 Bad Belzig, Tel. 0151/42867224; Do–So 12–18 Uhr. Gemütliches Café auf dem Burghof.
www.chocolaterie-burg-eisenhardt.shop

Eiscafé zur Postmeile, Bahnhofstraße 16, 14806 Bad Belzig, Tel. 033841/449933; tgl. 13–18 Uhr (zumeist länger). Kuchen, Eis, Kaffee, Getränke. Pension, Spezialitäten-Brauerei (ab 18 Uhr).
www.eiscafe-bad-belzig.de

Hotel und Gaststätte Alter Brauhof, Str. der Einheit 16, 14806 Bad Belzig, Tel. 033841/32230; Mi–So 12–14 Uhr. Im Zentrum der Altstadt, deutsche und regionale Küche.

Steakhaus Cascada, Str. der Einheit 30, 14806 Bad Belzig, Tel. 033841/38255; Di–So 11–22 Uhr. Einige Schritte hinter dem Alten Brauhof. Überzeugendes Preis-Leistungs-Verhältnis.
www.cascada-steakhouse.eatbu.com

Karma, Magdeburger Str. 8, 14806 Bad Belzig, Tel. 033841/449233; Di–So 11.30–23 Uhr. In der Nähe des Marktplatzes. Nepalesische Hochlandspezialitäten, auch vegan. Mit Terrasse.
www.karma-badbelzig.eatbu.com

!

Altes Haus 43/44, Chausseestraße, 14806 Bad Belzig/OT Lütte. Für die Restaurierung des historischen Anwesens setzte sich mit Vehemenz ein Verein ein und so entstand ein Unikat dörflichen Lebens. Der Verein vermietet Zimmer (Kontakt: alteshausluette@t-online.de), an ausgewählten Sonntagen finden Kaffeekränzchen statt. Aktuelle Informationen:
www.altes-haus-ev.de

ZEGG (Zentrum für Experimentelle Gesellschaftsgestaltung), Rosa-Luxemburg-Str. 89, 14806 Bad Belzig, Tel. 033841/595-100. Bildungszentrum und soziokulturelles Modellprojekt für eine sozial und ökologisch nachhaltige Lebensweise, in dem jährlich über 120 Workshops, Seminare und Festivals abgehalten werden. Führungen April–Sept. So 16 Uhr. www.zegg.de

Burg Eisenhardt-Museum, Wittenberger Str. 14, 14806 Bad Belzig, Tel. 033841/3879910; Mi–Fr 10–17, Sa/So 10–15 Uhr. Das Heimatmuseum befindet sich im spätgotischen Torhaus der Burg Eisenhardt. Informationen über die Geschichte der Burg, die Landwehrschlacht bei Hagelberg 1813 und das Frauenkonzentrationslagers ›Roederhof‹ Belzig. Vom Burgturm (Bergfried) hat man eine beeindruckende Aussicht auf die Stadt und die Fläminglandschaft. In den Sommermonaten bis in den Herbst hinein finden auf dem Burghof zahlreiche Veranstaltungen statt.
www.burgeisenhardt.de

Roger-Locwig-Haus, Flämingweg 6, 14806 Bad Belzig, Tel. 033841/42167. Im ›Schweizerhaus‹ in Belzig wurde am 6. Juni 2009 das Roger-Loewig-Haus eröffnet, ein Museum mit Gedenkstätte. Die hier gezeigte Dauerausstellung informiert über das Leben und Schaffen des Malers, Zeichners und Dichters Roger Loewig (1930–1997). In dem unter Denkmalschutz stehenden Haus, das einem Freund Loewigs gehörte, hielt sich der Künstler von 1964 bis 1972 und erneut nach der Maueröffnung bis zu seinem Tod regelmäßig auf. Seit 2019 werden Gebäude und Anwesen restauriert, eine Wiedereröffnung ist im Herbst 2021 geplant. Die Roger-Loewig-Gesellschaft bewahrt das Erbe des Künstlers:
www.roger-loewig.de/museum
www.museum-digital.de

Steintherme Bad Belzig, Am Kurpark 15, 14806 Bad Belzig, Tel. 033841/38800; tgl. 10–21 Uhr. 2002 eröffnet, Bade- und Saunabereich, angenehmes Ambiente.
www.steintherme.de

Höhepunkte im weiten Land

Tour 21: Von Bad Belzig zur Burg Rabenstein » (26 km)****

Kurzcharakteristik

Diese Wanderung führt über die mit 201 Metern höchste Erhebung Brandenburgs, den von einem Gipfelkreuz gekrönten Hagelberg. Von ihm aus hat man eine weite Sicht in das hügelige Land des Fläming. An die Schlacht bei Hagelberg im August 1813 erinnert ein Denkmal.

Die ersten Kilometer bis zum Hagelberg sind identisch mit der Nordroute des Kunstwanderweges Fläming (→ S. 202). Hier gehen das Wandern, die Landschaft, die Geschichte und die Symbiose aus der eigenen Phantasie und den Inspirationen der Künstler, die hier seit 2007 ihre Objekte präsentieren, eine außergewöhnlichen Synthese ein. Die Tour beginnt an der Burg Eisenhardt in Bad Belzig, führt zunächst durch einen Forst, dann entlang von Feldrainen bis Hagelberg, weiter durch das Dorf Klein-Glien und taucht später wieder in den Wald ein, wo sie die Bahnlinie Berlin–Dessau unterquert. Hinter dem Dorf Grubo, nach einem etwas anstrengenden Abschnitt auf dem Fahrradweg entlang einer Landstraße, erlebt man einen zweiten Höhepunkt der Tour, die sogenannten Rummeln. So werden die zum Ende der Eiszeit durch abfließendes Schmelzwasser entstandenen Vertiefungen in der Landschaft bezeichnet.

Endpunkt der Tour ist das zu Füßen der im Wald verborgenen Burg Rabenstein liegende Raben. Es bietet sich an, hier oder auf der Burg zu übernachten, um am nächsten Tag die Wanderung bis zur Elbe fortzusetzen. Die beste Empfehlung jedoch ist, eine Dreitagestour bis zum Wörlitzer Park zu unternehmen, denn dann ergeben sich am dritten Tag mit dem Elbufer und dem weitläufigen und beeindruckenden Parkensemble völlig andere Natureindrücke und damit in der Summe ein Wandererlebnis der Spitzenklasse.

Teilstrecken Bad Belzig–Grubo (15 km), Grubo–Burg Rabenstein (11 km).

Verkehrsverbindungen Bad Belzig: RE 7 im Stundentakt nach Dessau und Berlin, Linie 572 (Ringlinie), sog. Burgenlinie, Bad Belzig–Raben–Grubo–Wiesenburg–Klein-Glien–Borne–Bad Belzig. Die Busse verkehren zwischen 8.24 und 17.24 Uhr alle zwei Stunden ab Bad Belzig (Stand bei Redaktionsschluss), auch an den Wochenenden und Feiertagen.

Wegebeschaffenheit Naturbelassen 70 %, teilbefestigt 10 %, harter Belag 20 %.

Wunschwegkategorie 1, 3, 4, 5, 6, 10, 11, 12, 13, 15.

Wanderkarten Große Wander- und Radwanderkarte Naturpark Hoher Fläming, 1:50 000, Verlag Dr. Barthel (Serie ›Schöne Heimat‹); Freizeitkarte Hoher Fläming-Havelland 1:75 000, Pietruska Verlag; Topographische Karten Brandenburg, Hoher Fläming (Topographische Freizeitkarten, 1:50 000, Land Brandenburg / Für Wanderungen, Rad- und Bootsfahrten). Buch und Karte.

Markierung Blauer Balken (durchgängig), im ersten Teil zusätzlich Markierung des Kunstwanderweges Fläming (drei geschlängelte Linien auf gelbem Grund), im letzten auch des Burgenwanderweges.

Einkehr Klein-Glien, Raben und Burg Rabenstein.

Unterkunft Raben und Burg Rabenstein

Sehenswürdigkeiten Bad Belzig (→ vorige Tour), Kunst am Wanderweg, Gedenkstätte am Hagelberg, Burg Rabenstein.

Sonstige Hinweise Der E 11 schwenkt kurz vor Bad Belzig von Norden kommend in Richtung Westen ab. Da sich die Beschreibungen in diesem Buch an Bahnhöfen,

▸ Karte S. 182

Sehenswürdigkeiten und Übernachtungsmöglichkeiten orientieren, endet die vorige Route am Bahnhof Bad Belzig, bezieht also Stadt und Burg mit ein. Entsprechend beginnt diese am gleichen Bahnhof. Ab Burg Eisenhardt bis zum E 11 folgt sie den Markierungen des Burgenwanderweges und des Kunstwanderweges Fläming.

Hinweise für Radfahrer Die Strecke verläuft ein kurzes Stück auf dem Radweg R 1. Eine ›Burgentour‹ für Radfahrer – vorwiegend auf Nebenstraßen und Radwegen – wird als eigenständige Route angeboten. Sie beginnt und endet in Bad Belzig oder wahlweise in Wiesenburg. Nähere Auskünfte erhält man von den Tourismus-Informationen in Bad Belzig und Raben sowie im Internet. Die als Wanderwege ausgewiesenen Streckenteile sind zum Radfahren zumeist nicht geeignet.

Streckenverlauf

Die Wanderung beginnt am Bahnhof Bad Belzig. Es gibt verschiedene Möglichkeiten, um zum E 11 zu kommen: Entweder wir folgen dem Kunstwanderweg ab dessen Beginn an der ›Axis Mundis‹ (→ S. 202, identisch mit dem Burgenwanderweg) bis zur Burg Eisenhardt, oder wir gehen entlang der Bahnhofstraße und Wittenberger Straße, vorbei an der Postmeilensäule, direkt zur Burg Eisenhardt und an dieser links vorbei in den Wiesengrund. Oder wir entscheiden uns für die kürzeste Variante, die den GPS-Daten für diese Tour entspricht. Dazu gehen wir vom Bahnhof zunächst entlang der Bahnhofstraße in Richtung Burg, zweigen nach etwa 250 Metern – der Weg ist markiert – über eine Treppe nach rechts ab Richtung Altstadt, entlang der Bahnhofsgasse. Diese mündet nach etwa 200 Metern wieder in die Bahnhofstraße, die einen Bogen geschlagen hat. Das Eckhaus auf der linken Seite ist die Burgmetzgerei, wo man von Dienstag bis Freitag von 8 bis 18 Uhr und samstags von 7 bis 11 Uhr belegte Brötchen erhält. Einige Häuser nach rechts ist die Bäckerei Gericke eine gute Adresse für einen Kaffee und ein Stück Kuchen (Di–Fr 7–17, Sa 7–12 Uhr).

Wir überqueren die Bahnhofstraße und gehen an einem Spielplatz vorbei Richtung Osten, lassen die Burg links liegen und stoßen in der Nähe des Polizeireviers zu Füßen der Burg bald auf das erste Kunstwerk am Weg. Ab hier sind die Wege bestens ausgeschildert. Da in und um Bad Belzig viele Wanderwege angelegt sind, gibt es entsprechend auch viele Markierungen, denen man keine Beachtung zu schenken braucht. Entscheidend sind bis zum Erreichen des E 11 die Markierung des Kunstwanderwegs und des Burgenwanderwegs.

Wir folgen dem Weg durch den Wiesengrund unterhalb der Burg Eisenhardt Richtung Osten. Am westlichen Ende des Burgwalls, im Tal, verweist eine aus Holz

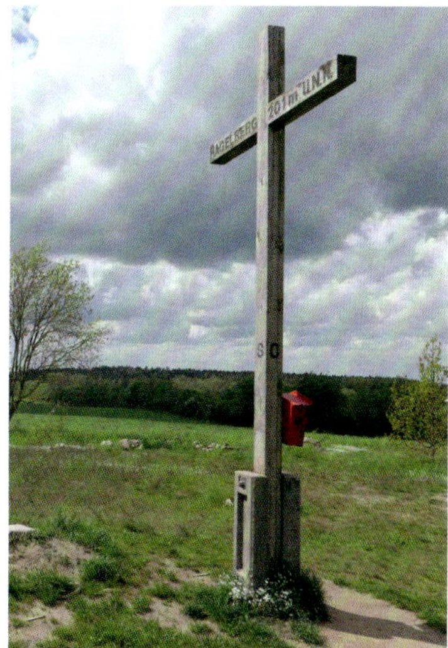

Dieses Kreuz zeigt die höchste Erhebung Brandenburgs an, den Hagelberg

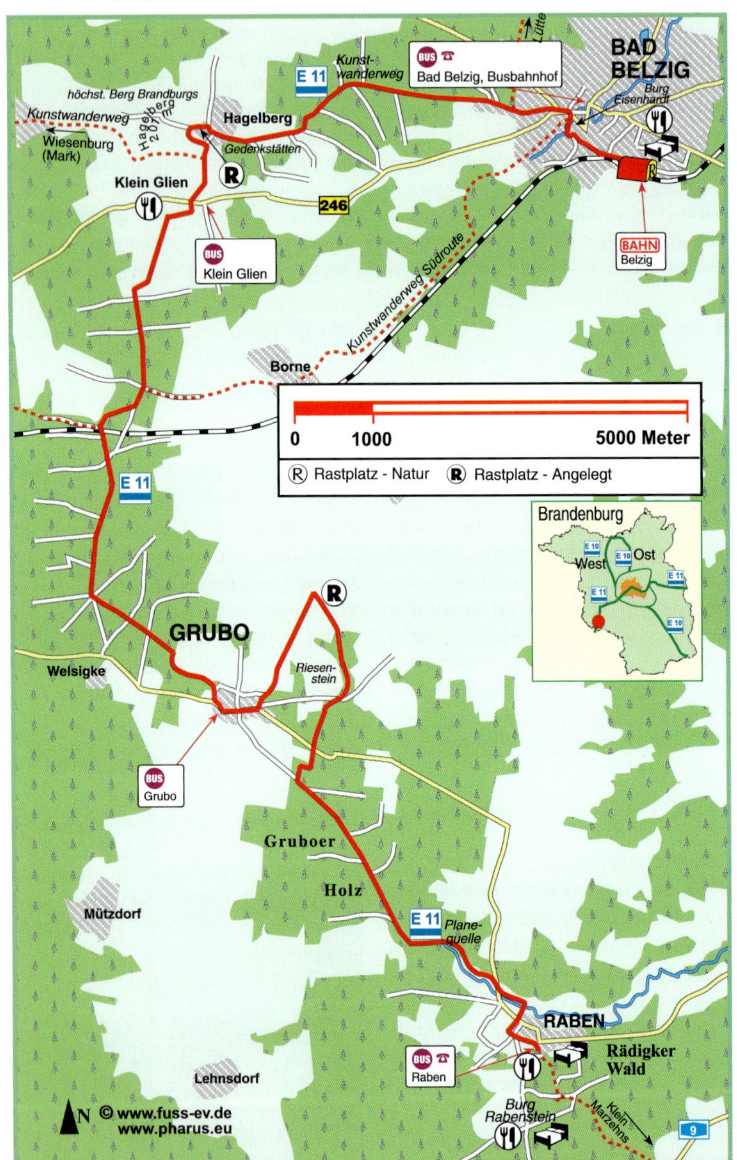

geschnitzte **Skulptur** – die ›Weiße Frau‹ – auf eine Sage über ein Geschehen, das sich auf der Burg zugetragen haben soll. Auf dem kurzen Weg entlang des Wiesengrunds vermitteln phantasievoll gestaltete Informationstafeln Wissen zu Natur und Landschaft. Der Weg mündet in eine wenig befahrene Nebenstraße.

Wir gehen nach rechts. Von der Straße zweigt nach etwa 50 Metern nach links zunächst die Südroute des Kunstwanderweges ab und ein paar Meter weiter, ebenfalls nach links, ein Feldweg – die Nordroute des Kunstwanderweges und der Burgenwanderweg. Wir folgen den Markierungen und kommen, die B246 in Richtung Wiesenburg querend, vorbei an den letzten Häusern von Belzig, in eine bewaldete Senke. Auf einem Pfad halten wir uns links und stoßen bald auf den E11. Der E11 und der Burgenwanderweg vereinen sich nach rechts Richtung Norden (→ Tour 20) - nur wenige Meter hinter dem Abzweig befindet sich das Denkmal für die hier in einem Außenlager des KZ Ravensbrück von 1943 bis 1945 misshandelten und ermordeten Frauen.

Geradeaus, in Richtung Westen, geht es weiter auf dem E 11 und dem Kunstwanderweg Richtung Hagelberg. Die nächsten etwa vier Kilometer führt der Weg durch mit Laubbäumen und Lärchen durchsetzten Kiefernwald - vorbei an Lichtungen, Rastplätzen und einigen Objekten des Kunstwanderweges. Entlang einer Apfelbaumallee verlässt der Forstweg den Wald und erreicht das Dorf Hagelberg. In einer Scheune zur Rechten, kurz vor Erreichen des Dorfzentrums, stellt der Künstler Horst Lehnicker seine aus Ton gefertigten Kreationen aus und bietet sie zum Verkauf an. Ist er vor Ort, lohnt sich auf jeden Fall ein Blick in die Scheune, die seine Sammlung beherbergt.

Im Zentrum des kleinen Dorfes Hagelberg geht es weiter nach links, nun in südlicher Richtung. Am Ortsausgang zweigt nach rechts ein Wiesenweg zum Gipfel des **Hagelberges** ab. Dort markiert ein Gipfelkreuz die höchste Erhebung Brandenburgs und erinnert an die Schlacht von Hagelberg am 27. August 1813. An jenem Tag standen sich hier preußische und russische Soldaten auf der einen, französische und sächsische auf der anderen Seite gegenüber. Tausende Menschen verloren im Gemetzel ihr Leben. Es gilt als eines der entscheidenden im Vorfeld der Völkerschlacht bei Leipzig zwei Monate später. Von der Höhe hat man einen weiten Blick ins Land. Der Ort ist ideal gelegen und bestens ausgestattet für eine Rast.

Ein neueres Denkmal, das an die Schlacht erinnert, befindet sich links von der Straße, ebenfalls auf einem kurzen, schmalen Pfad zu erreichen. Es stammt aus dem Jahr 1955 und beschwört 10 Jahre nach Ende des Zeiten Weltkrieges die deutsch-russische Waffenbrüderschaft während der Kriege gegen Napoleon.

Unterhalb des Hagelberges trennt sich die Nordroute des Kunstwanderweges vom E 11, der nun südwärts auf einem Fahrradweg rechts der Landstraße verläuft. Auch dieses Wegstück gehört zum Kunstwanderweg. Es verbindet die Nord- mit der Südroute, sodass man sowohl von Bad Belzig als auch von Wiesenburg zu Rundwanderungen aufbrechen kann. An den ersten Bäumen geht es schräg über das Gelände des ›COCONAT‹ zur Ortmsitte von **Klein-Glien**. Das ›COCONAT‹ ist ein ruraler Workspace für kreative Menschen, untergebracht im ehemaligen Gutshaus, den Scheunen und Nebengebäuden. Zur Anlage gehören ein kleiner Feuerlöschteich, eine Pizzeria und ein Hofladen (→ Infoteil).

Der Wanderweg quert das Gelände. Weiter geht es ein paar Meter nach links entlang der Dorfstraße von Klein-Glien, dann nach rechts und nun wieder den Markierungen folgend durch die Felder der Umgebung. Der folgende Abschnitt bis zum Wald ist besonders im Früh- und Spätsommer spektakulär. Die den Feldweg säumenden Hecken borden über von Holunder und Hagebuttensträuchern. Im Juni ist ihr Duft betörend. Von Ende August bis Mitte September sind die dunklen Beeren des Holunders und bis in den Oktober die roten der Hagebutten nicht nur wunderbar anzusehen, sondern laden auch ein, sie zu sammeln. Kurz bevor der Weg wieder in den Wald mündet, stoßen wir hinter einer Allee aus Eichen und Kastanien auf eines der interessantesten Objekte am Kunstwanderweg, eine **Weltentür**. Sie steht etwas abseits, auf dem Boden einer Wüstenei, einem Ort also, an dem sich einstmals ein Dorf befand, das vor Jahrhunderten von den Bewohnern aufgegeben wurde. Kaum noch sichtbare Spuren erinnern an einstiges menschliches Leben.

Nach etwa zwei Kilometern durch Kiefern- und Mischwald ist die Südroute des Kunstwanderwegs erreicht. Nach links geht es auf dieser Richtung Borne und Bad Belzig. Wir gehen geradeaus. Etwa einen Kilometer nutzen der E 11 und der Kunstwanderweg nun den gleichen Forstweg bis zu einem Viadukt, auf dem die Bahnlinie Berlin–Dessau einen Hohlweg überquert. Eine auf dem Rücken liegende, verkleinerte **Ruhende Brücke** kommentiert als weiteres Kunstwerk am Weg den Ort. Die Südroute des Kunstwanderwegs zweigt von hier aus nach rechts, westwärts, ab. Bis Wiesenburg sind es knapp vier Kilometer. Der E 11 unterquert das **Viadukt**. Bis Raben sind es noch 15,8, bis Grubow 4,8 Kilometer. Die nächsten Kilometer durch abwechslungsreichen Kiefern- und Mischwald sind gut zu laufen. Zunächst geht es auf Forstwegen weiter, dann auf schmalen, teilweise mit einem grünen Moosteppich überzogenen, kaum erkennbaren Wegen. Im zweiten Teil fehlen hier und da eindeutige Markierungen. Es gilt: Im Zweifelsfall geradeaus. Wir queren eine umzäunte Lichtung. Die Tore lassen sich öffnen und sollten, hat man sie durchschritten, auch wieder geschlossen werden, um die zarten Baumtriebe, die auf der Lichtung wachsen, vor Wildfraß zu bewahren.

An einer sich zur Linken erstreckenden Schonung schwenkt der Weg nach rechts ab. Nach etwa 200 Metern mündet er in eine Landstraße am Ortseingang von **Grubo**. Wir gehen durch den Ort, vorbei an der spätromanischen Feldsteinkirche. Am gegenüberliegenden Ortsausgang teilt sich die Straße. Wir halten

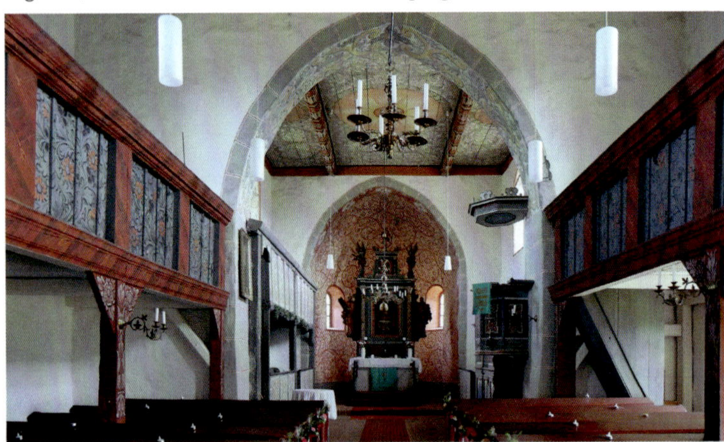

Der Innenraum der Kirche in Raben

▶ Karte S. 182

uns schräg links, Richtung Nordost, Bad Belzig. Das ist die Bergholzer Straße. Wir folgen ihr hügelaufwärts über weites Feld auf dem parallel verlaufenden Fahrradweg. Nach etwa 1,5 Kilometern ist auf der rechten Seite ein Parkplatz erreicht. An diesem beginnt der ›Brautrummel‹, durch den neben dem E 11 auch andere Wanderwege verlaufen. Bis Raben sind es von hier aus noch neun Kilometer.

Rummeln sind eine Eigenart des Fläming. Sie verdanken ihre Entstehung der letzten, der Weichsel-Eiszeit. Die Gletschermassen waren nicht vollends bis zum Hohen Fläming vorgedrungen. Der Boden aber war auch hier gefroren und taute nur an der Oberfläche auf. In die baumlose Landschaft grub das Schmelzwasser des abtauenden Eises tiefe Rinnen und Furchen, die Rummeln. Sie formen seitdem ein weit verzweigtes Netz von engen, bis zu 13 Meter tiefen Talsystemen. Heute sind die Rummeln zumeist wieder bewaldet und von üppig bewachsenen Hecken gesäumt – bestehend aus Holunder, Hagebutten, jungen Birken, Brennesseln, jungen Espen und Ahorn. Bei starken Regenfällen kommt es vor, dass sie wieder Wasser führen.

Wir durchqueren auf den nächsten Kilometern auf gut markiertem naturbelassenem Weg die Brautrummel. Etwas abseits vom Weg, auf einem markierten Abzweig zu erreichen, liegt der **Riesenstein**, ein überdurchschnittlich großer Findling auf freiem Feld – ein beliebtes Fotomotiv. Am Hauptweg durch die Brautrummel schuf der Künstler Sebastian David eine Art hölzernes Riesenfeldbett. Es erinnert an die Sage, die dem Ort seinen Namen gab, und soll zur Kontemplation einladen. Daher der Titel: ›Atem schöpfen und Sterne gucken‹.

Nach etwa 1,5 Kilometern trennen sich die Rummel-Wanderwege vom E 11. Auf diesem geht es weiter geradeaus in hügliger Waldlandschaft; er ist wunderbar, bequem und mit ständig wechselnden Perspektiven zu laufen. Der E 11 kreuzt eine Straße und mündet dann in den asphaltierten Europaradweg R 1. Wir folgen diesem 1,5 Kilometer nach links durch lichten Kiefernwald.

Nach etwa einem Kilometer treffen wir am Rand einer sich links erstreckenden Lichtung wieder auf den Burgenwanderweg, der in einem östlichen Bogen Bad Belzig mit der Burg Rabenstein und Raben verbindet und von dort Richtung Jeserig verläuft, ein Dorf südlich von Wiesenburg. Auf diesem Streckenabschnitt des Burgenwanderwegs zwischen Burg Rabenstein und Jeserig befinden wir uns. Bis Burg Rabenstein teilen E 11 und Burgenwanderweg sich also wieder ein Stück des Weges.

Hinter einer Lichtung zweigen sie und ein weiterer, der mit einer Eidechse markierte Bergmolchwanderweg, geht vom R 1 nach links ab – nach 1,5 Kilometern am Rande von Asphalt eine willkommene Kurskorrektur. Weiter geht es auf mehrheitlich naturbelassenen, angenehm zu laufenden Wegen am Rand des Planetals. Hier wird in einer Wiesenlandschaft der gleichnamige Bach geboren, dem wir erstmals zwischen Golzow und Dippmannsdorf (→ Tour 19) begegnet sind. Der Weg am Waldrand entlang der Wiesen überquert eine Straße. Nach etwa zwei Kilometern vom Abzweig weisen die Markierungen des E 11 nach rechts. Geradeaus geht es weiter auf dem Burgenwanderweg im Planetal nach Rädigke. Wir nehmen den E 11, überqueren auf ihm den Bach und sind in **Raben** angelangt. Nach rechts geht es entlang der Dorfstraße zur Kirche des Ortes (die Bauernmalerei im Innern ist bezaubernd!) und zum Gasthaus Hemmerling.

Erst nach links, dann nach rechts und schließlich wieder nach rechts, den Markierungen folgend, gelangt man zur Touristeninformation des Naturparkvereins Hoher Fläming, wo sich auch die Bushaltestelle und ein großer Spielplatz befinden. In unmittelbarer Nähe beginnt der Wanderweg hinauf zur Burg Rabenstein; etwa ein Kilometer ist es von hier noch bis zur Burg.

Erwähnt wurde die **Burg Rabenstein** erstmals Mitte des 13. Jahrhunderts. Sie erhebt sich in 153 Meter Höhe auf dem ›Steilen Hagen‹, über einem 50 Meter abfallenden Berghang, inmitten eines Buchenwaldes. Errichtet als Straßenwarte, wurde sie später befestigt, mehrmals zerstört, wieder aufgebaut und erweitert. In der DDR-Ära und danach noch bis 1998 war sie Jugendherberge und Forstbetrieb. Einen Gemeinschaftsschlafsaal à la Jugendherberge gibt es immer noch, ebenso ein Burghotel, eine Schänke und in unmittelbarer Nähe eine Falknerei. Im Burghof finden im Sommer beliebte Konzerte und Mittelalterspektakel statt, an den Wochenenden oft Burgführungen. Vom Bergfried hat man einen wunderbaren Blick ins Land. Die Burg ist ein Kleinod im Land Brandenburg.

i Tour 21

Tourist-Information Bad Belzig, Marktpl. 1, 14806 Bad Belzig, Tel. 033841/94900; Mo–Fr 9–17, Sa 10–15, So 10–13 Uhr. www.belzig.com

Naturparkzentrum Hoher Fläming, Brennereiweg 45, 14823 Rabenstein/Fläming, Tel. 033848/60004; tgl. 9–17 Uhr. Viele Informationen, Ausstellung, regionale Produkte, Fahrradvermietung u.v.m. www.naturpark-hoher-flaeming.de

▸ Bad Belzig: → Tour 20

▸ Klein-Glien:

COCONAT, Klein-Glien 25, 14806 Bad Belzig/OT KLein-Glien, Tel. 033841/448299. Arbeiten, kommunizieren, lernen und sich austauschen, gegenseitig bereichern in der Natur. Verschiedene Veranstaltungen. Ein Blick auf die Webseite vor Beginn der Tour lohnt sich: www.coconat-space.com

Zur Anlage gehören:

milan CoArtisans Shop & Hofcafé, Tel. 0175/5330453; Fr-So 12–17 Uhr, sonst nach Vereinbarung. Regionale Produkte, Kunsthandwerk, Imbiss. www.milan-artisans.de

- **Pizzeria Cocolores**; Sa 12–20.30 Uhr, jeden ersten Sa im Monat Programm.

▸ Raben:

Gasthaus Hemmerling, Dorfstraße 27, 14823 Rabenstein, Tel. 033848/60218; Di–So 11–17 Uhr (Küche). Das Gasthaus schließt bereits um 19 Uhr. Falls man sich verspätet und vorbestellt - so unsere Erfahrung -, wird auch gern ein kaltes Abendbrot angerichtet. Zum Gasthaus gehört ein Hotel. www.gasthaus-hemmerling.de

Burg Rabenstein Zur Burg 49, 14823 Rabenstein, Tel. 0162/7767341, 0176/55969117. Die Pandemie hat den Betreibern der Burg arg zugesetzt. Bei Redaktionsschluss war der Imbiss auf dem Burghof Sa/So 11–17 Uhr geöffnet. Aktuelle Informationen nach Ende aller Einschränkungen: www.burgrabenstein.de

Fläming-Falknerei Zur Burg 49, 14823 Rabenstein, Tel. 0160/2261573 (Dirk Grabow). In der Nähe der Burg, unweit des Hauptparkplatzes für Besucher. Bei Redaktionsschluss fanden Flugvorführungen mit Geiern, Adlern, Milanen, Falken und Eulen für bis zu 120 Personen nur So 14.30 statt. flaemingfalknerei@live.de, www.flaemingfalknerei.de

▸ Rädigke:

Gasthof Moritz, Hauptstraße 40, 14823 Rabenstein/OT Rädigke, Tel. 033848/60292; Fr–Di ab 11 Uhr, Mittagspause 14–16 Uhr, So ab 18 Uhr Küchenschluss. Eine wunderbare Alternative, falls man in Raben oder auf der Burg Rabenstein keine Unterkunft findet. Rädigke liegt etwa 3,5 Kilometer von Raben entfernt. www.gasthof-moritz.de

▸ Karte S. 182

Hoher Fläming und Elbe

➲ Tour 22: Von Burg Rabenstein nach Griebo/Elbe » (26 km)****

Kurzcharakteristik
Mit dieser Wandertour wird das Gebiet des Hohen Fläming und damit das Land Brandenburg verlassen. Das Tagesziel, Griebo, liegt an der Elbe im Bundesland Sachsen-Anhalt, nicht weit von Lutherstadt Wittenberg entfernt. Wir durchwandern ruhige und erstaunlich abwechslungsreiche, dabei sanft gewellte Landschaften. Der Wechsel zwischen Laubwald, Nadelwald, Agrarland und kleinen Dörfern macht diese Wandertour zu einem bleibenden Erlebnis.
Als krönenden Abschluss schlagen wir eine Alternative zum offiziellen Verlauf des E 11 vor. Sie führt über den Apollensberg in Elbnähe, von dem man eine weite Aussicht auf die Elbniederung und die sich im Süden erstreckenden Hügel der Dübener Heide hat. Es empfiehlt sich, diese Etappe mit der vorhergehenden zu einer Zweitagestour zu kombinieren oder besser noch einen weiteren Tag anzuhängen, denn die folgende Tour bietet mit der Elbe und dem Wörlitzer Park wunderbare und völlig andere Eindrücke. Zusammengenommen ergibt sich ein Wandererlebnis der Spitzenklasse.
Das Etappenziel bietet keine Übernachtungsmöglichkeit, auch der nächste Ort, Coswig, nur begrenzt. Deshalb ist die kurze Bahnfahrt nach Lutherstadt Wittenberg ratsam: An der Bahnstation ›Altstadt‹ befindet sich unmittelbar am Bahnhof das in dritter Generation geführte Gasthaus ›Zur Elbe‹, zu dem eine Pension gehört.
Teilstrecken Keine.
Verkehrsverbindungen Raben liegt an der Linie 572, der Burgenlinie (Ringlinie) Bad Belzig–Raben–Grubo–Wiesenburg–Klein-Glien–Bad Belzig. Die Busse verkehren alle zwei Stunden zwischen 8.24 und 17.24 Uhr ab Bad Belzig (Stand Redaktionsschluss September 2021), auch an den Wochenenden und Feiertagen.
Die Orte Senst, Pülzig und Möllensdorf in Sachsen-Anhalt liegen an der Buslinie 353 von und nach Coswig, die an den Wochenenden stündlich als Rufbus verkehrt (Mo–Sa 7–20 Uhr, Anruf unter Tel. 0800/366910 mindestens eine Stunde vor Fahrtzeit), Infohotline Tel. 03491/480790, wb@anrufbus.net
Griebo: Bahnhof an der Regionalbahn zwischen Dessau und Lutherstadt Wittenberg. Von Dessau und Lutherstadt Wittenberg Züge nach Berlin, Potsdam und in andere Richtungen.
Wegebeschaffenheit Naturbelassen 75 %, teilbefestigt 10 %, harter Belag 15 %.
Wunschwegkategorie 1, 3, 4, 5, 11, 12.
Wanderkarten Große Wander- und Radwanderkarte Naturpark Hoher Fläming, 1:50 000, Verlag Dr. Barthel (Serie ›Schöne Heimat‹); Freizeitkarte Hoher Fläming-Havelland, 1:75 000, Pietruska Verlag; Hoher Fläming. Für Wanderungen, Rad- und Bootsfahrten, Buch und Karte, 1:50 000, Topographische Karten Brandenburg; Radwander- und Wanderkarte Lutherstadt Wittenberg und Umgebung, 1:50 000, Verlag Dr. Barthel.
Markierung Blauer Balken, in Sachsen-Anhalt unregelmäßig.
Einkehr Raben, Burg Rabenstein, Griebo.
Sehenswürdigkeiten Burg Rabenstein.
Sonstige Hinweise Zwischen Burg Rabenstein und Griebo gibt es keine Möglichkeit zur Einkehr. Man sollte sich deshalb mit genügend Wasser und Proviant auf den Weg machen.
Hinweise für Radfahrer Hier wurde ein echter Wanderweg konzipiert, der für Rad-

fahrer völlig ungeeignet ist. Deshalb wird der Radweg R 1 empfohlen, der als eigenständige Route von Raben nach Wittenberg führt, und von dort der gut ausgebaute Elbe-Radweg nach Griebo.

Streckenverlauf

Die Tour beginnt am **Naturparkzentrum Hoher Fläming** in Raben, wo sich auch die Bushaltestelle befindet. Von hier aus nehmen verschiedene Wanderwege ihren Anfang und oder kreuzen sich, unter ihnen der E 11. Sie alle teilen sich den Aufstieg zur knapp einen Kilometer auf dem ›Steilen Hagen‹ thronenden **Burg Rabenstein** – ein wunderbarer Wanderweg durch Buchen- und Eschenwald. Auf einer Tafel an einem der zahlreichen Orte zur Rast zitieren die Gestalter des Wanderweges ein Gedicht von Erich Kästner und eines von Franz Kafka:

Die Wälder schweigen

Die Seele wird vom Pflaster treten krumm.
Mit Bäumen kann man
wie mit Brüdern reden
und tauscht bei Ihnen seine Seele um.
Die Wälder schweigen.
Doch sie sind nicht stumm.
Und wer auch kommen mag,
sie trösten jeden.
Erich Kästner

In den Wäldern sind Dinge

über die nachzudenken
man jahrelang im Moos liegen könnte.
Franz Kafka

Die Burg und die historischen Gebäude außerhalb der Mauern wecken Erinnerungen an die Märchen der Kindheit. Wer die Burg besichtigen möchte, sollte zuvor auf der Webseite Erkundigen einholen, an welchen Tagen und zu welchen Konditionen Führungen angeboten werden (→ Infoteil Tour 21).

Vom Burgtor verlassen wir in südöstlicher Richtung, vorbei an einer Scheune aus dem 18. Jahrhundert und einer riesigen Kastanie, das historische Gelände. Nach links geht es zur Falknerei und zum Besucher-Parkplatz. Dieser Richtung folgt der Burgenwanderweg.

Wir halten uns, den Markierungen folgend, halbrechts und gehen etwa 150 Meter entlang einer schmalen Asphaltstraße, von der wir nach links in einen Feldweg abzweigen. Dieser führt etwa 1,5 Kilometer am Rand einer Waldlichtung von beträchtlichen Ausmaßen in Richtung Klein Marzehns. Der E 11 und der Rundwanderweg 42 teilen sich den Weg, Holunder und Hagebutten säumen ihn. An der Südflanke der Lichtung schwenkt er hinein in den Wald.

Nach knapp 100 Metern zweigen wir nach links in einen Waldweg ab. Dieser führt in einen Talkessel am Rand des ›Urwalds von Klein Marzehns‹, einer sogenannten Naturwaldzelle. Sie wird forstwirtschaftlich seit 1961 nicht mehr bewirtschaftet, um zu beobachten, wie sich Wald ohne menschliches Zutun entwickelt. Im Waldstück überwiegen Rotbuchen, zwischen ihnen wachsen Kiefern, Fichten, Lärchen, Birken und Stieleichen. Es liegt zu beiden Seiten der Autobahn A 9. Trotz des sich nähernden Lärms der Fahrzeuge bringt dieses Wegstück durch eine Landschaft, die ein wenig anmutet wie Mittelgebirge, großen Wandergenuss.

Nach etwa einem Kilometer vollzieht der Weg einen Rechtsschwenk, nimmt den Rundwanderweg Nummer 40 in sich auf und führt etwas weiter unter der Autobahn hindurch, die den Talgrund des ›Urwalds‹ auf der sogenannten **Millionenbrücke** überquert. Ihren Namen erhielt die elegante Klinkersteinbrücke,

▶ Karte S. 189

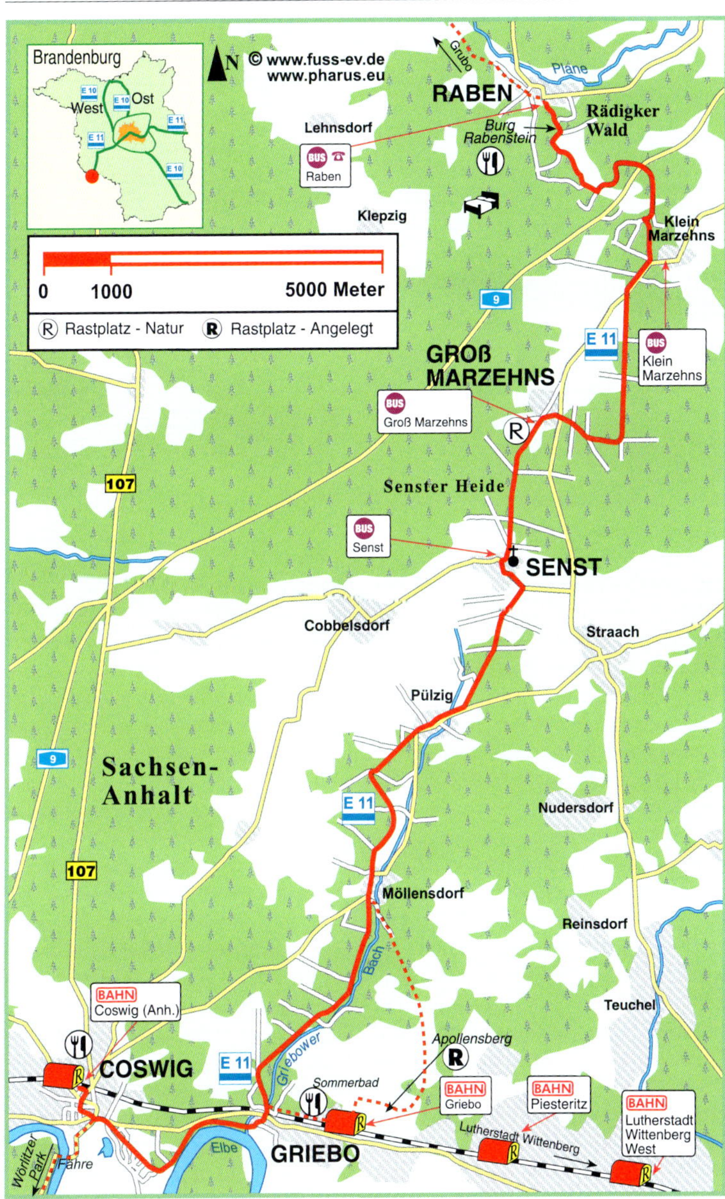

weil ihr Bau 1936 einer Legende zufolge eine Million Reichsmark gekostet haben soll. Fährt man auf der Autobahn nach Süden, so überquert man sie. In Richtung Norden überbrückt die Senke seit 1999 ein modernes Pendant, das

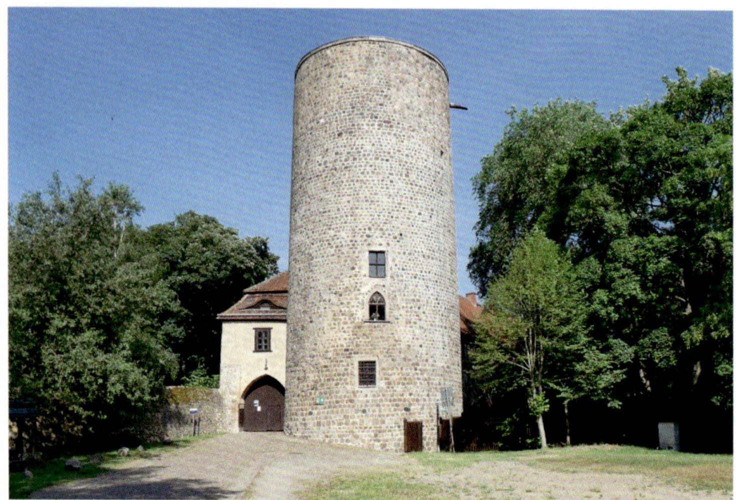

Burg Rabenstein

mit dem sechsspurigen Ausbau der A9 nötig wurde.

Auf der gegenüberliegenden Seite geht es an der Waldkante einer Lichtung den Hang hinauf. Ist man wieder im Wald eingetaucht, mündet der Weg in den Forstweg, den wir vor dem ›Urwald von Klein Marzehns‹ verlassen haben. Bis zum Dorf Klein Marzehns ist es von hier aus nach links noch knapp ein Kilometer auf einem kopfsteingepflasterten Waldweg.

In **Klein Marzehns** mündet der Forstweg in die Hauptstraße. Nach links geht es auf dem Rundwanderweg Nummer 40 weiter in Richtung Rädigke. Wir wenden uns auf dem E11 nach rechts und gehen nun etwa einen Kilometer am Rand der Straße. Hinter dem Abzweig der Landstraße nach Wiesenburg (nach rechts) sind es noch etwa 250 Meter bis zum Waldrand an der linken Seite, wo wir wieder auf eine Markierung des E11 treffen.

Bis Groß Marzehns sind es von hier aus - so ein Wegweiser - 3,6 Kilometer. Wir verlassen die Straße nach links und gehen zunächst am Waldrand, dann durch den Kiefernwald etwa 2,3 Kilometer in südlicher Richtung. Eine majestätische, doppelstämmige **Eiche** am Weg ist das Highlight dieses Streckenabschnitts. Der Waldweg ist mit seiner weichen Grasnarbe angenehm zu laufen. Vor einer Kiefernschonung zweigt der E11 nach rechts in Richtung Groß Marzehns ab. Der Richtungswechsel ist gut markiert, ebenso wie die Fortsetzung des Waldweges am Rand von Schonungen zur Aufzucht von Eichen und Buchen.

Groß Marzehns liegt hinter der Landstraße, die wir auf diesem Weg erreichen. Die Häuser des Dorfes gruppieren sich um einen urwüchsig bewachsenen Teich in der Mitte des Dorfes, Bänke laden zur Rast. Wir umgehen den Teich auf der rechten Seite und wenden uns dann nach links auf dem Senster Weg Richtung Süden, in gebührendem Abstand parallel zur Landstraße, die wir am Ortseingang überquert haben. Zunächst geht es über eine von Wald umfasste Wiese, dann hinter den letzten Häusern hinein

▶ Karte S. 189

in den Kiefernwald. Durch diesen gelangen wir nach Senst am anderen Ende des Forsts. Durch das Waldgebiet verläuft die unsichtbare Grenze zwischen den Bundesländern Brandenburg und Sachsen-Anhalt. Hier endet die zuverlässige Markierung des E 11. Dies ist kein Grund zur Sorge: Hin und wieder findet man bis Griebo einen Wegweiser, und die wichtigsten Abzweigungen sind im Folgenden beschrieben.

Bis Senst geht es immer geradeaus, auch wenn der Forstweg vor Erreichen der Felder um Senst nach rechts abschwenkt. Wir verlassen den Forst auf einem Wiesenweg und erreichen das Dorf **Senst**, das erste in Sachsen-Anhalt. Der Senster Dorfstraße folgen wir nach links durch den Ort. Einige Schritte weiter befinden sich die Bushaltestelle und hinter dem Haus Nummer 48, dem einstigen Schulhaus, die kleine St. Petrikirche, ein spätromanischer Feldsteinbau aus dem 13. Jahrhundert. Diese Kirche ist die Perle des Ortes. Die Senster renovierten sie 1998/99, den Innenraum gestaltete die Studentin der Hochschule für Kunst und Design Halle/Burg Giebichenstein, Maria Forsling-Jenke – diese Arbeit war ihre Diplomarbeit. Sie gab dem Raum mit lichten Gelb-, Weiß- und Grautönen sowie floralen Motiven eine fast schwerelose Helligkeit. Verstärkt wird dieser Effekt noch durch den anregenden Kontrast zu den dunklen, aber ebenso leicht wirkenden Deckenleuchtern. Der Innenraum dieser Kirche ist ein Gesamtkunstwerk (→ Infoteil).

Weiter auf dem E 11 geht es entlang der Dorfstraße, vorbei am Dorfteich. Hinter diesem beschreibt die Dorfstraße einen Linksschwenk. Wir gehen geradeaus auf der Straße Richtung Pülzig weiter. Die nächsten 500 Meter ist diese asphaltiert. Wo sie nach rechts, Richtung Cobbelsdorf, abschwenkt, gehen wir geradeaus weiter. Es geht an Hecken vorbei und dann hinein in den Wald. Schnurstracks geradeaus folgen wir dem Forstweg etwa 1,5 Kilometer bis zu einer Landstraße. Am Weg treffen wir auf die erste Markierung des E 11 im Bundesland Sachsen-Anhalt, einen grünen Doppelpfeil in beide Richtungen mit einen weißen Quadrat und auf diesem einen grünen Punkt, daneben eine ›1‹.

Schräg gegenüber der Landstraße erstreckt sich das Christbaumland, eine Schonung zur Aufzucht von Weihnachtsbäumen. Wir gehen nach rechts und erreichen nach etwa 200 Metern das Dorfeingangsschild von **Pülzig**. In der Ortsmitte, am Abzweig nach Coppelsdorf, befinden sich die Bushaltestelle und, auf einem Hügel, die Sonnenkirche Pülzig.

Wir gehen weiter entlang der Pülziger Dorfstraße, die einen sanften Bogen nach links beschreibt. Hinter der Brücke über einen Bach zweigt gegenüber dem letzten Anwesen des Dorfes geradeaus ein Waldweg von der nach links abknickenden Landstraße ab. Markierungen suchen wir vergeblich. Wir folgen dem Waldweg etwa einen Kilometer in Rich-

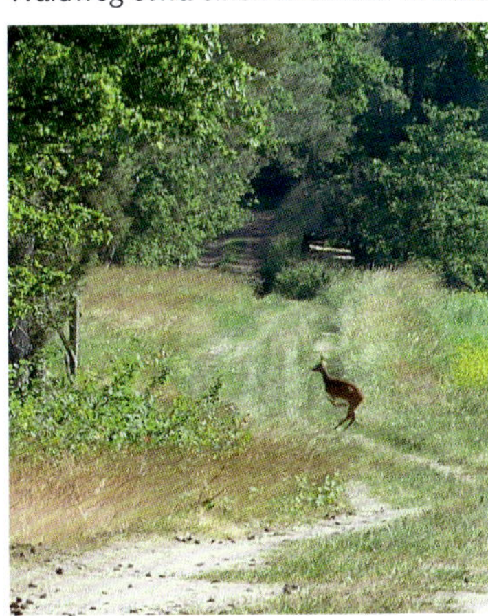

Begegnung unterwegs

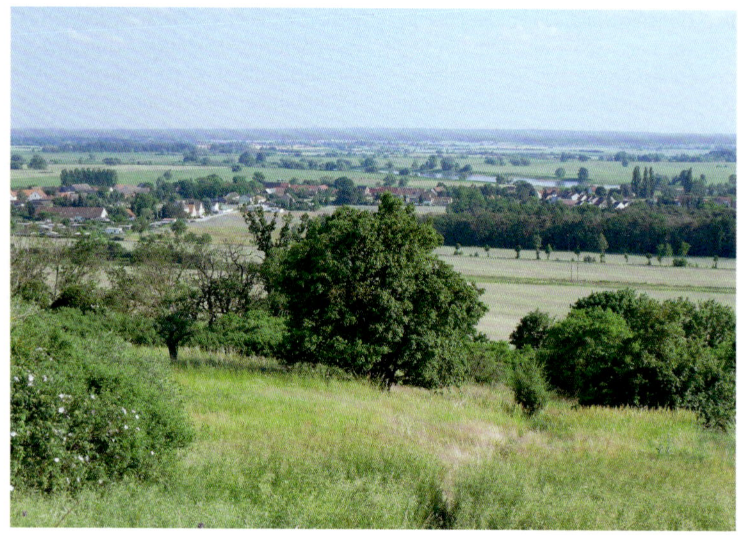

Blick vom Apollensberg

tung Südwesten, laufen unter einer Hochspannungsleitung hindurch, am Rand eines Waldes und dann durch den Wald. Nach etwa einem Kilometer halten wir uns rechts und erreichen nach gut 100 Metern eine kleine Lichtung im Wald, an der sich fünf Wege treffen. Ein verwittertes Zeichen des E 11 weist den Weg nach schräg links, den ersten im Uhrzeigersinn, Richtung Südosten. Diesem folgen wir. Nach etwa 500 Metern verlassen wir den Wald an den Wiesen am **Grieboer Bach**. Der bisher gut zu laufende Weg geht in einen asphaltierten Streckenabschnitt über, auf dem wir Richtung Süden nach gut einem Kilometer **Möllensdorf** erreichen.

Wir durchqueren das Dorf entlang der Dorfstraße, vorbei an der Gemeindeverwaltung – dahinter befinden sich die romanische Feldsteinkirche mit einem Fachwerkturm und der Friedhof – bis zur ersten, nach etwa 250 Metern nach links abzweigenden Nebenstraße Zum Sägewerk.

▸ Karte S. 189

Diese überquert nach etwa 200 Metern den Grieboer Bach. Am Spielplatz vor der **Brücke** wendet sich die ›offizielle‹ Route des E 11 nach rechts und führt bis ins etwa 4,5 Kilometer entfernte Griebo. An Markierungen mangelt es weiterhin. Die Route folgt einem Forstweg. Von diesem zweigen zum Grieboer Bach Jägerpfade ab. Es lohnt sich, ihnen hin und wieder zum Bachbett zu folgen. Die Orientierung ist eindeutig: Wir gehen Richtung Süden, parallel zum Bach. Vor Erreichen des Bahndamms halten wir uns, um zum Bahnhof zu kommen, links - parallel zum Bahndamm entlang der Straßen Kohlgarten und Ackerweg. Vom Ackerweg zweigt kurz vor dem Ende der Straße ein Pfad ab nach rechts. Dieser unterquert die Bahnlinie. Bis zu den Bahnsteigen des **Bahnhofs Griebo** sind es nur noch knapp 100 Meter.

■ Alternativstrecke ab Brücke über den Griboer Bach

Angenehmer zu laufen, mit faszinierenden Weitsichten ist ein Abstecher zum

Apollensberg in Elbnähe. Die Strecke ist nur etwa zwei Kilometer länger.

Wir überqueren am Sägewerk den **Grieboer Bach**, gehen hinter diesem nach rechts und folgen der Forststraße, die nach einem sanften Linksschwenk in Richtung Südosten die letzten Häuser von Möllensdorf hinter sich lässt, Schrebergärten und ein Bungalowdorf passiert und dann geradezu hügelan eintaucht in den Wald. Wo sich die Forstwege teilen, nehmen wir den rechten Weg; er führt geradeaus.

Wir folgen dem Forstweg und stoßen irgendwann auf die Markierungen des Wanderweges ›Zwischen Elbe und Fläming‹, denen wir nun bis Griebo Bahnhof folgen. Wir passieren eine sich rechtsseitig erstreckende Lichtung und gelangen nach knapp vier Kilometern, am Rand des Waldes, auf weites Feld. Dort erreichen wir eine erste Kreuzung. Wir setzen unseren Weg geradeaus fort. Nach etwa 400 Metern erreichen wir auf freiem Feld einen von Norden kommenden Feldweg, dem wir nach rechts Richtung Süden folgen. Nach etwa 1,5 Kilometern zweigen wir an einer Wegkreuzung nach rechts ab und steigen zum von Buschwerk bewachsenen **Apollensberg** hinauf. Entstanden ist die Erhebung während der Weichsel-Eiszeit durch eine Eiszunge, die hier noch Sedimente anhäufte, während in der Umgebung bereits die Erosion eingesetzt hatte. Vom Berg hat man einen faszinierenden Blick weit ins Land. Im Osten erheben sich über dem Waldrand die Industrieanlagen von Piesteritz, im Süden erstrecken sich die Elbauen, dahinter die Hügellandschaft der Dübener Heide. Von hier aus bis Dessau sind es 21 Kilometer, bis zum Brocken 130 Kilometer.

Wir umgehen die Bergkuppe und gelangen an einem von einer dichten Hecke gesäumten Weg, entlang des Feldrains hügelab in eine Senke. Nach etwa 600 Metern erreichen wir eine Wegkreuzung. Ein Wegweiser markiert den Weg zum **Bahnhof Griebo**, von dem es von hier aus noch etwa 700 Meter sind und wohin man wie in Tour 23 beschrieben gelangt.

i Tour 22

Naturparkzentrum Hoher Fläming, Brennereiweg 45, 14823 Rabenstein/Fläming, Tel. 033848/60004; tgl. 9–17 Uhr. Viele Informationen, Ausstellung, regionale Produkte, Fahrradvermietung u.v.m.
www.naturpark-hoher-flaeming.de

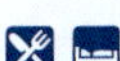

▸ Raben/Burg Rabenstein: → Tour 21.

▸ Griebo:

Restaurant Akropolis, Str. der Freundschaft 50, 06886 Lutherstadt Wittenberg/OT Griebo, Tel. 034903/140537; Di–Fr 11.30–14.30 u. 17–23, Sa 11.30–23.30, So 11.30–22 Uhr. Das griechische Restaurant befindet sich etwa 600 Meter westlich vom Bahnhof Richtung Coswig an der B 187. Innenräume und Terrasse.
www.akropolis-griebo.de

▸ Lutherstadt Wittenberg:

Gasthaus und Pension Zur Elbe, Elbstraße 4A, 06886 Lutherstadt Wittenberg; Tel. 03491/419024; Mo–Fr 17-24, Sa 18–24 Uhr. Gasthof und Hotel.
www.zur-elbe-wittenberg.de

▸ Coswig: → Tour 23.

Feldsteinkirche St. Petri, Senst. Die Kirche gehört zur Kirchengemeinde St. Nicolai Coswig, Schloßstraße 58, 06869 Coswig (Anhalt), Tel. 034903/62938, pfarramt-coswig@kircheanhalt.de. Einen Schlüssel für Besichtigungen hat auch Familie Dreißig, Dorfstr. 38 (das Eckhaus mit dem kleinen Gärtchen).

Die Elbe und der Wörlitzer Park

Tour 23: Von Griebo nach Wörlitz » 15 km plus Parkrunde*****

Kurzcharakteristik
Als würdiger Abschluss der Wanderserie des E 11 von der Oder bis über die Elbe und als eine Wanderung, die in ganz eigener Weise von allen bisherigen abweicht, empfiehlt sich diese Tour. Sie führt entlang des Elbufers, überquert mit der Fähre bei Coswig die Elbe und verläuft dann am Rand und über die Elbwiesen bis in den wunderbaren Wörlitzer Park. Die gesamte Strecke bietet sehr viel Abwechslung: die Elbblicke, einen Abstecher in die Kleinstadt Coswig, die Fährfahrt über die Elbe, ein freundliches Gasthaus am Elbufer, die Weiten der Flussauen und letztendlich den Wörlitzer Park, den zu erkunden eine Lust ist. Diese Wanderstrecke zählt zur absoluten Spitzenklasse, obwohl die Wege entlang des Elbufers gleichzeitig auch Radwege sind und obwohl der erste Kilometer hinter der Fähre ein wenig eintönig erscheinen mag.
Teilstrecken Griebo-Coswig (4,5 Kilometer), Coswig–Wörlitz (10,5 km).
Verkehrsverbindungen Griebo und Coswig: Regionalbahn nach Lutherstadt Wittenberg und Dessau, von dort günstige Bahnverbindungen in alle Richtungen.
Wörlitz: Haltestelle Neue Reihe an der Buslinie 304 zwischen Lutherstadt Wittenberg und Dessau (stündlich); Bahnverbindung mit dem Traditionszug von Dessau Hbf. nach Wörlitz März–Okt. 4x tgl., Juli–Sept. zusätzliche Fahrten.
Fähre Coswig: Mai–Sept. 9–21 Uhr, April und Okt. 9–18 Uhr, März und Nov 10–17 Uhr, Tel. 0151/14504080 (Hotline). Die Fähre verkehrt nicht bei Hochwasser, im Zweifelsfall aktuelle Infos hier abfragen: www.stadtwerke-coswig-anhalt.de
Wegebeschaffenheit Naturbelassen 30%, teilbefestigt 40%, harter Belag 30%.
Wunschwegkategorie 1, 3, 7, 10, 15, 18.
Wanderkarte Gartenreich Dessau-Wörlitz, 1:50000, Verlag Dr. Barthel (Serie ›Schöne Heimat‹). Diese Karte beinhaltet auch Lutherstadt Wittenberg, bietet eine exakte Übersicht über die Gesamtstrecke, Informationen über Sehenswürdigkeiten der Region und Variationsmöglichkeiten für Ausflüge und Wanderungen.
Markierung Der E 11 ist wie auch andere Wanderwege der Region auf Wegweisern ausgewiesen. Die Tour ist auf der gesamten Strecke identisch mit dem Lutherweg und dem Elbe-Radweg, zwischen Griebo und Coswig auch mit dem Elbe-Fläming-Wanderweg. Die Markierungen sind bis zur Fähre Coswig zuverlässig. Nach der Elbüberquerung fehlen sie bis zum Wörlitzer Park. Die hier beschriebene Strecke durch die Auenlandschaft bis zum Nordostzipfel des Wörlitzer Parks ist gut zu laufen und nicht zu verfehlen.
Einkehr Coswig, Wörlitz.
Unterkunft Coswig, Wörlitz.
Sehenswürdigkeiten Elbufer, Wörlitzer Park.
Sonstige Hinweise Die gemeinsam mit Radfahrern zu nutzenden Streckenteile sind angenehm zu laufen. Der Fahrradverkehr und streckenweise feste Belag werden durch die Schönheit der Landschaft mehr als aufgewogen. Sehenswert ist auch das knapp vier Kilometer südlich von Wörlitz gelegenen Schloss Oranienbaum. Errichtet Ende des 17. Jahrhunderts, ist es eines der raren Beispiele für einen niederländisch geprägten Barock in Deutschland. Ungewöhnlich sind auch die 175 Meter lange Orangerie und der englisch-chinesische Garten mit Pagode und Teehaus.
Hinweise für Radfahrer Die Strecke ist Teil des Elberadwegs, von Wörlitz nach Lutherstadt Wittenberg gibt es auch eine zweite Route am Südufer der Elbe, sodass sich eine Rundtour anbietet. Nach Dessau gelangt man vom Park Wörlitz auf dem Radweg über Vockerode. Im gesamten Wörlitzer Park ist das Fahrradfahren nicht erlaubt.

▸ Karte S. 195

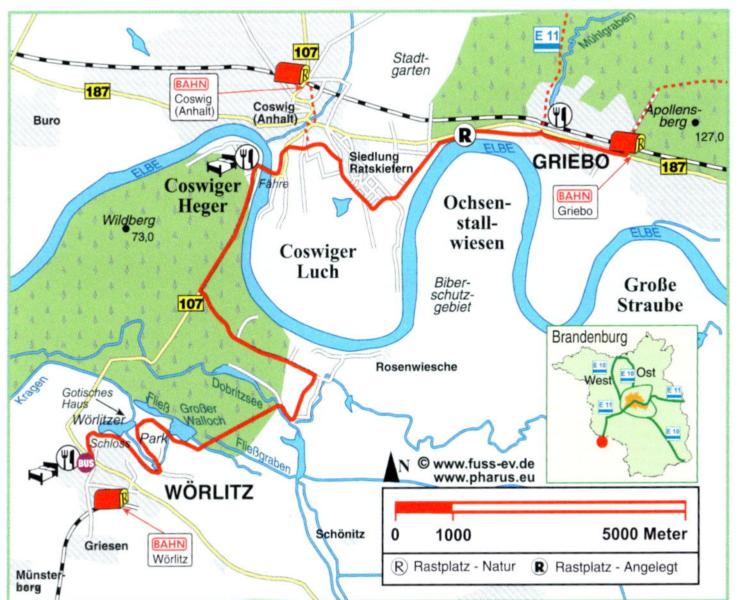

Streckenverlauf

Der Bahnhof Griebo liegt beträchtlich vom Dorfkern entfernt. Wir orientieren uns zunächst in Fahrtrichtung Dessau und laufen etwa 100 Meter links der Gleise bis zur Bahnunterführung, unterqueren die Bahnstrecke und gelangen zum Ackerweg, der zwischen Einfamilienhäusern parallel zur Bahn verläuft. Der Ackerweg geht in die Straße Kohlgarten über, der wir weiter parallel zu den Gleisen bis zur KAP-Straße folgen. Hier wenden wir uns nach links, unterqueren erneut die Bahnlinie, überqueren die B 187 (Straße der Freundschaft) und sind nach weiteren knapp 200 Metern im **Zentrum von Griebo** angelangt. Links befindet sich die Kirche. Der Elbe-Radweg, der Lutherweg und der Elbe-Fläming-Wanderweg queren den Ort. Ab hier ist die gemeinsame Markierung der Wander- und Radwege zuverlässig. Wir gehen nach rechts, in Richtung Westen, und passieren am Ortsausgang eine **historische Wassermühle** von 1845 am Grieboer Bach. Hinter ihr geht es durch üppigen Laubwald – Eichen, Erlen, Pappeln, Ahorn – hinauf auf das Fläming-Plateau. Hier wurde Anfang des 19. Jahrhunderts nach Alaunerde geschürft, die unter anderem als Rohstoff zum Gerben von Leder, in der Medizin als Blutstiller und als Farbstoff Verwendung fand. Der kleine Imbiss am Weg war bei Redaktionsschluss leider geschlossen. Weiter geht es durch den Wald. Ein Stück des Wegs verläuft parallel zur B 187. An diesem Streckenabschnitt befindet sich nahe am Hochufer die ›Schöne Aussicht‹, von der man einen faszinierenden Blick auf die Elbe und die sich am jenseitigen Ufer erstreckenden Auenlandschaften hat.

Einige Meter weiter trennen sich Rad- und Wanderweg von der B 187 und folgen über festem, angenehm zu laufenden Kies dem sich nach links wendenden Elblauf. Nach etwa einem Kilometer sind die ersten Häuser einer Vorstadtsied-

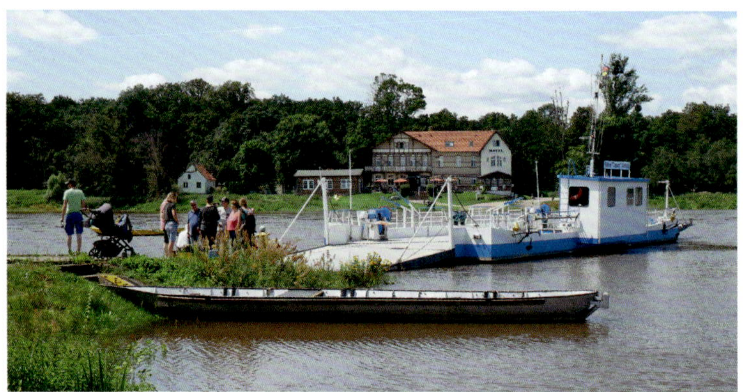

Die Elbefähre bei Coswig

lung von Coswig erreicht. Wir folgen zunächst nach rechts der Straße Hasenwerder. Von ihr trennt sich nach wenigen Metern der Damaschkeweg, der in die Straße Am Flügeldeich übergeht. Am Rand der Siedlung verläuft nach rechts - in westlicher Richtung - der Lindenweg. Von ihm zweigt nach etwa 100 Metern ein Verbindungsweg zu einem asphaltierten Feldweg ab. Auf ihm gelangen wir – links die Elbwiesen des Coswiger Luch, rechts die Gärten und Villen der Coswiger – bis zur Zufahrt in die **Altstadt von Coswig**. Nach links ist der direkte Weg zur Fähre ausgeschildert. Ein Besuch in Coswig aber lohnt sich, vor allem wegen der Kirche St. Nicolai, auf deren schon lange sichtbaren Kirchturm wir zugewandert sind.

Die Ursprünge von St. Nicolai gehen auf das Jahr 1150 zurück. Vom Ende des 13. Jahrhunderts an diente sie den Frauen des Augustiner-Nonnenklosters als Klosterkirche. Nach der Säkularisierung des Klosters wurde St. Nicolai 1527 wieder Stadtkirche der Coswiger Bürger. Zerstört während des Dreißigjährigen Kriegers, erlebte sie Ende des 17. Jahrhunderts eine barocke Wiedergeburt. Sehenswert sind die Überreste farbiger Glasmalereien in einer der Fensternischen, der Kanzelkorb mit Schnitzfiguren, der Taufstein und die üppig gestalteten Einfassungen des Orgelwerks aus der Mitte des 19. Jahrhunderts.

Auf dem Klosterhof hinter der Kirche, zu erreichen über die Straße Am Markt, befinden sich zwei Museen mit interessanten Ausstellungen, die bei Redaktionsschluss jedoch beide auf unbestimmte Zeit geschlossen waren.

Vom Klosterhof gelangt man zurück zu den Elbwiesen. Ein kleiner Abstecher entlang der Straße Unterfischerei, durch die zum Teil recht alten, dicht gedrängt stehenden Häuser unterhalb der Stadt, lohnt sich (→ GPS-Daten). Man steigt ein paar Stufen hinauf, dann wieder hinab. Am untersten Haus beeindruckt eine Messlatte mit den Wasserständen der Überschwemmungen in den letzten knapp 200 Jahren. Am höchsten stand den Coswigern das Wasser im Juni 2013 und im August 2002.

Wir gehen auf einem gut ausgebauten Fußweg am Wörpener Bach weiter, zu Füßen von Coswig, und zweigen dann ab nach links, parallel zur Elbe in Richtung Fähre. Bis dorthin sind es von hier aus noch ungefähr 400 Meter.

▲ Karte S. 195

Die **Fähre** fährt alle paar Minuten. Das Hotel-Gasthaus ›Elbterrasse Wörlitz‹ an der gegenüberliegenden Flussseite ist eine beliebte Adresse. Die schmale, kopfsteingepflasterte Zufahrtstraße zum Gasthaus verbindet das Elbufer mit dem etwa vier Kilometer entfernten Wörlitzer Park. An ihrem Rand verläuft ein Radweg. Die Straße verläuft etwa 400 Meter parallel zur Elbe – entgegen der Fließrichtung –, wendet sich dann ins Landesinnere, führt durch einen Auenwald und läuft schnurstracks geradeaus auf den Wörlitzer Park zu. Nach etwa 500 Metern wird sie von einem Forstweg gekreuzt. Eine Tafel auf der linken Seite informiert über das Gebiet und zwei Rundwege.

Hier empfehlen wir, nach links in den Forstweg durch den Auenwald abzuzweigen. Dieser mündet nach knapp zwei Kilometern in einen weiteren befestigten Forstweg, der nach links zur Elbe und nach rechts in die Wiesenauen führt. Wir biegen nach rechts ab, laufen etwa 600 Meter in südlicher Richtung, folgen dem Forstweg nach rechts und nach etwa 200 Metern über den Fließgraben nach links. Nach etwa 600 Metern erreichen wir den nordöstlichen Rand des Wörlitzer Parks.

Ein ausgedehnter Spaziergang durch die Pflanzung ist das Geschenk dieser Wanderung. Der **Wörlitzer Park** gehört zur UNESCO-Welterbestätte Dessau-Wörlitzer Gartenreich, das in der zweiten Hälfte des 18. Jahrhunderts unter der Regentschaft von Fürst Leopold III. Friedrich Franz von Anhalt-Dessau (1740–1817) geschaffen wurde. Er gilt als einer der ersten und ist einer der größten deutschen Landschaftsparks im englischem Stil. Mehr noch verkörpert er die aufklärerische Idee, Gartenkunst, Architektur, Erziehung, Land- und Gartenbau harmonisch miteinander zu verbinden.

Die Parkanlagen im nordöstlichen Teil, den wir erreicht haben, sind jünger als die Kernteile des Parks. Sie beziehen auch landwirtschaftlich genutzte Flächen ein. Nicht allzu viele Parkbesucher verirren sich hierher. Richtung Nordosten begrenzt der Elbwall das Parkgelände. Wir empfehlen, auf ihm (nach rechts) in westlicher Richtung zu gehen. Vom Wall bieten sich wunderbare Blicke sowohl in den Park als auch über die Weiten der Elbaue. Am Weg hat das Pantheon für die Antikensammlung des Fürsten (derzeit geschlossen) unter Platanen seinen Platz erhalten. Nach etwa 330 Metern zweigt nach links ein Pfad ab in den Park. Dort befindet sich eine Skulptur des Dornausziehers. Ihr gegenüber führt ein Weg in das Parkinnere.

Man kann sich entscheiden, ob man nun zunächst den westlichen Teil des Parks mit der Felseninsel Stein und der Villa Hamilton erwandert oder dem östlichen Teil mit dem Gotischen Haus den Vorzug gibt. Eine Kahnfähre verbindet gegenüber dem Schloss den nördlichen mit dem südlichen Parkteil. Etwas weiter, unweit vom Gasthof ›Zum Eichenkranz‹,

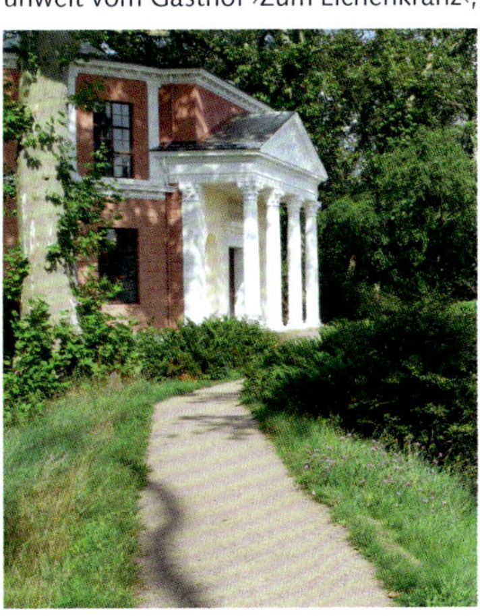

Kleinod an der Elbe: Schloss und Park Wörlitz

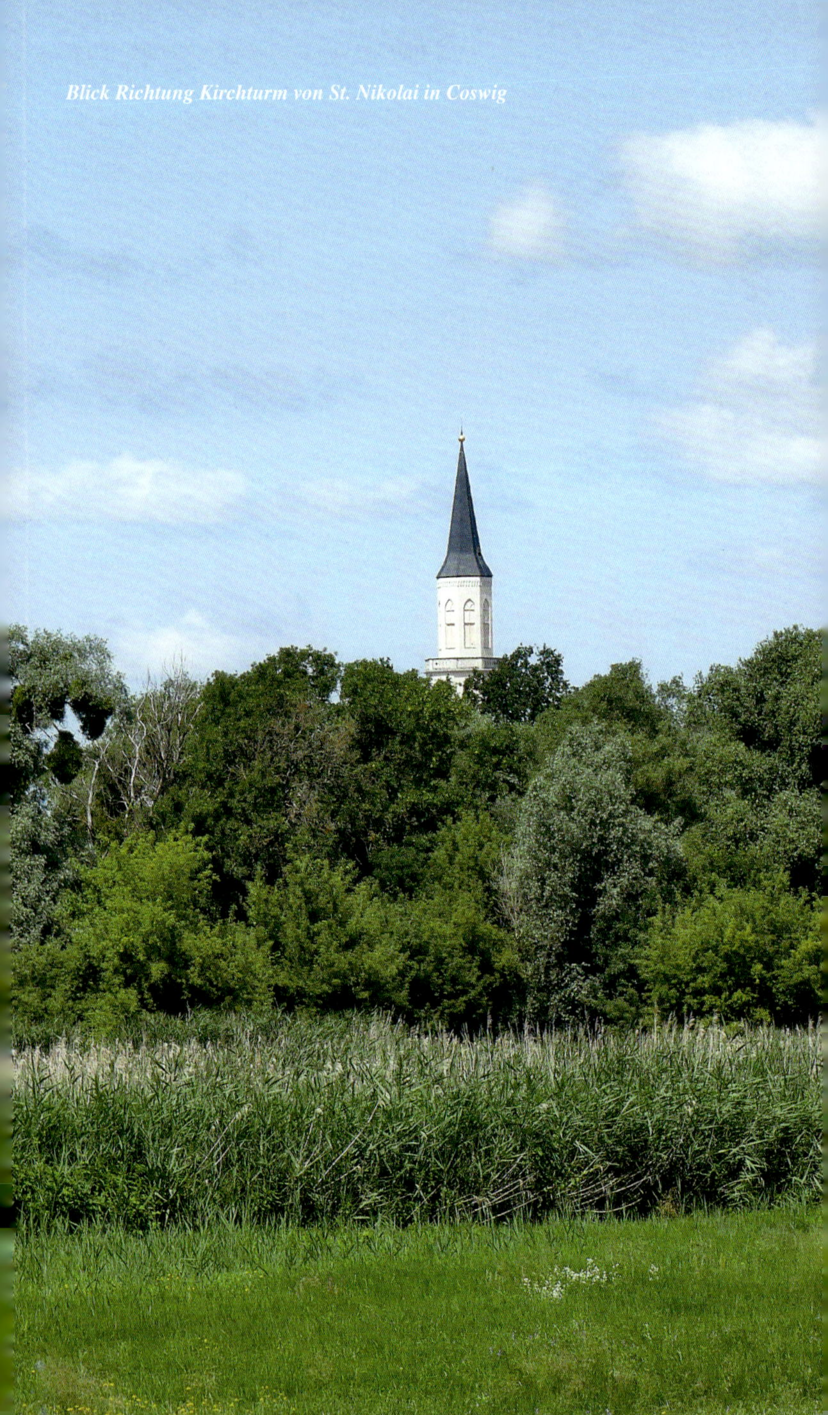

Blick Richtung Kirchturm von St. Nikolai in Coswig

befindet sich ein Anleger für Gondeln (eher Kähne), auf denen man den Park auch vom Wasser aus erkunden kann und dabei von den Kapitänen viel Wissenswertes erfährt.

Das Parkgelände erstreckt sich auf einer Fläche von 112,5 Hektar. Das sind entlang der Ost-West-Achse knapp zwei Kilometer und in der Nord-Süd-Achse zwischen 500 und 800 Meter. Neben den erwähnten Sehenswürdigkeiten, den zahlreichen Brücken, Statuen und kleinen Überraschungen gibt es weitere sehenswerte Orte: das Graue Haus (in der Nähe des Schlosses, Rückzugsort der Herzogin, heute Museum), die Synagoge am östlichen Rand des Schlossgartens, die Luisenklippe, der Venustempel, die St. Petrikirche mit dem Bibelturm, von dem aus man einen wunderbaren Blick auf Park und Umland hat, sowie der historische Gasthof ›Zum Eichenkranz‹ im Südwestteil des Parks. Durch das in das Gebäude eingelassene Tor betritt und verlässt man das Parkgelände. Die Straße durch dieses Tor geht Richtung Osten in die Neue Linie über, an der sich die Bushaltestelle der Linie 304 Richtung Dessau und Lutherstadt Wittenberg befindet. Am Ende der Neuen Reihe zweigt nach rechts die Bahnhofstraße zum Bahnhof von Wörlitz ab.

i Tour 23

Tourismusgesellschaft Wörlitz-Oranienbaum mbH, Förstergasse 26, 06786 Oranienbaum-Wörlitz, Tel. 034905/31009; Mo–Fr 10–16 Uhr. www.woerlitz-information.de

▸ Coswig:

Eiscafé Veneto, Schloßstraße 15, 06869 Coswig (Anhalt); Do–Sa 9–20, So 10–20, Mo/Di 9–20 Uhr. Leckeres Eis gegenüber Marktplatz und Rathaus.

Bella Roma Zerbster Str. 31, 06869 Coswig (Anhalt), Tel. 034903/59884; Di–Fr 11–14, 17–23, Sa/So 11–23 Uhr. Hinter dem Schloss mit Blick auf die Elbe.

▸ An der Fähre:

Elbterrasse Wörlitz, Elbterrasse 1, 06785 Oranienbaum-Wörlitz, Tel. 034903/89095; April–Okt. tgl. 11.30–19.30 Uhr, in den Wintermonaten bitte nachfragen. Tolles, 1904 errichtetes Restaurant mit Blick von der Terrasse auf die Elbe. www.elbterrasse.com

▸ Wörlitz:

Cafe Am Eichenkranz Angergasse 104, 06786 Oranienbaum-Wörlitz; Di–So 11–18 Uhr. Café und Imbiss im Hinterhof des historischen Gasthauses ›Zum Eichenkranz‹, das bei Redaktionsschloss geschlossen war. Ganz in der Nähe eines Parkplatzes. Von hier aus bis zur Anlegestelle der Gondeln sind es entlang des Seeufers etwa 100 Meter. www.monis-konditorei.de

Gastwirtschaft im Küchengebäude am Wörlitzer Schloss, Kirchgasse 35, 06786 Oranienbaum-Wörlitz, Tel. 034905/500; Di–So 10–20 Uhr. Südöstlich des Schlosses in historischen Gemäuern. 60 Plätze im Gastraum mit einer 240 Jahre vom Boden bis zur Zimmerdecke reichenden Kaminanlage und 120 im Biergarten. www.gastwirtschaft-woerlitz.de

Gasthaus Seeblick Amtsgasse 42 B, 06786 Oranienbaum-Wörlitz, Tel. 034905/21344; 11–20 Uhr (Küchenschluss). Mit Blick auf den Wörlitzer See im Ostteil des Parks. www.gasthaus-seeblick-woerlitz.de

Zieglers Restaurant, Neue Reihe 149 A, 06786 Oranienbaum-Wörlitz, Tel. 034905/308230; Di–Fr 11.30–14 u. 17.30–20.30, Sa 11.30–21, So 11.30–20 Uhr. In der Nähe des Gasthofs ›Zum Eichenkranz‹, unweit der Bushaltestelle der Linie 304. Innen- und Außenbereich. www.zieglers.de

Restaurant und Hotel Zum Hauenden Schwein, Erdmannsdorffstraße 69, 06786 Oranienbaum-Wörlitz, Tel. 034905/30190; Mo–Fr 15–21, Sa/So

11–21 Uhr. Rats- und Bürgerschänke seit 1691. Restaurant, Weinstube und Biergarten. Bürgerliche Küche mit Hang zu kreativen Kompositionen.
www.zumhauendenschwein.de

▸ Coswig:
Mehrere Ferienwohnungen in Coswig, zudem:
Pension Weinhof, Zerbster Straße 62, 06869 Coswig (Anhalt), Tel. 034903/64538. Etwas außerhalb der Stadt Richtung Dessau.
Pension & Ferienwohnung, Elbstraße 15, 06869 Coswig (Anhalt), Tel. 034903/63572 und 0171/6026166. Alle Zimmer mit Dusche und WC. Garten-, Terrassen- und Küchennutzung.
www.pension-ferienwohnung-elbstrasse.de
▸ An der Fähre:
Elbterrasse Wörlitz Elbterrasse (s.o.).
▸ Wörlitz:
Hotel Zum Gondoliere, Angergasse 131, 06785 Oranienbaum-Wörlitz, Tel. 034905/20329. Nachbar des Gasthofs ›Zum Eichenkranz‹.
www.woerlitz-gondoliere.de
Parkhotel Wörlitz, Erdmannsdorffstraße 62, 06786 Oranienbaum-Wörlitz, Tel. 034905/309562. Am Ende der Neuen Reihe Richtung Osten.
Hotel Landhaus Wörlitzer Hof, Wörlitzer Markt 96, 06785 Oranienbaum-Wörlitz, Tel. 034905/4110. Beliebtes Vier-Sterne-Hotel. www.woerlitzer-hof.de
Pension am Park, Wörlitzer Markt 12, 06785 Oranienbaum-Wörlitz, Tel. 034905/20282. Moderne Pension in einem 400 Jahre alten Ackerbürgerhof.
www.pension-kettmann.de

Zum Park von Wörlitz gehören folgende Orte, die einen Besuch lohnen:
Schloss Wörlitz: Inmitten des Schlossgartens gelegen, ist das Schloss eine Perle, der Erstling des deutschen Klassizismus in der Architektur – schlicht, modern, funktional und ein Spiegel der aufgeklärten Geisteshaltung des Baumeisters und seiner Auftraggeber. Zum öffentlich zugänglichen Interieur gehören antike Plastiken, italienische und niederländische Gemälde (u. a. Rubens), englische Keramiken, feine Wandmalereien und Stuckaturen und wertvolle, eigens für das Schloss entworfene Möbelstücke. Bei Redaktionsschluss war der Zugang zum Schloss nur in Gruppen von max. 6 Personen im Rahmen von Führungen möglich. Eintritt 8,5 €, ermäßigt 6,5 €.
Gotisches Haus: Es gehört es zu den ältesten weitgehend original erhaltenen Bauwerken der Neugotik in Europa. Vorbild für die miteinander konkurrierenden Fassaden waren Italien mit einer venezianischen Kirche und England mit dem neugotischen Landsitz Strawberry Hill. Die neugotische Ausstattung und die Sammlung wertvoller, hauptsächlich aus der Schweiz stammender Glasgemälde vom 15. bis zum 17. Jahrhundert und anderer Kunstgegenständen machen den Reiz dieses Ortes aus. Bei Redaktionsschluss freie Besichtigung von Mai bis September, in der Vor- und Nachsaison derzeit nur im Rahmen einer Gruppenführung. Eintritt 8,5 Euro mit Führung, 6,5 Euro ohne Führung, ermäßigt 6,5/5 Euro.
Insel Stein und **Villa Hamilton**: Die Insel Stein im östlichen Teil des Parks entstand als Erinnerung des Fürsten an eine Reise nach Neapel, auf der er den britischen Diplomaten, Antikensammler und Geologen Sir William Hamilton (1731–1803) kennen- und schätzen gelernt hatte. Feigen, lombardischen Pappeln und Agaven präsentieren Süditalien en miniature. Im Inneren der Villa befinden sich drei reich ausgestattete Räume. Eintrittspreis 8,5 Euro mit Führung, 6 Euro ohne Führung, ermäßigt 6,5/5 Euro.
Reguläre Öffnungszeiten für alle drei Orte: März–Ende Okt Di–So 11–17 Uhr, Mai–Sept. Di–So 10–18 Uhr, Tel. 034905/4090.
Aktuelle Infos: www.gartenreich.de

▸ Karte S. 195

Kunstwanderweg Hoher Fläming

➲ Tour 24/25: Zwischen Bad Belzig und Wiesenburg » 20 km/17 km*****

Kurzcharakteristik Kunstwanderweg
Der Fläming ist eine wunderbare Wandergegend, nicht nur wegen der Landschaft, der gut markierten und gepflegten Wege, der alten Dörfer mit ihren Feldkirchen, der guten Verkehrsanbindungen, Burgen, Gasthöfe und Hotels, sondern auch, weil der Fläming sich zu einem Kunstort par excellence entwickelt hat. Eines der schönsten Wandererlebnisse im Land Brandenburg bietet der Kunstwanderweg Hoher Fläming. Kunstwanderwege sind ein relativ neues Konzept, das Kunst und Natur, Betrachtung und Vergänglichkeit, Mensch und Landschaft faszinierend zueinander in Beziehung setzt. Die Natur im Brandenburgischen ist nahezu ausnahmslos vom Menschen geformt. Menschliches Tun dient vor allem der Wirtschaft und der Reproduktion menschlichen Lebens. Die Kunstwanderwege beziehen die kreative Reflektion über uns und unsere Beziehung zur Umwelt in die Gestaltung der Landschaft ein. Den Samen für das Kunstwandern legten die Land-Art-Künstler in den USA in den 1960er Jahren.
Die ersten Kunst- und Skulpturenwanderwege in Deutschland entstanden in den 1980er Jahren. Inzwischen gibt es sie in fast jedem Bundesland. Im Brandenburgischen ist der Kunstwanderweg Hoher Fläming der bisher einzige seiner Art. Die Nordroute (20 km) wurde 2007, die Südroute (17 km) drei Jahre später vollendet. Start- und Zielpunkte der Wanderwege sind die beiden Bahnhöfe der Regionalbahn Bad Belzig und Wiesenburg. Ungefähr in der Mitte sind beide Routen durch einen etwa vier Kilometer langen Streckenabschnitt miteinander verbunden, sodass man von Bad Belzig und Wiesenburg auch zu Rundwanderungen aufbrechen kann. Eines der beeindruckendsten Kunstwerke - die ›Weltentür‹ - befindet sich an diesem Verbindungsweg. Alle Kunstwerke sind mit Hinweistafeln zu den Schöpfern und Kurzinformationen zur Intention der dargestellten Motive versehen, weshalb wir hier auf detaillierte Beschreibungen verzichten. Die Kunstwerke – zehn an der Nordroute, zwölf an der Südroute –wurden durch eine Jury ausgewählt. Sechs weitere kamen hinzu, die später, außerhalb des Wettbewerbs aufgestellt wurden. Zum Kunstwanderweg kann eine amüsante Führung mit dem Sprachforscher Dr. Konrad Büchner über 56 Hörpunkte kostenlos als MP3 heruntergeladen werden: www.kunstwanderweg.de
Die Landschaften, die man durchwandert, sind abwechslungsreich: Kiefern, Misch- und Laubwälder, Felder, Sumpfgebiete, Teiche, von Hecken gesäumte Feldwege, kleine Ortschaften, flaches Land und hüglige Abschnitte. An der Route liegt die mit 201 Metern höchste Erhebung Brandenburgs, der Hagelberg. Die künstlerischen Intentionen der 28 Kunstwerke am Weg erschließen sich nur, wenn man mit viel Zeit wandert, die Route nicht als Kilometerleistung mit kurzen Kunstpausen betrachtet.
Zum Repertoire gehören neben der Landschaft und den Kunstwerken am Weg die Burg Eisenhardt und das Roger-Loewig-Museum in Bad Belzig, eine Ton-Töpferei in Hagelberg, das Gut und Gutshaus Schmerwitz, der Park von Schloss Wiesenburg, Mal's Scheune in Wiesenburg, der Workspace im ehemaligen Gut Klein-Glien, die Scheunen-Bücherei in Borne, die Steintherme Bad Belzig und viele andere spannende Orte. Jede Route hält Überraschungen parat.
Der erste Teil der Nordroute von Bad Belzig bis Hagelberg und das Zwischenstück zwischen Nord- und Südroute sind mit der Wegführung des E 11 identisch (→ Tour 21).
Verkehrsverbindungen Bad Belzig und Wiesenburg liegen an der Bahnstrecke Berlin–Dessau (RE 7), stündliche Verbindungen.

Bad Belzig: Busse der Burgenlinie 572 (Ringlinie) Bad Belzig–Raben–Grubo–Wiesenburg–Klein-Glien–Borne–Bad Belzig. zwischen 8.24 und 17.24 Uhr alle zwei Stunden ab Bad Belzig (Stand Redaktionsschluss Juli 2021), auch an den Wochenenden und Feiertagen. An den Wochenenden sind zwischen 9.30 und 16 Uhr Rufbusse zwischen den Orten am Kunstwanderweg unterwegs. Rufbus-Anmeldung bis spätestens eine Stunde vor Abfahrtswunsch unter Tel. 0331/7491400. An den Feiertagen sowie am 24.12. und 31.12. kein Betrieb.
Wegebeschaffenheit Naturbelassen 75%, teilbefestigt 15%, harter Belag 10%.
Wunschwegkategorie 1, 3, 4, 5, 6, 10, 11, 12, 14, 15, 18, 21a.
Wanderkarten Große Wander- und Radwanderkarte Naturpark Hoher Fläming, 1:50000, Verlag Dr. Barthel (Serie ›Schöne Heimat‹); Freizeitkarte Hoher Fläming-Havelland, 1:75 000, Pietruska Verlag: Topographische Karten Brandenburg, Hoher Fläming (Topographische Freizeitkarten, 1:50 000, Land Brandenburg / Für Wanderungen, Rad- und Bootsfahrten). Buch und Karte.
Markierung Gelbes Feld mit weißen geschwungen Linien; Markierung des E 11 und weitere Markierungen örtlicher Rundwanderwege mit entsprechender Nummerierung.
Einkehr Bad Belzig, Wiesenburg, Schmerwitz (Nordroute), Borne (Südroute), Klein-Glien (Verbindungsstrecke).
Unterkunft Bad Belzig, Wiesenburg, Schmerwitz, Jeserig.
Sehenswürdigkeiten Bad Belzig: historisches Zentrum und Burganlage, Roger-Loewig-Museum, Schloss und Park Wiesenburg, Kunstwerke am Wanderweg; Hagelsberg: Denkmal ›Schlacht bei Hagelsberg 1813‹; Schmerwitz: Gutshof, Schloss, ehemalige Schule der Kampfgruppen der DDR; Wiesenburg: Museum und Turm Schloss Wiesenburg.
Sonstige Hinweise Die Wanderstrecke entspricht den Qualitätskriterien des Deutschen Wanderverbandes, was bedeutet: durchgängig sichere Orientierungshilfen, Abwechslung durch Vielfalt der Natur und Kultur sowie hoher Anteil an Naturwegen. Neben dem Kunstwanderweg, dem E 11 und dem Burgenwanderweg gibt es viele weitere Wanderwege in der Region. Informationen dazu sind in den Touristeninformationen von Bad Belzig, Wiesenburg und Raben erhältlich.
Hinweise für Radfahrer Die Strecke ist durchgängig nicht als Radweg geeignet, die Verbindung von Kunst und Natur nur zu Fuß eine Freude. Es gibt aber Radstrecken, die auch von der Touristeninformationen beworben werden, zum Beispiel die Burgen-Radtour (Bad Belzig–Raben–Wiesenburg–Schmerwitz–Hagelberg–Klein-Glien–Borne–Bad Belzig, 51 km) oder die um Raben verkürzte Kleine Fläming-Radtour (36 km)

Tour 24/Nordroute: Von Bad Belzig zum Bahnhof Wiesenburg » 20km*****

Streckenverlauf

Karte S. 204

Es ist egal, wo man die Tour beginnt. Hier beschrieben ist die Nordroute von Bad Belzig nach Wiesenburg. Man kann die Wanderung natürlich auch in umgekehrter Richtung ab Wiesenburg laufen – der Erlebniswert ist gleich hoch. Die Tour beginnt am Bahnhof Bad Belzig. Wir gehen vom Bahnhofsgebäude zunächst etwa 100 Meter entlang der Bahnhofsstraße parallel zur Bahnlinie Richtung Burg Eisenhardt und überqueren die Gleise dann auf einer Brücke. Der Abzweig zur Überführung ist zwischen Hecken versteckt, aber nicht zu verfehlen. Von nun an ist die Markierung des Kunstwanderweges zuverlässig. Auf der gegenüberliegenden Südseite der Bahn treffen wir auf den Burgenwanderweg. Nach links ist er in Richtung Raben ausgeschildert. Wir aber gehen nach rechts. Das erste Kunstwerk ist die ›Axis Mundi 2‹ (Achse der Welt). Der Weg führt vorbei am Roger-Loewig-Museum, unterquert die Bahnlinie, führt zur **Burg Eisenhardt** und zur **St. Bricciuskirche** (→ Tour 20, S. 177).

Entweder man geht links oder rechts von der Burg Eisenhardt hinab ins Tal. In beiden Fällen gelangt man in den sich zu Füßen der Burg erstreckenden Wiesengrund. Diesem folgen wir nach links, in Richtung Westen. Zu Füßen der Burg befinden sich die ersten Kunstwerke am Weg.

Dank der durchgehend hervorragenden Markierung des Weges wird einem die Orientierung leicht gemacht. Die nächsten Kilometer bis Hagelberg sind identisch mit der Wegbeschreibung im Kapitel 21 (→ S. 180). Vom **Hagelberg** hat man einen weiten Blick ins hüglige Land. Die Kuppe der Erhebung mit dem Kreuz ist ein vortrefflicher Rastplatz. Auf der anderen Seite der Straße lohnt ein Besuch des Denkmals für die russisch-deutsche Waffenbrüderschaft aus den 1950er Jahren. Es befindet sich ebenfalls nur wenige Schritte entfernt von der Straße Richtung Klein-Glien.

Hinter Hagelberg trennen sich der E 11 und die Nordroute des Kunstwanderweges. Auf dem E 11 und der Verbindungsstrecke des Kunstwanderweges zur Südroute geht es weiter Richtung Süden - der nächste Orientierungspunkt ist das Dorf Klein-Glien.

Auf der Nordroute gehen wir nun zunächst entlang des Feldes unterhalb des Hagelberges Richtung Westen. Am äußeren Rand des Feldes, bevor der Wanderweg nach rechts abzweigt, befindet sich rechter Hand eine der interessantesten Installationen - sieben auf langen Rohren in den Himmel ragende Wasserhähne. Der Name des Kunstwerkes: ›Ein Was-

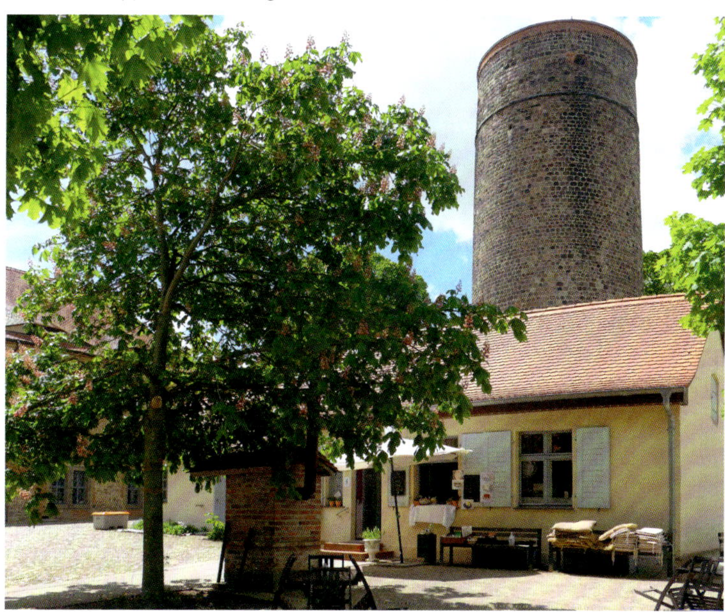

Im Innenhof der Burg Eisenhardt

serfall für den Fläming‹. Der Fläming ist ein trockenes Land mit sandigem Boden, brennender Sonne und kahlen Frösten. Ein Wasserfall aus leeren Hähnen in luftiger Höhe: absurd – und gerade deshalb eine gelungene Einladung, der Phantasie freien Raum zu geben und die Gegend besser zu verstehen.

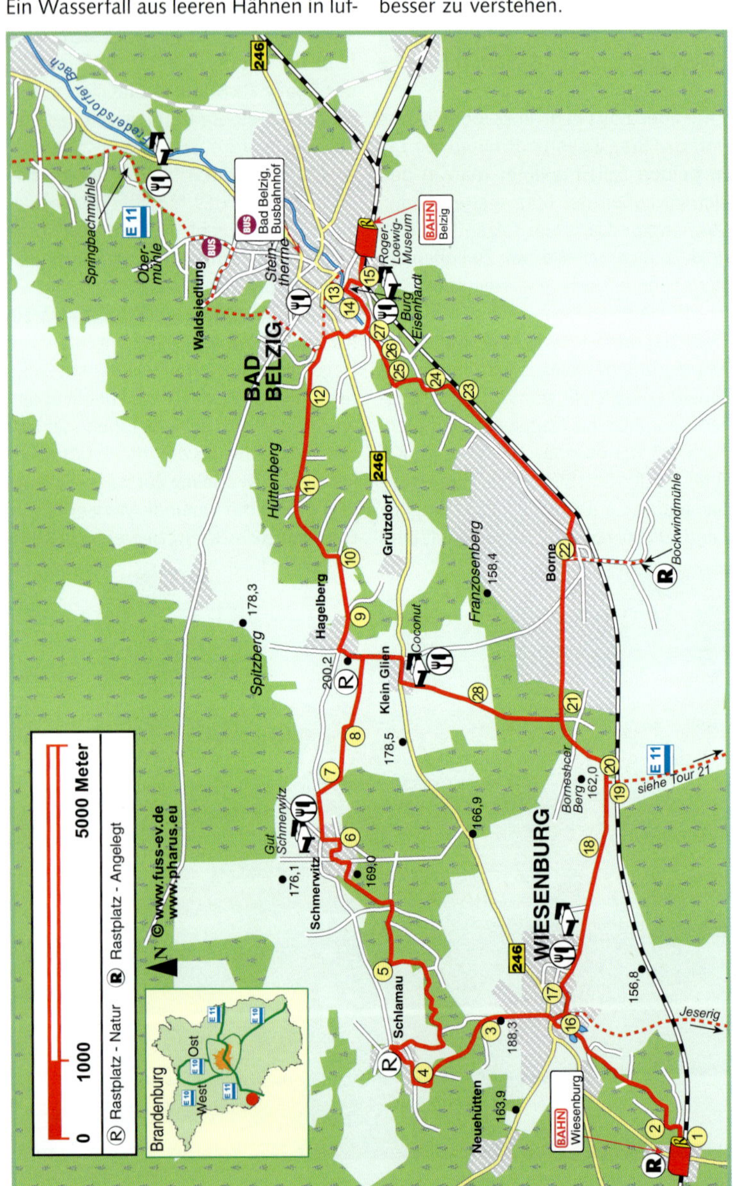

Kurze Zeit später taucht der Weg wieder in den Wald ein, durch den wir nach **Schmerwitz** gelangen. **Gut Schmerwitz** ist eine Art Rittergut-Disneyland. Zu DDR-Zeiten wurde der Familienbesitz derer von Lindau enteignet und Schmerwitz ein volkseigenes Gut. In den 1990er Jahren betrieb Synanon hier ökologische Landwirtschaft, seit dem Jahr 2000 befindet sich das Gut wieder in Privatbesitz. Seitdem wurden die Anlagen aufwendig restauriert. Ein Restaurant, eine Töpferei, ein Hofladen und Gästewohnungen gehören heute zum Ensemble. Das schlossähnliche Gutshaus wird derzeit neu gestaltet. Der architektonisch gelungene Anbau an der Südfassade ist ein DDR-Erbe. Von August 1945 befand sich auf dem Gelände südlich des Schlosses eine Parteischule, erst der KPD, ab 1946 der SED. Aus ihr wurde von 1959 bis 1989 die Zentralschule der Kampfgruppen. Für die Kader entstanden einstöckige Klinkerhäuser, die sich wunderbar in die Landschaft mit Birkenbäumen, Tannen und Sträuchern einfügen, eine kleine Schwimmhalle und für die militärische Technik Garagen. Teile der Anlage werden seit einigen Jahren als Hotel genutzt.

Wir folgen den Markierungen vorbei an dem einstmals als Aula genutzten Anbau an der Südseite des Schlosses, überqueren die Anlage in westlicher Richtung und tauchen auf der anderen Seite wieder in den Wald ein (Die Zufahrt zum Hotel befindet sich an der Südseite. Zu ihr gelangt man aus Richtung Süden durch eine imposante Buchenallee).

An den Nordhängen der Schlamauer Berge entlang, durch ein Waldgebiet mit mächtigen Rotbuchen, Eichen und Hainbuchen, schlängelt sich der Wanderweg zum nächsten Ort, **Schlamau**. Wir wenden uns an der Straße durch das kleine Dorf nach links. Im Westteil befindet sich der Studien- und Reflexionspark Schlamau, ein interessanter Ort, in dem Workshops und Sommercamps stattfinden.

Der Kunstwanderweg passiert das Dorf und zweigt hinter einem Gelände mit ausrangierten Mähdreschern aus der DDR-Ära nach links ab. Nach einer weiteren Installation - ›Findling‹ - tauchen wir erneut in den Wald ein. Von Schlamau bis zu den ersten Häusern von Wiesenburg sind es nun nur noch knapp zwei Kilometer. Am Waldrand, vom dem die ersten Häuser von Wiesenburg auszu-

Legende Kunstwanderweg

1 Tor zum Fläming
2 Von Liebe und Sinnen
3 Unverhoffte Begegnung zweier Stiefel
4 Findling
5 Pflanzenlabyrinth
6 Umgreifende Form mit Kreisbogen
7 Wandlungen zwischen Wunderpunkten
8 Ein Wasserfall für den Fläming
9 Steinschlange
10 Die Jagd
11 Unter Kiefern
12 Intermezzo
13 Chronometrisches Relief
14 Die Weiße Frau
15 Axis Mundi 2
16 Kapelle
17 Kurieren (Spazierengehen)
18 Wölfe
19 Porzellanbaum
20 Ruhende Brücke
21 Stützen
22 Line Up
23 Fünf Kuben
24 Der Schwarzstorch im Fläming
25 Gartenbild
26 Flämisches Haus. Eine Transplantation
27 Sphären
28 Weltenkirche im Fläming zur ›Urkirche Wald‹

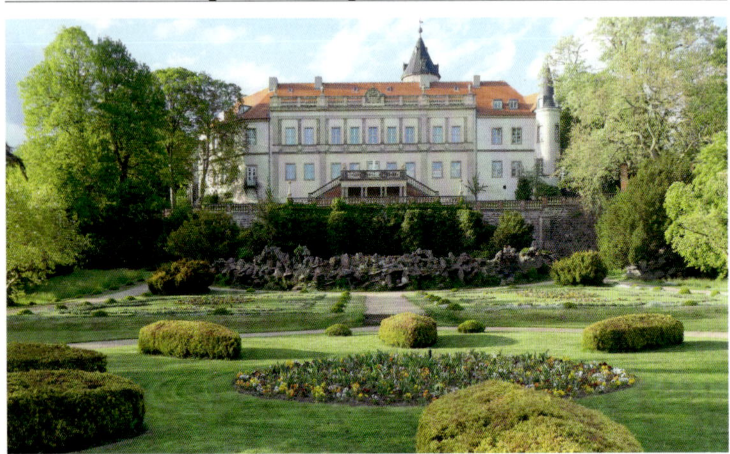

Die Wiesenburg

machen sind, hängt ein ausgelatschtes Paar Wanderschuhe mit einer goldenen Patina in einer Plastikstele – ein ›Lob der Wanderschaft‹.

Vom Waldrand geht es über ein Feld, dann entlang der Schlamauer Straße in Richtung Ortsmitte von Wiesenburg. Die Schlamauer Straße mündet in die Friedrich-Ebert-Straße (B 246), entlang derer wir geradeaus **Schloss Wiesenburg** erreichen.

Die Geschichte des Schlosses reicht bis ins 12. Jahrhundert zurück, in die Zeit Albrecht des Bären, des ersten Markgrafen in Brandenburg, der hier eine Burg bauen ließ. Ihre heutige Gestalt erhielt das Schloss in der zweiten Hälfte des 19. Jahrhunderts. Nach 1945 beherbergten die Gemäuer eine Oberschule, in der zukünftige Russischlehrer auf ihr Studium vorbreitet wurden. Eine private Investorengruppe erwarb 1998 das Schloss und errichtete moderne Wohnungen, Büros und Ateliers. Im Torhaus des Schlosses informiert die ›Heimatstube‹ mit einer kleinen Ausstellung über die Wiesenburg und ihre Geschichte. Außerdem ist dort die Touristeninformation untergebracht. Der Bergfried kann gegen ein kleines Entgelt bestiegen werden. Am Goethe-Platz vor dem Schloss befindet sich die Kunsthalle Wiesenburg, deren Nutzung bei Redaktionsschluss noch nicht geklärt war. In unmittelbarer Nähe des Schlosses, an seiner Ostseite, sind die Schlossschänke ›Zur Remise‹ und das ›Café am Schlosstor‹ lohnenswerte Adressen für eine Einkehr.

Östlich des Schlosses liegt der alte Ortskern von Wiesenburg. Hier nimmt die Südroute des Kunstwanderweges ihren Anfang. Nur wenige Schritte von Schloss und Kirche des Ortes entfernt befinden sich drei wunderbare Orte: das ›Landei Wiesenburg‹ (Café und Pension) in einem unter Denkmalschutz stehenden Fachwerkhaus, die ›Alte Schule‹ (Kunst- und Seminarhaus) und ›Mal's Scheune‹, wo an den Wochenenden Gastronomie angeboten wird und wo phantastische Konzerte stattfinden (→ Infoteil).

Hinter dem Schloss Wiesenburg, in südlicher Richtung, erstreckt sich um zwei Teiche, von einer künstlichen Insel geteilt, der Park von Wiesenburg. Er ist ein Kleinod brandenburgischer Land-

▸ Karte S. 204

schaftsgestaltung und kommt im Licht der Abendsonne am eindrucksvollsten zur Geltung. Gestaltet wurde der Park von Curt Friedrich Ernst von Watzdorf und seinem Förster Carl Gebbers zwischen 1863 bis 1881. Beide liebten Gehölze, die sie zu in Farben und Formen überraschenden Kompositionen zueinander in Beziehung brachten. Heute zählen 66 Arten und Sorten besonderer Gehölze zum Park, unter ihnen Nordmanntanne, Flusszeder, Hängebuche, Ginkgo, Gurken-Magnolie, Säuleneiche und japanische Lärche. Detaillierte Informationen erhält man auf der Homepage: www.schlosspark-wiesenburg.de

Der Kunstwanderweg verläuft entlang der Teppichbeete zu Füßen des Schlosses und überquert auf zwei Brücken eine Insel zwischen den beiden Seen des Parks. Der Weg ist ausgeschildert. Man kann den See vor dem Schloss auch von Osten umgehen. An der Südwestflanke des offenen Teils ist die Fortsetzung des Weges in den Waldpark ausgeschildert. Zwischen Rhododendronhecken von enormen Ausmaßen kommt man, vorbei an einem Erbbegräbnis und den letzten Kunstobjekten am Weg, zum **Bahnhof von Wiesenburg**. Dieser ist etwa 1,8 Kilometer vom Schloss entfernt. Dieses letzte Wegstück ist ein besonderer Genuss. Das letzte Kunstwerk am Weg, kurz vor dem Bahnhof von Wiesenburg, trägt den Titel ›Tor zum Fläming‹. Es besteht aus sieben Spalier stehende Stelen, durch die man die sagenhafte Welt des Flämings betritt bzw. verlässt. Die Stelen interpretieren Sagenfiguren. Gestaltet wurden sie von Wiesenburger Jugendlichen.

Der Wiesenburger Bahnhof wurde 1879 gebaut. Seit 2011 ist er im Besitz eines örtlichen Vereins, der darin ein Café und weitere Einrichtungen zur öffentlichen Nutzung betreibt. Das Tor zu den Bahnsteigen wird erst kurz vor Einfahrt der Züge geöffnet.

Etwa 1,5 Kilometer südlich des Bahnhofs Wiesenburg liegt das Dorf **Jeserig** mit einem Hotel und zwei weiteren Unterkünften (→ Infoteil). Der See im Ort verlandet zunehmend und ist deshalb leider nur bedingt zum Baden geeignet. In Jeserig bietet es sich an zu übernachten, wenn man am nächsten Tag die Südroute Richtung Bad Belzig nehmen oder auf einer anderen markierten Strecke wandern möchte. Jeserig ist Etappenziel des Burgenwanderweges. Hinter der Bahnschranke folgt man auf angenehmen Waldwegen den Markierungen des Burgenwanderweges sowie der Rundwege 71 und 75. Sie zweigen hinter den Bahngleisen von der Straße ab, die eine Linkskurve beschreibt.

Man kann auch direkt aus Wiesenburg nach Jeserig laufen, von der ›Alten Schule‹ entlang der Hermann-Boßdorf-Straße (ca. 1,5 Kilometer). Von der Hermann-Boßdorf-Straße zweigt nur wenige Schritte entfernt von der ›Alten Schule‹ die Südroute des Kunstwanderweges ab.

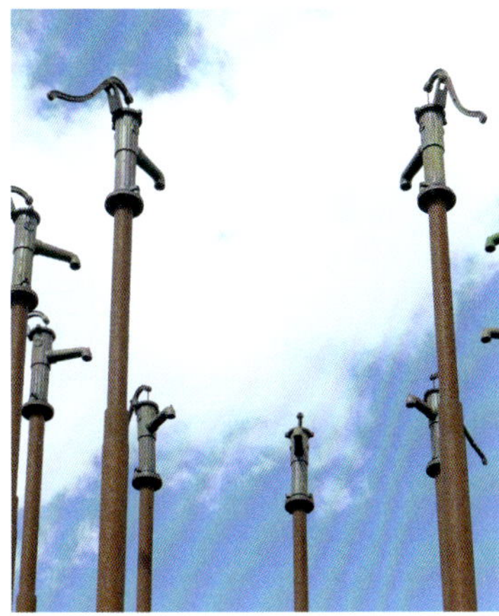

Ein imaginärer Wasserfall im trockenen Fläming

Tour 25/Südroute: Von Wiesenburg nach Bad Belzig » 17 km*****

Streckenverlauf

Vorbemerkung: Zwischen Wiesenburg und Bad Belzig gibt es keine Orte zur Einkehr. Entweder bekommt man in der Bücherscheune in Borne eine Kleinigkeit oder, wenn geöffnet, im COCONAT in Klein-Glien an der Zwischenstrecke. Es empfiehlt sich deshalb, genügend Proviant, vor allem Wasser, dabei zu haben.

Die Südroute beginnt, wenn man mit der Bahn kommt, am **Bahnhof Wiesenburg**. Dieser liegt knapp zwei Kilometer von Wiesenburg entfernt. Der Weg dorthin ist gut markiert. Man verlässt den Bahnhof, hält sich rechts und läuft durch die Spalier stehenden Märchenfiguren-Stelen durch das ›Tor zum Fläming‹ (→ S. 207). Einige Schritte weiter geht es nach links hinein in den **Waldpark**, dessen Rhododendron-Hecken eine Attraktion sind, vor allem im frühen Sommer während der Blüte.

Einige Meter hinter dem Abzweig befindet sich linker Hand das zweite Kunstwerk am Weg. Es trägt den Titel ›Von Liebe und Sinnen‹ und besteht aus 23 Objekten, verkleidet als Pilze, Moosflächen und Rhododendron-Blüten, die sich unweit des Weges verstreut im Wald zwischen den Bäumen verbergen. Hinter diesen heißt es aufpassen, denn auch die Markierungen des Wanderweges verstecken sich gern in der üppigen Vegetation des Parks. Kurz hinter dem Kunstwerk geht es zunächst weiter nach rechts, dann wieder nach links und dann weiter bis zum **Schlosspark**.

Diese Wegstrecke teilen sich die Nord- und die Südroute des Kunstwanderweges. Hinter Schlosspark und Schloss, am Goethe-Park trennen sie sich; auf der Nordroute geht es weiter Richtung Norden.

Die Südroute beginnt gegenüber dem Torhaus zum Schloss. Wo die Wirtschaftsgebäude enden, in denen sich auch das Café ›Am Schlosstor‹ befindet, kommt man zur Schlossstraße, die an der Rückseite der Wirtschaftsgebäude in Richtung Süden verläuft. Sie mündet in die Hermann-Boßdorf-Straße. An ihr liegen links, in einem unter Denkmalschutz stehenden Fachwerkhaus, das ›Landei‹

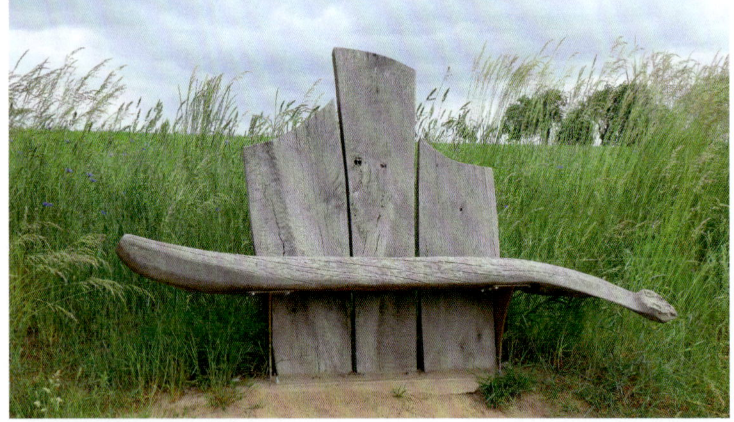

Originelle Rastmöglichkeit am Weg

▶ Karte S. 204

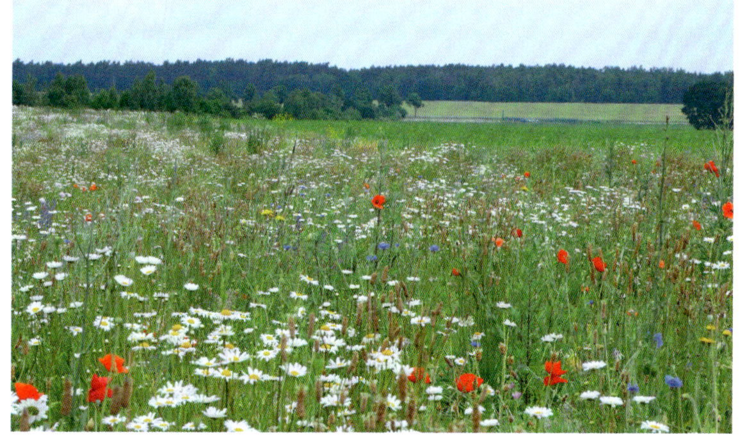

Blütenpracht unterwegs

(Café und Pension) und rechts die ›Alte Schule‹, ein Kunst- und Seminarhaus, das an den Wochenenden meist geöffnet ist. Hinter der ›Alten Schule‹ zweigt nach rechts die Straße Zum Winkelteich ab. Über sie kommt man in den Park, und an ihr liegt Mal's Scheune, wo an den Wochenenden Speisen und Getränke angeboten wird und wo phantastische Konzerte stattfinden (→ Infoteil).

An der ›Alten Schule‹ beschreibt die Hermann-Boßdorf-Straße einen Links- und gleich darauf eine Rechtsschwenk. Vor dem Teich auf der rechten Seite zweigt der Kunstwanderweg von der Straße nach links ab. Weiter geht es Richtung Osten. In der südöstlichen Ecke des Teiches schimmert es weiß: ein weiteres Kunstwerk, es trägt den Namen ›Kapelle‹. Die Installation assoziiert den Übergang vom Ort in die offene Landschaft. Wir folgen dem Kunstwanderweg nun etwa zwei Kilometer über offenes Feld, entlang von Hecken und Sträuchern. Weiter geht es durch ein Waldstück mit weiteren anregenden Installationen am Weg. Vor einem **Mini-Viadukt**, auf dem die Gleise der Eisenbahn Berlin–Dessau eine Talsenke überqueren, trifft der Kunstwanderweg auf den E 11. Nach rechts gelingt man auf diesem, unter der Brücke hindurch, nach Grubo und Raben (→ Tour 23). Wir aber gehen nach links. Südroute und E 11 teilen sich nun etwa 500 Meter des Forstweges. Dann zweigt die Südroute nach rechts ab, nun wieder ostwärts. Der E 11 sowie die Nord- und Südroute verbindende Zwischenstrecke streben Richtung Norden, nach Klein-Glien und Hagelberg.

Wir verlassen auf der Südroute nach etwa 200 Metern den Wald und gelangen entlang einer Obstbaumallee in das Dorf **Borne**. Die Attraktion von Borne ist eine Bücherscheune am Weg, an der Wiesenburger Straße 30. Sie versteckt sich hinter einem Hoftor (→ Infoteil).

Im Zentrum des Ortes kreuzen sich zwei Landstraßen. Nach Norden geht es Richtung Klein-Glien, nach Süden Richtung Bergholz auf der anderen Seite der Bahnlinie, wo eine stattliche Bockwindmühle den Blick auf sich zieht. Sie wird derzeit restauriert.

Am Ortsausgang Richtung Bad Belzig befinden sich die Kirche von Borne und

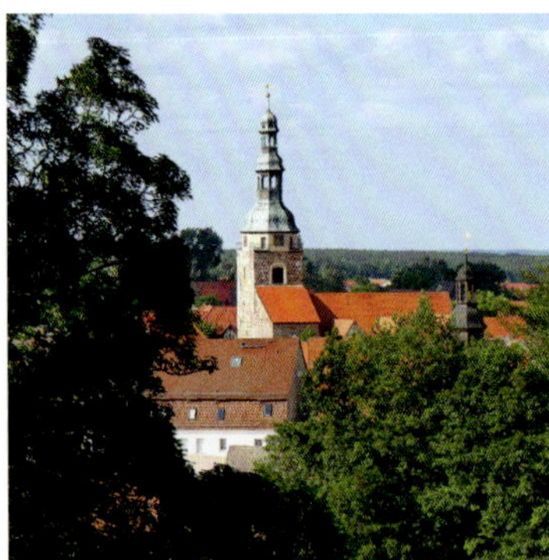

Das Etappenziel vor Augen: Bad Belzig

der Friedhof. Hinter dem allerletzten Haus zweigt nach rechts von der Landstraße ein Pfad Richtung Bahnschienen ab. Auch dieser Abzweig ist markiert, ebenso wie die folgenden bis Bad Belzig. Auf dem Pfad geht es in unmittelbarer Nähe des Bahndammes, angenehm zu laufen, zunächst am Rand eines weiten Feldes, dann durch ein Waldstück weiter in Richtung Osten. Nach etwa 1,5 Kilometern folgen wir den Markierungen nach links, weg von den Gleisen, überqueren die Landstraße und gehen weiter durch den Wald, entlang einer Lichtung, dann über ein von Wald umgebenes Feld, bis zu den ersten einsamen Grundstücken und Wohnhäusern von **Bad Belzig** am Kameruner Weg. Dieser endet am Papendorfer Weg, wo sich die Südroute wieder mit der Nordroute verbindet. Wir gehen einige Schritte nach rechts und biegen dann nach links in den Wiesengrund ab, an dessen Rand wir bis zur **Burg Eisenhardt** gelangen. An ihrer Westflanke kommen wir zum Burgtor und zur St. Bricciuskirche auf der rechten Seite. Der Weg von der Burg in die Stadt bzw. zum Bahnhof sind in Tour 20 (→ S. 174) beschrieben.

Tour 24/25

Tourist-Information Bad Belzig Marktplatz 1, 14806 Bad Belzig, Tel. 033841/94900; Mo–Fr 9–17, Sa 10–15, So 10–13 Uhr. www.belzig.com

Tourismusverein Wiesenburg/Mark e.V., Schlosstraße 1 B, Tel. 03384/930980; tgl. 11–16 Uhr. Die Infostelle befindet sich im Schlossturm Wiesenburg, in dem auch das kleine Museum zur Geschichte des Schlosses untergebracht ist und von wo aus man den Turm besteigen kann.

In den Tourist-Informationen erhält man viel Infomaterial - nicht nur zum Kunstwanderweg, ebenso zu anderen lohnenswerten Wanderrouten, Fahrradrouten, zum abwechslungsreichen Sommer-Kulturprogramm im Fläming, zu Übernachtungen und den Fahrplänen der regionalen Busse. Informationen zu den Kunstwerken am Weg: www.wandern-im-flaeming.de

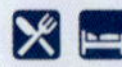

▸ Bad Belzig:
→ Infoteil Tour 20.

▸ Schmerwitz (Nordroute):

Gutsküche Schmerwitz 8, 14827 Wiesenburg/Mark, Tel. 033849/90810; Do–So 12–20 Uhr. Gemütliches Restaurant und Café mit Terrassen sowie Hofladen (Mo–Fr 9–17, Sa 9–16 Uhr).
www.gut-schmerwitz.de

Ferienwohnungen auf dem Gutshof Buchungen über die Webseite:
www.gut-schmerwitz.de

Hotel Schloss Schmerwitz, Schmerwitz 42, 14827 Wiesenburg/Mark, Tel. 033849/579804, 0170/3279218. Auf dem Gelände und in den Unterkünften der ehemaligen Kampfgruppen-Schule.
www.schloss-schmerwitz-hotel.de

▸ Wiesenburg:

Schlossschänke Remise, Schloßstraße 2A, 14827 Wiesenburg/Mark, Tel. 033849/50095; Do–Di 11.30–20 Uhr, in den Wintermonaten können die Öffnungszeiten abweichen – bitte nachfragen! Auf der Terrasse nur wenige Tische, weshalb eine Vorbestellung von Vorteil ist. wwwschlossschaenke-wiesenburg.de

▲ Karte S. 204

Café am Schlosstor, Schloßstraße 1B, 14827 Wiesenburg/Mark, Tel. 033849/560391; nur Mi u. Fr–So 9–17 Uhr, 9–14 Uhr großes Angebot an Frühstücksvarianten. Mit Hofladen. Innenbereich und Terrasse mit Blick auf das Schloss und im Garten an der rückseitigen Schlossstraße. www.cafe-am-schlosstor.de

LANDEI-Wiesenburg, Hermann-Boßdorf-Straße 34, 14827 Wiesenburg/Mark, Tel. 0157/38096498; So 14–17 Uhr und nach Vereinbarung. Pension und Café im alten Dorfkern.

Mal's Scheune, Zum Winkelteich 4, 14827 Wiesenburg/Mark, Tel. 0178/7576778. Mal's Scheune ist Tonstudio und Gastgeber hochkarätiger Konzerte in phantastischer Atmosphäre. Die Speisen sind preiswert und lecker.
www.mals-scheune.de

Ferienwohnung Cottage im Fläming, Belziger Landstraße 4, 14827 Wiesenburg/Mark, Tel. 033849/30593.

Café und Bistro Bahnhof Wiesenburg, Am Bahnhof 37, 14827 Wiesenburg/Mark, Tel. 033849/909980; Di–So 11–19 Uhr. Das Café und Bistro gehört zum Country Golf Wiesenburg. Verleih von Golfequipment für ein Spiel auf dem Naturgolfplatz in unmittelbarer Nähe.
www.countrygolf.de

▸ Jeserig:

Restaurant Familienhotel Brandtsheide, Bahnhofsallee 8C, 14827 Wiesenburg/Mark (OT Jeserig), Tel. 033849/909861; Mo–Fr 7–21, Sa/So 7-Ende (Küche an allen Tagen bis 20 Uhr). Regionale Küche, berühmt für die Sülze nach hauseigenem Rezept. Kaffee und Kuchen.
www.brandtsheide.de

Haus am See, Wiesenburger Str. 18, 14827 Wiesenburg/Mark (OT Jeserig), Tel. 033849/164446, 0173/9993161. Veranstaltungen, Feiern und Workshops. Mieten des Gästezimmers über Airbnb.
www.hausamsee-flaeming.de

Pension und Imbiss am See, Wiesenburger Str. 15, 14827 Wiesenburg/Mark (OT Jeserig), Tel. 033849/50221.

▸ Borne (Südroute):

Bücherscheune, Wiesenburger Weg 31, 14806 Bad Belzig/OT Borne, Tel. 033841/32602. Die Bücherscheue ist ein Ereignis! Der Besitzer, Werner Sternberg, trug Hunderte Bücher zusammen, einen Großteil aus DDR-Verlagen, unter ihnen seltene Sammlerexemplare, die er in einer Scheune zusammen mit allerlei Tinnef arrangiert und zum Verleih ausgestellt hat. Im Innenhof gibt es Sitzgelegenheiten, die Familie bietet Kaffee, Kuchen und Bockwurst an. Werbung machen sie nicht. Der Ort ist ein Geheimtipp. Es empfiehlt sich vorher anzurufen, da der betagte Besitzer nicht immer daheim ist.

▸ Klein-Glien (Zwischenstrecke):

COCONAT, Klein-Glien 25, 14806 Bad Belzig/OT Klein-Glien, Tel. 033841/448299. Arbeiten, kommunizieren, lernen und sich austauschen, gegenseitig bereichern in der Natur. Verschiedene Veranstaltungen. Ein Blick auf die Webseite vor Beginn der Tour lohnt sich. www.coconat-space.com.
Zur Anlage gehören:
- **milan CoArtisans Shop und Hofcafé**, Tel. 0175/5330453; Fr–So 12–17 Uhr, sonst nach Vereinbarung.
milan.shop@posteo.de
www.milan-artisans.de
- **Pizzeria Cocolores**; Sa 12–20.30 Uhr, jeden ersten Sa im Monat Programm.

▸ Bad Belzig:
→ Infoteil Tour 20.

Kunst-und Seminarhaus Alte Schule Wiesenburg, Hermann-Boßdorf-Straße 14, 14827 Wiesenburg/Mark, Tel. 033849/164455, 0173/8173011. In der ehemaligen Dorfschule finden Seminare, Ausstellungen und Workshops statt. Am Wochenende ist meist geöffnet. In einem kleinen Verkaufsraum (Atelier Seraphin) kann man Glaskunst erwerben und viel Wissenswertes über die Künstler der Region erfahren. www.alteschule-wiesenburg.de, www.atelier-seraphin.de

Roger Loewig und das Museum im Schweizerhaus

Der Fläming ist eine wunderbare Wandergegend und ebenso ein Kunstort par excellence. Nicht umsonst entstand hier der einzige Kunstwanderweg im Land Brandenburg (→ S. 201).

Das erste Objekt an diesem Kunstwanderweg ist in der Nähe des Bahnhofs von Bad Belzig die ›Axis Mundi 2‹ (Achse der Welt). Wenige Schritte entfernt liegt am Wege das Roger-Loewig-Museum. Roger Loewig (1930–1997) war ein Maler, Zeichner und Dichter, den es seit Mitte der 1960er Jahre immer wieder nach Belzig zog, der hier malte und schrieb.

Geboren wurde er in Ostschlesien. Als 15-jähriger erlebte er die Schrecken des Krieges, den Tod, das Töten und die Zerstörungen, die Flucht mit seiner Mutter, die in der Lausitz endete. Diese Erfahrungen prägten ihn. Er wollte Kunde geben von dem, was er erlebt und erlitten hatte. Dafür lernte er malen und begann zu schreiben. Um die Zuzugsgenehmigung nach Berlin zu erhalten, wurde er Lehrer für Russisch, Deutsch und Geschichte. Während der Neulehrer-Ausbildung lernte er seine Lebensgefährtin Creszentia Troike kennen, die ihm bis zu seinem Tod zur Seite stand.

Gegen die Mauer und die Teilung des Landes protestierte der in seinem Herzen unpolitische Roger Loewig mit den Mitteln der Kunst. In einem Gemeindehaus in Berlin-Baumschulenweg stellte er 1963 seine Arbeiten aus. Die Staatsmacht unterstellte ihm »staatsfeindliche Hetze in schwerem Fall«. Ein Jahr litt der Künstler in Untersuchungshaft, fast sein gesamtes bisheriges Werk – Bilder und Texte – hatte man ihm »brutal und hinterhältig gestohlen« (Roger Loewig). Die Bundesregierung kaufte ihn aus dem Zuchthaus frei. Er blieb in der DDR, durfte aber nicht mehr unterrichten. Gebrandmarkt und durch die Haft gesundheitlich angeschlagen, hielt er sich über Wasser, malte und schrieb.

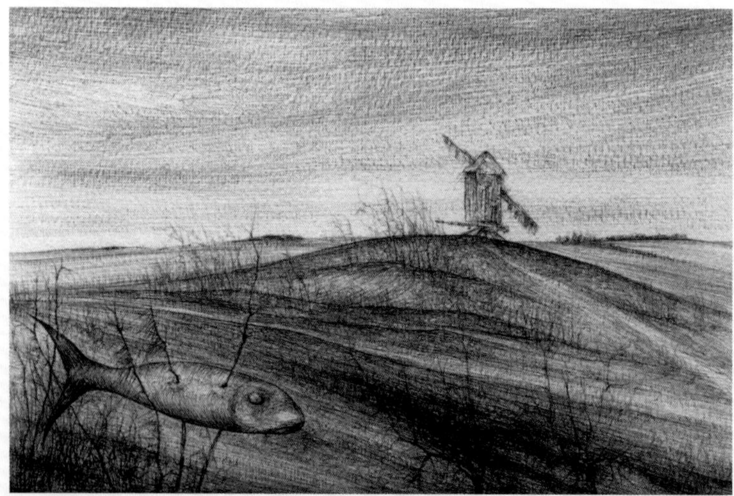

Ein Vogel bin ich ohne Flügel, Graustiftzeichnung, 1970

In Belzig lebten Freunde, Lehrer wie er. Bei ihnen fand er einen Zufluchtsort. Der Fläming zog Roger Loewig in seinen Bann. Er erkundete ihn, malte die Kirchen in den Dörfern, die Mühlen, die Ziegeleien, die weiten Landschaften, hielt die Stimmungen fest, die den Tod, die Vergänglichkeit, den Schmerz der Kriege, deutscher Schuld und deutscher Teilung in sich trugen. Auch reiste er nach Theresienstadt, beschäftigte sich in einem der bedeutendsten Zyklen jener Zeit mit der Shoah. Im Jahr 1992 war er der erste deutsche Künstler, der Arbeiten im Staatlichen Museum Auschwitz ausstellen durfte.

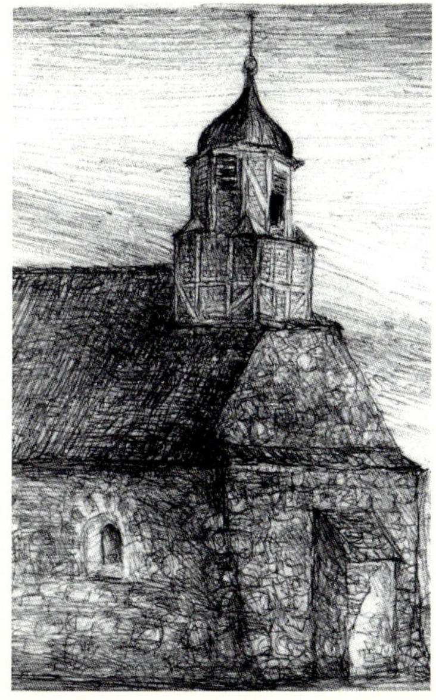

Kirche in Weddin, Graustift-Zeichnung (Ausschnitt), 1995

Im Jahr 1972 zahlte die Bundesregierung ein zweites Mal, damit die DDR-Behörden ihn gehen ließen. Roger Loewig: »Die Angst vor erneuter Beschlagnahme, erneuter Verhaftung, Kerkerangst, trieb mich wegzugehen. Doch als dann die Abschiedsstunde wirklich schlug, war ich diesem Flämingland und in ihm diesem einen Menschenpaar schon so verfallen, dass ganze Teile meiner Arbeit davon künden sollten.«

»Diesem einen Menschenpaar« aus Bad Belzig - Wolfgang Woizick und seine Ehefrau Heiderose - blieb Roger Loewig auch während der folgenden 17 Jahre bis zum Mauerfall im West-Berliner Exil verbunden. Nach dem Mauerfall war Loewig wieder oft in Belzig zu Gast. Für Wolfgang Woizick war Roger Loewig »der Freund, den man, wenn überhaupt, nur einmal im Leben findet.« Er blieb ihm ein Freund auch nach dem frühen Tod des Künstlers 1997.

Die Woizicks lebten in einem Haus, das von einer Anhöhe im Süden von Bad Belzig auf die Dächer der Kleinstadt, den Kirchturm und auf die am Horizont im Dunst schwebenden sanft gewölbten Fläminglandschaften blickt. Ein Berliner Architekt hatte es Anfang des 20. Jahrhunderts im Schweizer Stil gebaut. Hier verbrachte Roger Loewig viele inspirierende und inspirierte Stunden bei seinen Freunden. Nach dem Tod des Künstlers sollte es nun ein Gedenkort werden, in dem sein Werk fortlebt. Dafür vermachte Wolfgang Woizick das von ihm und seiner inzwischen verstorbenen Frau erworbene ›Schweizerhaus‹ einer Stiftung, die es in ein Museum umgestalten ließ. Dieses empfängt seit 2009 an jedem Wochenende Besucher. Die Ausstellung präsentiert sowohl Arbeiten des Künstlers aus verschiedenen Schaffensphasen als auch Aufzeichnungen aus seinem literarischen Erbe. Zwischen 2019 und Herbst 2021 wurde das Museum renoviert und neu gestaltet.

Eine Bekanntschaft mit Roger Loewig, der den Fläming und »dieses eine Menschenpaar« in Bad Belzig ins Herz geschlossen hatte, ist ein Geschenk.

Zwischen Spree und Oder erstrecken sich einige der populärsten und an Natur, Historie und Kultur reichsten Gegenden des Berliner Umlands. Alle Orte sind mit dem Nahverkehr erreichbar und bieten sich für Ein- und Mehrtagestouren an. Die Märkische Schweiz, das Schlaubetal, die Endmoränen-Landschaften des Oderlandweges und das Dahme-Seengebiet sind Wanderziele für Genießer.

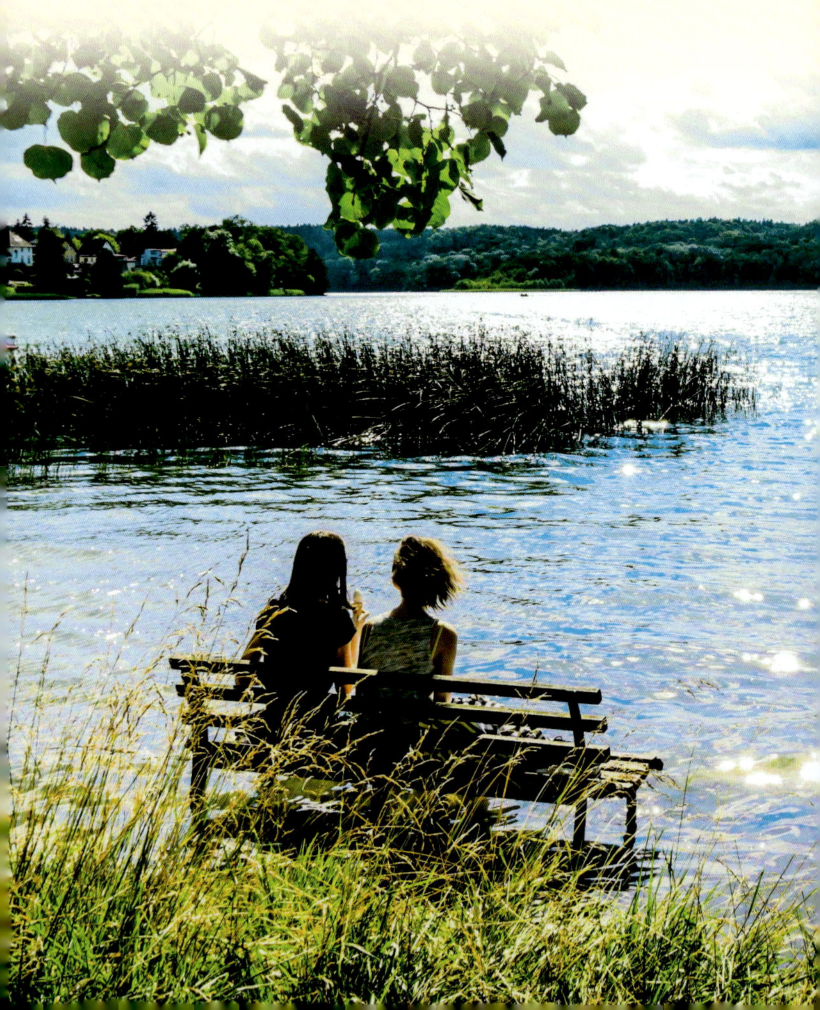

VIER BEZAUBERNDE WANDERGEBIETE ZWISCHEN SPREE UND ODER

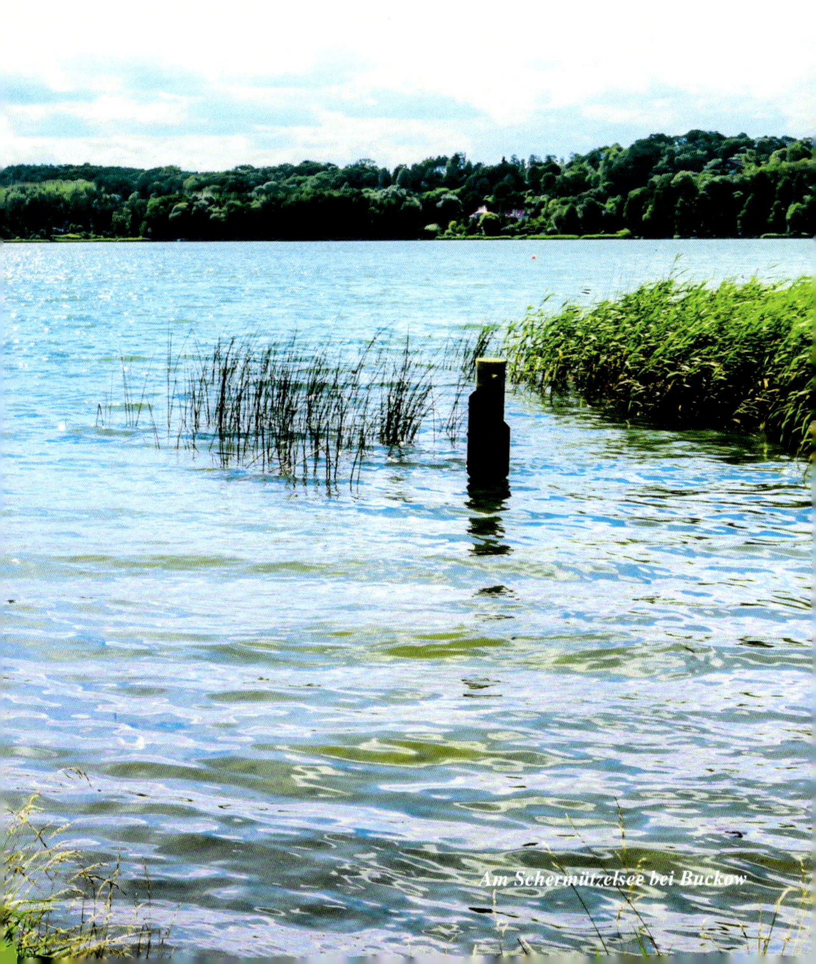

Am Schermützelsee bei Buckow

Die Märkische Schweiz

Tour 26: Rundkurs um Buckow » (21,5 km)*****

Kurzcharakteristik

Der Rundweg um Buckow gehört zu den schönsten, zugleich anstrengendsten Wanderwegen in Brandenburg. Die Höhen am westlichen Ufer des Schermützelsees und nördlich von Buckow erreichen zwar noch nicht einmal 100 Meter über dem Meeresspiegel, aber es geht mehrmals recht steil bergauf und bergab. Man sollte unbedingt festes Schuhwerk tragen.

Die Tour ist ausgewiesen als ›Naturparkroute‹ durch die Märkische Schweiz. Sie lässt sich an verschiedenen Orten beginnen, je nachdem ob man mit dem Auto bis Buckow oder mit der Bahn bis Müncheberg anreist, ob man vom Bahnhof Müncheberg aus wandert oder den Bus nach Buckow über Waldsieversdorf nimmt und die Wanderung dort startet.

Hier beschrieben ist die Strecke beginnend am Bahnhof Müncheberg (→ GPS-Daten). Der Vorteil: Man ist auf kein weiteres Transportmittel angewiesen. Der Weg ist bequem zu laufen - zunächst entlang einer mit Feldsteinen gepflasterten Landstraße, dann auf einem Fahrradweg Richtung Waldsieversdorf parallel zur Kleinbahn nach Buckow. Vom Bahnhof bis zum Rundweg sind es 2,3 Kilometer. Möchte man sich nach Absolvieren des Rundkurses den Rückweg bis zum Bahnhof Müncheberg ersparen, bietet es sich an, die Tour in Waldsieversdorf enden zu lassen und von dort den Bus bis zum Bahnhof Müncheberg zu nehmen.

Die Naturparkroute ist durchgehend hervorragend markiert. Sie führt vorwiegend durch Laub- und Mischwald. Manche Waldstücke sind in einem nahezu wild-natürlichen Zustand. Man kommt vorbei an in Waldsenken verborgenen Pfuhlen, an Feuchtgebieten mit üppiger Vegetation und ausgedehnten Lichtungen. Erster Ort einer möglichen Einkehr ist das Waldcafé am Zentrum für Natur- und Umwelterziehung Dreieichen. Einige Kilometer weiter ist das einsam im Wald gelegene Lokal Pritzhagener Mühle eine Attraktion. Von hier aus geht es auf einem wunderbaren Wanderweg durch das Stobbertal zum Schweizerhaus, dem Naturparkzentrum, und von dort hinein in die Hügellandschaft nordöstlich von Buckow. Der Schermützelsee wird in einem weiten Bogen an seinem Hochufer umgangen. Dieser Streckenabschnitt mit vielen Steigungen endet an einem Parkplatz südlich von Buckow, der sich bei Anreise mit dem PKW als Ausgangspunkt für die Wanderung anbietet. Vom Parkplatz geht es weiter nach Waldsieversdorf mit seinem eleganten Wasserturm, dem John-Heartfield-Haus, der Himmelsleiter und einer Badestelle am Großen Däbersee. Hinter Waldsieversdorf erreicht man am Fahrradweg entlang der Waldbahn zwischen Müncheberg und Buckow den Ausgangspunkt der Rundwanderung.

Die kurze Aufzählung der auf gut 20 Kilometern erlebbaren Landschaften und Orte lässt die Fülle der Eindrücke nur ahnen. Die Wanderung ist zu jeder Jahreszeit ein Erlebnis. Fast die gesamte Strecke läuft man im Schatten von Bäumen.

Teilstrecken Der Rundkurs kann beliebig geteilt werden. Von verschiedenen Punkten führen diverse Nebenwege - Teilstrecken anderer Wanderrouten - nach Buckow bzw. Waldsieversdorf.

Verkehrsverbindungen Buckow: mit dem Zug (RB 26 nach Kostrzyn) von Ostkreuz, Lichtenberg oder Strausberg bis Müncheberg, von dort Anschluss mit dem Bus der Linie 928 bis Buckow über Waldsieversdorf. Von Mai bis Oktober verkehrt an den Wochenenden und Feiertagen zwischen Müncheberg und Buckow über Waldsievers-

▸ Karte S. 218

dorf eine Kleinbahn im unregelmäßigen Stundentakt (www.buckower-kleinbahn.de). Der Bahnhof Buckow befindet sich ca. einen Kilometer südlich des Marktplatzes, an der Hauptstraße.

Wegebeschaffenheit Naturbelassen 70%, teilbefestigt (angelegte Wege, Treppen, Steige) 20%, harter Belag (Ortslage) 10%.

Wunschwegkategorie 1, 2, 3, 5, 7, 8, 11, 12.

Wanderkarten Radwander- und Wanderkarte Naturpark Märkische Schweiz, 1:50.000, Verlag Dr. Barthel; Rad-, Wander- und Gewässerkarte Naturpark Märkische Schweiz, 1:35.000, Verlag Grünes Herz.

Markierung Roter Punkt auf weißem Grund.

Einkehr Dreeichen, Pritzhagener Mühle, Buckow, Bollersdorf, Waldsieversdorf.

Unterkunft Buckow, Waldsieversdorf.

Sehenswürdigkeiten Das Zentrum des Ortes Buckow mit Marktplatz, der alten Wassermühle (Restaurant) und Park. Brecht-Weigel-Haus am Schermützelsee. Schweizerhaus-Naturparkzentrum Märkische Schweiz am Nordrand von Buckow. Museum im Wasserturm und John-Heartfield-Haus in Waldsieversdorf.

Sonstige Hinweise Dieser Rundkurs gehört zu den attraktivsten Wanderwegen in Brandenburg - ein Qualitätswanderweg von besonderer Güte. Auf seinen Höhenanteilen ergeben sich wunderbare Ausblicke.

Zusätzlich bietet die Tour den Vorteil, dass man sie in mehreren kurzen Teilabschnitten vom Ortszentrum Buckow aus wandern kann. Kurzstrecke 1: Rund um den Schermützelsee (ca. 8 km); Kurzstrecke 2: Buckow–Stöbberbach–Tornowsee–Waldkreuzung ›3 Eichen‹–Buckow (ca. 9 km); Kurzstrecke 3: wie Kurzstrecke 2, jedoch ab ›3 Eichen‹ weiter zu Schwarzer See und Däbersee, nach Waldsieversdorf, zu Abendrothsee und Weißer See und zurück nach Buckow (ca. 16 km). Sehr schön auch ist eine Wanderung auf dem Poetensteig zwischen Buckow und Tornow, wie in Tour 12 beschrieben, und von Tornow entweder durch das Stobbertal zurück nach Buckow (ca. 8 km) oder über Dreieichen (ca. 10 Kilometer).

Bei Anreise mit dem Auto bietet es sich an, den Parkplatz an der Hauptstraße südlich von Buckow als Ausgangspunkt zu wählen und von dort im Uhrzeigersinn zunächst nordwärts zu wandern, denn die Höhenwege westlich des Schermützelsees sind der anstrengendste Streckenteil.

Eine zweite Möglichkeit für Autofahrer ist es, den Wagen auf dem Parkplatz nördlich des Ortszentrums von Buckow – an der Schule in der Nähe des Strandbades –abzustellen und von dort aus zu wandern.

Der Parkplatz an der Schule ist auch die Endhaltestelle der Buslinie 928 vom Bahnhof Müncheberg.

Hinweise für Radfahrer Dieser Rundweg ist zum Radfahren nicht geeignet. Der Europäische Radwanderweg R 1 passiert Waldsieversdorf und Buckow. Andere Radtouren werden in der Touristinformation Märkische Schweiz in Buckow beworben (→ Infoteil).

Streckenverlauf

Vom **Bahnhof Müncheberg** folgen wir zunächst der Bahnlinie in Fahrtrichtung Kostrzyn (Küstrin), überqueren dann nach etwa 250 Metern die Schienen an einem Bahnübergang und gehen geradeaus entlang der von Bäumen gesäumten Landstraße durch hüglige Felder Richtung Dahmsdorf. Vor dem ersten Haus des Dorfes zweigt ein markierter Fahrradweg nach links ab, Richtung Waldsieversdorf, dem wir nun folgen. Ein Wegweiser bestätigt, dass wir uns auf dem Zubringer zur Naturparkroute befinden. Der Fahrradweg überquert die Gleise der Kleinbahn zwischen Müncheberg und

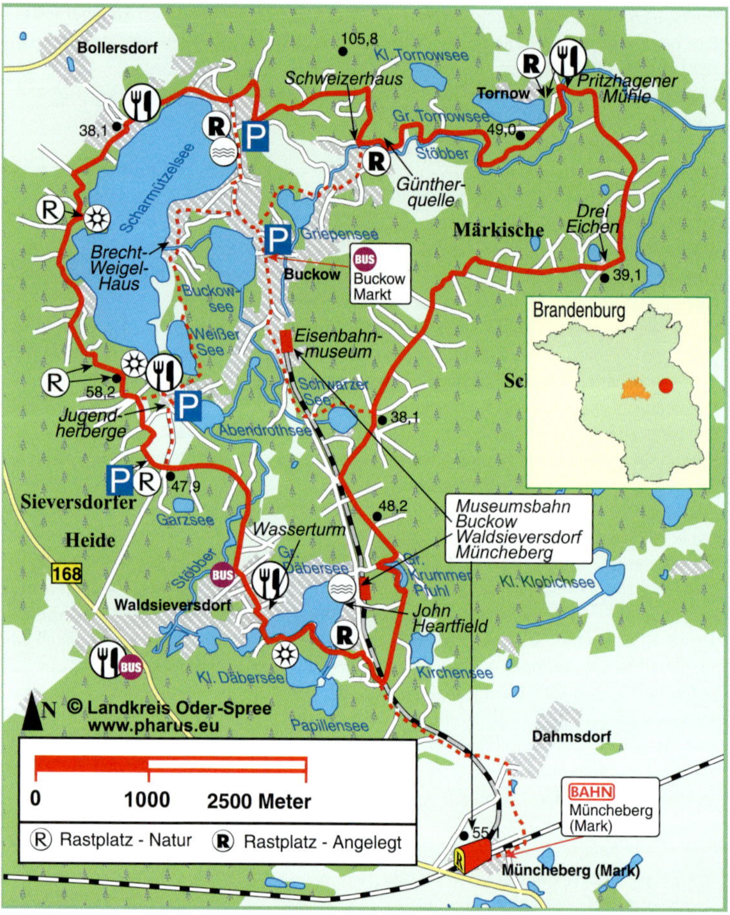

Buckow und verläuft nun parallel zu ihr, bis zu den ersten Wegweisern und Markierungen der Naturparkroute etwa 500 Meter vor Waldsieversdorf.

Wir empfehlen, die Tour wie oben beschrieben zu laufen, also entgegengesetzt dem Uhrzeigersinn. Dafür überqueren wir erneut die Gleise und folgen den Markierungen der Nationalparkroute (roter Kreis auf weißem Grund) hinein in den Wald. Bis nach Dreieichen in Richtung Norden sind es von hier 5,0 Kilometer. Der Weg führt durch verschiedenartige Waldgebiete mit sich ständig änderndem Mix aus Laubbäumen – Buchen, Eichen, Ahorn, Erlen, Ulmen – und Nadelbäumen – Kiefern, Fichten, Lärchen –, vorbei an versandenden Seen, Sumpfgebieten, Tümpeln, einem Pfuhl, einer Wiese im Wald und dem **Schwarzen See**. An ihm gibt es zwar einige Grundstücke, aber keine Badestelle. Tafeln am Weg vermitteln interessante Informationen zur Natur, Geschichte und Gegenwart der Region. Die Strecke folgt abwechselnd Wald- und Forstwegen sowie schmalen Pfaden.

Dreieichen ist ein ›Klassenzimmer in der Natur‹, wo Kinder und Jugendliche für die Natur begeistert werden. Es liegt malerisch mitten im Wald. Der Europäische Radwanderweg R 1 führt am Anwesen vorbei. Im Waldcafé erhält man von April bis 3. Oktober an den Wochenenden und Feiertagen einen Imbiss, Kaffee und Kuchen.

Hinter Dreieichen geht es weiter nach links, nun in nordwestlicher Richtung. Bis zum nächsten Fixpunkt an der Route - der Pritzhagener Mühle - sind es von hier aus 1,7 Kilometer. Auch dies ist ein angenehm zu laufender Weg durch den hier ein wenig lichter gewordenen Wald. Nachdem wir ein sich zur Linken erstreckendes Feuchtgebiet passiert haben, versperrt eine mächtige, jahrhundertealte Eiche – ein Naturdenkmal – den Weg. Von ihr nach rechts zweigt der Zufahrtsweg zur **Pritzhagener Mühle** ab. Diese Fischgaststätte liegt zwischen Wald und Wiesen und bietet ebenso simple wie schmackhafte Gerichte. Das Motto des Wirtes: ›Zufriedenheit muss man lernen!‹ Das Restaurant befindet sich knapp 100 Meter vom Wanderweg entfernt. Bei gutem Ausflugswetter ist eine Reservierung ratsam (→ Infoteil).

Die Naturparkroute überquert nach ein paar Dutzend Metern hinter der Eiche die Stobber (→ Tour 11, S. 111). Hier begegnen sich verschiedene Wanderwege, unter anderem der E 11 (→ Tour 12, S. 111). Auf dem E 11 geht es nach rechts, Richtung Neuhardenberg. Wir gehen nach links und teilen uns auf den nächsten gut zwei Kilometern den Weg mit dem E 11 bis zum Schweizerhaus.

Dieser Streckenabschnitt durch das Stobbertal bietet wunderbaren Wandergenuss. Der Weg ist so gut wie naturbelassen, doch gut gesichert und bequem zu laufen. Die Stobber schlängelt sich durch die stellenweise sumpfige, hier und da von Riedgras bewachsene Bachniederung: umgestürzte Bäume, üppige wasserliebende Vegetation zwischen den sanft ansteigenden Höhenzügen.

Der Stobber-Talweg endet am ›Schweizerhaus‹, dem **Naturparkzentrum**. Hier trennen sich E 11 und Naturparkweg voneinander. An der Brücke über die

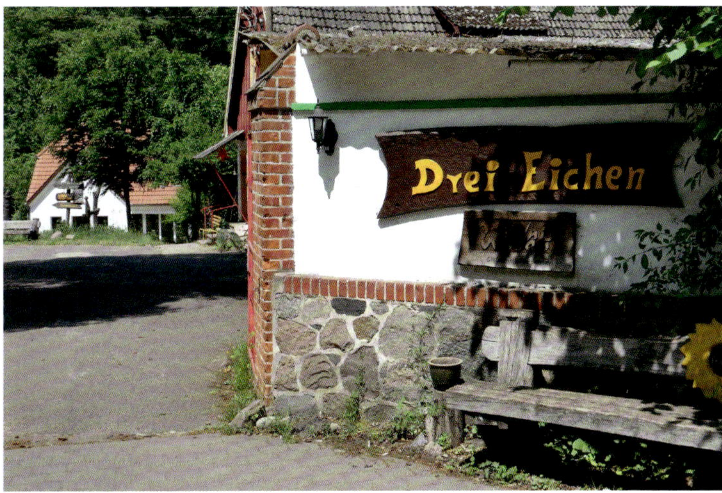

Eingang zum ›Klassenzimmer in der Natur‹: Drei Eichen

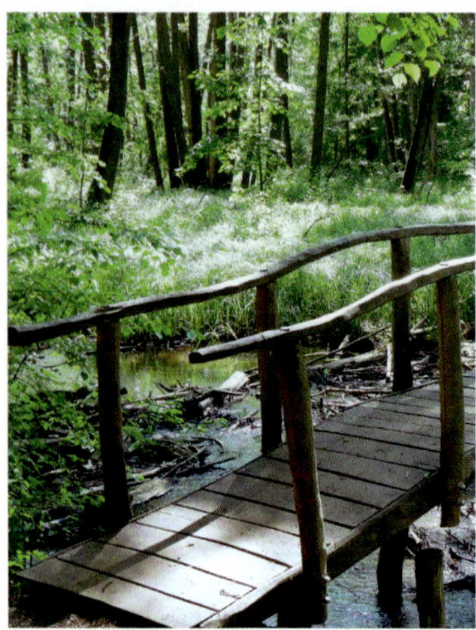

Brücke für Wanderer am Stobber-Talweg

Stobber zum ›Schweizerhaus‹ klettert neben der Güntherquelle ein Pfad Richtung Norden hinauf auf den Höhenzug. Diesem folgt der Naturparkweg. Hinter dem versandenden Giebelpfuhl in einer von Hügeln umarmten Waldsenke zweigt der Naturparkweg nach links Richtung Buckow ab. Nach rechts geht es zum Kleinen Tornowsee in der Nachbarsenke und geradeaus noch höher hinauf zum Poetensteig, dem Kammweg, der Buckow mit Tornow verbindet. Dieser Wegabschnitt ist in Tour 12 (→ S. 111) beschrieben, wo wir dem Poetensteig den Vorzug gegenüber der Wanderung durch das Stobbertal geben. Wir können den Poetensteig auch in Richtung Westen bis Buckow laufen und treffen am Rand des Ortes wieder auf den Naturparkweg.

Die GPS-Daten für diese Tour folgen jedoch der markierten Route des Naturparkwegs - also hinter dem Giebelpfuhl nach links. Die ersten Gebäude am Weg nach Verlassen des Waldes gehören zur Kneipp-Grundschule ›Bertolt Brecht‹. Der Fahrweg mündet in einen Kreisverkehr am Rand von Buckow und der Wendeschleife der Buslinie 928.

Hinter der Schule halten wir uns rechts, gehen am Haupteingang vorbei und wieder Richtung Norden hinauf in die Hügellandschaft. Nach etwa 400 Metern kommen wir zu einer Wegteilung. In Richtung Osten zweigt nach rechts der Poetensteig ab. Wir nehmen den Pfad nach links hinab ins Tal des Sophienfließes, überqueren den Bach, halten uns wieder links und folgen dem Bachlauf bis zur Wriezener Straße. Diese überqueren wir und sind nun am Nordufer des **Schermützelsees**. Geht man die Wriezener Straße etwa 500 Meter Richtung Buckow, kommt man zum Eingang des Strandbades am See.

Die Uferwanderung am Schermützelsee ist ein herausforderndes Erlebnis. Im ersten Teil reichen streckenweise einige Grundstücke bis ans Wasser. Am Weg liegt ein Hotel-Restaurant am Ufer des Sees und kurz dahinter ein imposantes Haus im Schweizer Stil, das Kinderheim ›Weiße Taube‹. Die Häuser und Grundstücke gehören zu Bollersdorf; das Zentrum des Ortes befindet sich knapp einen Kilometer nördlich.

Nach Verlassen des Siedlungsgebietes geht es weiter auf bequem zu laufenden Wanderwegen hügelauf und hügelab am Ufer des Sees. Die zu überwindenden Höhenunterschiede sind der Tribut, die den Eisabflussrinnen, die hier Kehlen genannt werden, zu entrichten sind. Durch die Kehlen floss das von den Eismassen abfließende Tauwasser in den See, der tief eingebettet im Buckower Kessel liegt. Zwischen der Bollersdorfer Höhe und dem See besteht ein Höhenunterschied von 66 Metern. Regen und Schneeschmelze vertiefen die Kehlen und schaffen Seitentäler. Mit den Alpen ist das Profil der Landschaft nicht zu vergleichen, aber für Flachländer ist

▶ Karte S. 218

bekanntlich schon jede kleinere Steigung ein Bergabenteuer.

Vom Ufer zweigt nach gut einem Kilometer ein Panoramaweg nach rechts ab. Dieser verläuft parallel zum Uferweg in einiger Höhe über dem Wasserspiegel und kehrt nach knapp 500 Metern zum Uferweg zurück. Die meisten Brücken über die Kehlen und die Treppen zur Überwindung steiler Wegstrecken sind in nur noch eingeschränkt nutzbarem Zustand. Dieses Wegstück empfiehlt sich nur jenen, die sich auch auf schwierigem Terrain sicher fühlen. Das ›Panorama‹ im Namen ist eine Irreführung, da der See vom Laub der Bäume verborgen bleibt.

Der Uferweg erreicht kurz hinter dem Abstieg vom Panoramaweg die zu Buckow gehörende Siedlung **Buchenfried**. Nach etwa 100 Metern hinter dem ersten Grundstück folgen wir der Markierung des Naturparkweges nach rechts, erneut den Hang hinauf. Die erste Brücke über eine Kehle war bei Redaktionsschluss reparaturbedürftig, weshalb man nach

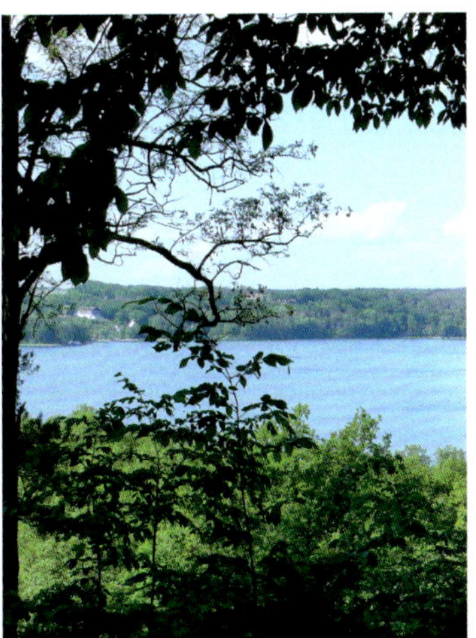

Vom Weg eröffnen sich wunderbare Blicke auf den Schermützelsee

längeren Regenfällen hier Vorsicht walten lassen sollte. Der sich anschließende Teil des Höhenweges ist gepflegt und gut zu laufen. Auch er heißt ›Panoramaweg‹ und verdient diesen Namen, denn kurz bevor er das Ufer an einer überdachten Raststätte ins Landesinnere verlässt, hat man von ihm den spektakulärsten Blick über den See. Eine Tafel am Weg besingt in einer Ode die märkischen Kiefern:

Ode auf die Märkische Kiefer im Jahre 1992

Du Brandenburger Kiefer,
Du liebe alte Föhre,
wie wirst du jetzt verschrien
als unliebsame Göre.
Hast dich so frech behauptet
im kargen Märkersand,
hast treu dein Holz geliefert
für's Haus, auch ärm'rem Stand.
Bist grün im schonen Sommer,
bist grün zur Winterszeit,
gabst Streu den armen Leuten
für's Vieh, für'n Ofen Scheit.
Zur Weihnachtszeit im Katen
hast manches Kind erfreut,
nicht nur in alten Zeiten,
im Neubau auch noch heut.
Läßt zu, daß auch die Buche
mit dir den Boden teilt,
sebst Eiche und auch Linde
in deinem Schatten weilt.
Doch nur wenn gut der Standort
erreichen sie den Wert,
den du mit deinem Leben
den Menschen hast beschert.
U.S.

Eine weitere Tafel des gleichen Heimatdichters, von dem man nur die Initialen erfährt, ist ein Hohelied auf die Mark Brandenburg.

Der Wanderweg mündet in eine Pflasterstraße. Wir folgen ihr knapp 100 Meter nach links Richtung Buckow. Die Markierung am nächsten Abzweig nach rechts über ein Feld ist nur schwer auszumachen, doch ist der Abzweig zum Feldweg eindeutig als solcher zu erkennen und nicht zu verfehlen. Ab dem gegenüberliegenden Waldrand sind die Markierungen wieder zuverlässig.

Wir erreichen einen großen Natur-Parkplatz vor Buckow an der Zufahrtsstraße zur B 168, von wo aus man bei Anreise mit dem PKW die Wanderung beginnen kann. Hier kreuzt der Rundweg den E 11 (→ Tour 11, S. 111), überquert die Straße und taucht gegenüber durch eine Eichenallee in den Wald ein. Bis Waldsieversdorf sind es von hier aus auf Forstwegen etwa 1,5 Kilometer. Unterwegs zweigt ein ausgeschilderter Weg zum 1,2 Kilometer entfernten Bahnhof Buckow ab.

Waldsieversdorf verdankt seine Entstehung und seinen Ruf als Luftkurort dem Fabrikanten Ferdinand Kindermann (1848–1919). Dieser erwarb hier 1890 Land, parzellierte und verpachtete es. Er ließ eine Bäckerei, eine Metzgerei und einen Gasthof errichten, finanzierte den Bau einer Schule und eines Sanatoriums. Im Jahr 1907 erhielt das Dorf Wüste-Sieversdorf, wie es bis dahin genannt war, den Namen Waldsieversdorf und den Titel eines Luftkurortes. Ein staatlich anerkannter Erholungsort ist das Dorf bis heute.

Man gelangt am Friedhof in den Ort. Hinter diesem hat die Freiwillige Feuerwehr ihr Domizil. Nach rechts kommt man nach etwa 200 Metern zur Bushaltestelle ›Waldsieversdorf Dorf‹ der Linie 928 zwischen Buckow und Bahnhof Müncheberg. Einige Meter weiter befindet sich an der rechten Straßenseite die Touristeninformation.

Um die Wanderung fortzusetzen, überqueren wir am Spritzenhaus der Freiwilligen Feuerwehr geradeaus die Wilhelm-Pieck-Straße, dann die parallel verlaufende Dahmsdorfer Straße und nähern uns dem höchsten Punkt im Ort, wo sich ein **Wasserturm** erhebt. Auch dieser verdankt seine Entstehung den Investitionen von Ferdinand Kindermann. In den 1990er Jahren wurde der Turm restauriert. Im Turm befindet sich eine offene Bibliothek, aus der man sich Bücher gegen ein kleines Entgelt mitnehmen, andere als Geschenk zurücklassen kann. Die Wand an der Wendeltreppe zur Panoramaplattform ist mit wechselnden Fotoausstellungen zur Geschichte und Gegenwart des Ortes drapiert. Aus der Höhe hat man einen wunderbaren Blick auf die Wälder und Seen in der Umgebung.

Der Wasserturm liegt an der Kindermann-Straße. Nach ein paar Schritten Richtung Westen zweigt hinter dem Haus Nummer 36 nach links ein Pfad zur ›Himmelsleiter‹ ab, auf der man zum **Däberitzer See** hinabsteigt. Am Südufer führt die Naturparkroute bis zu einem Zipfel des Gewässers im Nordosten, von wo aus es bis zum Ausgangspunkt der Wanderung etwa 500 Meter sind.

So man nicht zum Bahnhof Müncheberg zurücklaufen möchte, setzt man die Umrundung des Sees fort. Am Uferweg liegen das John-Heartfield-Sommerhaus und das **Strandbad**, in der Nähe befindet sich der Bahnhof der Kleinbahn. Vom Strandbad bis zur Bushaltestelle ›Waldsieversdorf Dorf‹ (s.o.) sind es ungefähr 600 Meter.

i Tour 26

Touristinformation Märkische Schweiz, Sebastian-Kneipp-Weg 1, 15377 Buckow (Märkische Schweiz), Tel. 033433/150031; April–Okt Di–Fr 10–12.30, 13–16, Sa/So 10–12.30, 13–17 Uhr, Nov–März Di–Fr 10–12, 13–16, Sa/So 10–14 Uhr. Die Touristinformation, untergebracht in einer ehemaligen Warmbadeanstalt, befindet sich am Rand des Schlossparks. Zu

▶ Karte S. 218

ihr gehören eine Galerie und ein Kneippgarten. www.maerkischeschweiz.eu

Waldsieversdorf Touristeninformation, Wilhelm-Pieck-Straße 23, 15377 Waldsieversdorf, Tel. 033433/157782, 033433/150034; Mo–Fr 10–15, Sa 10–14 Uhr. Untergebracht im **Wald**sieversdorfer **K**ultur-, **A**usstellungs- **u**nd **T**ourismus-**Z**entrum (WaldKAuTZ). Im Gebäude befinden sich auch eine sehenswerte John-Heartfield-Ausstellung, ein Schulmuseum und das Heimatmuseum. Anregende Informationen zu Wander- und Radwegen, zu Unterkünften, Biohöfen und weniger bekannten touristischen Attraktionen findet man auf der Webseite von Waldsieversdorf: www.waldsieversdorf.info

Waldcafé Dreieichen, Königstr. 62, 15377 Buckow, Tel. 033433/201; 1. April–3. Okt. Sa/So 11–18 Uhr. Unter den alten Eichenbäumen kann man bei einem Imbiss oder Kaffee und Kuchen die Waldruhe genießen. www.dreichen.de

Restaurant und Café Pritzhagener Mühle, Lindenstraße 74, 15377 Oberbarnim, Tel. 033433/844; tgl. 12–17 Uhr. Bei gutem Ausflugswetter ist an den Wochenenden eine Reservierung ratsam.

Hotel und Restaurant Johst am See, Egon-Erwin-Kisch-Weg 1, 15377 Oberbarnim/OT Bollersdorf, Tel. 033433/899993; tgl. 11–21 Uhr, im Herbst/ Winter 11.30–21 Uhr. Innen am Kamin, außen am See. www.johst-am-see.de

Café Tilia, Dahmsdorfer Str. 27, 15377 Waldsieversdorf, Tel. 033433/155377; Do–Mo 13–18 Uhr. Gemütliches Café mit reichhaltigem Kuchenangebot. Innen- und Außenbereich. www.cafe-tilia.de

Café im Volksbad, Dahmsdorfer Str. 62, 15377 Waldsieversdorf, Tel. 0176/24240892; Di–Fr 12–20, Sa 14–20, So 10–20 Uhr. Restaurant und Café mit Innenbereich und Terrasse. Toller Blick auf den See. www.cafe-im-volksbad.de

Altes Forsthaus, Eberswalder Chaussee 2, 15377 Waldsieversdorf, Tel. 033433/15180; Do–Sa 12–21, So 12–20 Uhr. Das Restaurant liegt an der B 168 zwischen Eberswalde und Fürstenwalde, etwa einen Kilometer vom Spritzenhaus der Freiwilligen Feuerwehr entfernt. Die Busse der Linie 928 halten in der Nähe (Haltestelle ›Waldsieversdorf Abzweig‹). Sehr populär bei Liebhabern von Wildgerichten.

▸ Buckow:

→ Infoteil Tour 11.

Besucherzentrum Schweizer Haus, Lindenstraße 33, 15377 Buckow, Tel. 033433/15-848. Die rundum neu gestaltete Ausstellung wurde am 1. September 2021.
www.maerkische-schweiz-naturpark.de

Brecht-Weigel-Haus, Bertolt-Brecht-Straße 30, 15377 Buckow, Tel. 033433/467; April–Okt. Mi–Fr 13–17, Sa/So 13–18 Uhr, Nov–März Mi–Fr 10–12, 13–16, Sa/So 11–16 Uhr. Das Museum liegt abseits des Weges, lohnt aber unbedingt einen Besuch.
www.brechtweigelhaus.de

Wasserturm Waldsieversdorf, Kindermannstraße 38, 15377 Waldsieversdorf, Tel. 033433/157782; tgl. 9–18 Uhr. Gebaut wurde der Turm 1897. Nach der Renovierung zum 100-jährigen Bestehen kümmert sich der Heimatverein um die Instandhaltung, organisiert Ausstellungen und übernimmt bei Interesse Führungen. Kontakt: Herr Botzdorf, Tel. 033433/57654); Heimatverein, Tel. 033433/57717.

John-Heartfield-Haus Schwarzer Weg 12, 15377 Waldsieversdorf, Tel. 0160/90985132; Sa/So 13–17 Uhr. John Heartfield (1891–1968), der Meister der politischen Fotomontage, nutzte dieses kleine Häuschen am Großen Däbersee als Sommersitz. Heute dient es als Erinnerungs- und Bildungsstätte, die vom Freundeskreis John Heartfield e.V. betreut wird.
www.heartfield.de

Der Schönste im ganzen Land

Tour 27: Der Schlaubetal-Wanderweg Müllrose–Wirchensee » (25,4 km)*****

Kurzcharakteristik
Das Tal des Flüsschens Schlaube erstreckt sich südwestlich von Frankfurt/Oder. Es ist in einen Naturpark eingebettet und der Weg durch das Tal als Qualitätswanderweg zertifiziert. Die Einzigartigkeit der Schlaube-Landschaft liegt in ihrem Abwechslungsreichtum und ihrer Vielfältigkeit: Das umgebende Land liegt höher, dass Flüsschen nutzt ein Tal mit wenig Gefälle, in dem es Tümpel, Teiche, Seen, Auwaldgebiete und Moore mit ihrer Fauna und Flora bewässert und verschiedene Laubwaldarten auf den leichten Anhöhen am Rande speist. Das beschaulich fließende Bächlein präsentiert sich teils mit romantischem Verlauf direkt neben dem Weg, löst sich in Sumpfgebieten scheinbar auf, nur um später wieder, etwas größer geworden, aus dem Dickicht hervorzutreten.
In den Talerweiterungen unterbrechen mehrere Seen den Flussverlauf. Auch hier bieten sich anregende Blicke über das ruhige Wasser, denn Bootsverkehr gibt es nicht. Seerosen und Wasservögel präsentieren eine zusätzliche Vielfalt der Natur, wie sie hierzulande selten anzutreffen ist. Dazu kommen als Attraktion am Weg Gaststätten in historischen Gemäuern, oft seit schon Jahrzehnten betrieben werden.
Ausgangspunkt einer Wanderung, wenn man mit öffentlichen Verkehrsmitteln anreist, ist der Bahnhof Müllrose (etwa zwölf Minuten mit dem Zug von Frankfurt/Oder), Endpunkt das BUND-Naturschutz-Informationszentrum Schlaubemühle, in dessen Nähe sich eine Bushaltestelle befindet. Busse verkehren von dort selten und nur bis in den frühen Nachmittag. Läuft man die Tour in entgegengesetzter Richtung, beginnt also an der Schlaubemühle, hat man den Vorteil, öfter und bis in die späten Abendstunden Anschluss für die Rückfahrt von Müllrose zu haben und im Sommer auch noch ein Bad im Großen Müllroser See nehmen zu können.
Nahe der Stecke gibt es Parkplätze, von denen aus man wandern und an den Wochenenden mit einem der Busse der Schlaubetallinie A 400 zum Ausgangspunkt zurückkehren kann.
Teilstrecken Müllrose–Kupferhammer (ca. 9 km)–Bremsdorfer Mühle (plus ca. 8 km)–Schlaubemühle (plus ca. 8 km). → sonstige Hinweise.
Verkehrsverbindungen Von Berlin nach Müllrose an den Wochentagen entweder mit der RB 36 zwischen Königs Wusterhausen und Frankfurt/Oder oder mit dem RE 1 von Berlin nach Frankfurt/Oder und von dort mit der RB 36 Richtung Königs Wusterhausen. Während der Saison (Mai–Anf. Oktober) fahren an den Wochenenden und Feiertagen vom Bahnhof Jacobsdorf an der RE 1 (zwischen Fürstenwalde und Frankfurt/Oder) Busse der Linie A 400 über Müllrose bis zum Endpunkt der Wandertour und zurück. Die Fahrpläne von Bus und Bahn sind aufeinander abgestimmt. Fahrplan 2021 (bis 3. Oktober): ab Jacobsdorf/Bahnhof 9.05, 11.05 und 16.05, ab Treppeln/Schlaubemühle um 10.10 und 16.58 Uhr. Endhaltestelle des um 11.05 von Jacobsdorf abfahrenden Busses war die Bremsdorfer Mühle (→ Streckenverlauf). Außerhalb der Saison verkehrt die Linie als Rufbus ab 15 Personen, Tel. 033606/7729-0, Anmeldung mindestens zehn Tage im Voraus. Mo–Fr fahren Busse der Linie 401 von der Haltestelle Treppeln/Schlaubemühle und der Linie 400 von Bremsdorfer Mühle in Richtung Eisenhüttenstadt und Beeskow; von beiden Orten Anschluss an Bahnlinien Richtung Berlin. Der letzte Bus ab Bremsdorfer Mühle Richtung Beeskow fuhr lt. Fahrplan 2021 um 18.32, ab Treppeln/Schlaubemühle um 16.43 Uhr.

► Karte S. 226

Wegebeschaffenheit Naturbelassen 80%, teilbefestigt 10%, harter Belag 10% (Ortslage am Anfang).
Wunschwegkategorie 1, 2, 3, 4, 5, 7, 8, 11, 12.
Wanderkarten Naturparadies Schlaubetal. Rad- und Wanderkarte mit Ausflugszielen, Einkehr- und Freizeittipps, 1:50 000, Publicpress; Große Radwander- und Wanderkarte Naturpark Schlaubetal, Frankfurt (Oder), Guben, Eisenhüttenstadt und Umgebung, 1:50 000, Dr. Barthel (Serie ›Schöne Heimat‹), andere.
Markierung Weißes Feld mit blauem S.
Einkehr Müllrose, Ragower Mühle, Kupferhammer, Siehdichum, Bremsdorfer Mühle, Waldseehotel Wirchensee.
Unterkunft Siehdichum, Waldseehotel Wirchensee und andere.
Sonstige Hinweise Vielen Wanderern gilt der Schlaubetal-Wanderweg als der schönste Wanderweg Brandenburgs. Tatsächlich gehört das Tal des Flüsschens Schlaube zu den reizvollsten Stellen Brandenburgs; man kann sogar sagen, dass der Weg mit seiner speziellen Charakteristik zu den schönsten Wanderstrecken Deutschlands zählt. Deshalb und weil er längst kein Geheimtipp mehr ist und ständig weiterempfohlen wird, sind hier je nach Jahreszeit und Wetter recht viele Wandergäste unterwegs. Wer es ruhig mag, sollte deshalb unter der Woche wandern und sich möglichst zwei oder drei Tage Zeit nehmen. Im Sommer gibt es zudem Bademöglichkeiten am Großen Müllroser See und am Schervenssee (nahe Kupferhammer).
Die Anreise für eine Tagestour ist an den Wochenenden auch mit dem PKW möglich. Man kann den Wagen an einem der Parkplätze in Müllrose (z.B. Parkplatz Freibad), am Gasthof Kupferhammer, an der Bremsdorfer Mühle oder an der Schlaubemühle abstellen, bis zu einem der genannten Orte wandern und von dort aus mit dem A 400 (s.o.) zum Standort des Wagens zurückkehren. Entscheidet man sich zum Beispiel für den Parkplatz am Freibad in Müllrose, wäre eine Variante, von dort mit dem A 400 zum Endpunkt der Tour (Schlaubemühle) zu fahren, ohne Zeitdruck zum Ausgangspunkt zurückzuwandern und ggf. vor der Heimreise noch ein Bad im Großen Müllroser See zu nehmen. Der freilich attraktivste Teil des Weges beginnt bei der Gaststätte Kupferhammer und verläuft von dort nach Süden. Der Parkplatz in der Nähe des Lokals ist nicht sehr groß. Findet man dort keinen Platz, dann vielleicht in der Nähe der Badestelle am Schervenssee (ca. 300 Meter Richtung Osten).
Hinweise für Radfahrer Der Schlaubetalwanderweg wurde bewusst für Fußgänger konzipiert und ist deshalb zum Radfahren ungeeignet. Es gibt einen gesondert beworbenen Radweg, der ebenfalls zu den beliebten Gaststätten führt. Start- und Endpunkt: Müllrose.

Streckenverlauf

Vom Bahnhof Müllrose gehen wir zunächst parallel zur Bahn (Richtung Königs Wusterhausen) entlang der Bahnhofstraße, die nach etwa 200 Metern rechts abschwenkt und an dem **Sowjetischen Ehrenmal** in die Seeallee mündet. Schräg gegenüber zweigt von der Seeallee der Schlaubetal-Wanderweg ab. Er führt an Strandbad und Campingplatz vorbei, immer in Ufernähe des Großen Müllroser Sees und dabei Richtung Süden. Zwei Bushaltestellen der Linie A 400 befinden sich an der Seeallee, eine gegenüber dem Sowjetischen Ehrenmal und eine weitere an der Zufahrt zu Strand und Campingplatz etwa 500 Meter weiter südlich.

Die Schlaube mündet am Südufer in den **Großen Müllroser See**. Hier beginnt die Wanderung durch das von der Schlaube geprägte Tal bis zu ih-

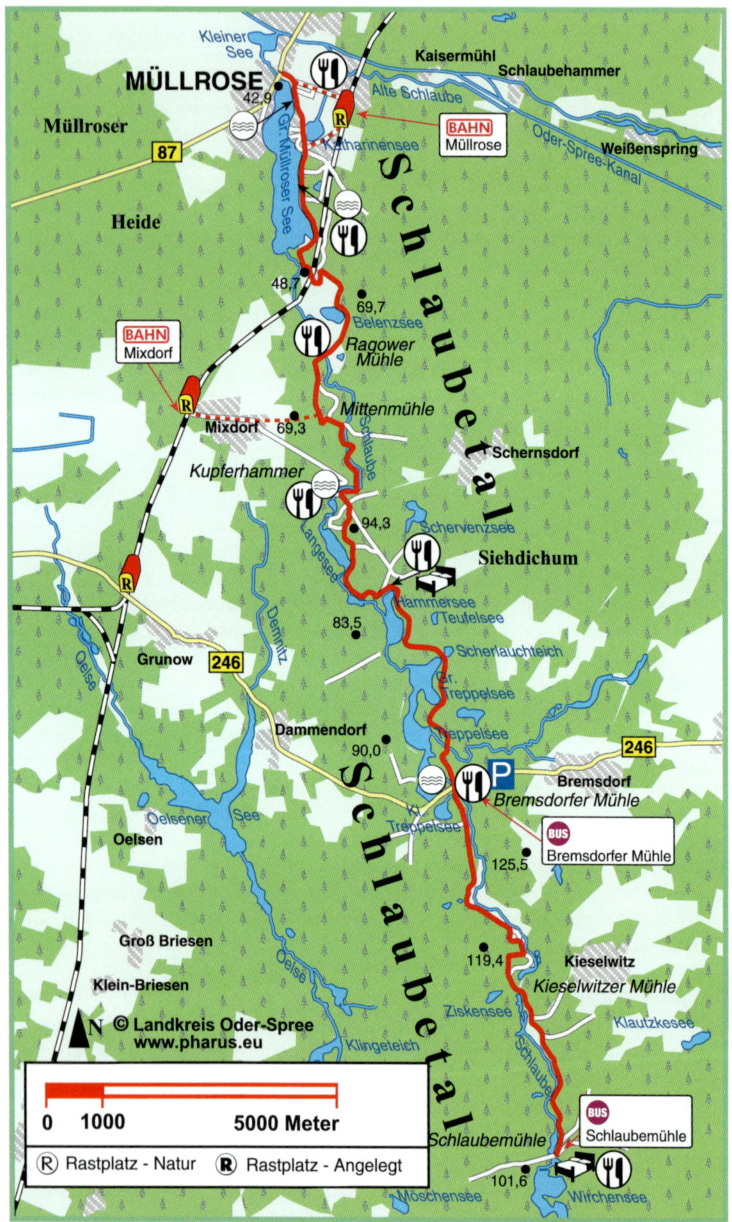

rer Quelle am Wirchensee. Der Weg ist durchgängig orientierungssicher markiert. Er wechselt mehrmals die Seiten des Baches, meist dort, wo Straßen das Tal kreuzen. Hier sollte man etwas genauer auf die Markierungen achten.

Der erste Ort für eine Einkehr ist die **Ragower Mühle**, die einzige Mühle mit erhaltener Mühlentechnik im Schlaubetall. Ihre Geschichte reicht bis ins 12. Jahrhundert zurück. Heute ist sie Ausflugslokal, Pension und Museum.

Nach weiteren rund zwei Kilometern ist der **Kupferhammer** erreicht. Diese Gaststätte ist im Wohnhaus einer Kupferschmiede untergebracht, die hier im 16. Jahrhunderts ihren Ursprung hatte. Etwa 300 Meter östlich zweigt von der Kupferhammerstraße ein Weg zum Badestrand am Schervenssee ab.

Der nächste Streckenabschnitt führt durch eine Seenlandschaft, an deren Ufer sich der Wanderweg bis zur Bremsdorfer Mühle schlängelt. Auf etwas weniger als halbem Weg, auf einer Anhöhe über dem Hammersee, befindet sich mitten im Wald das **Forsthaus Siehdichum**, ein Hotel-Restaurant.

Die **Bremsdorfer Mühle** am Ende dieses Teilstücks der Wanderung gehört dank ihrer Lage, der Atmosphäre, Ausstattung und Küche zu den ausgefallensten Ausflugslokalen im Brandenburgischen. An der Zufahrtsstraße zum Lokal befindet sich die Jugendherberge Schlaubemühle.

Hat der Weg durch das Schlaubetal bis hierher schon viel Freude bereitet, kommt es nun noch besser. Ein Hauch von üppiger Ursprünglichkeit ist der Vegetation und der in ihr heimischen Fauna – Wasservögel, Insekten, Amphibien und sonstigem Getier – eigen. Dichte Erlenbruchwälder, Sumpfgebiete und etliche kleinere Seen prägen das Bild der Landschaft. In den Feuchtwiesen blühen Orchideen, Sumpfdotterblumen und seltene Wildkräuter. Die Wege sind streckenweise ausgetretene Pfade, sie zu laufen macht Spaß. Nach langen Regenfällen empfiehlt sich besonders für diesen Streckenabschnitt festes Schuhwerk. Und im Sommer sollte man Mückenschutz nicht vergessen.

Von der Bremsdorfer Mühle bis zum Endpunkt der Tour an Bushaltestelle und Parkplatz Treppeln/Schlaubemühle sind es etwa acht Kilometer. Etwa auf der Hälfte des Weges passiert man die **Kieselwitzer Mühle**, eine winzige Waldsiedlung am Nordrand eines weiteren von der Schlaube gebildeten Sees. Kurz vor Erreichen der Landstraße L 43 zwischen Neuzelle und Weichendorf kommt man

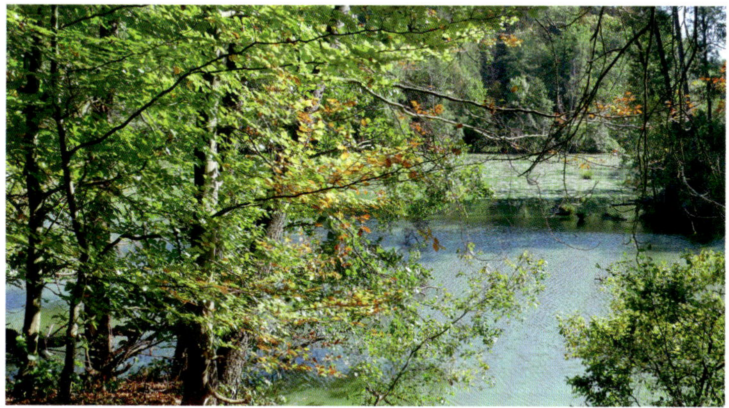

Das Schlaubetal gehört zu den reizvollsten Landschaften Brandenburgs

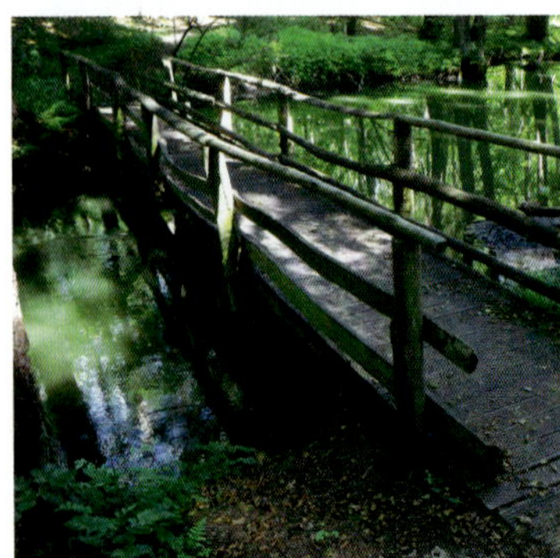

Romantische Szenerie kurz vor dem Ziel

am **Naturschutz- und Informationszentrum Schlaubemühle** vorbei. Hier können vor allem Gruppen bei Seminaren und Wanderungen Details über die Lebenswelten des Schlaubetals erfahren. Südlich der Landstraße, am Parkplatz in der Nähe der Bushaltestelle, zweigt der Zugang zum Hotel ›Haus am Wirchensee‹ ab. Das Restaurant des Hotels empfiehlt sich mit herzhafter Küche, in der überwiegend regionale, saisonale Produkte zubereitet werden. Lohnenswert ist der Rundwanderweg um den Wirchensee (etwa fünf Kilometer).

Tour 27

Information Haus des Gastes, Kietz 3, 15299 Müllrose, Tel. 033606/77290; Mo–Fr 10–16, Sa/So 10–14 Uhr. Zentrum des Schlaubetal-Tourismus. Hier erhält man wertvolle Hinweise zu Öffnungszeiten, Tourenplanungen, Übernachtungen und speziellen Angeboten. www.schlaubetal-tourismus.de

BUND Naturschutz- und Informationszentrum Schlaubemühle, An der Schlaube 1 OT, 15898 Neuzelle, Tel. 0336735/952; bei Redaktionsschluss geschlossen. Seminarzentrum, Veranstaltungen, geführte Wanderungen, einfache Unterkünfte in Mehrbettzimmern für Jugend- und Wandergruppen. www.bund-brandenburg.de/der-bund-brandenburg/naturschutzzen rum-schlaubemuehle

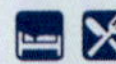

Ragower Mühle, Ragower Mühle 1, 15890 Siehdichum, Tel. 033655/721; April–Nov Mi–So 10–18, Dez.–März Sa/So 10–18 Uhr. Betrieben wurde die Mühle bis in die 1960er Jahre, nach ihrer Schließung verfielen die Gebäude. 1987 begann der staatliche Forstwirtschaftsbetrieb in Müllrose mit der Restaurierung. Gut zehn Jahre später ermöglichte eine ABM-Maßnahme der JUMP-gGmbH (Jugend mit Perspektive) die Restaurierung und Instandsetzung der Mühle als technisches Denkmal und Museum. Fischgerichte, ländliche und regionale Spezialitäten. Zwei Gasträume und Biergarten. www.ragowermuehle.de

Kupferhammer, Kupferhammerweg 4, 15299 Mixdorf, Tel. 033655/728; Mi–So 11.30–18 Uhr, Nov.–März nur am Wochenende geöffnet. Einer der beliebtesten Orte für eine Einkehr im Schlaubetal. Regionale Küche, keine Kartenzahlung möglich. www.gaststaette-kupferhammer.de

Forsthaus Siehdichum, Siehdichum 2, 15890 SiehdichumTel. 033655/210; Mo–So 11.30–19 Uhr, in der Herbst- und Wintersaison ggf. abweichende Öffnungszeiten. Von der Terrasse des Hauses aus hat man einen herrlichen Blick auf den Hammersee. Frische regionale Brandenburger Küche. www.forsthaus-siehdichum.de

Bremsdorfer Mühle, Bremsdorfer Mühle 1, 15890 Schlaubetal, Tel. 033654/232; Di–So 12–17 Uhr. Die Hefeklöße mit Waldblaubeeren sind kein gewöhnliches Mahl, sondern kulinarische Poesie – besonders an diesem Ort, der so gut und berühmt ist, dass er keine Webseite braucht.

Waldseehotel Wirchensee, Am Wirchensee, 15898 Neuzelle, Tel. 033673/660; tgl. 11.30–20 Uhr. Ein für Brandenburger Verhältnisse mondäner Ort mit freundlichem Charme. www.wirchensee.de

Karte S. 226

Hüglige Überraschungen am Rand des Oderbruchs

➔ Touren 28–30: Der Oderlandweg » (60 km)*****

Der Oderlandweg ist ein Rundweg nordöstlich von Berlin, dem 2011 vom Deutschen Wanderverband das Gütesiegel ›Qualitätswanderweg‹ verliehen wurde. Hier entwickelten einige Wanderspezialisten eine Route nach den Bedürfnissen und Wünschen der Wanderer. Die drei- bis viertägige Strecke ist sowohl von einem Ort aus wanderbar als auch mit täglich wechselnden Unterkünften oder Anfahrten. Um Bad Freienwalde und Falkenberg gibt es zudem etliche weitere markierte Wanderwege. Die Landschaften, die der Oderlandweg auf seinen etwa 60 Kilometer Länge durchquert, sind brandenburgisch und mehr als das. Die von Tälern zerfurchte Gegend um Bad Freienwalde mutet ein wenig wie ein Mittelgebirge an. Von den Höhenzügen der Endmoräne am Rand des Oderbruchs bieten sich weite Blicke über das flache Luch bis zu den Höhenzügen des Barnim im Norden. Während der Wanderung erlebt man ausgedehnte Wälder, in denen Laubbäume und Kiefern abwechslungsreiche Biotope formen, sowie Felder und Obstbaumalleen

Start- und Endpunkt des Rundwanderweges ist das Dorf Falkenberg. Seit 1838 ist dort die Gastwirtschaft ›Carlsburg‹ auf einer Anhöhe über dem Oderbruch eines der beliebtesten Ausflugslokale im Umland Berlins. Der erste Streckenabschnitt tangiert Bad Freienwalde, die älteste Kurstadt Brandenburgs und staatlich anerkanntes Moorheilbad. Die Kleinstadt am Rand des Oderbruchs, zu Füßen einer Endmoräne, ist bekannt für ihre Aussichtstürme, den Teufelssee, das ›Haus der Naturpflege‹ und seit 1929 für eine Skisprungschanze. Das Dorf Altranft, einige Kilometer weiter, ist mit seinem Schloss und dem Oderbruch-Museum ein Kleinod am Rand des Oderbuchs. Endpunkt des ersten Wanderabschnittes ist Wriezen. Alle vier Orte liegen an der Bahnlinie Eberswalde–Frankfurt/Oder, auf der in beiden Richtungen stündlich Züge verkehren.

Von Wriezen geht es auf der **zweiten Etappe** zunächst durch lichte Wälder hinein in die fast mittelgebirgige Bad-Freienwalder Hügellandschaft. In einem Talkessel, inmitten des Waldes, liegt der Baa-See verborgen. Umgeben ist er von einem wunderbaren Wald, in dem prächtige Buchen und Eichen überwiegen. Seit den 1880er Jahren wurden hier Bäume aus anderen Regionen angepflanzt, um ihre Verwendbarkeit für die preußische Forstwirtschaft zu testen. Aus jener experimentierfreudigen Zeit stammt eine stattliche Douglasie am Wanderweg, die mit ihren knapp 50 Metern als höchster Baum Brandenburgs gilt. Auch Riesenlebensbäume und wilde Orchideen gibt es am Baa-See, um den ein dendrologischer Pfad führt. Die ›Waldschenke‹ am Ufer – eine Mischung aus Berghütte und Märchen-Forsthaus – ist eine Institution.

Vom Baa-See geht es zunächst wieder hügelauf, dann durch das langgestreckte, in Wälder getauchte Brunnental. Die beiden Dörfer Wollenberg und Wölsickendorf liegen auf dem Plateau oberhalb des Oderbruchs inmitten von ausgedehnten Feldern in einer flach gewellten Landschaft. Übernachtungsmöglichkeiten dort gibt es nur wenige.

Die **dritte Tour** verdankte ihre Reize dem nördlichen Teil des Gamengrunds, einer sich über Dutzende Kilometer zwischen Eberswalde und Strausberg ziehenden glacialen Rinne. Inmitten eines Waldstreifens, der ebenso abwechslungsreich ist wie das Hügelland um Bad Freienwalde und doch ganz anders geartet, reihen sich in einem Talgrund mehrere kleinere und größere Seen aneinander. Am Gamensee gibt es zwei Badestellen. Vom Gamengrund geht es nach Cöthen, weiter durch den Cöthener Park und ein malerisches Kesseltal zur ›Carlsburg‹ und zurück nach Falkenberg..

Turmwanderweg und Turmdiplom

Zwischen Falkenberg und Bad Freienwalde deckt sich der Oderlandweg weitgehend mit dem Turmwanderweg, der mehrere Aussichtspunkte miteinander verbindet. Summiert man die Steigungen, so ist der Turmwanderweg der Wanderweg mit den meisten zu überwindenden Höhenmetern in Brandenburg. Nach Besteigung der Türme gibt es eine Stempelkarte vor Ort. Wer alle vier Stempel vorweisen kann, erhält eine Urkunde.

Derart zerfurchte Landschaften hat in Brandenburg sonst nur noch die Märkische Schweiz zu bieten. Hier kommt mit dem nahen Oderbruch, einer jungen und einzigartigen Kulturlandschaft, jedoch noch eine zusätzliche Qualität hinzu. Am Weg liegen: Der Aussichtspunkt Tobbenberghütte, der Bismarckturm bei Falkenberg, der Aussichtspunkt Thüringen-Blick, der Eulenturm, der Turm der Skisprungschanze, der Aussichtspunkt ›Kapelle‹ sowie der Aussichtsturm auf dem Galgenberg im Stadtgebiet von Bad Freienwalde. Die Gesamtstrecke beträgt zwölf Kilometer. Der Zugang ab Bahnhof Falkenberg beträgt einen Kilometer; vom letzten Turm, dem auf dem Galgenberg, zum Bahnhof Bad Freienwalde sind es zwei Kilometer. Die zu überwindenden Höhenmeter summieren sich auf 491 Meter; der höchste Punkt liegt 110 Meter, der tiefste 14 Meter über dem Meeresspiegel.

Öffnungszeiten der Türme: April–Okt. Fr–So 10–17, während der Sommerferien Mi–Do 10–17 Uhr.

Bad Freienwalde

Der Oderlandweg streift Bad Freienwalde. Lohnenswert ist ein Schlenker ins Zentrum der Kleinstadt. Inmitten sorgfältig restaurierter Bürgerhäuser am Marktplatz liegen das spätklassizistische **Rathaus** und die spätgotische **Nikolaikirche**. Ganz in der Nähe befindet sich das Tourismusbüro mit dem **Oderlandmuseum**, das über die Geschichte der Region informiert.

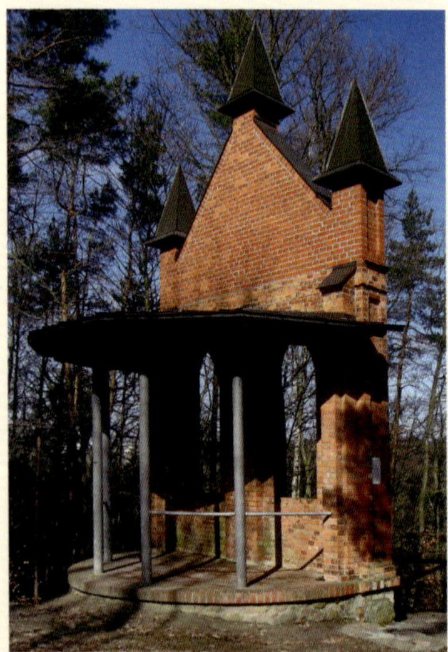

Der Aussichtspavillon ›Kapelle‹

Schlendert man von hier an der kleinen **Fachwerkkirche St. Georg** vorbei, so erreicht man bald den **Schlosspark**. Seine leichte Hanglage sowie Teehaus und Schloss – beide aus dem späten 18. Jahrhundert – machen ihn neben dem Marktplatz zum zweiten Hauptanziehungspunkt. Das **Schloss** beherbergt seit einiger Zeit eine Dauerausstellung zu Walther Rathenau. Der Industrielle und Politiker erwarb es 1909 und nutzte es bis zu seiner Ermordung durch Rechtsradikale am 24. Juni 1922. In Freienwalde besuchten ihn seine engsten Mitarbeiter und literarischen Freunde, mit denen ihn ein reger Austausch zu Politik, Wirtschaft und Kunst verband.

Türme und Täler

Tour 28: Der Oderlandweg Teilstrecke 1: Falkenberg–Wriezen » (25 km)*****

Kurzcharakteristik
Der erste Streckenteil – zwischen Falkenberg und Bad Freienwalde – führt an den Hängen eines bewaldeten Höhenzuges entlang, der die weiten Niederungen des Oderbruch nach Südwesten begrenzt. Die Höhenunterschiede von teils über 100 Metern ergeben ein Landschaftsbild, das Theodor Fontane mit dem Thüringer Wald verglich. In den Bergen sind 100 Meter natürlich keine bedeutenden Höhenunterschiede, ermöglichen hier aber an verschiedenen Orten beeindruckende Weitblicke in die Ebene des Odertals. Dieser Streckenteil ist teilweise identisch ist mit dem Turmwanderweg. Von Bad Freienwalde bis Altranft verläuft der Weg durch Wald zu Füßen des Höhenzuges und quert das sehenswerte Dorf. Bis Wriezen folgen Flachlandgebiete mit Dörfern und freien Flächen.
Teilstrecken Falkenberg–Bad Freienwalde–Altranft–Wriezen (25 km); ab Bahnhof Falkenberg zusätzlich 1 km bis zu Beginn der Markierung; vom Parkplatz am Stadtsee zum Bahnhof Wriezen zusätzlich 2,5 km.
Vom Bahnhof Falkenberg bis zum Bahnhof Bad Freienwalde sind es bei Abgang von der Naturschutzstation zum Bahnhof 11 Kilometer, beim Weg über Schanze und Aussichtsturm auf dem Galgenberg 15 Kilometer. Die kürzeste Strecke vom Bahnhof Bad Freienwalde zum Bahnhof Altranft beträgt 10 Kilometer. Vom Bahnhof Altranft bis zu Bahnhof Wriezen sind es 8,5 Kilometer.
Verkehrsverbindungen Zwischen Eberswalde und Frankfurt (Oder) verkehren die Züge der RB 60 im Stundentakt; sie halten in Falkenberg, Bad Freienwalde, Altranft und Wriezen.
Wegebeschaffenheit Naturbelassen 70%, teilbefestigt 20%, harter Belag 10% (Ortslagen).
Wunschwegkategorie 1, 2, 3, 5, 9, 10, 11, 12, 21a.
Wanderkarten Radwander- und Wanderkarte Angermünde, Eberswalde, Bad Freienwalde (Oder) und Umgebung: Ausflüge zwischen Gamengrund, Kloster Chorin, dem Parsteiner See und dem Oderbruch, 1:50 000, Verlag Dr. Barthel (Serie ›Schöne Heimat‹).
Markierung Roter Punkt auf weißem Grund.
Einkehr Falkenberg, Bad Freienwalde, Altranft, Wriezen.
Unterkunft Falkenberg, Bad Freienwalde, Wriezen.
Sehenswürdigkeiten Bad Freienwalde: ›Haus der Naturpflege‹ mit Eulenturm, Skisprunganlage, Aussichtsturm auf dem Galgenberg, Schloss; Altranft: Oderbruchmuseum.
Hinweise für Radfahrer Wie fast alle Qualitätswanderwege wurde auch der Oderlandweg bewusst für Fußgänger konzipiert und ist deshalb zum Radfahren ungeeignet. Es weist schmale Stellen auf, Treppen, weiche, oft auch unebene Untergründe und Wurzeln, geht bergauf und bergab und über Gelände, die besondere Trittsicherheit erfordern.

Streckenverlauf

Vom Bahnhof Falkenberg gehen wir zunächst Richtung Zentrum des Ortes, wenden uns dort nach links, entlang der Karl-Marx-Straße Richtung Bad Freienwalde. Nach rechts zweigt die Burgstraße ab, über die man zum Panoramarestaurant ›Carlsburg‹ gelangt. Unterhalb des Hanges, am Aufstieg zur ›Carlsburg‹, treffen wir auf den roten Punkt auf weißem

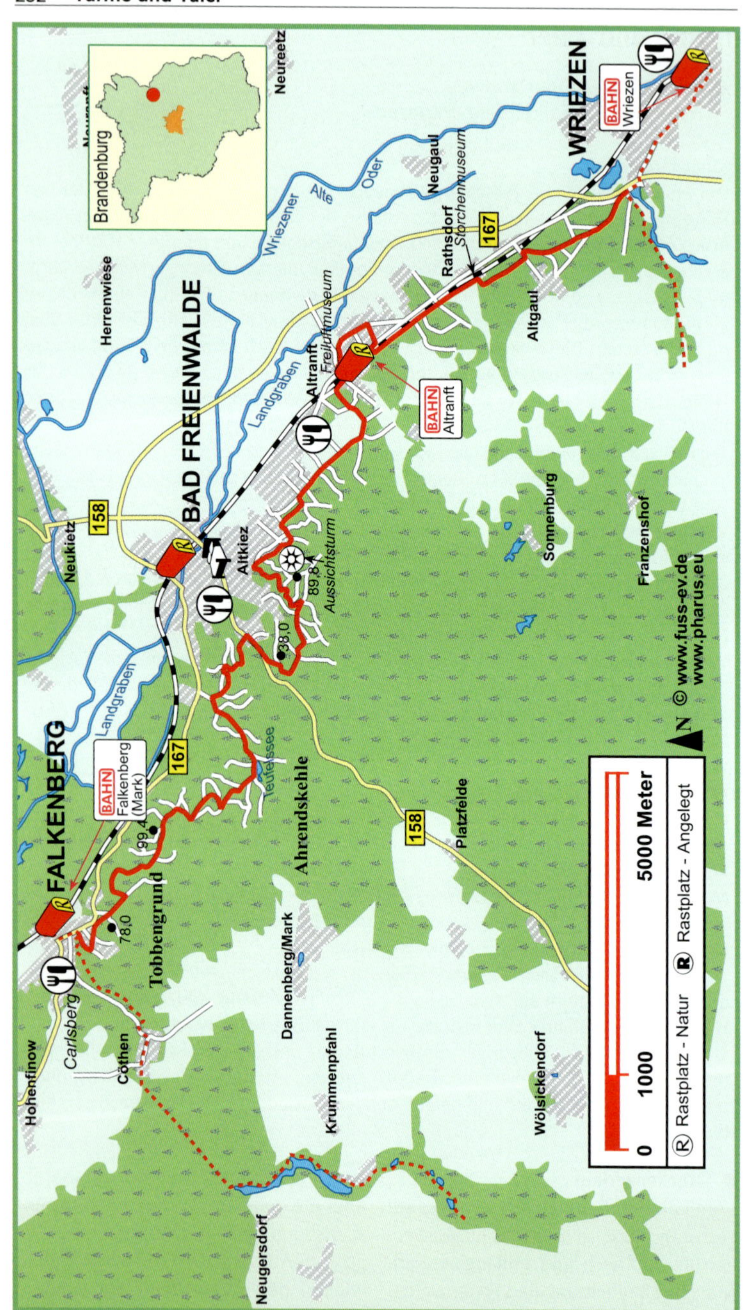
Brandenburg
Herrenwiese
Neureetz
FALKENBERG
BAD FREIENWALDE
WRIEZEN
Hohenfinow
Carlsberg
Cöthen
Neukietz
158
167
Landgraben
Wriezener Alte Oder
Neugaul
Rathsdorf
Storchenmuseum
Altranft
Freilichtmuseum
Altkiez
Aussichtsturm
89,8
38,0
99,4
78,0
Teufelssee
Ahrendskehle
Tobbengrund
BAHN
Falkenberg (Mark)
BAHN
Altranft
BAHN
Wriezen
Altgaul
Sonnenburg
Franzenshof
Platzfelde
Dannenberg/Mark
Krummenpfahl
Wölsickendorf
Neugersdorf
N
© www.fuss-ev.de
www.pharus.eu
0 1000 5000 Meter
Ⓡ Rastplatz - Natur Ⓡ Rastplatz - Angelegt

Grund, die Markierung des Oderlandweges. Hinauf zur Gastwirtschaft geht es Richtung Cöthen. Einige Schritte weiter kommen wir an einem Parkplatz vorbei, von dem aus man bei Anreise mit dem eignen PKW die Tour beginnen kann.

Richtung Bad Freienwalde folgen wir der Burgstraße. An ihrem Ende geht es weiter nach links, entlang eines Bächleins. Hinter dem **Mühlenteich** erreichen wir die Freienwalder Straße, der wir einige Meter nach rechts bis zum **Fontanedenkmal** folgen. An diesem beginnt der von der Straße nach rechts abzweigende Fontaneweg. Hinter dem letzten Haus geht es nach links in die hüglige Waldlandschaft hinauf. Am Ende eines Hohlweges ist die Tobbenberghütte erreicht. Einige Meter weiter zweigt vom Oderlandweg ein Weg zum etwa 500 Meter entfernten **Bismarckturm** ab. Die Aussicht vom Turm auf das Oderbruch lohnt den Hin- und Rückweg. Dieser wie auch die anderen Türme am Weg ist aber nur eingeschränkt geöffnet (April–Okt. Fr–So 10–17 Uhr, während der Sommerferien Mi–So 10–17 Uhr).

Der nächste markante Ort am Oderlandweg ist der **Teufelssee**. An seinem Ufer befindet sich ein Rastplatz. Hinter dem Gewässer durchquert der Weg ein Quellgebiet. Die folgende Höhe trägt Namen ›Thüringen-Blick‹, weil sich Theodor Fontane hier an die Berglandschaft Thüringens erinnert fühlte.

Etwa einen Kilometer weiter erreichen wir das **Haus der Naturpflege** mit dem Eulenturm, großem Schau-, Lehr- und Mulchgarten sowie einem kleinen Museum. Das heute deutschlandweit bekannte Naturschutzsymbol – die schwarze Waldohreule auf gelbem Grund – wurde hier kreiert und verbreitete sich von hier aus über das Land.

Der markierte Weg führt weiter zur **Skisprungschanze**, deren Turm man besteigen kann. Der **Kurpark** mit der Kurfürstenquelle folgt kurz danach. Weiter geht es zum **Aussichtsturm** auf dem Galgenberg, der 1879 als Kriegerdenkmal erbaut wurde. Von der Turmhöhe hat man herrliche Aussichten auf Bad Freienwalde, die die Stadt umgebende Wald- und Hügellandschaft und das Oderbruch.

Mit Erreichen des Aussichtsturms auf dem Galgenberg ist der anstrengendste Teil des Oderlandweges bewältigt. Die Fortsetzung der Wanderroute beginnt unterhalb des Turmes. Ohne bedeutende Höhenunterschiede wandern wir, nachdem wir das Stadtgebiet verlassen haben, überwiegend durch Wald bis nach **Altranft**. Das Dorf am Rand des Oderbruchs, wo nachweislich seit etwa 4000 Jahren Menschen leben, lohnt wegen des **Oderbruchmuseums** einen Besuch. Dieses vermittelt einen Einblick in das Landleben früherer Epochen. Besonders sehenswert sind das Schloss und der Schlosspark, ein reetgedecktes Landarbeiterhaus, die Dorfschmiede und die Patronatskirche.

Hinter Altranft wandern wir zunächst längs der Bahnstrecke, entfernen uns dann von ihr in westlicher Richtung, bis

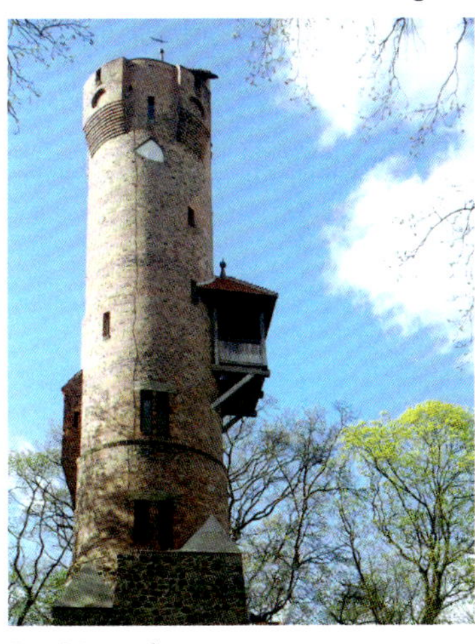

Der Bismarckturm

wir an Rathsdorf vorbei nach **Wriezen** gelangen. Der Wanderrastplatz und die Bushaltestelle an einem Teich am Rand der B 167 bilden das Ende dieser ersten Teilstrecke. Der Bahnhof von Wriezen ist von hier aus etwa 2,5 Kilometer entfernt und leicht zu finden, zunächst entlang der Freienwalder Straße, dann der Steuerstraße. Möglichkeiten der Einkehr findet man am Weg.

i Tour 28

Tourist-Information Bad Freienwalde, Uchtenhagenstr. 3, 16259 Bad Freienwalde (Oder), Tel. 03344/150890; Apr.–Okt Mo–Fr 10–18, Sa/So 10–14, Nov.–März Mo–Fr 10–16, Sa/So 10–14 Uhr. www.bad-freienwalde.de/tourist-information

▸ Falkenberg:
Pension Grewe, Eberswalder Str. 24, 16259 Falkenberg, Tel. 0033458/30407. Mit großem Garten. Freundliche Vermieter. www.pension-grewe-schorfheide.de
▸ Bad Freienwalde:
Appartementhaus Villa Regina, Gesundbrunnenstraße 28A, 16259 Bad Freienwalde (Oder), Tel. 03344/41 06 34. Die Villa gehört zur Fachklinik und Moorbad Bad Freienwalde. Feriengäste sind ausdrücklich willkommen, ebenso wie ambulante Badegäste und Begleitpersonen von Patienten der Fachklinik. Zusatzangebote; 11 DZ und 3 EZ. www.reha-freienwalde.de
Christliches Gäste- und Tagungshaus Malche, Malche 1, 16259 Bad Freienwalde (Oder), Tel. 03344/42970. Unterbringung im Kleinen und Großen Gästehaus. Feriengäste sind ausdrücklich willkommen, wenn nicht gerade viel besuchte Veranstaltungen stattfinden. www.malche.net
Elke Schmellentin – Ferienhaus F***, Meisenberg 3, 16259 Bad Freienwalde (Oder), Tel. 03344/33 16 08, 0173/6177814. Ferienhaus, Bungalow und Privatzimmer. www.elkes-zimmer-fewo.de
Weitere Unterkünfte über www.bad-freienwalde.de
▸ Wriezen:
Pension am Radweg Tour Brandenburg, Mahlerstraße 17, 16269 Wriezen, Tel. 033456/721344. EZ, DZ, Familienzimmer, Apartment. In der Nähe der Alten Oder. Zur Pension gehört das Ristorante Juani mit Biergarten (Di 17–21, Mi–Fr 11.30–14, 17–21, Sa 11–21, So 11–15 Uhr). www.pension-tour-brandenburg.de
Pension Zum Pony Hof Rondeel, Rondeeler Weg 7, 16269 Wriezen, Tel. 033456/34566. Ruhige und gemütliche Pension in der Nähe des Stadtsees. hiesi@gmx.de
Pension zur Feldklause, Feldstraße 8, 16269 Wriezen, Tel. 033456/150173. 12 EZ und DZ, ein Appartement, Sauna. Restaurants und die Wriezener Backstube befinden sich in der Nähe. Knapp einen Kilometer entfernt vom Stadtsee und 1,5 Kilometer vom Bahnhof Wriezen.
Zimmervermietungen: www.wriezen.de

▸ Falkenberg:
Panoramarestaurant Carlsburg Burgstr. 9, 16259 Falkenberg, Tel. 03345/8205; Mo–So 11.30–20 Uhr. Von der Terrasse hat man einen wunderbaren Blick ins Oderland. Schmackhafte Gerichte, mittlere Preisklasse, Reservierung empfohlen. www.carlsburg.de
▸ Bad Freienwalde:
Haus der Naturpflege Dr.-Max-Kienitz-Weg 2, 16259 Bad Freienwalde (Oder), Tel. 03344/3582; an Wochenenden und Feiertagen geöffnet. Selbstgebackener Kuchen, Kaffee, aus Kräutern hergestellte Speisen und Getränke.
www.haus-der-naturpflege.de
Blaue Zwiebel, Gesundbrunnenstraße 32A, 16259 Bad Freienwalde (Oder), Tel. 03344/1501927; Fr–So 14–17 Uhr. Verkaufskiosk in Form eines nostalgischen Holzpavillons am Rand des Kurparks. Kuchen, Torten und Eis. Alle Sitzplätze im Freien.
www.blaue-zwiebel.de

▸ Karte S. 232

Rosencafé der Wriezener Backstube, Wriezener Str. 83, 16259 Bad Freienwalde (Oder), Tel. 03344/301661; Mo–Fr 6.30–18, Sa 6.30–17, So 13–17 Uhr. Etwas abseits vom Weg, unweit des Galgenbergs. Große Auswahl an Kuchen, Softeis.

Café König der Wriezener Backstube, Königstraße 50, 16259 Bad Freienwalde (Oder), Tel. 03344/3296360; Mo–Fr 6.30–18, Sa 6.30–17, So 13.30–17 Uhr. Das Angebot ähnelt dem im Rosencafé. Nahe Marktplatz.

Restaurant Stadtmitte, Königstraße 23 A, 16259 Bad Freienwalde (Oder), Tel. 033 44/2190; Mo–Fr 11.30–14 u. 17.30–22, Sa/So 11.30–22 Uhr. Nahe Schlosspark. Innen- und Außenbereich, schmackhafte Küche. www.restaurant-stadtmitte.com

Radhe Radhe, Königstraße 48, 16259 Bad Freienwalde (Oder), Tel. 03344/3344554; tgl 11–22 Uhr. Nahe Marktplatz, empfehlenswertes Restaurant mit indischer Küche.

La Fontana Pizzeria, Weinbergstraße 19, 16259 Bad Freienwalde (Oder), Tel. 03344/331938; Di–So 11.30–23 Uhr. Nahe Marktplatz, mit großem Innenhof. www.lafontana-ristorante.de

▸ Altranft:

Im Schloss befindet sich ein Bistro, dessen Öffnungszeiten die des Oderbruchmuseums – s.u. – sind.

▸ Wriezen:

R2 Pizzeria, Freienwalder Str. 39, 16269 Wriezen, Tel. 033456/151214; Di–Do 15–21, Fr–So 12–21 Uhr. Leckere Pizzen. Erstes Restaurant am Weg zwischen Stadtsee /Endpunkt der Wanderung) und Bahnhof, mit Terrasse. www.r2pizzeria.de

Wriezener Backstube Hofkaffee, Freienwalder Str. 7, 16269 Wriezen, Tel. 033456/4970; Mo–Fr 7–18, Sa 7–17, So 13–17 Uhr. Große Auswahl an Kuchen und anderen Backwaren. www.wriezener-backstube.de

Ristorante Pizzeria BELLA VISTA, Wilhelmstraße 53, 16269 Wriezen, Tel. 033456/504807, Di–So 16–23, Sa/So 12–23 Uhr. Ein Hauch von Italien im Oderbruch. Mit ruhiger Terrasse.

Haus der Naturpflege, Dr.-Max-Kienitz-Weg 2, 16259 Bad Freienwalde (Oder), Tel. 03344/3582; April–Okt. Di–So 10–16, Nov.–März Di–Fr 10–16 Uhr. Eintritt für Garten und Turm Erwachsene 2 Euro, Museum 0,5 Euro. Ein außerordentlicher Ort. Das Blockhaus auf dem Gelände gehörte Erna und Kurt Kretschmann. Sie hatten es 1946 gebaut, viele Jahre dort gelebt und sich für den Schutz der Natur eingesetzt. Heute ist es ein Museum, das die Geschichte des DDR-Naturschutzes erzählt. Ein weiteres Gebäude – das Vortrags- und Gästehaus – stammt aus dem Jahr 1920. Es wurde aus etwa 1000 Munitionskisten gebaut und dient heute dem Anliegen der Umweltbildung. Zur Einrichtung gehören ein drittes Haus (das Gästehaus der Kretschmanns) sowie Gärten, eine Streuobstwiese und der Eulenturm. www.haus-der-naturpflege.de

Schloss Bad Freienwalde, Rathenaustraße 3, 16259 Bad Freienwalde (Oder), Tel. 03344/3407; Mi–So 11–17 Uhr. Ehemaliges preußisches Königsschloss, erbaut 1798, heute Erinnerungsort an den Industriellen, Zeitkritiker, Schriftsteller und Politiker Walther Rathenau (1867–1922). Zum Schloss gehören der Park, ein Teehäuschen und das Gärtnerhaus. www.schloss-freienwalde.de

Oderbruch Museum Altranft, Am Anger 27, 16259 Bad Freienwalde/OT Altranft, Tel. 03344/333911; Do–So 11–17 Uhr, Eintritt Erw. 8 Euro. Ganz Altranft ist ein Freilichtmuseum. Die Highlights der Exposition sind im Dorf verstreut: das Schloss (Info, Kasse, Bistro), das Fischerhaus, die Schmiede, der Gutshof Berg-Schmidt, die Patronatskirche, das Spritzenhaus und ein 1698 errichtetes Mittelflurhaus – das älteste Wohnhaus der gesamten Region. Eine Übersichtskarte, auf der die Orte verzeichnet sind, findet man auf der Webseite des Museums: www.oderbruchmuseum.de

Wald- und Waldseeromantik

➲ Tour 29: Der Oderlandweg/Teilstrecke 2: Wriezen–Wölsickendorf » (21 km)*****

Kurzcharakteristik
→ Beschreibung S. 229.
Teilstrecken Keine.
Verkehrsverbindungen Der Bahnhof Wriezen liegt an der Bahnstrecke Eberswalde-Frankfurt (Oder) der RB 60, die Züge verkehren im Stundentakt. Am Ziel in Wölsickendorf und 1 Kilometer davor an der Bundesstraße in Wollenberg befinden sich Bushaltestellen der Linie 887 zwischen Werneuchen und Bad Freienwalde. Die Busse verkehren auch an den Wochenenden im Zweistundentakt – es empfiehlt sich, den aktuellen Fahrplan vor der Wanderung zu prüfen. Von Werneuchen hat man Anschluss an die RB 25 Richtung Berlin-Ostkreuz. Fahrtzeit von Wölsickendorf bis Bahnhof Ostkreuz ca. eine Stunde.
Wegebeschaffenheit Naturbelassen 70%, teilbefestigt 20%, harter Belag 10% (Ortslagen).
Wunschwegkategorie 1, 2, 3, 5, 11, 12, 21b.
Wanderkarten Radwander- und Wanderkarte Angermünde, Eberswalde, Bad Freienwalde (Oder) und Umgebung: Ausflüge zwischen Gamengrund, Kloster Chorin, dem Parsteiner See und dem Oderbruch, 1:50 000, Verlag Dr. Barthel (Serie ›Schöne Heimat‹).
Markierung Roter Punkt auf weißem Grund.
Einkehr Waldschenke am Baa-See, keine weiteren Lokale am Weg und auch nicht in Wollenberg oder Wölsickendorf.
Unterkunft Bad Freienwalde, Wriezen.

Streckenverlauf

Die Tour beginnt am Rastplatz und Parkplatz am Stadtsee in Wriezen, etwa 2,5 Kilometer nordöstlich des Bahnhofes, direkt an der Bundesstraße 167. Der Wanderweg ist von dort an durchgängig sicher markiert, so dass sich eine detaillierte Streckenbeschreibung erübrigt. Knapp einen Kilometer weiter befindet sich an der Strecke ein weiterer **See** mit Waldbad. Kleine Waldgebiete und Freiflächen folgen. Ein erstes natürliches Kleinod sind die **Biesdorfer Kehlen**, ein breites Tal. Wir passieren die Siedlung **Franzenshof**, der nächste Ort ist **Sonnenburg**. Hinter dem kleinen Dorf geht es auf einen Bergrücken hinauf, der die Talsenke einschließt, auf dessen Grund der **Baa-See** und die ihn umgebenden Sumpfareale ein einzigartiges Biotop bilden. Die Waldschenke am Seeufer ist eines der originellsten und beliebtesten Ausflugslokale in der Region. Ihre Ursprünge gehen auf eine im Jahr 1860 errichtete Imbissbude zurück. 30 Jahre später errichtete ein Freienwalder Gastwirt das erste feste Gebäude, das 1945 dem Krieg zum Opfer fiel. Die Hütte in ihrer heutigen Gestalt stammt aus dem Jahr 1972. Im Sommer gab es in den letzten Jahren auch einen Bootsverleih, zum Baden ist der See allerdings nicht geeignet. Mit dem PKW erreicht man ihn von Altranft kommend. Vor dem Lokal befindet sich ein Parkplatz, der auch als Ausgangspunkt für eine Rundwanderung um den See dienen kann.

Links am Seeufer entlang erreichen wir den höchsten Baum Brandenburgs, eine Douglasie. An der nördlichen Seespitze

▸ Karte S. 237

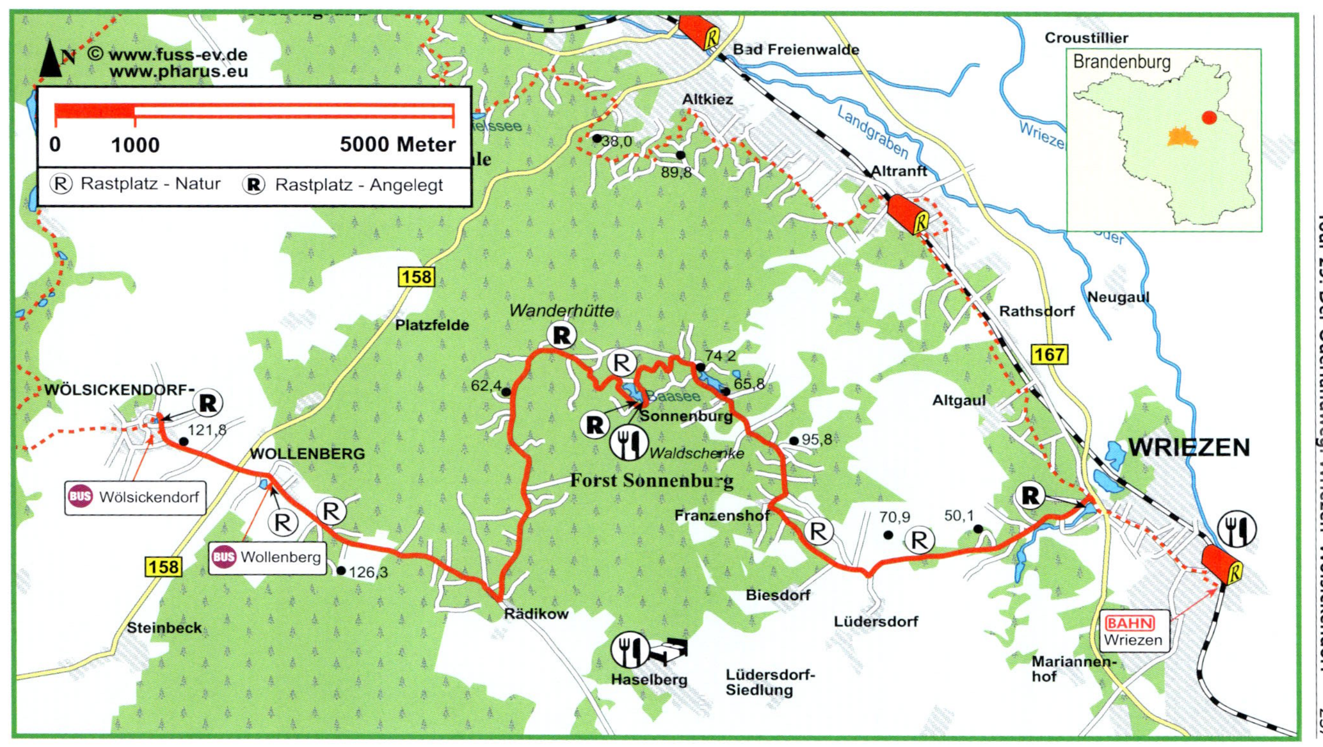

© www.fuss-ev.de
www.pharus.eu
0 1000 5000 Meter
R Rastplatz - Natur
R Rastplatz - Angelegt
Bad Freienwalde
Croustillier
Brandenburg
Altkiez
Landgraben
Wriezen
38,0
89,8
Altranft
158
Neugaul
Rathsdorf
Platzfelde
Wanderhütte
167
74,2
65,8
Altgaul
WÖLSICKENDORF-
62,4
Baasee
Sonnenburg
121,8
95,8
WOLLENBERG
Waldschenke
WRIEZEN
Forst Sonnenburg
BUS Wölsickendorf
Franzenshof
70,9
50,1
BUS Wollenberg
158
126,3
Biesdorf
Rädikow
Lüdersdorf
BAHN Wriezen
Steinbeck
Haselberg
Lüdersdorf-Siedlung
Mariannenhof

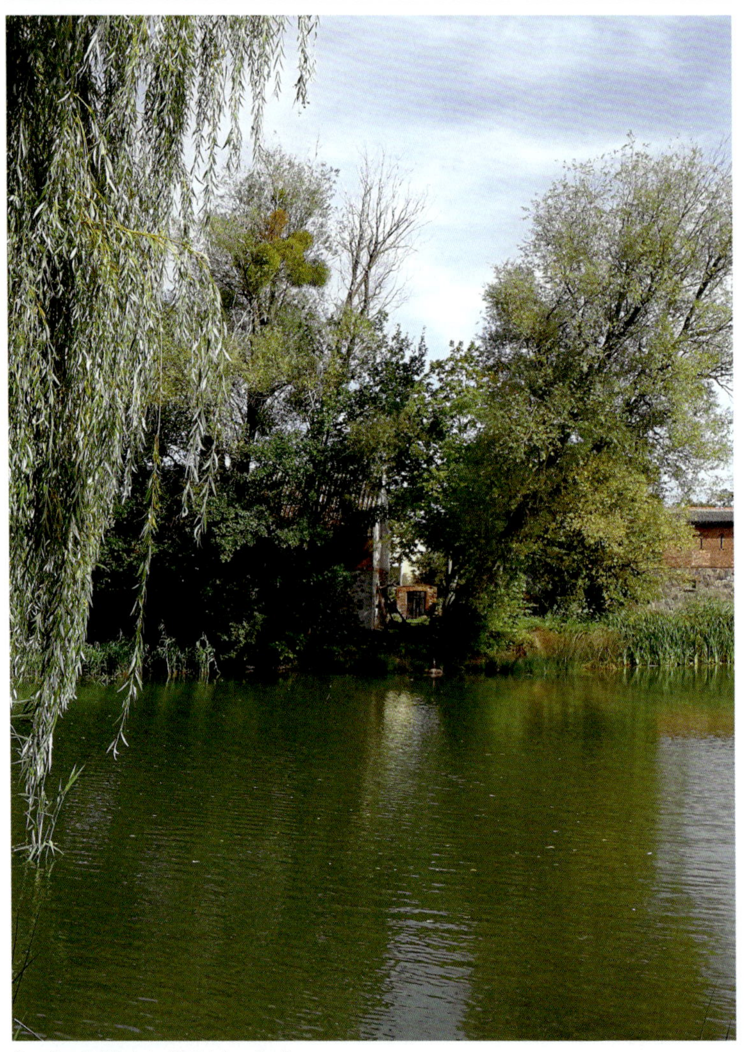

Beschaulichkeit in Wölsickendorf

hat man von einem **Aussichtspavillon**, der sich einige Meter abseits des Weges befindet, einen wunderbaren Blick auf den See und das gegenüberliegende Hochmoor.

Wir folgen den Markierungen ins waldbedeckte **Brunnental** und wandern durch dieses etwa vier Kilometer Richtung Süden. Kleine Waldtümpel, unterschiedliche Waldarten und verschiedenartige Wege bieten reizvolle Abwechslung.

Wir erreichen eine Landstraße. Nach links geht es nach Rädekow und weiter ins etwa zwei Kilometer entfernte

▲ Karte S. 237

Dorf Haselberg. Dort wird man an den Wochenenden im Hofcafé mit Kuchen verwöhnt. Entscheidet man sich für eine Rundtour, gelangt man von hier aus entlang der ehemaligen, kopfsteingepflasterten Poststraße bis Wriezen. Von Haselberg bis Wriezen sind es etwa sieben Kilometer.

Der Wanderweg führt aber in entgegengesetzter Richtung (nach rechts) knapp 200 Meter entlang der Landstraße und dann wieder nach links in den Wald hinein. Nach etwa drei Kilometern ist **Wollenberg** erreicht. Von dort sind es noch einmal 1,5 Kilometer entlang einer von Obstbäumen gesäumten Zufahrtsstraße von der Bundesstraße, die wir queren, bis **Wölsickendorf**.

Eine Bushaltestelle der Linie 887 findet sich direkt an der Bundesstraße, eine weitere im Zentrum von Wölsickendorf. Der Rastplatz am Teich, unweit der Bushaltestelle, ist ein guter Ort, die Tour in Ruhe ausklingen zu lassen.

Tour 29

- Wriezen:

→Tour 28 (S. 234).

- Wollenberg:

Ferienwohnung Villa Kunterbunt, Dorfstraße 1A, 16259 Höhenland OT Wollenberg, Tel. 033454/529690, 0173/2025140. Die Ferienwohnung im DG eines Einfamilienhauses ist derzeit die einzige Übernachtungsmöglichkeit am Endpunkt der zweiten Tour des Oderlandweges. Bis zu sechs Personen finden hier Unterkunft (plus Aufbettungen). Abendessen und Frühstück nach vorheriger Absprache gegen eine Spende für den Kinderverein ›Landblüte‹. www.ferienwohnung-villa-kunterbunt.de

- Weitere Möglichkeiten abseits des Wegs:

Altes Backhaus Ferienwohnungen, Hauptstraße 38, 16269 Wriezen/OT Haselberg, Tel. 033456/564356. Fünf Ferienwohnungen, Sauna und Spielplatz. Ideal für Familien. Vermietung ab drei Nächten. www.backhaus-haselberg.de

Ferienwohnungen Oderbruch am Gutshof Haselberg OT, Alte Brennerei 8 /6, 16269 Wriezen, Tel. 033456/70702. Vier komfortable, für je zwei Personen ausgelegte Ferienwohnungen. Landgarten, Sauna, Fahrradverleih. Vermietung ab zwei Nächten außerhalb der Saison, in der Saison mindestens drei Nächte. Bestens geeignet für Menschen, die nach Ruhe suchen. www.ferienwohnungen-oderbruch.de

Brennerei Haselberg Ferienwohnungen Hauptstraße 40, 16269 Wriezen/OT Haselberg, Tel. 033456/70955, 0171/3222318. Drei Ferienwohnungen. Mindestens zwei Nächte. Offen für Haustiere. www.brennereihaselberg.de

In allen drei Anlagen besteht die Möglichkeit der Selbstversorgung. Es ist geplant, ein Frühstück im Hofcafé Haselberg anzubieten. Bis nach Wriezen sind es etwa sieben Kilometer entlang der kopfsteingepflasterten ehemaligen Poststraße.

Mit dem Bus der Linie 887 kommt man bequem, mit nur wenigen Minuten Fahrtzeit, nach Bad Freienwalde, Übernachtungen dort → Tour 28 (S. 234).

Waldschenke am Baa-See, Sonnenburg 0, 16259 Bad Freienwalde (Oder), Tel. 03344/330902; Do–So 12–18 Uhr.

Hofcafe Haselberg, Hauptstraße 18, 16269 Wriezen/OT Haselberg, Tel. 0172/5950861; Sa/So 14–18 Uhr. Von einem freundlichen Ehepaar betriebenes Café in einer restaurierten Hofscheune, etwa zwei Kilometer entfernt vom Oderlandweg. Leckere selbstgebackene Kuchen. Ein besonderer Ort. Vermietung einer Ferienwohnung. Da es in Haselberg auch Möglichkeiten der Übernachtung gibt, wäre eine Möglichkeit, hier zu übernachten und am Folgetag die Wanderung fortzusetzen. Die Besitzer planen die Einrichtung einer Pension für Tagesgäste.

Fontanes Wanderspuren

➲ Tour 30: Der Oderlandweg/Teilstrecke 3: Wölsickendorf–Falkenberg/Mark » (14 km)*****

Kurzcharakteristik
→ Beschreibung S. 229.
Teilstrecken Keine.
Verkehrsverbindungen In Wölsickendorf und Wollenberg Bushaltestellen der Linie 887 zwischen Werneuchen und Bad Freienwalde. Die Busse verkehren auch an den Wochenenden im Zweistundentakt; es empfiehlt sich, den aktuellen Fahrplan vor der Wanderung zu prüfen. Nach Werneuchen mit dem RB 25 von Berlin Ostkreuz, Fahrtzeit ca. eine Stunde. Von Falkenberg fahren die Triebwagen der RB 60 nach Eberswalde, von wo man Anschluss an RE 3 und RB 24 Richtung Berlin hat. Fahrtzeit von Falkenberg bis Berlin-Gesundbrunnen ca. eine Stunde.
Wegebeschaffenheit Naturbelassen 50%, teilbefestigt 40%, harter Belag 10% .
Wunschwegkategorie 1, 2, 3, 5, 8, 11, 12, 21b.
Wanderkarte Radwander- und Wanderkarte Angermünde, Eberswalde, Bad Freienwalde (Oder) und Umgebung: Ausflüge zwischen Gamengrund, Kloster Chorin, dem Parsteiner See und dem Oderbruch, 1:50 000, Verlag Dr. Barthel (Serie ›Schöne Heimat‹).
Markierung Roter Punkt auf weißem Feld.
Einkehr Unterwegs keine Möglichkeiten, am Ziel die ›Carlsburg‹ in Falkenberg.
Unterkunft Falkenberg.
Sehenswürdigkeit Wasserrad bei Cöthen.

■ Streckenverlauf

In Wölsickendorf weist die rote Markierung westwärts, aus dem Dorf hinaus. Es geht nun auf einem ländlichen Weg in den **Gamengrund**. Dort wendet sich der Weg nach Norden. Die nächsten etwa sechs Kilometer teilen sich der Oderlandweg und der 66-Seen-Weg. Wir passieren die drei **Teufelsseen**. Etwa sechs Kilometer vom Startpunkt entfernt gelangen wir zu einer Bungalowsiedlung am Südufer des **Gamensees**. Dort befindet sich eine große Badestelle.

Weiter geht es in Richtung Norden am rechten Ufer des Sees, zumeist in einiger Entfernung, aber durch den Wald gut zu laufen. An verschiedenen Stellen schimmert das Gewässer zwischen den Bäumen hindurch. Eine weitere, ruhige Badestelle liegt am Weg. Am Ende des Sees mündet der Wanderweg in einen Forstweg. Hier trennen sich der 66-Seen-Weg und der Oderlandweg. Auf ersterem geht es nach links Richtung Trampe und weiter nach Melchow. Wir aber gehen nach rechts Richtung **Cöthen**. Am Ortsanfang ziehen aus Feldsteinen erbaute Gebäude die Blicke auf sich. Sie sind keinesfalls so alt, wie man eventuell vermutet. Noch im 19. Jahrhundert nutzte man die in der Gegend reichlich zu findenden Steine als kostenloses Baumaterial. Heutzutage sind Feldsteine Eigentum der Landbesitzer, unerlaubte Entnahme von Feldsteinen für den eigenen Garten wird als Diebstahl betrachtet. Das gilt auch für die Steinhaufen an den Wegrändern, von denen viele als Mini-Biotope und Bestandteile der Landschaft unter Naturschutz stehen. Die Wanderroute passiert in Cöthen – ein beschaulicher Ort oberhalb des Oderbruchs – die Kirche, führt durch den Ort hindurch und schwenkt am Ende der geraden Strecke in die links, abwärts führende Straße. Wenige Schritte hinter einem Parkplatz kommen wir zu einem bereits von

▲ Karte S. 241

Theodor Fontane erwähnten berühmten **Wasserrad** mitsamt Teich und Wanderrastplatz. Der Wanderweg führt zunächst entlang des Baches etwas bergab, bis zu einer Wegverzweigung. Wir halten uns rechts vom Bach. Der Weg entfernt sich etwas von ihm und verläuft dabei leicht aufwärts. Wir gehen also weder hinab zur Straße noch nach rechts steil bergauf. Es geht nun geradewegs bis zur **Carlsburg**, dem Restaurant auf Bergeshöhe, von dem der Blick noch immer so eindrucksvoll ist, wie ihn Fontane beschrieben hat.

Vom Lokal führen Treppen zum Autoparkplatz hinab, an den Anfang des Oderlandweges, wie in Tour 28 beschrieben. Der Weg zum Bahnhof (20 Fußminuten) ist mit Schildern ausgewiesen.

Tour 30

Panoramarestaurant Carlsburg, Burgstraße 9, 16259 Falkenberg, Tel. 03345/8205; Mo–So 11.30–20 Uhr. Von der Terrasse wunderbarer Blick ins Oderland; Reservierung empfohlen. www.carlsburg.de

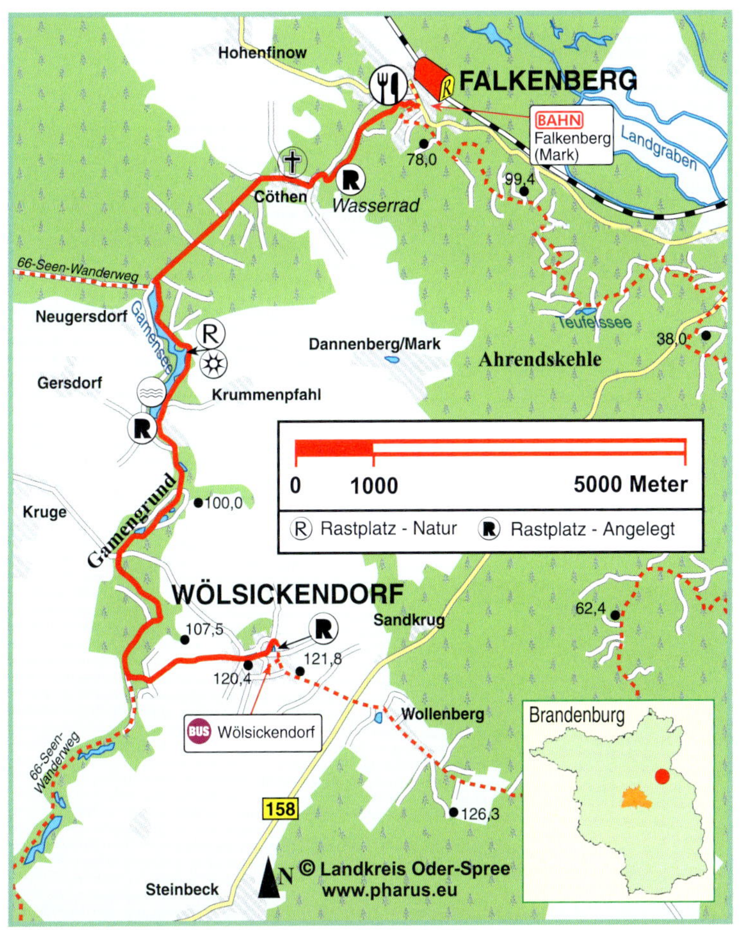

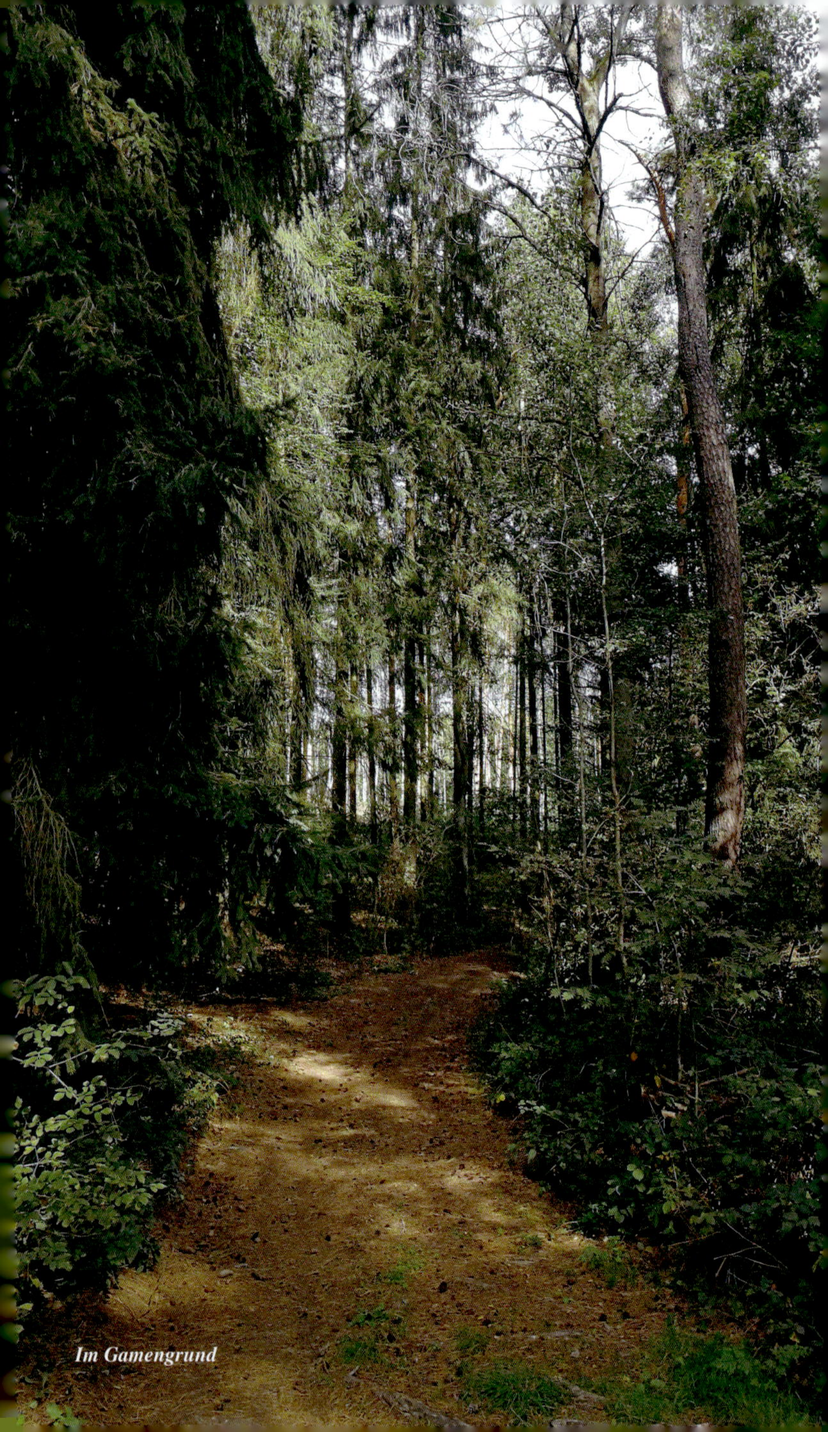

Im Gamengrund

Der Paul-Gerhardt-Weg

Der Paul-Gerhardt-Weg ist ein Wanderweg, der nach dem Theologen Paul Gerhardt (1607-1676) benannt wurde, einem der bedeutendsten Dichter deutschsprachiger Kirchenlieder. Seine Wirkungsstätten waren Berlin, Mittenwalde und Lübben. Diese drei Orte verbindet der Weg. Seine Konzeption folgt dem Gedanken, Natur und Kultur gleichzeitig erlebbar zu machen. Um eine aus beiden Blickwinkeln interessante Wegstrecke zusammenzustellen, testeten und diskutierten Initiatoren und Wanderexperten zunächst diverse Wegvarianten, wobei sich in dem bis dahin vom Tourismus kaum beachteten Gebiet eine bemerkenswerte landschaftliche und kulturelle Vielfalt offenbarte.

Die etwa 140 Kilometer lange Strecke ist in mittellange Etappen eingeteilt, deren Anfangs- und Endpunkte durchweg mit öffentlichen Verkehrsmitteln erreichbar sind. Oft stehen auch PKW-Parkplätze zur Verfügung. Erfahrene Wanderer können mehrere Strecken bündeln. Die Wanderung beginnt am Alexanderplatz. Die Wuhlheide, Köpenick, Grünau, Zeuthen und Königs Wusterhausen liegen alle noch im oder am Berliner Stadtbereich. Hinter Königs Wusterhausen führt der Weg durch das Dahme-Seenland. Der erste Ort am Weg ist Mittenwalde. Die evangelische Stadtkirche St. Moritz, eine gotische Hallenkirche, war von 1651 bis 1657 der Wirkungsort von Paul Gerhardt. Viele seiner Lieder schrieb er hier, unter anderem eines seiner berühmtesten, das Tröstelied ›Befiehl du deine Wege‹. Von Mittenwalde geht es weiter nach Groß Köris. Einen kleinen Teil dieser Strecke teilt sich der Paul-Gerhardt-Weg mit der Wanderung um die Pätzer Seen, die hier in Tour 31 beschrieben sind (→ S. 244). In Groß Köris beginnt und endet auch die in diesem Buch empfohlene Rundwanderung um den Klein Köriser See, Tour 33 (→ S. 252).

Weitere Orte am Weg sind unter anderem Märkisch Buchholz, Köthen, Krausnick und Schlepzig. Die Klein- und Kreisstadt Lübben ist das Ziel der letzten Etappe. Lübben ist historisch das Zentrum der Niederlausitz. Der Name leitet sich vom sorbisch-wendischen ›Liuba‹ ab, dem Namen der sorbischen Liebes- und Fruchtbarkeitsgöttin. Ein Gedenkstein im Hain zwischen Altstadt und Bahnhof würdigt sie, in der Stadt trägt eine Schule ihren Namen.

Die ehemalige St. Nikolaikirche von Lübben aus dem 15. Jahrhundert trägt seit 1930 den Namen Paul Gerhardt. Ein Denkmal für den Lieddichter steht vor der Kirche. Er verbrachte die Jahre von 1669 bis zu seinem Tod 1676 hier als Archidiakon. Im Innern der Kirche ist ihm ein Ölgemälde gewidmet, ebenso eine Sammlung von christlichen Liederbüchern aus aller Welt, in denen Paul-Gerhardt-Lieder abgedruckt sind. Im Chorraum der Kirche wurde Paul Gerhardt nach seinem Tod beigesetzt. In Lübben gibt es auch ein Paul-Gerhardt-Zentrum, das von einem Verein betrieben wird.

Das Wanderbuch ›Paul-Gerhardt-Weg. Natur und Kultur zwischen Berlin und Spreewald‹ von Manfred Reschke erschien 2017 im Trescher Verlag. Der Autor ist einer der Wanderexperten, die an der Festlegung der Routen aktiv beteiligt waren. Er beschreibt die einzelnen Etappen, lenkt die Aufmerksamkeit auf kulturelle Sehenswürdigkeiten am Weg, erzählt von Personen und historischen Ereignissen. In einem Extra-Kapitel unterbreitet er Vorschläge für Rundwanderungen im Dahme-Seenland, von den drei – die Touren 31 bis 33 – auch in diesem Buch beschrieben werden.

Stille und Idylle

Tour 31: Um die Pätzer Seen » (17 km) *****

Kurzcharakteristik
Südöstlich von Berlin erstreckt sich das Dahme-Heideseen-Gebiet, das bis zum Spreewald reicht. In den letzten Jahren wurde auch diese Region zunehmend für den Tourismus erschlossen. Sie ist reich an ausgedehnten Waldgebieten, Wiesen und Feldern, Seen und historisch spannenden Orten. Im Trescher Verlag erschien 2017 das Wanderbuch ›Paul-Gerhardt-Weg. Natur und Kultur zwischen Berlin und Spreewald‹ von Manfred Reschke, das viele lohnende Wanderungen durch die Region beschreibt. Aus diesem kleinen Band haben wir drei mittellange, angenehm zu laufende Rundwanderungen als Anregung für diesen Wanderführer ausgewählt.
Die Rundwanderung um die Pätzer Seen beginnt und endet am Bahnhof Bestensee, zwei Stationen hinter Königs Wusterhausen. Mit Regionalbahn und Regionalexpress braucht man vom Zentrum Berlins bis Bestensee nur gut 30 Minuten.
Mit diesem Rundweg entstand eine Wanderroute, die weitgehend den Qualitätsstandards des Deutschen Wanderverbandes entspricht. Mehr Abwechslung auf kleinstem Raum als auf dieser Strecke ist in Brandenburg kaum möglich: verschiedenartige Waldgebiete, Rastplätze und Bademöglichkeiten, Stellen, die weite Blicke ermöglichen, freie Flächen und Sumpfgebiete, Ortslagen mit Dorfcharakter und gepflegte Siedlungen. Es gibt weder störende Industrieanlagen oder Windkrafträder noch Hauptverkehrsstraßen. Außerhalb der Ortslagen ist überwiegend absolute Ruhe erlebbar. Selbst ein Wegstück entlang einer Bahnstrecke mit dem Hintergrundrauschen der Autobahn ändert an diesem Gesamterlebnis nichts. In Bestensee und Pätz am Ostufer des Vorderen Pätzer Sees sowie in der ›Hintersiedlung‹ am Westufer des Hinteren Pätzer Sees gibt es verschiedene Lokale, zwischen Pätz und der ›Hintersiedlung‹ (etwa acht Kilometer) keine weiteren, weshalb man zumindest genügend Wasser im Gepäck haben sollte. Die Strecke ist sehr gut markiert. Lediglich am Südufer des Sees kann es zu Missverständnissen kommen, worauf wir aufmerksam machen.
Teilstrecken Keine.
Verkehrsverbindungen Der Bahnhof Bestensee liegt an der Bahnstrecke Eberswalde–Berlin-Senftenberg (RB 24) und Wismar–Berlin–Cottbus (RE 2).
Hinweis für Autofahrer Autobahn A 13 Berlin–Dresden bis Ausfahrt Bestensee. Kostenlose Parkmöglichkeiten am Bahnhof Bestensee, in Ortsstraßen und in Nähe des Gasthauses ›Steakhaus 1775‹ (Königliches Forsthaus) am Ostrand von Bestensee.
Wegebeschaffenheit Außerhalb der Ortslagen durchgängig unbefestigte Wald- und Feldwege, Gehwege in Ortslagen.
Wunschwegkategorie 1, 2, 3, 5, 8, 9, 11, 12, 14a.
Wanderkarten Naturpark Dahme-Heideseen, Maßstab 1:35 000, Verlag Dr. Barthel (Serie ›Schöne Heimat‹); Rad-, Wander- und Gewässerkarten-Set: Spree- und Dahme-Heideseen, Verlag ›Grünes Herz‹, Maßstab 1:35 000.
Markierung Gelber Punkt auf weißem Feld.
Einkehr Verschiedene.
Sonstige Hinweise Der Wanderweg ist durchgängig markiert. Er bietet unterwegs zwei schöne Rastplätze mit Bademöglichkeit.
Hinweise für Radfahrer Der Wanderweg ist völlig ungeeignet für Radtouren: Er verläuft außerhalb der Ortslagen durchgängig auf unebenem, teils weichem, teils sandigem Waldboden mit Wurzeln und Vertiefungen, teils auf grob geschottertem und holperigem Fahrweg.

► Karte S. 245

Streckenverlauf

Vom Bahnhof Bestensee folgen wir der Hauptstraße etwa 800 Meter in östlicher Richtung bis zum Restaurant ›Steakhaus 1775‹, das sich im ehemaligen königlichen Forsthaus befindet. Zur Gaststätte gehört eine Weinscheune, wo man nicht nur Weine, sondern auch andere Getränke und italienische Spezialitäten erhält. Gegenüber der Zufahrt zum Parkplatz von Restaurant und Weinscheune, die mit ›Königliches Forsthaus‹ ausgeschildert ist, zweigt nach rechts ein markierter Weg Richtung See ab. Nun geht es durch ein Waldstück in Ufernähe bis zum Dorf **Pätz**. Knapp zwei Kilometer nach Abzweig von der Straße erreichen wir den Badestrand am **Pätzer Vordersee**, wo sich ein Imbiss befindet, der das ganze Jahr über geöffnet ist.

Weiter geht es durch den Ort. Der ›Lindenhof Pätz‹ ist eine kleine gastronomische Sensation. Die Atmosphäre des Lokals, das von einer freundlichen Wirtin und ihren Mitarbeiterinnen betrieben wird, vermittelt das Gefühl, aus der Zeit

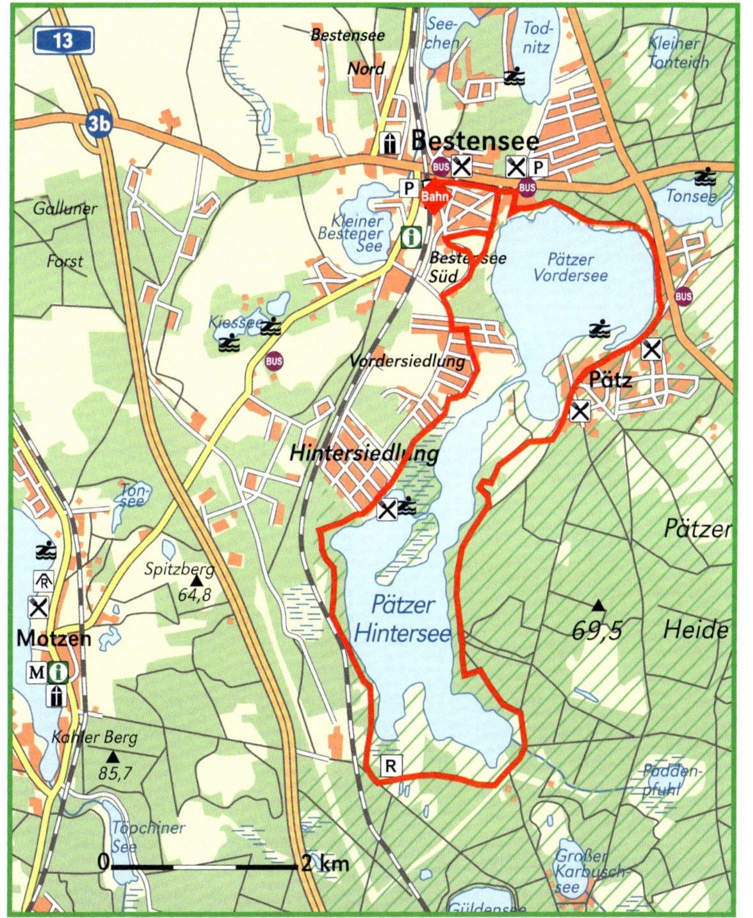

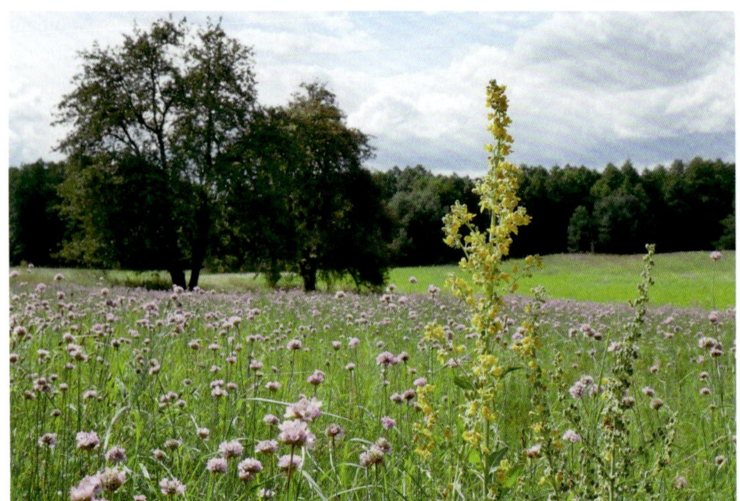

Blumenwiese auf der Landzunge zwischen Pätzer Vordersee und Pätzer Hintersee

gefallen zu sein. Es ist nur von Donnerstag bis Sonntag geöffnet. Zum Angebot gehören einfache, schmackhafte Speisen. Hinter der Bushaltestelle an der Dorfaue mit Tanzplatz geht es nach links weiter entlang der Liepestraße. ›Liepe‹ kommt aus dem Sorbischen und bedeutet Linde. **Liepe** ist der Name des winzigen Dorfs, zu dem die Straße führt. Am Ortsrand verwandelt sich die Straße in einen Forstweg. Nun beginnt der gemütliche Teil der Wanderung.

Das Dorf Liepe liegt auf einem etwa 300 Meter breiten Landstreifen, der den Pätzer Vordersee von dem sich im Süden anschließenden Pätzer Hintersee trennt. Etwa 500 Meter vor Liepe zweigt vom Zufahrtsweg, dem wir bis hierher gefolgt sind, nach links ein Waldweg ab. Eine Infotafel gibt dort Auskunft über die Besonderheiten des Naturschutzgebietes Pätzer Hintersee, wo es nur ›ein kleiner Schritt vom Sand ins Moor‹ ist.

▸Karte S. 245

Weiter geht es durch den Wald, zunächst in einiger Entfernung vom **Pätzer Hintersee**, dann in seiner Nähe. Nur hin und wieder schimmert das Gewässer durch die Bäume. Hier und da zweigen Wege zum Seeufer ab. In Ufernähe gibt es einen nicht markierten Pfad, der sich als Alternative zum Waldweg oberhalb des Ufers anbietet, aber beschwerlich zu wandern ist.

Der Pätzer Hintersee misst knapp vier Kilometer in der Länge und etwas weniger als einen Kilometer an seiner breitesten Stelle. Hat man das Südufer erreicht, zeigt die Markierung irreführend zum Ufer des Sees. Es mag hier einmal einen Weg gegeben haben, aber wenn, dann ist dieser inzwischen zugewachsen. Wir folgen dem Waldweg, den wir bisher gegangen sind, und kommen zu einer breiten Schneise, unter der Gasleitungen verlegt sind. Wir gehen nach rechts. Nach etwa 300 Metern erreichen wir den nach links abzweigenden Försterweg Ausbau. Wir gehen weiter geradeaus und teilen uns den nächsten Kilometer mit dem Paul-Gerhardt-Weg, der Berlin mit Lübben im Spreewald verbindet.

Wir folgen nun den Markierungen des Rundwegs und des Paul-Gerhardt-Weges bis zum Bahnübergang. Kurz vor diesem trennen sich beide. Der Rundweg um Pätzer Vorder- und Hintersee zweigt nach rechts ab und führt nun am Bahndamm Richtung Norden.

Auf diesem Streckenabschnitt treffen sich Natur und Zivilisation, letztere in Form von Eisenbahngleisen, Masten und Hochspannunsgsleitungen sowie dumpfem Motorenrauschen, das von der Autobahn herüberweht. Auch das hat seinen Reiz, schon allein deshalb, weil man die Stille auf den übrigen Wegen umso mehr zu schätzen weiß. Rechts erstreckt sich ein weites Sumpfgebiet bis zum Ufer des Sees.

Nach etwa zwei Kilometern zweigt der Rundweg nach rechts Richtung See ab. Im Sommer 2021 wurde an der Bahnstrecke gebaut. Dort wo der Wanderweg abzweigt, hatte die Reparaturbrigade der Bahn einen Stutzpunkt für die schwere Technik eingerichtet. Möglicherweise wurden dadurch Markierungen beschädigt. Dennoch ist der Abzweig zum etwa 300 Meter entfernten See kaum zu verfehlen.

Der nächste Streckenabschnitt bis zur Badestelle am Pätzer Hintersee offeriert wunderbare Blicke über den See. Bis zur **Badestelle** mit einigen Bänken und Tischen zur Rast reichen die weiträumigen Siedlungsgebiete südöstlich von Bestensee. Etwa 100 Meter weiter ist die Gaststätte ›Seeblick‹ in Ufernähe eine beliebte Adresse.

Die letzten etwa vier Kilometer bis zur Hauptstraße durch Bestensee sind so markiert, dass sie den festen Wegen durch die Siedlungen – vornehmlich entlang der Ernst-Thälmann-Straße – folgen. In Ufernähe gibt es teils verwachsene, schmale Wege zwischen den Siedlungsteilen und Fahrwege zwischen den Einfamilienhäusern, die bedeutend angenehmer zu laufen sind als die markierte Route. Diese Wege zu finden, braucht es ein wenig Geduld und Orientierungssicherheit. Hat man diese, lohnt es sich, in der Nähe des Ufers zu bleiben. Seit Längerem ist geplant, auch diese Wegführung durchgehend bis zum Bahnhof zu markieren.

Egal, ob wir der Markierung oder unserer Nase folgen: irgendwann kommen wir wieder bis zur Hauptstraße, die Bestensee vom Bahnhof Richtung Osten bis zum ›Steakhaus 1775‹ durchquert.

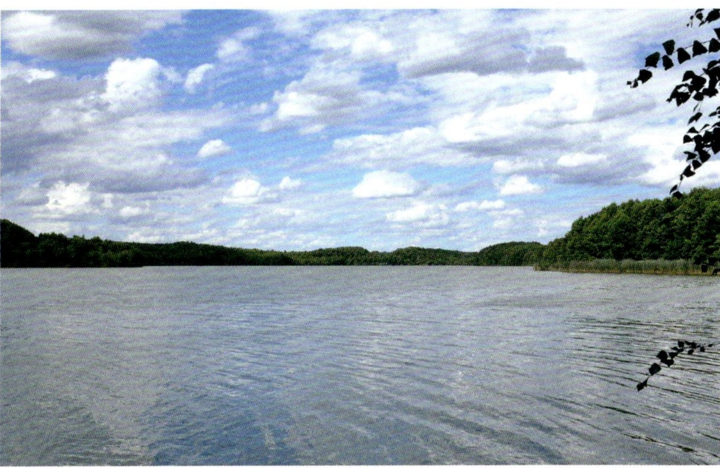

Blick über den Pätzer Hintersee vom Ostufer

 Tour 31

Hotel Am Sutschke-Tal, Franz-Künstler-Straße 1, 15741 Bestensee, Tel. 033763/61516, 01522/9286806. Zwischen Bahnhof Bestensee (11 min.) und dem Naturschutzgebiet Sutschketal. www.sutschketal.de

Café Wahl, Hauptstraße 43, 15741 Bestensee, Tel. 033763/222130; Mi–Fr 6–17, Sa/So 7–17 Uhr. Verschiedene Torten und Kuchen, belegte Brötchen, Kaffee und Getränke in einem Flachbau gegenüber dem Bahnhof (Westseite), mit Außenbereich. www.baeckerwahl.de

Lindencafe, Hauptstraße 44, 15741 Bestensee, Tel. 933763/226465; Mo–So 9–18 Uhr. Auf der Ostseite des Bahnhofs, jenseits des Bahnübergangs. Reichhaltiges Frühstücksangebot, Flammkuchen, Salate, Rindercarpaccio und andere Gerichte sowie hausgemachte Kuchen. Sehr zu empfehlen ist der Baumkuchen. Mit Terrasse. www.lindencafe-bestensee.de

Steakhaus 1775, Hauptstraße 2, 15741 Bestensee, Tel. 033763/22777, 0151/20289081; Mo–So 12–22 Uhr. Gemütliches Restaurant im ältesten Forsthaus (errichtet 1775) im Land Brandenburg. Mit Terrasse am Fanggraben. www.steakhaus1775.de

Die Weinscheune, Hauptstraße 2, 15741 Bestensee, Tel. 033763/20090; Mo–Fr 12–20, Sa 11–20, So 11–18 Uhr. Gehört zum Steakhaus. Weine verschiedener Provenienz, italienische Spezialitäten. Außenbereich.

Doreen's Strandcafé, Am Strand 8, 15741 Bestensee/OT Pätz; tgl. je nach Wetterlage. Am Badestrand von Pätz. Getränke und Imbiss. Verleih von Strandkörben und Kajakbooten.

Lindenhof Pätz, Lindenstraße 4, 15741 Bestensee, Tel. 033763/63360; Do/Fr 16–22, Sa 11.30–22, So. 11.30–20 Uhr. Dieses kleine Restaurant mit einem unaufdringlich holzgetäfelten Raum für Feierlichkeiten verströmt einen ganz besonderen, aus der Gegenwart fallenden Charme. Gern erzählt die freundliche Wirtin über die Fotos an den Wänden, die unter anderem sorbische Traditionen festhalten.

Gaststätte Seeblick, Am Hintersee 55, 15741 Bestensee, Tel. 033763/222030; Mi/Do 14–21, Fr 14–22, Sa 11–22, So 11–20 Uhr. Restaurant in der Nähe des Badestrands am Pätzer Hintersee. Große Außenterrasse. www.gaststätte-seeblick.de

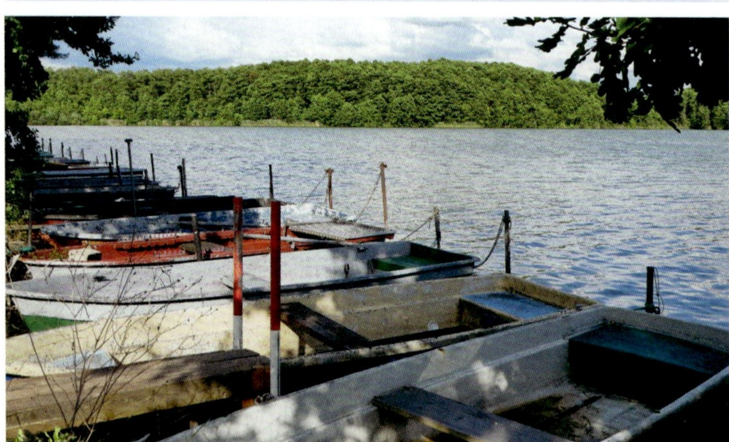

Bootsanleger in der Nähe der Badestelle am Pätzer Hintersee

▸Karte S. 245

Naturvielfalt auf kurzer Strecke

Tour 32: Sutschketal und Krummer See » (10 km)*****

Kurzcharakteristik
Diese Wanderung ist die kürzeste in diesem Wanderbuch. Sie ist besonders gut geeignet für Wanderanfänger oder für jene, die nur einmal zwischendurch eine kurze Strecke außerhalb Berlins absolvieren wollen. Ungeachtet der Kürze bietet sie eine erfreuliche Vielfalt von Natureindrücken: Laubwald, Nadelwald, ein verträumter Waldteich, ein Seeuferpfad bester Art, Gartengrundstücke und diverse Rastmöglichkeiten in kurzen Abständen. Außerdem ist Verirren ausgeschlossen, denn es gibt im Sutschketal nur einen Weg an jeder Seite des Bachbettes, und der Weg um den See ist gut markiert und nicht zu verfehlen.
Teilstrecken Keine.
Verkehrsverbindungen Der Bahnhof Bestensee liegt an der Bahnstrecke Eberswalde–Berlin-Senftenberg (RB 24) und Wismar–Berlin–Cottbus (RE 2). Von Berlin Ostkreuz bis Bahnhof Bestensee (zwei Stationen hinter Königs Wusterhausen) braucht man etwa 30 Minuten.
Hinweis für Autofahrer Autobahn A 13 Berlin–Dresden bis Ausfahrt Bestensee. Kostenlose Parkmöglichkeiten am Bahnhof Bestensee, an der Königs Wusterhausener Straße (siehe Text) und in Ortsstraßen.
Wegebeschaffenheit Außerhalb der Ortslagen durchgängig unbefestigte Waldwege und Uferpfade, Gehwege in Ortslagen.
Wunschwegkategorie 1, 2, 3, 5, 8, 9, 11, 14a.
Wanderkarten Naturpark Dahme-Heideseen, Maßstab 1:35 000, Verlag Dr. Barthel (Serie ›Schöne Heimat‹); Rad-, Wander- und Gewässerkarten-Set: Spree- und Dahme-Heideseen, Maßstab 1:35 000, Verlag Grünes Herz.
Markierung Blaues Kreuz auf weißem Grund.
Einkehr Uferrestaurant am Krummen See.
Unterkunft Hotel ›Am Sutschke-Tal‹ in Bestensee.
Hinweise für Radfahrer Der Wanderweg ist für Radtouren ungeeignet. Er verläuft außerhalb der Ortslagen durchgängig auf unebenem, teils weichem, teils sandigem Waldboden mit Wurzeln und Vertiefungen, teils als sehr schmaler Uferpfad. Alternativ gibt es in der Region zahlreiche Radwege.

Streckenverlauf

Wir verlassen den Bahnhof Bestensee, vorbei am Einkaufsmarkt, in westlicher Richtung und gehen ein Stück entlang der Hauptstraße. Nach einige Metern folgen wir der nach links abzweigenden Straße Dorfaue, die den Dorfteich umgeht und dann wieder in die Hauptstraße mündet. Der Abzweig und Wegverlauf – hier wie im Folgenden – ist gut markiert. Wir überqueren die Hauptstraße und folgen auf der gegenüberliegenden Seite einige Meter der Königs Wusterhausener Straße. Rechter Hand befindet sich die **Kirche**. Ihr gegenüber zweigt nach links ein Fahrweg zu einem Rastplatz zu Füßen eines Weinhanges ab. Auf dem Hang stand einst eine Windmühle, deren Mini-Modell neben dem Rastplatz nachgestaltet wurde. Richtung Norden schließt sich an den **Weinhang** ein **Generationenwald** an, wo die Bürger aus Bestensee und den umliegenden Orten die Möglichkeit haben, zu besonderen Anlässen – runde Geburtstage, Geburt eines Kindes, Taufe, Eheschließung – oder in Andenken an eine Person einen Baum zu pflanzen. Diesen Generatio-

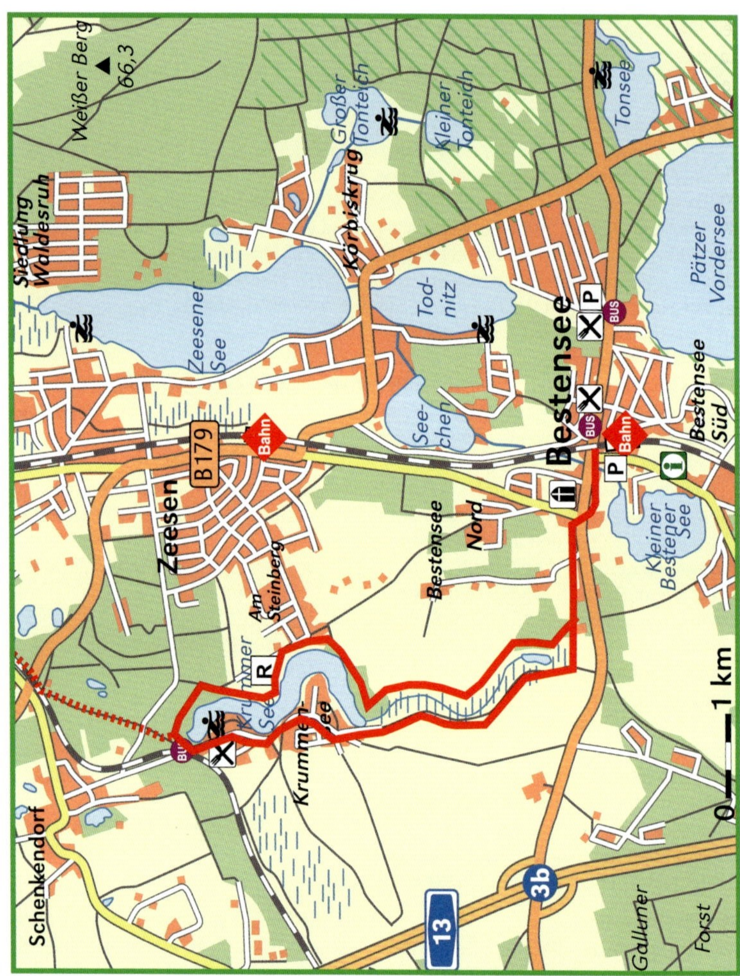

nenwald und Weinberg besiedeln von einem Kettensägenkünstler angefertigte Holzschnitzkunstwerke.

Wir folgen der Markierung nach links und kehren zur Hauptstraße zurück. Nach knapp 100 Metern zweigt nach links die Franz-Künstler-Straße zum Hotel ›Sutschketal‹ ab. Hinter dem Parkplatz vor dem Hotel geht es weiter nach links auf dem Triftweg. Dieser führt am Friedhof vorbei zum Waldrand.

Wir folgen dem markierten Pfad in den Wald bis zu einer Weggabelung. Hier beginnt der eigentliche Rundweg durch das Sutschketal und um den Krummen See. Wir wählen den nach schräg rechts ins Tal, zum Sutschke-See hinab führenden Weg, denn auf dem linken kehren wir zurück. Beide Wege sind bis zum Südufer des Krummen Sees durch drei Brücken miteinander verbunden. Der **Sutschke-See** ist eigentlich ein Teich. In den letzten Jahren hat er, wie viele Gewässer im Land Brandenburg, zunehmend an Wasser verloren. Von hier bis zum Krummen See sind es knapp 1,5 Kilometer.

Der **Krumme See** krümmt sich in der Tat von Nord nach Süd in die Landschaft. Man sieht immer nur einen Teil des gegenüber liegenden Ufers. Wir halten uns zunächst am bewaldeten rechten Ufer und folgen dem schmalen, gut zu laufenden Pfad mit besten Aussichten auf das von Villen gesäumte Westufer. Nur an einer Stelle reicht ein umzäuntes Anwesen, das Eigentum der Russischen Föderation ist, bis an den See. Wir umgehen es.

An der Nordspitze des Sees folgt die Markierung dem Uferverlauf in einiger Entfernung. Nach rechts, in Richtung Norden, zweigt hier ein ebenfalls mit blauem Kreuz markierter, ausgeschilderter Weg zum etwa 4,5 Kilometer entfernten Bahnhof Königs Wusterhausen ab. Die Strecke dorthin folgt Fahrrad- und Parkwegen bis zum Nottekanal. Vor der Brücke über den Kanal bedeutet eine Markierung, die Brücke zu überqueren. Dies sollte man nicht tun, sondern dem Park- und Wanderweg am Südufer bis zur Bahnhofstraße und entlang dieser bis zum Bahnhof Königs Wusterhausen folgen.

Der Rundweg zurück nach Bestensee umrundet die Nordspitze des Krummen Sees. Am Nordwestufer befinden sich der **Badestrand** und das ›Strandhaus‹, ein Steakhaus und Restaurant. Der Wanderweg führt zunächst weiter am Ufer des Sees, dann durch den Ort Krummensee zum Südufer und durch das Sutschketal – wie oben beschrieben – nach Bestensee.

Tour 32

- Bestensee: → Tour 31.
- Krummensee:

Strandhaus Steakhaus und Restaurant, Am See 11A, 15749 Mittenwalde/OT Krummensee, Tel. 03375/524646; tgl. 12–22 Uhr. Neben Fleischgerichten gibt es das ein oder andere auch für Vegetarier. www.strandhausamkrummensee.de

- Königs Wusterhausen:

Zahlreiche Restaurants in der Bahnhofstraße.

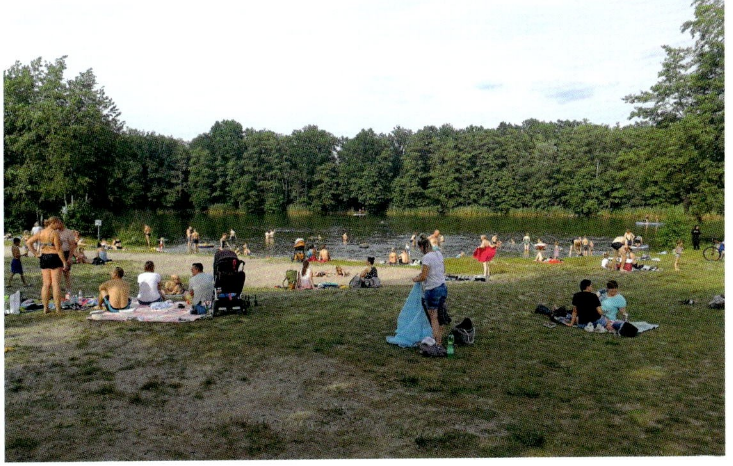

Der Badestrand am Krummen See

Wandern im Dahmeland

Tour 33: Um den Klein Köriser See » (15 km)*****

Kurzcharakteristik
Bei Umfragen unter Wanderfreunden wurde dieser Wanderweg als zweitbester im Land Brandenburg ermittelt. Besondere Anerkennung finden die Vielfalt der Umgebung und angenehme Wanderbarkeit, ebenso wie die durch Bus- und Bahnverbindungen in Teilabschnitte zu variierende Strecke durch das Schenkenländchen. Der Name des Gebiets geht auf das 14. Jahrhundert zurück, in dem die Ritterfamilie der Schenken von Landsberg und Seyda zwischen Königs Wusterhausen und Teupitz Dörfer erwarb. Im Jahr 1992 wurde das Amt Schenkenländchen mit Sitz in Teupitz gebildet. Zum Schenkenländchen gehören unter anderem die Dörfer Groß und Klein Köris, Heidebrück und Bestensee. Die Landschaft, Teil des Naturparks Dahme-Heideseen, ist durch die Seen der Dahme geprägt.
Die Wanderung erfreut zunächst durch die Gärten von Groß Köris und eine historische Zugbrücke. Am Ortsende sorgt ein Waldgebiet bis hinter Wilhelminenhof für Abwechslung. Der folgende, etwa drei Kilometer lange bewaldete Uferweg verläuft meist leicht erhöht und ermöglicht fast durchgehend offene Blicke über den See. Am Ufer gibt es mehrere Rastmöglichkeiten. Hinter Neubrück verändert sich die Landschaft in teils offenes Wiesen- und Weideland. Im typisch märkischen Dörfchen Klein Köris gibt es eine offene Badestelle, Rastmöglichkeiten am Seeufer und etwas abseits vom Weg das Freilichtmuseum ›Germanische Siedlung‹.
Ein Naturschutzgebiet zwischen dem Westufer des Klein Köriser Sees und dem Ostufer des Kleinen und des Großen Moddersees bietet mit seinen Wald- und Wiesengebieten zusätzliche Facetten einer beschaulich stillen Landschaft. Am Ende setzt ein Sumpfgebiet, das nur auf dem Radweg zu passieren ist, nochmals besondere Akzente.
Teilstrecken 8 km oder 10 km bei Busnutzung in Klein Köris oder Neubrück.
Verkehrsverbindungen Der Bahnhof Groß Köris liegt an der Bahnstrecke Eberswalde–Berlin–Senftenberg (RB 24) und Wismar–Berlin–Cottbus (RE 2). Von Berlin Ostkreuz bis Groß Köris (drei Stationen hinter Königs Wusterhausen) braucht man etwa 40 Minuten. Die Haltestellen in Klein Köris und Neubrück werden von den Bussen der Linie 727 zwischen Bahnhof Königs Wusterhausen und Teupitz angefahren, an den Wochenenden im Abstand von ca. drei Stunden. Informationen zu den Fahrplänen: 03544/5001-0, 24 Stunden erreichbar.
Hinweise für Autofahrer Kostenlose Parkplätze am Bahnhof Groß Köris und in der Ortsmitte von Klein Köris.
Wegebeschaffenheit Etwa 5 km Waldwege und Uferpfade. Weitere Streckenteile sind teils befestigte, teils unbefestigte Fahrwege für Anlieger ohne Durchgangsverkehr, Gehsteige in den Orten und 800 Meter Radweg.
Wunschwegkategorie 2, 5, 8, 9, 11, 12, 14a.
Wanderkarten Naturpark Dahme-Heideseen, Maßstab 1:35 000, Verlag Dr. Barthel (Serie ›Schöne Heimat‹); Rad-, Wander- und Gewässerkarten-Set: Spree- und Dahme-Heideseen, Maßstab 1:35 000, Verlag Grünes Herz.
Markierung Grüner Punkt. Durchgehend zuverlässig, bis auf zwei Abzweige hinter Klein Köris, die im Text beschrieben sind.
Einkehr Groß Köris, Neubrück und Klein Köris.
Sonstige Hinweise Zwei interessante Sehenswürdigkeiten liegen am Weg: die Zugbrücke in Groß Köris und die ›Germanische Siedlung Klein Köris‹.

▶ Karte S. 250

Hinweise für Radfahrer Es gibt nur 800 Meter Radweg, ansonsten Kopfsteinpflasterstraßen, Fahrbahnen in den Ortsstraßen und überwiegend schlecht befahrbare Wege abseits der Orte. Die Uferpfade am See sind sehr schmal, uneben, weich, haben viele Wurzeln, Löcher und Schrägen. Teils liegen abgefallene Zweige auf den Pfaden. Radfahren ist beschwerlich; die Passage durch eine Gartenkolonie für Radfahrer nicht gestattet.

Streckenverlauf

Vom Bahnhof Groß Köris geht es zunächst etwa 100 Meter entlang der Berliner Straße Richtung Osten. Vor dem Getränkemarkt Rössler zweigt nach links die Seebadstraße ab, der wir bis zum Ortskern von **Groß Köris** am Ufer des Schulzensee folgen. Nach knapp einem Kilometer mündet die Seebadstraße in die Lindenstraße. Wir gehen auf ihr weiter nach links, Richtung Norden, und überqueren die **Zugbrücke** über ein Fließ, das den Schulzensee im Südwesten mit dem Großen Moddersee im Osten verbindet.

Fließ und Brücke spielen für die Schifffahrt zwischen den Seen der Region eine bedeutende Rolle. Die erste Zugbrücke verband schon 1749 das linke mit dem rechten Ufer der Wasserstraße. Die zweite Version, die Fontane einige Jahre später antraf, wurde Mitte des 19. Jahrhunderts errichtet und 1945 in den letzten Kriegstagen gesprengt. Die heutige Konstruktion stammt aus den 1950er Jahren. Wegen ihres leuchtend blauen Anstrichs ist sie auch als ›Blaues Wunder von Groß Köris‹ bekannt.

Hinter der Zugbrücke folgen wir der Lindenstraße noch etwa 750 Meter Richtung Norden und zweigen dann nach rechts in den Wilhelminenhofer Weg ab. Wir passieren einige vereinzelte Gehöfte und wenden uns nach etwa 1,5 Kilometern, hinter einem Feld, nach rechts in Richtung **Klein Köriser See**, an dessen Nordufer wir nun in Richtung Osten wandern, bis nach **Neubrück**. Dort gehen wir auf einem Fußweg neben der Straße etwa 200 Meter nach rechts und zweigen hinter dem Seepark Klein Köris, einer Wohnsiedlung am See, nach rechts in die Neubrücker Straße an. Ihr folgen wir nun parallel zum Südufer des Klein Köriser Sees bis

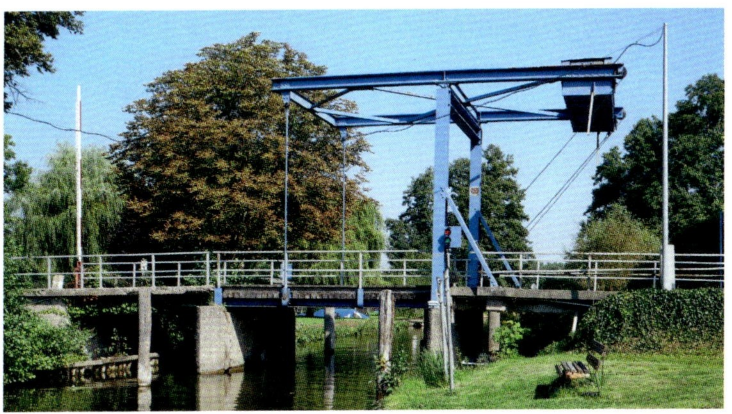

Die Zugbrücke am Anfang der Tour

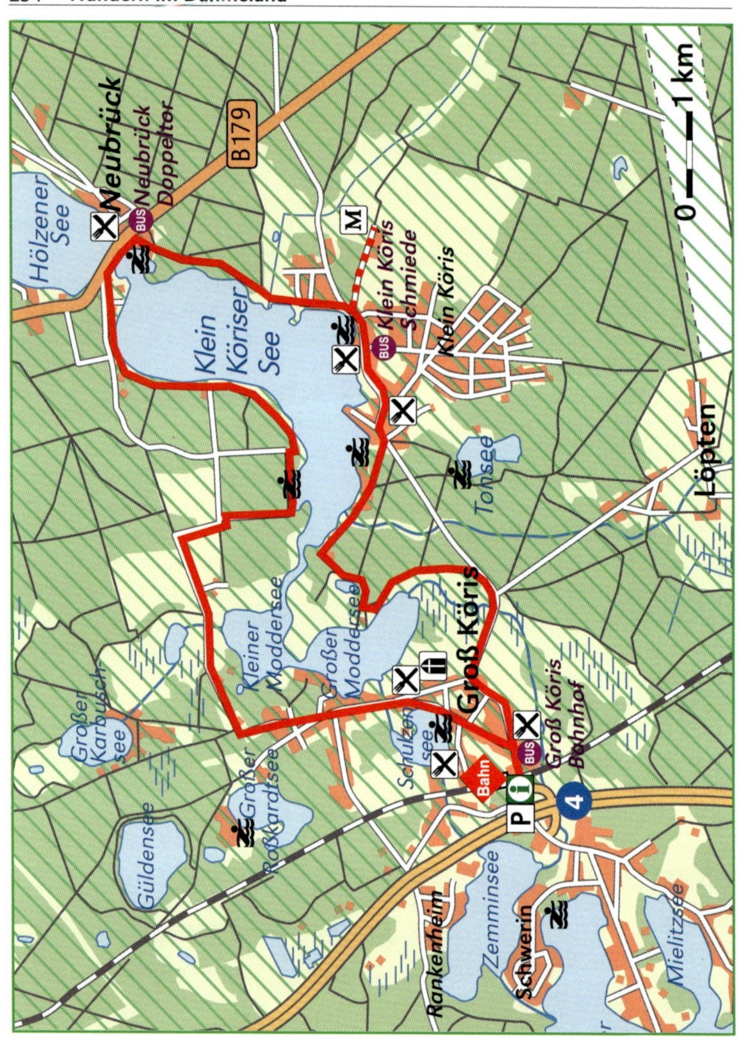

Klein Köris. Die Straße ist ein Fahrweg. Es lohnt, auf schmalem Pfad parallel zu ihr, näher am Ufer, zu wandern. Kurz vor Erreichen von Klein Köris kommen wir an einer in ihren Ausmaßen bescheidenen Badestelle vorbei. Etwa 200 Meter weiter zweigt nach links der Buschweg ab, auf dem man zum **Freilichtmuseum Germanische Siedlung** gelangt.

Der Rundwanderweg durchquert Klein Köris entlang der Chausseestraße, an der sich zwei Haltestellen der Linie 727 befinden. Die Chausseestraße verläuft parallel zum Südufer des Klein Köriser Sees, entfernt sich dann in Richtung Westen von ihm. Wir folgen der Markierung des Rundwanderweges. Kurz vor Erreichen des Zaunes um die Jugendherberge am See verlieren sich die Markierungen. Wir nehmen den Weg nach rechts, dann nach links zum See und gehen am Ufer (nun wieder den Markierungen folgend) auf schmalem Pfad zwischen Jugendherberge und See weiter. Hinter einer Kleingartensiedlung in Ufernähe biegen wir nach links in Richtung des Großen Moddersees ab. Wir überqueren die Schneise einer Gasleitung. Nach etwa 100 Metern durch ein Waldstück nehmen wir den nach links führenden Weg. Hier ist die Markierung erst einige Schritte nach dem Abzweig, versteckt hinter Laub, an einem der Bäume auszumachen. Es geht weiter am Rand des Naturschutzgebiets Moddersee, dann entlang der für die Gasleitung geschlagenen Lichtung bis zur Landstraße. Nach einem sanften Rechtsschwenk durchquert diese eine Sumpfgebiet. Wir folgen der Landstraße auf dem Radweg bis **Groß Köris**. Bis zum Ortseingang sind es etwa 800 Meter, von dort bis zum Bahnhof von Groß Köris noch einmal ungefähr genauso viel. Gegenüber der Grund- und Oberschule Schenkenland ist das Lokal ›Küstenzone‹ eine empfehlenswerte Adresse.

Tour 33

▸ **Groß Köris:**

Hotel und Restaurant Seeschlösschen, Berliner Str. 41, 15746 Groß Köris, Tel. 033766/62516; Di–So 12–21 Uhr, ab 15. Okt. So–Mo geschlossen. 5 Minuten zu Fuß vom Bahnhof Groß Köris in Richtung Westen. Fisch, Lamm und Wild. www.seeschloesschen-koeris.de

Hotel Seenot, Lindenstraße 75, 15746 Groß Köris, Tel. 0173/6216534. Im Zentrum von Groß Köris, neben der Christuskirche. Bed & Breakfast.

Ristorante il Monello, Berliner Str. 23, 15746 Groß Köris, Tel. 033766/20050; Di–So 12–22 Uhr. Wenige Schritte vom Bahnhof. Großes Angebot an italienischen Gerichten, Innen- und Außenbereich.

Küstenzone, Berliner Str. 18, 15746 Groß Köris, Tel. 033766/213503; Fr–Mi 10–20 Uhr. Der Wanderweg zweigt kurz vor dem kleinen, von Frauen geführten Lokal nach links in die Seebadstraße ab.

Restaurant Da Mario, Seebadstraße 24, 15746 Groß Köris, Tel. 033766/163111 und 01525/7011839; Di–So 11–23 Uhr. Italienisch vom Feinsten im Zentrum des Ortes.

Restaurantschiff Klabautermann, Seebadstraße 24, 15746 Groß Köris, Tel. 0172/3990479; Do–Mo 11.30–21 Uhr. Tolles Fischrestaurant am Schulzensee, gegenüber dem Restaurant ›Da Mario‹. Jüngst umgebaut. www.zum-klabautermann.com

▸ **Klein Köris:**

Fontanehaus, Chausseestraße 19, 15746 Groß Köris/OT Klein Köris, Tel. 033766/62721. Angenehme Pension, Übernachtung mit Frühstück. Zur Pension gehörte ein Restaurant, das leider seit 2020 geschlossen ist. www.fontanehaus.de

Köriser Bio Oase, Birkenstraße 1, 15746 Groß Köris/OT Klein Köris, Tel. 033766/42345; Fr–Sa 14–19 Uhr. www.biooase-bioprodukte.de

▸ **Neubrück**

Anglerklause, Karpfenweg 41, 15746 Groß Köris, Tel. 01573/4872111; Mi–Mo 12.20 Uhr. Etwas abseits des Wegs nahe dem Südufer des Hölzernen Sees.

Freilichtmuseum Germanische Siedlung Buschweg 8, 15746 Groß Köris/OT Klein Köris, Tel. 03312/801879; März–Okt. jeden 1. So im Monat und an Feiertagen 10–16 Uhr. Das Museum liegt etwa 500 Meter abseits des Weges. Es entstand, nachdem 1976 bei Erdarbeiten die Überreste eines germanischen Dorfes aus dem 2. bis 5. Jahrhundert freigelegt und in den folgenden Jahrzehnten nach und nach archäologisch erschlossen wurden. Das Museum wird von einem Verein betrieben, der die Rekonstruktion der Siedlung fördert und Veranstaltungen organisiert. www.germanische-siedlung-klein-koeris.de

Arten von Wanderwegen

Wanderwege erfahren manchmal eine offizielle Klassifizierung, manchmal werden sie von Touristikern mit einem neuen, möglichst zugkräftigen Namen versehen, und überhaupt werden sie im allgemeinen Sprachgebrauch unterschiedlich benannt. Im Folgenden einige Hinweise zu den wichtigsten Arten und offiziellen Klassifizierungen.

Qualitätswanderwege und Premiumwege

Die beste Gewähr für orientierungssicheres touristisches Wandern bieten die als ›Qualitätswanderweg‹ oder ›Premiumweg‹ ausgezeichneten Strecken. Dabei handelt es sich um speziell entwickelte Wanderwege, die sehr genau definierte Kriterien zum Naturerlebnis beim Wandern erfüllen müssen.

Das Deutsche Wanderinstitut, eine private Organisation, zeichnet mit eigenem Titel und Logo ›Premiumwege‹ aus; der Deutsche Wanderverband als Dachverband Deutscher Wandervereine vergibt für von ihm geprüfte Wanderwege das Siegel ›Qualitätswanderweg‹. Die Kriterien beider Institutionen gleichen sich weitgehend. Sie resultieren aus Erfahrungen und Wünschen von Wanderern und Fachleuten, so dass Wanderwege mit diesen Auszeichnungen optimale Wanderfreude garantieren. Prüfer begutachten die Wanderwege vor Ort sehr genau und gewähren das Qualitätssiegel für festgelegte Zeiträume, die nach vorheriger erneuter Prüfung verlängert werden. Dieserart sehen sich die jeweiligen Regionen veranlasst, eine dauerhafte Qualitätssicherung zu organisieren.

Ein Qualitätswanderweg darf generell keine touristisch angebotene Radwegroute sein und nur in genau definiertem, geringem Umfang Straßenränder und Radwege einbeziehen. Er muss überwiegend auf naturbelassenen, gut begehbaren Untergründen verlaufen und absolut orientierungssicher, also durchgängig markiert und ausgeschildert, sein. Lärmbelastete Strecken oder Gewerbeobjekte am Wanderweg sind nur in sehr geringem Umfang zulässig.

Neben diesen generellen Grundvoraussetzungen wird ein Mindestmaß an ›Wander-Erlebnisqualität‹ vorausgesetzt. Um diese Beurteilung treffen zu können, dienen Bewertungen der Strecke nach folgenden Gesichtspunkten: Abwechslungsreichtum der Landschaft – Waldgebiete, Gewässer, Wiesen und Felder –, gefällige Ortsbilder, Aussichten, kulturell oder als Naturschauspiel interessante Orte und Sehenswürdigkeiten je nach Landschaftstypologie, Rastplätze, Gastronomie, Verkehrsanbindungen, absolute Ruhe in der Landschaft. Man darf bei Qualitätswegen keine parkähnlich angelegten Wege erwarten: ›naturbelassen‹ bedeutet, dass es sich so weit als möglich um unbefestigte Wege handelt. In Brandenburg sind das unebene Forstwege, Sandwege, moosige Waldpfade, Wurzelwege mit Unebenheiten und schmale Uferwege. Generell sind und müssen die Wege zwar begehbar sein, aber möglichst nicht befahrbar. Das Radfahren auf den Qualitäts- und Premiumwegen ist zumeist nicht verboten, doch wegen der Beschaffenheit nicht empfehlenswert. Für Radfahrer gibt es in Brandenburg ein gutes und weitverzweigtes Radwegenetz.

In Brandenburg gibt es derzeit folgende Qualitätswanderwege: Naturparkroute Märkische Schweiz (21,5 km, → S. 216) Schlaubetalwanderweg (25,4 km, → S. 224); Oderlandweg (60 km, → S. 229); Burgenwanderweg im Fläming (153,0 km, → S. 172); Märkischer Landweg (mit Nebenwegen 217 km), Uckermärker Landrunde (152 km).

Europäische Fernwanderwege

Neben verschiedenen Wanderorganisationen und dem Deutschen Alpenverein, dem Spezialisten für die Bergwanderwege, gibt es seit 1883 den Deutschen Wanderverband. Er ist in die 1969 gegründete Eu-

ropäische Wandervereinigung integriert, dem 25 Länder Europas angehören. Der Deutsche Wanderverband fördert das touristische Wandern und kümmert sich um entsprechende Wegestrukturen.
Mit dem Ziel der Völkerverständigung wurden inzwischen elf Europäische Fernwanderwege entwickelt. Sie verbinden regionale Wanderwege zu einem Wanderwegenetz, das vom Baltikum bis zum Atlantik, vom Norden Skandinaviens bis ans Mittelmeer reicht. Manche Teilstrecken existieren bislang nur als Idee, in den mittel- und westeuropäischen Wandergebieten sind diese Fernwanderwege jedoch weitgehend markiert. Das Land Brandenburg wird von Teilstrecken der Europawege E 10 und E 11 durchquert, die sich in die vier Himmelsrichtungen jenseits seiner Grenzen fortsetzen.
Der Fernwanderweg E 10 verläuft von der Ostsee über den Böhmerwald und die Alpen bis zum Mittelmeer. Er beginnt gegenwärtig – Verlängerungen sind geplant – als feststehende Wanderroute am Kap Arkona auf Rügen, verlässt über Stralsund die Insel, führt weiter über Güstrow durch Mecklenburg-Vorpommern, durch das Land Brandenburg über Potsdam bis nach Bad Muskau. Von dort schlängelt er sich weiter auf deutschem Gebiet südwärts bis zur tschechischen Grenze, steuert Prag an und verläuft weiter südwärts nach Österreich. Südlich von Salzburg werden die Alpen überquert. Von Bozen geht es über Como in Richtung Turin, von dort bis Nizza am Mittelmeer.
Der Fernwanderweg E 11 verläuft von der Nordsee über den Harz und Brandenburg bis in die Masuren. Von der Elbe bis an die Oder – rund 340 Kilometer – ist er in 19 Etappen in diesem Wanderbuch beschrieben. Die Gesamtlänge des E 11 beträgt in den Niederlanden etwa 350, in Deutschland etwa 1000 und durch Polen bis nach Litauen etwa 1150 Kilometer, insgesamt also etwa 2500 Kilometer. Die Routenführung der beiden Fernwanderwege in Brandenburg ist dank des jahrelangen Engagements von Wanderfreunden erarbeitet worden, mit Unterstützung von und in Abstimmung mit den Landkreisen, teilweise auch einzelnen Orten, Forst- und Naturschutz- und Wasserwirtschaftsbehörden, auch privaten Landeigentümern und Waldbesitzern sowie Tourismusverbänden. Dank dieses Engagements vieler Beteiligter erfolgte am 14. August 1993 mit der Enthüllung einer Gedenktafel und der Positionierung eines Findlingssteins sowie eines Wanderwegweisers in Potsdam die offizielle Einweihung dieser Wanderrouten durch Brandenburg. Seitdem finden auch viele geführte Wanderungen auf diesen Wegen statt.
Weitere Informationen zu den elf Europäischen Fernwanderwegen bieten: **Europäische Wandervereinigung e.V. Deutschland**, vertreten durch: Verband Deutscher Gebirgs- und Wandervereine, Wilhelmshöher Allee 157–159, 34121 Kassel, Tel. 0561/93873-0, info@wanderverband.de dt.wanderverband@t-online.de www.dt-wanderverband.de www.wanderverband.de.

Pilgerwege

Auf Pilgerwegen gelangt man zu einem Wallfahrtsort. Meditative, kulturhistorische und religiöse Aspekte sind für ihre Markierung von größerer Bedeutung als Landschaftserlebnisse. In Brandenburg sind Pilgerwege bewusst für Doppelnutzungen als Rad- und Wanderweg konzipiert worden und weisen entspreche Wegebeschaffenheiten auf, also fahrradfreundliche Untergründe.
Mitunter werden Pilgerwege allgemein als Jakobswege bezeichnet. Das ist ungenau. Das Ziel der Jakobswege ist Santiago de Compostela in Spanien, wo der Heilige Jakobus begraben liegen soll, einer der zwölf Apostel, oder andere Pilgerwege, die sich auf Jakobus beziehen. Der Pilgerweg nach Bad Wilsnack in Brandenburg ist demnach ein Pilgerweg zur Wunderblutkirche, aber kein Jakobsweg. Gleichwohl hat sich die stilisierte Jakobsmuschel zur Kennzeichnung von Pilgerrouten international durchgesetzt.

Themenwege und Lehrpfade

Von Naturparks, Förstern, Kommunen, Tourismusverbänden oder anderen Stellen oder Verbänden, die einzelne Regionen touristisch erschließen oder neu positionieren wollen, werden immer wieder neue Themenwege und Lehrpfade konzipiert. Dabei gibt es in Brandenburg sehr große Qualitätsunterschiede. So ist zum Beispiel der Boden-Geo-Pfad im Fläming ein bestens gepflegter und mit Informationen hervorragend ausgestatteter Wanderweg, der zugleich eine sehr attraktive Landschaft erschließt. Andererseits gibt es Lehrpfade, die nicht regelmäßig gepflegt werden, im Lauf der Zeit verwildern oder gar unpassierbar werden. Es gibt sogar Themenwege, die eher Einkaufsrouten für Automobilisten gleichen.

Derartige Bezeichnungen sagen also nichts über Qualität und aktuelle Beschaffenheit aus. Verlässliche Orientierungshinweise kann nur aktuelles Infomaterial der Tourismusverbände, der Naturparks oder anderer kompetenter Stellen bieten, die sich für diesen Pfad zuständig fühlen. Altes oder fehlendes Prospektmaterial und ungeprüfte Internetinformationen sollten dagegen zur Vorsicht mahnen.

Natura Trails

Der Verband ›Die Naturfreunde‹, bei dem die Naturerlebnisse im Vordergrund stehen, hat aus der Fülle vorhandener Wege eigene Wanderrouten zusammengestellt und sie als ›Natura Trails‹ etikettiert. Die Informationen dazu gibt es als GPS-Daten und als Wegbeschreibungen, nicht aber als durchgehend markierte Wanderwege: Der Verband ist nicht zu eigenständigen Wegmarkierungen befugt.

Verschiedene, unterschiedlich markierte Wege werden zu ›Natura Trails‹ kombiniert. So ist zum Beispiel der ›Natura Trail Märkische Schweiz‹ eine Kombination aus Teilen des Fernwanderweges E 11 mit dem Qualitätsweg ›Naturparkroute‹, dem ›Poetensteig‹ sowie anderer regionaler Wanderwege in der Märkischen Schweiz. Manche ›Natura Trails‹ beziehen Straßenanteile an, da das Wander- dem Naturerlebnis nachgeordnet ist.

Permanente Wanderwege

Der Deutsche Volkssportverband ist eine eigenständige Organisation, die dem Internationalen Volkssportverband angeschlossen ist, weltweit das Wandern als Sportart versteht und überregionale Wanderveranstaltungen durchführt. Zusätzlich werden den Mitgliedern Wanderstrecken zum individuellen sportlichen Wandern angeboten. Unter der Bezeichnung ›Permanenter Wanderweg‹ werden diese Wanderrouten vereinsintern publiziert. Es handelt sich nicht um offiziell markierte Wege, vielmehr werden Wege nach sportlichen Gesichtspunkten miteinander kombiniert und teilweise mit kaum wahrnehmbaren Zeichen versehen

Internethinweise

www.wanderbares-deutschland.de Seite des Deutschen Wanderverbands.
www.wander-bahnhoefe-brandenburg.de Alles Infos zu Erkundung Brandenburgs mit dem ÖPNV und zu Fuß.
https://www.fuss-ev.de Die offizielle Seite des Fachverbands Fußverkehr Deutschland
www.berliner-wanderverband.de Der Berliner Wanderverband gibt hier u.a. Informationen zu geführten Wanderungen.
www.reiseland-brandenburg.de Die Seite der Tourismus Marketing GmbH mit einer Fülle von Informationen für Besucher, auch Buchungsmöglichkeiten.
www.brandenburg.de Offizielle Seite des Landes Brandenburg zu Politik und Verwaltung, Kultur und Geschichte u.v.m.

Literaturhinweise

Friedrich Beck u.a., Neues altes Land – Geschichte und Gegenwart, Berlin 2010. Guter Überblick über die Geschichte des Landes auf 200 Seiten.
Deutsche Gesellschaft e.V. (Hg.), Schlösser und Gärten der Mark, Berlin 1991.
Theodor Fontane, Wanderungen durch die Mark Brandenburg, verschiedene Ausgaben, zuletzt Berlin 2005 (5 Bände).
Antje Rávic Stuvel, Gebrauchsanweisung für Potsdam und Brandenburg, München 2012. Augenzwinkernde Auseinandersetzung der Schriftstellerin mit ihrem Land und ihren Nachbarn.

Verkehrsinformationen

Informationen über sämtliche Verkehrsverbindungen, Tarife usw. bieten:
BVG-Callcenter, 030/19449 (rund um die Uhr); www.bvg.de
Verkehrsverbund Berlin-Brandenburg GmbH (VBB), Infotelefon: 030/2541 4141; allgemeine Auskunft: Tel. 030/ 254140, www.vbbonline.de;
Deutsche Bahn AG, automatische Ansagen über Infotelefon Berlin: 030/29712971, Auskünfte bundesweit über Infotelefon: 01805/996633, www.bahn.de.

Die Autoren

Manfred Reschke wurde 1939 in Berlin geboren, wo er bis heute lebt. Ende der 1970er Jahre entdeckte er die Liebe zum Wandern und die Reize der brandenburgischen Landschaft. Seitdem hat er auf Fernwanderungen in zwölf europäischen Ländern mehr als 10 000 Kilometer zurückgelegt, dabei unter anderem zweimal die Alpen überquert und den klassischen Teil des Jacobsweges von Genf durch Frankreich und Nordspanien bis zum Cap Finisterre komplett zu Fuß durchwandert. Vor allem aber hat er immer wieder Wanderungen durch die Mark Brandenburg unternommen, deren Vielfalt und Schönheit es ihm besonders angetan haben. Im Jahr 2013 nahm Manfred Reschke an der Wanderwerbeserie ›Vom Fläming bis nach Oberstdorf‹ teil, einer rund 900 Kilometer langen ›Wimpelwanderung‹ zum Wandertag dort. Nach seinem Ausscheiden aus dem aktiven Berufsleben als leitender Angestellter in der Druckindustrie entwickelte er die *66-Seen-Wanderung*, widmete sich auf vielfache Weise aktiv dem Wandern in Brandenburg, war viele Jahre als Wanderführer und auch im kirchlichen Bereich ehrenamtlich tätig. Im Januar 2003 wurde ihm anlässlich des ›Tages des Ehrenamtes‹ das Verdienstkreuz am Bande des Verdienstordens der Bundesrepublik Deutschland verliehen. Im Trescher Verlag erschienen von Manfred Reschke die Wanderführer ›66-Seen-Wanderung‹, ›Wanderungen durch Brandenburg‹, ›Paul-Gerhardt-Weg‹ und ›Tagestouren durch Brandenburg‹ sowie der Reiseführer ›Die Havel‹.
Als Co-Autor gewann Manfred Reschke seit 2019 den Reiseführerautor **Andreas Sternfeldt**. Der entdeckte nach einem schweren Unfall mit Unterstützung der Bücher von Manfred Reschke das Wandern neu, erlebte dessen heilende Wirkung, die Ruhe zugleich abgelegener und belebter Landschaften, ihren Abwechslungsreichtum und ihre Schönheit. Zwischen Herbst 2020 und Mai 2021 wanderte er auf allen Wegen, die in diesem Wanderführer beschrieben sind (mehr als 500 Kilometer), und zeichnete GPS-Daten auf. Diese können von der Webseite des Trescher-Verlages heruntergeladen werden. Die Auswahl beruht auf den in den ›Wanderungen durch Brandenburg‹ beschriebenen Strecken. Manches hatte sich seit der letzten Auflage geändert. Vor allem haben wir den Wanderabschnitten noch detailliertere Auskünfte zu den Verkehrsanbindungen, zu Gaststätten, kulturellen Highlights am Weg und manche historischen Hintergründe hinzugefügt.
Im Trescher Verlag erschienen von Andreas Sternfeldt die Wanderführer ›66-Seen-Wanderung‹ und ›Tagestouren durch Brandenburg‹ sowie die Reiseführer ›Georgien‹, ›Sotschi‹ und ›Flusskreuzfahrten Russland‹.

Manfred Reschke

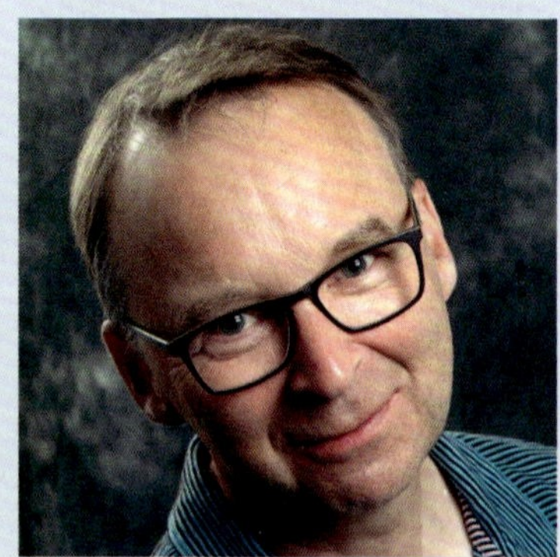

Andreas Sternfeldt

Bildnachweis

ArTono/shutterstock (S. 84);
Bildagentur Zoonar GmbH/shutterstock (S. 27);
Copula/shutterstock (S. 214/15);
Hinnerk Dreppenstedt (S. 126, 134);
ebenart/shutterstock (S. 50, 81, 253);
Volker Hagemann (S. 228, Backcover);
Jochen Hick (S. 26, 207);
Kerstin Moser (S. 52);
Manfred Reschke (8, 12,13, 22, 32/33, 47, 62/63, 73, 77, 87, 89, 93, 98, 100, 148, 153, 230, 242, 260l.);
Sina Ettmer Photography/shutterstock (S. 94);
Ina Meer Sommer/shutterstock (Titel);
Andreas Sternfeldt (10/11, 14, 16, 17, 18, 23, 24, 25l., 24r., 31, 35, 38, 42, 43, 56, 57, 66, 68, 74, 75, 92, 99, 106, 107, 113, 108, 114, 115, 120, 123, 125, 127, 129, 131, 133, 137, 140, 148, 149, 150, 156, 160, 164, 167, 169, 170, 175, 176, 181, 184, 190, 191, 192, 196, 197, 198, 203, 206, 208, 209, 210, 219, 220, 221, 227, 233, 238, 246, 247, 248, 251, 260r.);
Christiane Wittig/Tourismusverband Fläming (S. 144/45, 173);
Rudmer Zwerver/shutterstock (S. 26).
Die Veröffentlichung der Zeichnungen auf den Seiten 212 und 213 erfolgt mit freundlicher Genehmigung von Wolfgang Woizick.

Kartenregister

Stadtpläne

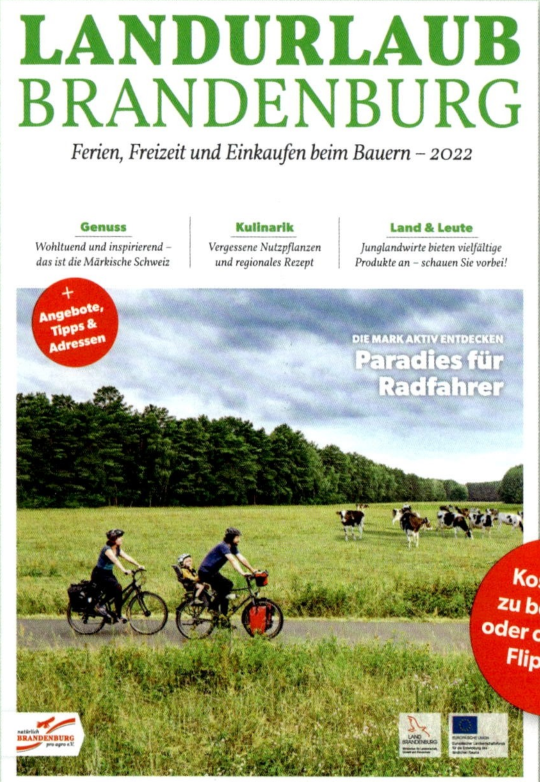

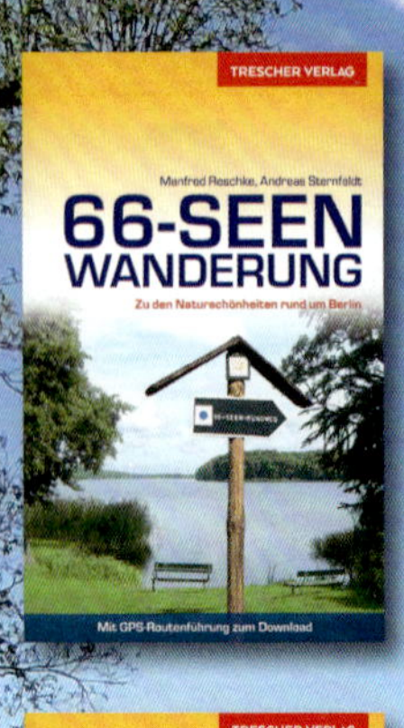
TRESCHER VERLAG
Manfred Reschke, Andreas Sternfeldt
66-SEEN WANDERUNG
Zu den Naturschönheiten rund um Berlin
Mit GPS-Routenführung zum Download

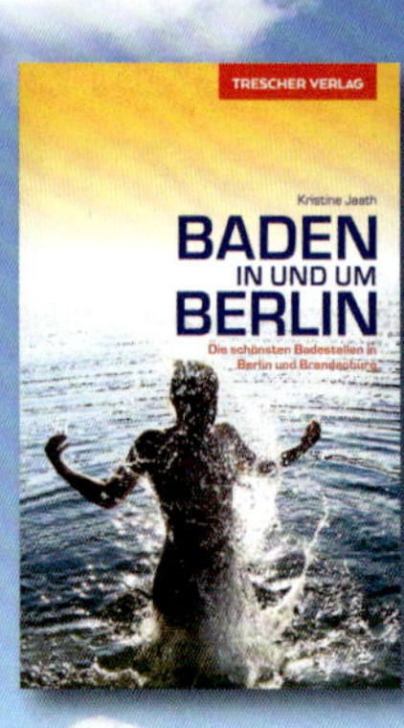
TRESCHER VERLAG
Kristine Jaath
BADEN IN UND UM BERLIN
Die schönsten Badestellen in Berlin und Brandenburg

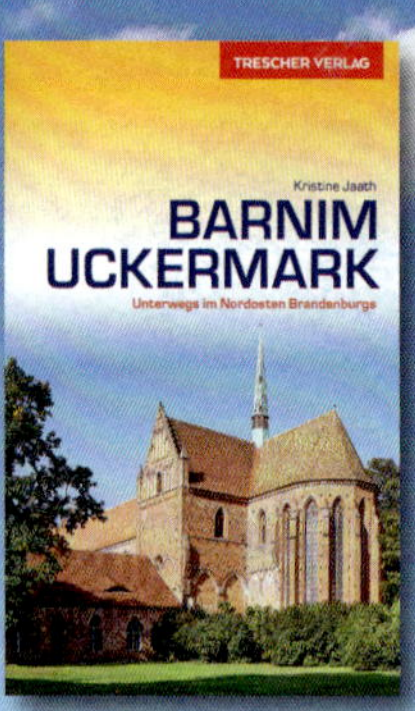
TRESCHER VERLAG
Kristine Jaath
BARNIM UCKERMARK
Unterwegs im Nordosten Brandenburgs

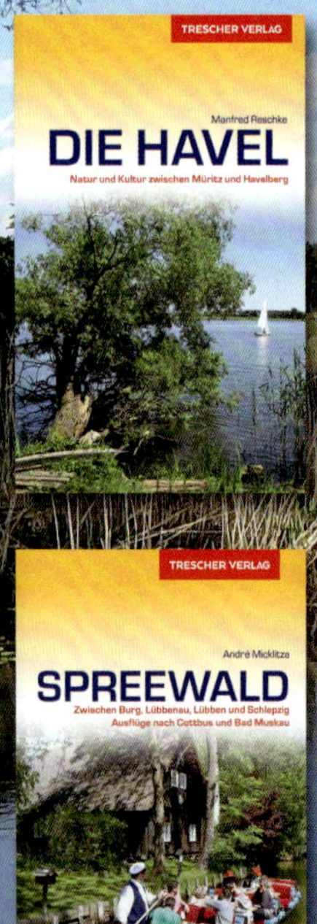
TRESCHER VERLAG
Manfred Reschke
DIE HAVEL
Natur und Kultur zwischen Müritz und Havelberg
TRESCHER VERLAG
André Micklitza
SPREEWALD
Zwischen Burg, Lübbenau, Lübben und Schlepzig
Ausflüge nach Cottbus und Bad Muskau

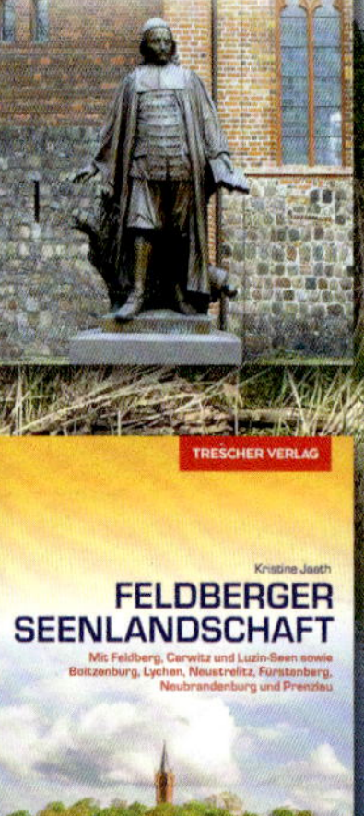
TRESCHER VERLAG
Manfred Reschke
PAUL-GERHARDT-WEG
Natur und Kultur zwischen Berlin und Spreewald
TRESCHER VERLAG
Kristine Jaath
FELDBERGER SEENLANDSCHAFT
Mit Feldberg, Carwitz und Luzin-Seen sowie Boitzenburg, Lychen, Neustrelitz, Fürstenberg, Neubrandenburg und Prenzlau

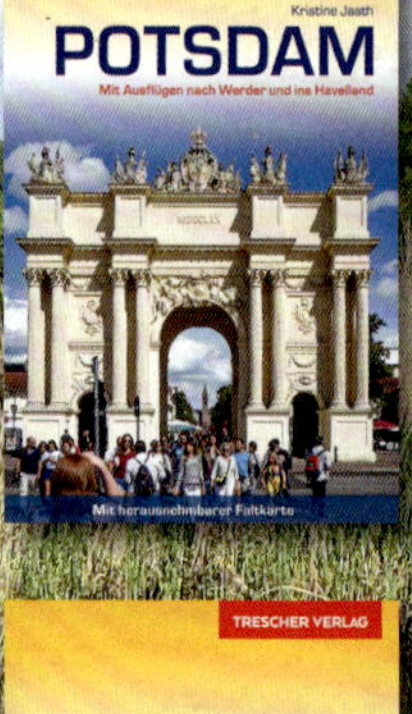
TRESCHER VERLAG
Kristine Jaath
POTSDAM
Mit Ausflügen nach Werder und ins Havelland
Mit herausnehmbarer Faltkarte

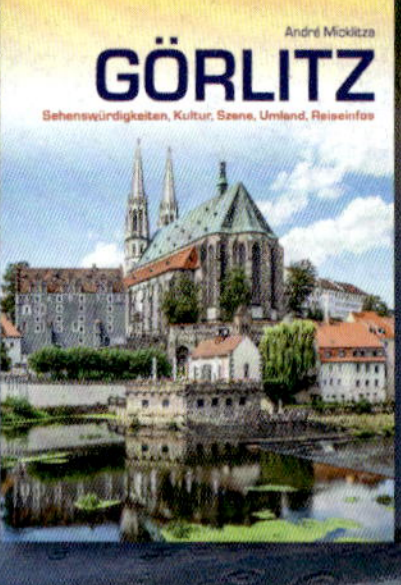
TRESCHER VERLAG
André Micklitza
GÖRLITZ
Sehenswürdigkeiten, Kultur, Szene, Umland, Reiseinfos

Kartenlegende

Autofähre
Bahnhof
Bank
Bar
Brunnen
Burg/Festung
Burgruine
Busbahnhof
Café
Campingplatz
Denkmal
Dorfkirche
Fähre
Flughafen
Hafen
Höhle
Hotel
Internetcafé
Kino
Kirche
Kloster
Klosterruine
Krankenhaus

Leuchtturm
Markt
Moschee
Museum
Naturschutzgebiet
Oper
Parken
Parkhaus
Post
Restaurant
Ruine/Ausgrabungsstätte
Segeln
Sehenswürdigkeit
Seilbahn
Strand
Supermarkt
Synagoge
Theater
Tor
Touristeninformation
Turm
Zoo

Sehenswürdigke
Burg
Kirche
Friedhof
Zeltplatz
Berggipfel
Seilbahn

Autobahn
Schnellstraße
Hauptstraße
sonstige Straßen
E 65 Europastraße
A 65 Autobahn
243 Bundesstraße
Eisenbahn
Grenzübergang
Staatsgrenze
Hauptstadt
Stadt/Ortschaft

Zeichenlegende

Allgemeine Informationen
Unterkünfte
Lokale, Cafés
Naturschutzeinrichtungen
Kulturelle Einrichtungen
Spas und Thermen, Spassbäder
Einkaufsmöglichkeiten, Hofläden